Hartwig Schmidt
Wiederaufbau

Denkmalpflege an archäologischen Stätten

herausgegeben vom
Architekturreferat des Deutschen Archäologischen
Instituts

Band 2

Konrad Theiss Verlag Stuttgart

Hartwig Schmidt

Wiederaufbau

Konrad Theiss Verlag Stuttgart

Die Deutsche Bibliothek – CIP-Einheitsaufnahme

Schmidt, Hartwig:
Wiederaufbau / Hartwig Schmidt. – Stuttgart : Theiss, 1993
(Denkmalpflege an archäologischen Stätten ; Bd. 2)
ISBN 3-8062-0588-4
NE: GT

Umschlaggestaltung:
Jürgen Reichert, Stuttgart.
Das Umschlagbild zeigt das Traianeum in Pergamon
während des Wiederaufbaus. Foto 1981

© Architekturreferat des
Deutschen Archäologischen Instituts, Berlin 1993
Alle Rechte vorbehalten
Gesamtherstellung:
Passavia Druckerei GmbH Passau
Printed in Germany
Kommissionsverlag:
Konrad Theiss Verlag GmbH, Stuttgart
ISBN 3-8062-0588-4

VORWORT

Mit einigem Abstand wird hier der zweite Band des vom Architekturreferat des Deutschen Archäologischen Instituts unter der Leitung von Wolfram Hoepfner initiierten Forschungsvorhabens zur Denkmalpflege an archäologischen Stätten vorgelegt. Er ist einem an vielen Grabungsplätzen höchst aktuellen Thema gewidmet, der Restaurierung und dem Wiederaufbau der freigelegten Ruinen.

Nach einer geradezu euphorischen Phase der Wiederherstellung antiker Architektur, die im glücklichen Fall zu einem technischen Standard von bewundernswürdiger Perfektion geführt hat, so daß die Qualität der Ausführung dem Original zu entsprechen und alles machbar zu sein scheint, hat eine Neubewertung der Zielsetzung begonnen. Sie spiegelt sich beispielhaft in dem über einen Zeitraum von vielen Jahren erstreckenden Prozeß der Anastylosis des Trajan-Tempels auf dem Burgberg von Pergamon wider. Die Planungen entwickelten sich hier – aus unterschiedlichsten Überlegungen – von einem zunächst vorgesehenen nahezu vollständigen Wiederaufbau zu immer stärkerer Reduzierung hin, so daß heute zwar eine ›neue Ruine‹ vor uns steht, die vielfältigen Probleme dieses Bauwerkes aber sichtbar und von jedermann nachvollziehbar geblieben sind.

Umfangreiche Wiederaufbauarbeiten an archäologischen Stätten von Ephesos bis Gerasa, die vor allem bei den Besuchern auf positive Resonanz gestoßen sind, haben jedoch Begehrlichkeiten geweckt, und noch ist der allgemeine Wunsch nach möglichst weitgehender Rekonstruktion antiker Gebäude – auch in Deutschland – keineswegs verebbt; vielmehr nimmt er gegenwärtig in den wirtschaftlich in hohem Maße vom Tourismus abhängigen Ländern noch kräftig zu. Zwischen diesen oft auch berechtigten Interessen und dem Bestreben nach Erhaltung der vielschichtigen Aussagekraft einer freigelegten Ruine und ihrer Originalteile, zwischen der Verantwortung der Ausgräber gegenüber dem empfindlichen antiken Bestand, der einer schützenden und langfristig konservierenden Pflege bedarf, und dem technisch Machbaren gilt es einen Ausgleich herzustellen. Hartwig Schmidt liefert hierzu in theoretischen ebenso wie in praktischen Fragen ein reiches, von Widersprüchen durchaus nicht freies Material, das vor allem der Wechsel der Wertmaßstäbe und Beurteilungskriterien im Laufe der Zeit eindrücklich dokumentiert. Zur Definition des eigenen Standortes kann es Hilfestellung geben und Entscheidungsgrundlagen liefern. Dem vorliegenden Band ist eine zahlreiche Leserschaft zu wünschen.

Adolf Hoffmann

Berlin, im Februar 1993

INHALT

EINLEITUNG

1   *Carl Rottmann, Der Tempel von Kap Sounion. Aquarell 1834*

Das späte 18. Jahrhundert mit seiner Leidenschaft für die Wiederentdeckung der Überreste des klassischen Altertums hat das Bild von der ›unschuldigen‹ Ruine geprägt; die unberührte Ruinenlandschaft traf das Lebensgefühl der Romantik in besonderer Weise. Die neu entdeckten Bauwerke wurden in Stichwerken und Tafelbildern verbreitet, aber auch freigelegt von Bewuchs, erforscht und vermessen. Auf das Studium *in situ* folgte im 19. Jh. die archäologische Ausgrabung als umfangreiche wissenschaftliche Unternehmung und damit unabwendbar die Zerstörung des romantischen Ruinenensembles. Wenn wir dieselben Plätze heute besuchen und sie mit jenen frühen Darstellungen vergleichen, sind manche Ansichten kaum mehr wiederzuerkennen, denn in der Zwischenzeit hat die Ruine eine weitere Verwandlung erfahren: durch denkmalpflegerische Maßnahmen. Freigelegt und oft von allen späteren baulichen Veränderungen gereinigt, vervollständigt mit Bruchstükken, die früher verstreut um das Bauwerk lagen, und oft unter Zuhilfenahmen neuer Zutaten in einen Zustand versetzt, der die ursprüngliche Form nur noch ahnen läßt, bestimmen diese restaurierten Ruinen unser heutiges Bild von antiker Architektur. Einige der bekanntesten ›Ruinen‹ sind vollständige ›Neubauten‹, entstanden durch einen Wiederaufbau der ausgegrabenen Bauteile, wie die *Tholos* in **Delphi,** das *Teatro marittimo* in der *Villa Hadriana* oder die *Celsus-Bibliothek* in **Ephesos.**

Ein geradezu klassisches Beispiel für den Lebens- und Leidensweg eines Ruinenplatzes ist die *Akropolis* von **Athen.** Die einzelnen Bauwerke haben nach vielfältigen Veränderungen und Zerstörungen ihre gegenwärtige Form erst durch eine umfassende Restaurierungs- und Wiederaufbaukampagne in den Jahren 1898–1933 erhalten. Doch nur knapp 50 Jahre nach dem Abschluß der von der internationalen Fachwelt mit großem Lob bedachten Arbeiten unter der Leitung von N. Balanos, hatten die Bauten bereits wieder einen Zustand erreicht, der für ihren weiteren Bestand äußerst bedrohlich erschien.[1] Seit 1979 findet der Besucher sie deshalb wieder umgeben von Stahlrohrgerüsten, Kränen und Werkstattgebäuden als deutlich sichtbaren Hinweis auf neuerliche Restaurierungsarbeiten (Abb. 2).

Anlaß für die derzeitigen Maßnahmen waren neben der fortschreitenden Zerstörung der Marmoroberflächen hauptsächlich die Schäden, die von den letzten Wiederaufbauarbeiten verursacht wurden. Die damals in die einzelnen Bauglieder eingebetteten eisernen Klammern, Dübel und Trageisen haben im Laufe der Zeit zu rosten begonnen und durch die damit verbundene Volumenvergrößerung den Marmor auseinandergesprengt. Um die Eiseneinlagen ausbauen zu können, müssen alle restaurierten Bauwerke – *Parthenon, Erechtheion* und *Propyläen* – bis auf ihren unberührten, in situ verbliebenen Bestand, abgebaut werden.[2] Durch diese Demontage und den anschließenden Wiederaufbau, der weitergehend und umfassender sein

2   *Athen, Akropolis. Das eingerüstete*
Erechtheion während der Restaurierung. 1979

wird, als N. Balanos ihn durchgeführt hat,
werden die einzelnen Bauten ihr uns ver-
trautes und für das letzte halbe Jahrhundert charakteristisches Erscheinungsbild
verlieren. Am *Erechtheion,* dessen Restaurierung 1986 abgeschlossen wurde, sind
die Karyatiden durch Abgüsse ersetzt und
die Eisenstützen zwischen ihnen entfernt
worden. Die Front der Osthalle wurde mit
Abgüssen der im Britischen Museum aufbewahrten Originalteile und einzelnen
neuen Baugliedern vervollständigt. Die
meisten Fehlstellen der Mauerquader wurden geschlossen und alle zu identifizieren-
den Bauteile wieder an ihren ursprünglichen Platz zurückversetzt. Dieses Restaurierungskonzept wird auch für den *Parthe-*
non verfolgt, doch wird der Wiederaufbau
hier voraussichtlich noch nachhaltiger das
Bild des Bauwerks verändern.[3]
    Die Umgestaltung dieser ehrwürdigen
und als unantastbar geltenden Bauwerke
durch die Restaurierungsmaßnahmen der
vergangenen Jahrzehnte macht deutlich,
daß das Erscheinungsbild der Ruinen ver-
gänglich ist. Es ist gebunden an einen bestimmten Zeitabschnitt und wird beeinflußt durch natürliche Einwirkungen (Verwitterung, Patinierung) oder bewußte

Eingriffe (Nutzung, Wiederaufbau, Zerstörung). Auch das Bild der Ruinen ist
nicht von ewiger Dauer, sondern ein ein-
maliger historischer Zustand, zeitgebunden und unreproduzierbar.
    Das uns vertraute Bild der Bauten auf
der Akropolis war das von N. Balanos
in seiner 35jährigen Tätigkeit geschaffene
Bauensemble. Wir werden uns von diesem
gewohnten Bild Stück für Stück verab-
schieden und es als einen kurzen historischen Abschnitt im ›Leben‹ der Akropolis
betrachten müssen, als eine Zeitspanne mit
einem individuellen, artifiziellen Zustand,
der in dieser Form vorher nie bestanden
hat. Dieses Bild wird derzeit durch ein
neues, ebenso artifizielles, ebenso keiner
historischen Wirklichkeit entsprechendes
des späten Endes des 20. Jhs. ersetzt. Jede
Generation schafft sich ihre eigenen Denkmäler.

»Von den Propyläen steht jetzt wieder mehr
als vor einem halben Jahrhundert«, schrieb
Erhart Kästner[4] 1943 nach einem Besuch
auf der Akropolis, *»der Nike-Tempel, vor*
hundert Jahren schon einmal Stein für Stein aus
dem Schutte zusammengesetzt, wurde abermals
zerlegt, und nun steht er schön und verjüngt
wieder da. ... und vom Parthenon sehen wir
jetzt ein Drittel mehr, als unsere Väter sahen.
Aber ist eine wiederaufgebaute Säule die, die
sie einst war? Sind denn die Mauern, in denen
ergänzte Steine stecken, diese Säulen mit neuen
Trommeln und Teilen: sind sie das, was gewesen
ist? Kann man Verlorenes retten, indem man
Geschichte leugnet und Vernichtungen ungesche-
hen zu machen versucht? Indem man mit Trip-
pelschritten zurückläuft auf dem strömenden
Bande der Zeit, das uns selber stündlich mit
fortreißt?«[5]

Seit jeher wurden beschädigte und zerstörte Bauwerke wiederaufgebaut, um sie weiter nutzen zu können. Ungenutzt waren sie dem Verfall preisgegeben oder wurden zu Materiallieferanten für neue Bauten wie die antiken Bauwerke in Rom für die Päpste der Renaissance und der Barockzeit.[6] Erst im späten 18. Jh., mit dem Aufkommen von Archäologie und Altertumskunde, wird dieser Nutzungsform Einhalt geboten. Der wachsenden Bedeutung der Ruinen entsprechend werden Überlegungen zu Restaurierung und Wiederaufbau unter archäologisch-wissenschaftlichen Gesichtspunkten angestellt. Die einzelnen Sicherungsarbeiten in **Rom**, am *Kolosseum* 1806 und 1823–26 sowie die Teilrekonstruktion des *Titus-Bogens* 1812–24, gehören zu den frühesten Beispielen derar-

tiger Unternehmungen. Sie stehen am Beginn einer fast ununterbrochenen Reihe denkmalpflegerischer Maßnahmen auf Grabungsplätzen zur Sicherung und ›Wiederherstellung‹ der Ruinen. Die theoretischen Konzepte hierfür waren der zeitgenössischen Baudenkmalpflege oft voraus und haben vielfach deren Maßnahmen beeinflußt. Einzelne Methoden der archäologischen Denkmalpflege sind auch heute noch vorbildlich, z. B. die Verfahren sorgfältigster Steinreparatur, wie sie auf der *Akropolis* von **Athen** ausgeführt werden. Eine Übertragung der Methodik archäologischer Bauforschung auf die denkmalpflegerische Praxis ist die Übernahme des »verformungsgerechten Aufmaßes« und der damit zusammengehenden bauanalyti-

3 *Athen, Akropolis. Blick auf das Erechtheion und die Nord- und Westkolonnade des Parthenons. Vergleich der Ansichten vor und nach der Restaurierung durch N. Balanos. Foto unten um 1935*

AVANT LES TRAVAUX.

4   *Pergamon, Athena-Terrasse. Der Zustand nach Freilegung des Bauwerks. Foto 1979*

schen Untersuchungen. Diese Methode ist inzwischen auch für die Untersuchung ›jüngerer‹ Baudenkmäler selbstverständlich geworden.[7]

Das Erscheinungsbild der weitaus überwiegenden Zahl der Ruinenstätten ist ein Ergebnis der Ausgrabungen des 19. und frühen 20. Jhs., und sie sind teilweise noch in dem Zustand, in dem die Ausgräber sie verlassen haben. Erst seit wenigen Jahrzehnten findet eine Reflektion darüber statt, daß mit einer Ausgrabung unweigerlich Fakten geschaffen werden, die eine Entscheidung über Folgemaßnahmen fordern – die Wiederverfüllung des Geländes, die Konservierung der jetzt freiliegenden und der Verwitterung ausgesetzten Mauerzüge, Schutzdach oder Wiederaufbau, Präsentation für die Besucher.

Nur in den seltensten Fällen ist es heute auf Grund der Antikengesetze noch möglich, eine Grabung, bei der Gebäudereste freigelegt wurden, wieder zuzuschütten. Oft wäre dies die bessere Lösung gegenüber einer langsamen Verwitterung der nur selten dauerhaft konservierbaren, durch Freilegung und Austrocknung bereits geschädigten Mauerzüge. In vielen Fällen ist eine Konservierung im Freien völlig aussichtslos und ein Schutzdach oder Schutzbau erforderlich. Diese modernen Hilfskonstruktionen sind eine wirksame, doch, wie die Beispiele zeigen, landschaftlich sehr einschneidende Maßnahme, verändern sie doch entscheidend das Aussehen der Ruinenstätte. Auch durch die Anastylosis wird die Grabungsstätte verändert, doch eher in einer dem

Grabungsplatz adäquaten Weise – wird doch oft durch den Wiederaufbau erst die attraktive Ruinenlandschaft geschaffen.

Ein vielbenutztes Argument für Wiederaufbaumaßnahmen ist der Hinweis, daß die ›originale‹ Ruine durch die Grabung gründlich zerstört und der Schutz der freigelegten Bauglieder nur durch eine Neuaufrichtung zu gewährleistet sei. Auch der Wunsch, ein besseres Verständnis der ursprünglichen Architekturkomposition durch direkte Anschauung vermitteln zu können, gehört zu den üblichen Argumenten. Doch in den wenigsten Fällen sind die originalen Bauteile noch vollständig vorhanden und lassen sich ohne Ergänzungen, neue Teile und zusätzliche Stützkonstruktionen wieder zusammensetzen. Auch ergeben die beschädigten, gealterten Oberflächen der Originale ein nur entfernt mit dem ursprünglichen Aussehen vergleichbares Bild – das wiederaufgebaute Werk wird unweigerlich zu einem neuzeitlichen Kunstprodukt, dessen Zusammenbau jedoch dem Bauforscher die Möglichkeit gibt, den antiken Bauvorgang zu rekonstruieren und die Feinheiten des Bauwerks kennenzulernen.

Die Denkmalpflege des späten 19. Jhs. mit ihrem Wunsch nach weitgehender Wiederherstellung des ursprünglichen Zustandes, der Tilgung von Altersspuren und der Entfernung aller späteren Zutaten, basiert zu einem wesentlichen Teil auf der unreflektierten Wertschätzung eines idealisierten Erscheinungsbildes. Daß diese Wertkategorie auch heute ihre Anziehungskraft nicht verloren hat, zeigt die besondere Vorliebe der Touristen gerade für die Monumente, die neu aufgebaut, als überragende Attraktionen das Bild der Grabungsplätze bestimmen.

Der Marktwert dieser wiederaufgebauten ›Ruinen‹ für den Tourismus ist unbestritten und es ist immer wieder zu beobachten, daß selbst der Wiederaufbau einiger weniger Säulen schon nach kurzer Zeit seinen Niederschlag auf Postkarten, in Reisehandbüchern und besonders in den Fremdenverkehrsprospekten findet. Daß die Qualität des Wiederaufbaus dabei nebensächlich und von geringer Bedeutung ist, ist eine bedauerliche Tatsache (Abb. 5).

Denkmalpflegerische Maßnahmen auf Grabungsstätten setzen sich zusammen aus drei unterschiedlichen Arbeitsbereichen:
– der *Konservierung* nur noch fragmentarisch erhaltener Überreste,
– der *Restaurierung* aufrecht stehender Ruinen,
– dem *Wiederaufbau* zerstörter, durch die Grabung freigelegter Bauwerke mit hohem Anteil originaler Bausubstanz.

Zum Wiederaufbau eignen sich besonders Bauten aus Naturstein, deren einzelne

5 Kos, Asklepios-Heiligtum. Selbst in einfachster Form wiederaufgebaute Säulen können zum Postkartenmotiv werden, wenn keine anderen, präsentableren Bauwerke vorhanden sind

Bauglieder steinmetzmäßig bearbeitet und meist ohne Mörtel aufeinander gesetzt wurden. Die beschädigten Teile lassen sich reparieren und der gesamte Bau, oder auch nur ein Teil von ihm, läßt sich wieder zusammensetzen. Für diese Maßnahme, *»das Wiederzusammensetzen vorhandener, jedoch aus dem Zusammenhang gelöster Bestandteile«* eines Bauwerks, wurde ein eigener Begriff geprägt: *»Anastylosis«*.[8]

Mit dem Begriff *Wiederaufbau* werden oft zwei nicht zu vergleichende Maßnahmen bezeichnet: die *Anastylosis* und die *Rekonstruktion*, der Wiederaufbau mit neuen Bauteilen. Die Rekonstruktion ist im strengen Sinne des Wortes kein »Wiederaufbau«, denn es wird nicht etwas Umgefallenes wieder aufgerichtet, sondern ein Neubau mit neuen Materialien erstellt. Deshalb zählt die Rekonstruktion auch nicht zu den denkmalpflegerischen Maßnahmen, wird doch damit kein *Denkmal* (historisches Dokument) erhalten, sondern ein nicht mehr vorhandenen Bauwerk als mehr oder wenig genaue Reproduktion neu errichtet. Die Rekonstruktion ist deshalb mehr ein Problem der Architektur und Bauforschung, der Baugeschichte und der Bautechnik als der Denkmalpflege. Sie wird aber zu einem denkmalpflegerischen Problem, wenn durch den Neubau die Reste des Originals, der ›Abdruck‹ des nicht mehr vorhandenen Bauwerks im Boden, der archäologische

6 *Archäologischer Park Xanten. Teilrekonstruktion des Hafentempels. Das Tempelpodium dient als »Schutzbau« für das von außen zugängliche originale Tempelfundament. G. Precht 1979–81*

Befund, zerstört wird. Daß die Erhaltung des Befundes und ein Wiederaufbau an Ort und Stelle schwer miteinander zu vereinen ist, zeigen die Rekonstruktionen in den *Archäologischen Parks*. Welcher große technische Aufwand erforderlich ist, um bei Erhaltung des Befundes die Rekonstruktion des ursprünglichen Bauwerks darüber neu zu errichten, zeigt beispielhaft der *Hafentempel* im *Archäologischen Park Xanten*[9] (Abb. 6).

In den folgenden Kapiteln soll die Geschichte des Wiederaufbaus antiker Bauten seit den frühen Maßnahmen in Rom zu Anfang des 19. Jhs. verfolgt werden, der Wandel der theoretischen Konzepte und der technischen Ausführung. Die ausgewählten Beispiele befinden sich hauptsächlich im mittelmeerischen Bereich, auf Grabungsplätzen mit Ruinen aus der griechischen oder römischen Antike.

Die Arbeit versucht, einen Überblick zu geben über die vielfältigen Problembereiche, die mit dem Wiederaufbau antiker Ruinen verbunden sind. Daß dabei den ott entscheidenden Randbedingungen zu wenig Aufmerksamkeit gewidmet werden konnte, war nicht zu vermeiden, da sie meist nur den Ausführenden bekannt sind. Wie stark darüberhinaus finanzielle und politische Zwänge das Ergebnis der einzelnen Maßnahmen mit beeinflußt haben, wissen zumeist auch nur die Beteiligten.

Auf eine systematische Beschreibung aller durchgeführten Maßnahmen wurde zu Gunsten einer qualifizierten Auswahl der wichtigsten Beispiele verzichtet. Durch die inzwischen kaum noch zu übersehene Anzahl von kleineren und größeren Wiederaufbauprojekten schien diese Einschränkung sinnvoll und der Behandlung des Themas hilfreich.

Die Arbeit wurde im Rahmen eines vom Architekturreferat des Deutschen Archäologischen Instituts beantragten Forschungsstipendiums zur Denkmalpflege an archäologischen Stätten durch die Stiftung Volkswagenwerk finanziert. Ihr sei hiermit für die großzügige finanzielle Unterstützung Dank gesagt.

Für Anregungen und Unterstützung habe ich ganz besonders den damaligen Kollegen des Architekturreferats, Wolfram Hoepfner und Ernst-Ludwig Schwandner, zu danken. Für die vielfältige und freundschaftliche Hilfe bei der Beschaffung von Informationen, für Hinweise, Diskussionen und Führungen schulde ich besonderen Dank Dietwulf Baatz, Heinz Cüppers, Walter Drack, Wolfdietrich Elbert, Egbert Friedrich, Uta Hassler, Wolf-Dieter Heilmeyer, Klaus Herrmann, Adolf Hoffmann, Dietrich Huff, Friedmund Hueber, Werner Jobst, Werner Kaiser, Hermann Kienast, Martin Klessing, Ursula Knigge, Helmut Kyrieleis, Georg Lavas, Wolfgang Mayer, Michael Meinecke, Dieter Mertens, Wolfgang Müller-Wiener(†), Peter Neve, Klaus Nohlen, Dieter Planck, Gundolf Precht, Wolfgang Radt, Friedrich Rakob, Wulf Schirmer, Ulrich Sinn, Volker Michael Strocka, Hermann Vetters, Gerhard Weber, Fritz Wenzel und Wolfgang Wurster. Peter Grunwald sei besonders gedankt für die umfangreichen Fotoarbeiten, Manolis Korres und Kostas Zambas für die oftmaligen und ausführlichen Erläuterungen zu den Restaurierungsarbeiten auf der Akropolis.

THEORETISCHE GRUNDLAGEN

7   *Charles de Graimberg, Blick auf Heidelberg und das Heidelberger Schloß. Altcolorierter Kupferstich, um 1820*

Denkmalpflegerische Grundsätze

Über die Frage, mit welchen Methoden Baudenkmäler erhalten, konserviert, restauriert oder wiederaufgebaut werden sollen, ist, seitdem es den Begriff und die Institution »Denkmalpflege« gibt,[1] ausführlich und kontrovers gestritten worden. In Richtlinien, Anweisungen und Konventionen haben die mit der Erhaltung von Baudenkmälern befaßten Architekten und Ingenieure, Bauforscher und Kunsthistoriker, allein oder in gemeinsamen Kommissionen immer wieder versucht, den jeweils erreichten Stand der Diskussion festzuschreiben und allgemeinverbindlich zu formulieren.

1845, drei Jahre nach der feierlichen Grundsteinlegung zur Vollendung des Doms zu **Köln** publizierte August Reichensperger (1808–1895)[2] einen Aufsatz mit dem Titel »Einige Andeutungen in Bezug auf die Restauration geschichtlicher Baudenkmäler«, in dem er in den Streit um die Ausführung des geplanten Wiederaufbaus eingriff:

»Die erste und hauptsächliche Regel bei jeder Restauration ist sonach die: so wenig wie möglich und so unwahrnehmbar wie möglich zu restaurieren, dem Alten nur seinen Fortbestand zu sichern und das Fehlende oder Abhandengekommene genau nach dem Originale oder doch, in Ermangelung eines solchen, möglichst im Geiste des Originales wieder herzustellen.«[3]

Das Ziel Reichenspergers und des von ihm mit ins Leben gerufenen Kölner »Central-Dombau-Vereins« war es, den Weiterbau *»streng nach dem ursprünglichen Plane«* vorzunehmen, dessen aus dem Domarchiv abhandengekommene Teile von Georg Moller (in Darmstadt 1814) und Sulpiz Boisserée (in Paris 1816) wieder aufgefunden worden waren.[4] Im Gegensatz zu der von Reichensperger vertretenen Wiederherstellung nach historischem Vorbild hatten Karl Friedrich Schinkel (1781–1841) und der erste Dombaumeister, Ernst Friedrich Zwirner (1802–1861), Pläne für einen Ausbau des Doms in vereinfachten Formen vorgelegt, ohne Strebewerk und ohne Figurenschmuck an den Querhausfassaden.

Ende des 18. Jhs. erfuhr besonders das Malerische und Fragmentarische einer Ruine, die Verbindung von Natur und zerstörtem Bauwerk, besondere Wertschätzung. Dieser romantische Aspekt wurde in den darauf folgenden Jahrzehnten weitgehend durch ein historisch-wissenschaftliches Interesse verdrängt, durch das Bemühen um eine wissenschaftlich fundierte, historisch getreue Wiederherstellung, doch niemals ganz aufgegeben. Die unverputzt wiederaufgebauten Burgen am Rhein, die von weitem als Ruinen erscheinen, sind anschauliche Zeugnisse dieses ›spätromantischen‹ Ruinenkultes des Historismus.[5]

Konservieren, nicht restaurieren

Die berühmte, um 1900 zwischen Kunsthistorikern und Architekten geführte Theoriediskussion um die ›richtige‹ denkmalpflegerische Zielsetzung – um die

8   *Heidelberger Schloß. Blick in den Schloßhof auf den Friedrichsbau (links), den Gläsernen Saalbau (Mitte) und den Ottheinrichsbau (links). Lithographie von Th. Verhas, um 1820*

Frage *»konservieren oder restaurieren«* – entzündete sich an einer Ruine, der des *Schlosses zu* **Heidelberg**[6] (Abb. 7, 8). In dieser Auseinandersetzung, die uns in den Protokollen des seit 1900 jährlich stattfindenden »Tages für Denkmalpflege«, den Artikeln in den Fachzeitschriften, in Flugschriften und einzelnen Aufsätzen überliefert ist, wurden Argumente entwickelt, die die Theoriediskussion noch heute bestimmen – und wir müssen uns in der Tat auch heute noch fragen, ob unsere Argumente und Methoden einer kritischen Überprüfung nach den damaligen Kriterien Stand halten würden.

Der Streit entbrannte um die Frage, ob der überlieferte Zustand einer Ruine schützenswert sei oder durch rekonstruierende Ergänzungen verändert werden dürfe. Wurden bisher in idealistischer Weise Ruinen *»im Geiste des Originals«*[7] wiederhergestellt, so ließ ihr neu entdeckter Wert als historische ›Dokumente‹ eine Restaurierung, die als *»Wiederherstellung verlorengegangener Schönheit«* verstanden wurde, nicht mehr zu. *»Was berechtigt uns denn«,* schrieb 1901 Georg Dehio (1850–1932)[8] in Hinblick auf den geplanten Wiederaufbau des *Ottheinrichbaus, »soviel Zeit, Arbeit und Geld dem Schaffen der Gegenwart zu entziehen, um sie den Werken der Vergangenheit zuzuwenden? Doch hoffentlich nicht das Verlangen, sie einem bequemeren Genuß mundgerechter zu machen? Nein, das Recht*

9 *Heidelberger Schloß. Rekonstruktion des Gläsernen Saalbaus und der Westfront des Otthein-richbaus. Zeichnung von Kley nach dem Entwurf von Carl Schäfer, 1900*

dazu gibt uns allein die Ehrfurcht vor der Ver-gangenheit. Zu solcher Ehrfurcht gehört auch, daß wir uns in unsere Verluste schicken. Den Raub der Zeit durch Trugbilder ersetzen zu wollen, ist das Gegenteil von historischer Pietät. Wir sollen unsere Ehre darin suchen, die Schätze der Vergangenheit möglichst unverkürzt der Zu-kunft zu überliefern, nicht ihnen den Stempel irgendeiner heutigen, dem Irrtum unterworfenen Deutung aufzudrücken. Wenn archäologisch ge-richtete Architekten ihr Nachdenken auf Re-staurationszeichnungen wenden, so sind wir ihnen dankbar dafür. Ausgeführt bedeuten sie eine Vergewaltigung, eine Barbarei trübseligster Art, Gelehrsamkeitsbarbarei.«[9]

Diese harte Formulierung zielte indi-rekt auf den ausführenden Architekten,

Carl Schäfer (1844–1908),[10] Professor am Karlsruher Polytechnikum, der in den Jahren 1897–1903 den Wiederaufbau des *Friedrichsbaus* in Renaissanceformen aus geführt und Pläne für die Wiederherstel-lung des benachbarten *Ottheinrichsbaus* in ähnlicher Form vorgelegt hatte (Abb. 9). Darüber hinaus war dieser Vorwurf aber auch gegen die große Anzahl der an den historischen Bauwerken tätigen Architek-ten und ihre Restaurierungspraktiken ge-richtet, den *»vandalisme restaurateur«*, wie ihn Montalambert 1833 genannt hatte. Sie waren zugleich auch Bauforscher und benutzten ihre Forschungsergebnisse dazu, die Ruinen *»im Sinne der Alten in neuem Glanze«* wiedererstehen zu lassen

wie ihr Vorbild Eugène-Emmanuel Viollet-le-Duc (1814–1879).[11] Für sie war der
Wiederaufbau von Ruinen vor allem eine
Frage der historischen Kenntnis, der Bauformenlehre und der akribischen Erschließung der Baugeschichte aus den am Bau
verbliebenen Spuren. Für sie war deshalb
jede Kritik ihrer Restaurierungstätigkeit
zugleich auch ein Infragestellen ihrer architektonischen und bauhistorischen Fähigkeiten.

Denkmalpflege bedeutete im 19. Jh. nicht
allein die Sicherung und Erhaltung der
im Laufe der Zeit schadhaft gewordenen
Denkmäler, sondern weitmehr ihre Rückführung in einen ursprünglichen, als original angesehenen Zustand. *»Das was wir
heute ›Restaurieren‹ von Baudenkmälern nennen,«* schrieb der Metzer Dombaumeister
Paul Tornow (1848–1921)[12] noch 1900, *»ist
ein durchaus neuzeitlicher Begriff und war noch
vor etwa hundert Jahren eine völlig unbekannte
Sache. Der bei dieser Thätigkeit verfolgte
Zweck ist freilich nicht neu, er ist so alt wie die
Baukunst selbst und betrifft Instandsetzen und
Wiederherstellen von Baudenkmälern, zunächst
also das Beseitigen von Schäden entweder durch
einfaches Ausbessern oder durch das Ersetzen
der beschädigten Theile durch neue, sowie ferner
das Fertigstellen und Ausbauen der Denkmäler.«*[13]
Auf dem vom »Gesammtverein der
deutschen Geschichts- und Alterthumsvereine« 1900 in Dresden zum ersten Mal
veranstalteten »Tag für Denkmalpflege«
fand eine heftige Diskussion über die von
P. Tornow vorgelegten »Grundregeln und
Grundsätze beim Wiederherstellen von
Baudenkmälern«[14] statt. Dieses Regelwerk
war stark beeinflußt durch die Arbeiten
Viollet-le-Ducs, dessen Methoden er als
vorbildlich empfahl. Das Ziel der Wieder-

herstellung war seiner Meinung nach die
Rückführung des Bauwerks in den als ursprünglich angesehenen Zustand, wobei
die Entfernung jüngerer Bauteile und die
Rekonstruktion nicht mehr vorhandener
älterer Zustände als legitime Maßnahmen
angesehen wurden. Dabei solle sich das
neu Hinzugefügte *»an den Baustil des alten
Werkes, an die besondere Richtung, die sich in
dessen Stil etwa ausprägt, und an jede sonstige
etwaige Eigenart des Baudenkmales auf das
Engste anschließen. Jedwedes, auch nur das leise-
ste Hervortreten der künstlerischen Individuali-
tät des restaurierenden Architekten ist bei solchen Neuschöpfungen auf das Peinlichste zu vermeiden.«*[15]
Es kann nicht verwundern, daß Tor-
nows Grundsätze von den mit Restaurierungen beschäftigten Architekten akzeptiert wurden, waren in dieser Art und
Weise doch die bedeutendsten Baudenkmäler von ihnen behandelt worden. Kritik
kam jedoch von den auf der Tagung an-
wesenden Kunsthistorikern, angeführt
von Cornelius Gurlitt (1850–1938)[16] und
Georg Dehio, die die entscheidende Bedeutung des Baudenkmals als historische
Urkunde und Quelle der Forschung her-
vorhoben:
*»Wir können ein so in seinem Bestande ver-
wischtes Denkmal nicht mit jenem freudigen
Gefühl betrachten, das allein das feste Bewußtsein der Ehrwürdigkeit gebe,«* gab Gurlitt zu
bedenken, *»während jetzt das restaurierte
Denkmal für den Kunsthistoriker ein Prüf-
stein, um sein Unterscheidungsvermögen zu üben,
für den Laien aber ein Werk zweifelhaften Alters geworden sei. Denkmäler seien doch auch
Urkunden, die als solche echt, nicht in wenn auch
noch so treuen Abschriften oder Ergänzungen
zu erhalten seien.«*[17]
Zusammenfassend formulierte er folgende Grundsätze: *»Zweck der Restaurie-*

10   *Hohkönigsburg/Elsaß. Eingangstor der zweiten Ringmauer, Palas und Bergfried vor der Wiederherstellung. Foto um 1900*

11   *Hohkönigsburg/Elsaß. Das Eingangstor nach dem Wiederaufbau durch den Berliner Architekten B. Ebhardt 1901–08*

rung solle vor Allem das Erhalten sein; man solle das, was zerfallen will, vor weiterer Beschädigung behüten. Man solle es so herstellen, daß man deutlich erkenne, was an einem Bau alt und neu sei, und man solle das, was man neu hinzufüge, auch stilistisch als neu kennzeichnen.«[18]

Die Forderung, Rekonstruktionen auf ein Minimum zu beschränken, oder am besten ganz aufzugeben, entsprach der um die Jahrhundertwende stattfindenden Abkehr vom Historismus und der Hinwendung zu einer ›zeitgemäßen‹, nicht mehr an historische Stile gebundenen Baukunst. Die Malerei des Impressionismus und des Realismus hatte die Augen der Zeitgenossen für Oberflächenwirkungen geöffnet; es wurde die Bedeutung der unbeschädigten Oberflächen, der Patina, und der authentischen Geschichtsspuren eines Denkmals entdeckt. Die originale Bausubstanz als nicht reproduzierbares Zeugnis der Geschichte, das historische Original in seiner Komplexität mit den deutlich sichtbaren Spuren der Abnutzung, des Alters und seiner Geschichte, gewann zunehmend an Bedeutung.[19] Ein wichtiger theoretischer Beitrag zu diesen Fragen war G. Dehios akademische Festrede an der Straßburger Universität 1905 über »Denkmalschutz und Denkmalpflege im 19. Jahrhundert«, in der er mit dem »*Restaurationswesen*« der in der Denkmalpflege tätigen Architekten abrechnete.[20] Als eingängige und später oft wiederholte Forderung entwickelte er in diesem Vortrag das Gebot »*Konservieren, nicht restaurieren*«.

Der moderne Denkmalskultus

Den Versuch, die vielfältigen Bedeutungsebenen und Wertkategorien eines Baudenkmals systematisch zu gliedern und der Denkmalpflege eine theoretische Basis zu geben, unternahm der Wiener Kunsthistoriker Alois Riegl (1858–1905)[21] in seiner 1903 erschienenen Schrift »Der moderne Denkmalskultus. Sein Wesen und seine Entstehung«[22] – ein Aufsatz, der auch heute noch zu den wichtigsten Abhandlungen zur Denkmalpflegetheorie gehört. Es war ein erster Versuch, sich dem Denkmal von der theoretisch-systematischen Seite her zu nähern und dessen einzelne Bedeutungsebenen zu definieren.

Zu den von Riegl formulierten Denkmalwerten gehört als wesentliche Dimension des Denkmals der »*Alterswert*«, der auf der optischen Wahrnehmung der Altersspuren des Denkmals beruht, erkennbar am ruinösen Charakter, der Zerstörung des Baugefüges und der Auflösung der Oberfläche durch die Naturkräfte:

»*Der Alterswert eines Denkmals verrät sich auf den ersten Blick durch dessen unmodernes Aussehen. Und zwar beruht dieses unmoderne Aussehen nicht so sehr auf der unmodernen Stilform, denn diese ließe sich ja auch imitieren und ihre richtige Erkenntnis und Beurteilung wäre fast ausschließlich dem verhältnismäßig engen Kreis gelernter Kunsthistoriker vorbehalten, während der Alterswert den Anspruch erhebt, auf die großen Massen zu wirken. Der Gegensatz zur Gegenwart, auf dem der Alterswert beruht, verrät sich vielmehr in der Unvollkommenheit, einem Mangel an Geschlossenheit, einer Tendenz zur Auflösung der Form und Farbe, welche Eigenschaften denjenigen moderner, das heißt neuentstandener Gebilde schlankweg entgegengesetzt ist.*«[23]

Der *Alterswert* ist uns von den Ruinenstätten vertraut. Riegl bezeichnet ihn auch als »*Denkmalwert der Massen*«, da er von jedem Betrachter ohne historische Vorkenntnisse und kunsthistorische Überlegungen zu erkennen ist. Die Altersspuren weisen auf den ewigen Kreislauf von Werden und Vergehen menschlicher Tätigkeit hin, den Übergang ehemaliger *Kultur*stätten in einen durch die *Natur* bestimmten

VERGANGENHEITSWERTE	a) ALTERSWERT
	b) HISTORISCHER WERT
	c) GEWOLLTER ERINNERUNGSWERT
GEGENWARTSWERTE	a) GEBRAUCHSWERT

	b) KUNSTWERT
	    1) NEUHEITSWERT
	    (elementarer Kunstwert)
	    2) RELATIVER KUNSTWERT

12   Alois Riegl. Denkmalwerte

13 *Israel Silvestre (1621–1691), Das Kolosseum. Federzeichnung um 1640*

Verfallszustand. Nicht das Objekt selbst ist dabei von besonderer Wichtigkeit, sondern sein Aussehen, sein subjektiver Stimmungswert. Soll der *Alterswert* erhalten bleiben, ist jede Restaurierungsmaßnahme von Übel, allenfalls die Konservierung des bestehenden Zustandes erlaubt, um den weiteren Verfallsprozeß aufzuhalten und die Ruine nicht *»in Schönheit sterben zu lassen«.*[24]

Diesem emotionalen Wert setzt Riegl den *»historischen (›urkundlichen‹) Wert«* gegenüber, der auf intellektueller Reflexion beruht und erst durch wissenschaftliche Forschung gewonnen werden kann. Für diese Wertkategorie sind nicht die Merkmale auflösender Natureinflüsse entscheidend, sondern der ursprüngliche, vollständige Zustand des Denkmals:

»Der historische Wert ist ein umso höherer, in je ungetrübterem Maße sich der ursprünglich geschlossene Zustand des Denkmals, den es unmittelbar nach seinem Werden besessen hat, offenbart: die Entstellungen und teilweisen Auflösungen sind für den historischen Wert eine störende, unwillkommene Zutat.«[25]

Obwohl beide Wertkategorien, der *Alterswert* und der *historische Wert*, als einander entgegengesetzt erscheinen müssen, wie auch die daraus zu folgernden denkmalpflegerischen Maßnahmen, so treffen sie sich doch in einem Punkt: in der Wertschätzung des Originals. Mit dem Begriff *»Original«* und *»originaler Zustand«* ist dabei jedoch nicht der Zustand des Bauwerks im Augenblick seiner Fertigstellung gemeint, – ein Zustand, der als *»ursprünglicher Zustand«* bezeichnet wird –, sondern der uns überlieferte Zustand mit all seinen im Laufe der Geschichte hinzugekommenen Veränderungen. Dieser Zustand ist Grundlage und Ausgangspunkt für Forschung und denkmalpflegerisches Handeln.

Eine Möglichkeit, den *Alterswert* der Ruinen unter Berücksichtigung des *historischen Werts,* des *Dokumentarwerts,* zu erhalten, besteht nach Riegl in der behutsamen, substanzschonenden Konservierung unter Beibehaltung des ruinösen Zustandes, der Erhaltung der historischen Veränderungen, der Patina und des auf uns überkommenen Umfeldes.

Nicht zu vereinbaren ist der *Alterswert,* die Betonung des Ruinösen, jedoch mit dem »*Gebrauchswert*«, der sich in einer modernen Nutzung der Denkmäler ausdrückt, »*denn nur die gebrauchsunfähigen Werke vermögen wir vollständig unbeirrt durch den Gebrauchswert rein vom Standpunkte des Alterswertes zu betrachten und zu genießen* ...«[26] Jede sog. ›Revitalisierung‹, besonders beliebt bei antiken Theatern,[27] zerstört notwendigerweise die typischen Merkmale des Alters – den ruinösen Charakter des funktionslosen Gebäudes.

Ebenso allgemeinverständlich wie der *Alterswert,* der durch die Auflösung der ehemals geschlossenen Form das Alter der Ruine auch dem noch so unbefangenen Besucher drastisch vor Augen führt, ist der »*Neuheitswert*«, den jedes neugeschaffene Werk für sich in Anspruch nehmen darf. Diese Wertkategorie beruht wie der *Alterswert* allein auf optisch erkennbaren Gestaltqualitäten: der Geschlossenheit der Form, des frisch Geschaffenen, die von jedermann beurteilt werden können. Der *Neuheitswert* beruht auf der Wertschätzung des Neuen um seiner selbst willen. Riegl bezeichnet ihn auch als »*Kunstwert der Massen*«, denn »*nur das Neue und Ganze ist nach Anschauung der Menge schön, das Alte, Fragmentarische, Verfärbte ist häßlich. Diese jahrtausendalte Anschauung, wonach der Jugend ein*

unbezweifelter Vorzug vor dem Alter zukomme, hat so tiefe Wurzeln geschlagen, daß sie unmöglich in einigen Jahrzehnten ausgerottet werden kann.«[28]

Auf die zeitgenössischen Auseinandersetzungen um die angemessene Behandlung der Denkmäler eingehend, schreibt er: »*Erst das Aufkommen des Alterswertes gegen Ende des 19. Jahrhunderts erzeugte den Widerspruch und die Kämpfe, die wir seit einer Reihe von Jahren fast auf allen Punkten, wo es Denkmale zu schützen gibt, beobachten können. Der Gegensatz zwischen Neuheitswert und Alterswert steht hierbei durchaus im Mittelpunkt der Kontroverse, die gegenwärtig in den schärfsten Formen um die Denkmalbehandlung geführt wird. ... Wo es sich um Denkmale handelt, die keinen Gebrauchswert mehr besitzen, ist es auch dem Alterswerte bereits überwiegend gelungen, seine Prinzipien der Denkmalbehandlung durchzusetzen. Anders steht es aber dort, wo zugleich die Anforderungen des Gebrauchswertes mitspielen: denn alles im Gebrauch Stehende will auch heute noch in den Augen der großen Mehrzahl jung und kräftig, im Werdezustand erscheinen und die Spuren des Alters, der Auflösung, des Versagens der Kräfte verleugnen.*«[29]

Zu Anfang des 20. Jhs. lag mit den Arbeiten von G. Dehio, A. Riegl und C. Gurlitt im deutschsprachigen Raum eine geschlossene Denkmalpflegetheorie vor. Beeinflußt von diesem theoretischen Überbau veränderten sich die Restaurierungsmaßnahmen, die jetzt nicht mehr auf eine weitgehende Wiederherstellung und ›unsichtbare‹ Rekonstruktion ausgerichtet waren, sondern auf die Erhaltung des dokumentarischen Werts‹ des Denkmals. Als Konsequenz für die Praxis bedeutete dies:
– alle historischen Phasen eines Denkmals zu respektieren,

14   *Montreux, Schloß Chillon. Die sorgfältige Restaurierung und Wiederherstellung der Burg durch A. Naef um 1900 galt lange als Vorbild für derartige Arbeiten*

– bei Ergänzungen eine deutliche Unterscheidung von Original und neuer Zutat (auch im Material) anzustreben und
– alle ausgeführten Maßnahmen genau zu dokumentieren.

Diese Forderungen hatte bereits der italienische Architekt und Kunsthistoriker Camillo Boito (1836–1914) seit 1879 auf verschiedenen Kongressen formuliert und die von ihm 1883 aufgestellten sieben Prinzipien zur Denkmalpflege werden heute in Italien als erste »Carta del Restauro« angesehen.[30] Der von Boito entwickelte theoretische Ansatz wurde von Gustavo Giovannoni (1873–1947) weitergeführt, der entscheidend beteiligt war an der Formulierung der »Charta von Athen« (1931) und der im gleichen Jahr erschienenen

»Norme per il restauro dei monumenti« (Carta del restauro italiana).[31] In beiden Regelwerken ist deutlich die Forderung nach einer Objektivierung und Verwissenschaftlichung der Restaurierungsmaßnahmen zu erkennen und die Betonung des historischen (dokumentarischen) Werts des Denkmals.

Betrachten wir den Weg, den die Denkmalpflege seit dem 19. Jh. durchlaufen hat, so wird der Wechsel denkmalpflegerischer Zielsetzungen deutlich: der Weg führte von der *Rekonstruktion* über die *Restaurierung* zur *Konservierung* – von einem maximalen zu einem minimalen Eingriff in das Baudenkmal, von einem wenig achtungsvollen zu einem fast ehrfürchtigen Verhältnis der originalen Substanz und ihrer

15   *Die Veränderung der Stadt zu Beginn des 20. Jhs. zeigt sich an der ständigen Erneuerung des Stadtbildes. Karlsruhe, Kaiserstraße. Rechts Gebäude der Museumsgesellschaft, 1813 von F. Weinbrenner erbaut, links Hotel Erbprinz, 1899 vom Architekturbüro Curjel & Moser nach Abbruch der Häuser aus der Zeit der Stadtgründung errichtet. Foto W. Kratt 1910*

Oberfläche gegenüber. Einher ging damit die Ablösung des baugeschichtlich bewanderten Architekten als Denkmalpfleger durch den kunstgeschichtlich ausgebildeten *Konservator*.

Eine grundlegende Veränderung denkmalpflegerischer Überlegungen brachte die nach 1900 auftretende *Heimatschutzbewegung*,[32] die sich aus der Kritik der Architektur und des Städtebaus der Gründerzeit und der damit verbundenen Zerstörung der traditionellen Stadtbilder und Landschaften entwickelte. Die Zielsetzung, historische Orts- und Landschaftsbilder zu

erhalten, führte zu der Ausweitung des Denkmalschutzes vom Einzeldenkmal zum Bauensemble. Beispiele für die Kritik an der Architektur und den Stadterweiterungen des späten 19. Jhs. finden sich in Camillo Sittes Buch »Der Städtebau nach seinen künstlerischen Grundsätzen«[33] ebenso wie in den 10 Bänden der »Kulturarbeiten« Paul Schultze-Naumburgs.[34]

Als eine Zusammenfassung der Denkmalpflegetheorie der Zeit vor dem Ersten Weltkrieg war Max Dvořáks »Katechismus der Denkmalpflege«[35] gedacht, in dem anschaulich die Fehler der Denkmalpflege des 19. Jhs. beschrieben werden:

»*Die Mehrzahl der alten Kunstwerke hat sich naturgemäß nicht unbeschädigt erhalten. Alte Architekturen weisen verschiedene Gebrechen auf, die Mauern haben Sprünge bekommen und sind verwittert, die dekorativen Bauteile wurden defekt, die Altäre morsch, die Altarbilder dunkel und die Wandgemälde haben sich nur in Fragmenten erhalten, werden zu Staub oder lösen sich von der Mauer ab. Solche Schäden müssen selbstverständlich der Erhaltung der Denkmäler wegen nach Möglichkeit behoben werden.*

Doch in neunzig von hundert Fällen ging man in den letzten Jahrzehnten über die notwendigen Erhaltungsmaßregeln hinaus. Man sicherte nicht nur bei den sogenannten Restaurierungen das Bestehende, sondern ersetzte auch alles Fehlende und erneuerte das Beschädigte. Burgruinen wurden wieder aufgebaut und in falsche Burgen verwandelt, fehlende oder beschädigte Architekturteile wurden ergänzt oder ersetzt, Statuen wurden überarbeitet, durch Kopien ersetzt oder neu angestrichen und Gemälde wurden nicht mit Sorgfalt vor weiterer Zerstörung bewahrt, sondern einfach übermalt. Durch solche Restaurierungen werden alte Denkmäler nicht vor dem Verfall geschützt, sondern im Gegenteil in jeder Beziehung zugrunde gerichtet. Sie verlieren, wenn man sie willkürlich verändert, ihre historische Bedeutung und verwandeln sich in sehr unzuverlässige Zeugnisse von dem künstlerischen Wollen und Können der Vergangenheit, denen mehr oder weniger der Wert der Originalität genommen wurde. Ein übermaltes altes Wandgemälde ist als historisches Denkmal beinahe wertlos und kann mit einer gefälschten Urkunde verglichen werden. ...

Aus Werken der alten Kunst werden Werke der Kunst der Restauratoren, die nicht immer die beste ist und die, wenn sie die allerbeste wäre, doch nie ein altes unberührtes Denkmal ersetzen kann, weil wir an alten Kunstwerken alte und nie neue Kunst bewundern wollen.«[36]

Ließen sich für die ›ungenutzten‹ Denkmäler, z. B. die Burgruinen, relativ einfach die denkmalpflegerischen Maßnahmen auf eine Konservierung beschränken, so war dies für die bewohnten und noch in Nutzung befindlichen Bauwerke nur schwer durchzusetzen. Um auch sie als historische Quelle zu erhalten, wurde deshalb für Reparaturen, Ergänzungen oder neu hinzugefügte Teile formale Eigenständigkeit und deutliche Ablesbarkeit gefordert. Veränderungen, die über eine Reparatur hinaus gingen, sollten nach dem Motto »*Erhalten und weitergestalten*« deutlich erkennbar als neuzeitliche Hinzufügungen kenntlich gemacht werden. Auf der »Tagung für Denkmalpflege und Heimatschutz« 1911 in Salzburg sprach Paul Clemen (1866–1947)[37] über dieses zeitgemäße Ziel:

»*Die Denkmalpflege soll und möchte das Gewissen eines Archivars haben, wo es sich um eine historische Urkunde als einen Teil unseres nationalen Besitzstandes handelt, und sie möchte die Freiheit und die Originalität eines Künstlers haben, eines Künstlers, der voll von Ehrfurcht für das Gewordene ist, der gelernt hat, sich feinfühlig und harmonisch in einen alten Bauorganismus einzuordnen und auch einmal unterzuordnen, der aber doch, wo es gilt, ein Neues hinzuzufügen und vor allem eine Zutat, einen Schmuck zu bringen, einen starken und persönlichen Ausdruck geben möchte für das künstlerische Leben und für die Bedürfnisse und Anschauungen unserer Zeit.*«[38]

Die Charta von Athen

Ein erster Versuch, denkmalpflegerische Grundsätze als international anerkannte Richtlinien festzulegen, ging von der am 21.–30. Oktober 1931 in Athen stattfindenden »Tagung für Denkmalpflege« des

Internationalen Museumsamtes beim Völkerbund aus. Die vielfältigen Diskussionsergebnisse, auch die erzielten Übereinkünfte über die Methoden bei der Restaurierung antiker Bauten, fanden in einer gemeinsamen Resolution ihren Niederschlag, der »*Charta von Athen*«.[39] Über den Umgang mit antiken Bauwerken wurde in den Artikeln IV und V folgendes gesagt:

Artikel IV
»Die Konferenz stellt mit Genugtuung fest, daß die Prinzipien und die Techniken, die in den einzelnen Beiträgen geäußert wurden, sich an einer gemeinsamen Tendenz orientieren, und zwar:

Wenn es sich um Ruinen handelt, ist eine sorgfältige Erhaltung zwingend und wenn die Bedingungen es erlauben, ist es richtig, die am Ort vorgefundenen originalen Elemente wieder an ihren Platz zu setzen (Anastylosis). Die neuen Materialien, die dazu erforderlich sind, müssen immer zu erkennen sein. Wenn hingegen die Erhaltung der in einer Ausgrabung aufgedeckten Ruinen für unmöglich erachtet wird, wird es ratsam sein, sie wieder zuzuschütten, nachdem genaue Aufnahmen hergestellt worden sind, statt sie der Vernichtung preiszugeben.

Es ist offensichtlich, daß die Grabungstechnik und die Erhaltung der Ruinen eine enge Zusammenarbeit zwischen Archäologen und Architekten erfordert. Was die anderen Monumente betrifft, so sind die Fachleute – unter Anerkennung der Tatsache, daß jeder Fall sich in besonderer Weise darstellt – darin einig gewesen, zu raten, daß vor jeder Maßnahme einer Sicherung oder einer partiellen Restaurierung eine sorgfältige Untersuchung der Schäden notwendig ist.«

Artikel V
»Die Fachleute haben sich in manchen Beiträgen zum Gebrauch moderner Materialien bei
der Sicherung antiker Bauten bekannt und sie billigen den umsichtigen Gebrauch aller Möglichkeiten der modernen Technik, besonders des Stahlbetons.

Sie sind der Meinung, daß diese Mittel normalerweise verborgen werden sollten, um nicht Erscheinung und Charakter des zu restaurierenden Bauwerks zu verändern. Sie empfehlen den Gebrauch dieser Mittel besonders in solchen Fällen, wo sie erlauben, die Elemente in situ zu erhalten und damit das Risiko ihres Verfalls oder ihrer Rekonstruktion zu vermeiden.«

Die Hoffnung auf die neuen technischen Möglichkeiten und den Einsatz ›moderner‹ Materialien hat sich nur teilweise erfüllt, denn die Verwendung von Stahlbeton, mit dem die wiederaufgebauten Ruinen unsichtbar stabilisiert werden konnten, hat in einzelnen Fällen zu erheblichen Schäden an den Bauwerken geführt. Trotzdem wurde auf dieses Material bei den Wiederaufbauprojekten der Nachkriegszeit nicht verzichtet.

Die Charta von Venedig

Die *Charta von Athen* hat den Grundsätzen, die für die Restaurierung von Denkmälern international maßgebend sein sollten, einen ersten Ausdruck verliehen. Wegen ihrer sehr allgemein gehaltenen Formulierungen wurde auf einem neuen Treffen, dem »II. Internationalen Kongreß der Architekten und Techniker der Denkmalpflege« vom 25.–31. Mai 1964 in Venedig, eine neue Charta ins Leben gerufen, die »*Charta von Venedig*«.[40] In 16 relativ kurzen Artikeln werden die Ziele und Methoden der Denkmalpflege systematisch zusammengefaßt. Als neue Tendenz läßt sich feststellen, daß die seit Anfang des Jahrhunderts stark betonte Bewertung des Denkmals als historisches Dokument wieder etwas zurückgenommen wird und die Bedeutung des Denkmals als Kunstwerk mehr in den Vordergrund rückt: »*Ziel der Konservierung und Restaurierung von Denkmälern ist ebenso die Erhaltung des Kunstwerks wie die Bewahrung des geschichtlichen Zeugnisses.*« (Artikel 3). Dieses doppelte Ziel, die Erhaltung des Denkmals als authentisches Dokument sowie als Kunstwerk, bestimmt auch die weiteren Anweisungen:

Artikel 9

»*Die Restaurierung ist eine Maßnahme, die Ausnahmecharakter behalten sollte. Ihr Ziel ist es, die ästhetischen und historischen Werte des Denkmals zu bewahren und zu erschließen. Sie gründet sich auf die Respektierung des überlieferten Bestandes und auf authentische Dokumente. Sie findet dort ihre Grenze, wo die Hypothese beginnt. Wenn es aus ästhetischen und technischen Gründen notwendig ist, etwas wiederherzustellen, von dem man nicht weiß, wie es ausgesehen hat, soll sich das ergänzende Werk von der bestehenden Komposition abheben und den Stempel unserer Zeit tragen. Zu einer Restaurierung gehören vorbereitende und begleitende archäologische, kunst- und geschichtswissenschaftliche Untersuchungen.*«

Artikel 10

»*Wenn sich die traditionellen Techniken als unzureichend erweisen, können zur Sicherung eines Denkmals alle modernen Konservierungs- und Konstruktionstechniken herangezogen werden, deren Wirksamkeit wissenschaftlich nachgewiesen und durch praktische Erfahrung erprobt ist.*«

Artikel 11

»*Die Beiträge aller Epochen zu einem Denkmal müssen respektiert werden: Stileinheit ist*

kein Restaurierungsziel. Wenn ein Werk verschiedene sich überlagernde Zustände aufweist, ist eine Aufdeckung verdeckter Zustände nur dann gerechtfertigt, wenn das zu Entfernende von geringer Bedeutung ist, wenn der aufzudeckende Bestand von hervorragendem historischen, wissenschaftlichen oder ästhetischen Wert ist und wenn sein Erhaltungszustand gut genug ist, um die Maßnahme zu rechtfertigen. Das Urteil über den Wert der zur Diskussion stehenden Zustände und die Entscheidungen darüber, was beseitigt werden darf, dürfen nicht allein von dem für das Projekt Verantwortlichen abhängen.«

Artikel 12

»*Die Elemente, welche fehlende Teile ersetzen sollen, müssen sich dem Ganzen harmonisch einfügen, aber dennoch vom Originalbestand unterscheidbar sein, damit die Restaurierung den Wert des Denkmals als Kunst- und Geschichtsdokument nicht verfälscht.*«

Artikel 13

»*Hinzufügungen können nur geduldet werden, soweit sie alle interessanten Teile des Denkmals, seinen überlieferten Rahmen, die Ausgewogenheit seiner Komposition und sein Verhältnis zur Umgebung respektieren.*«

Die einzelnen Artikel sind eine Zusammenfassung der bisherigen denkmalpflegerischen Erfahrungen und keine Arbeitsanleitung. Durch die sehr allgemeinen Formulierungen, wie »*harmonisch*«, »*ausgewogen*« oder »*unterscheidbar*«, bleibt für den Konservator wie Architekten ein gestalterischer Spielraum, der es ihm ermöglicht, die Konservierungs- und Restaurierungsmaßnahme auf die spezifischen Anforderungen des Denkmals abzustimmen. Die vage Forderung, daß Hinzugefügtes sich »*harmonisch*« dem Ganzen eingliedern soll, bietet einen breiten Interpretationsrahmen, da Harmonie sich weder mit historischen noch naturwissenschaftlichen Methoden, sondern nur durch künstlerische Interpretation fassen läßt.

Reversibilität

Würde die *Charta von Venedig* heute formuliert, so würde sicherlich auf Grund der schlechten Erfahrungen mit neuzeitlichen Restaurierungsmaterialien der Artikel 10 enger gefaßt werden und dafür die Anwendung traditioneller Handwerkstechniken mehr betont werden. Auch fehlt in der *Charta* die Forderung nach *Reversibilität,* um neu Hinzugefügtes, sollte es sich als schädlich erweisen, ohne Schaden für das Original wieder entfernen zu können. Diese Forderung, die heute zum Standard denkmalpflegerischer Grundsätze gehört, ist ein Resultat der in der Vergangenheit oft unkritischen Anwendung unerprobter Materialien. Hierzu gehören die chemischen Konservierungsmittel, die sich, da ihre Langzeitwirkung nicht bekannt war, in vielen Fällen als Zerstörer der Denkmäler erwiesen haben. Hierzu gehören die Verklebung von Marmor mit Kunstharzklebern, die Durchbohrung von Säulen und ihre Ausbetonierung, die kraftschlüssige Verbindung von antiken Marmorteilen mit tragenden Betonteilen.

Die Forderung nach *Reversibilität* aller Maßnahmen läßt sich im naturwissenschaftlichen Sinne, als Möglichkeit, einen gerichteten Vorgang, z. B. eine chemische Reaktion, durch Änderung der äußeren Parameter umzukehren, in der Denkmalpflege nicht verwirklichen, denn *»die scheinbare Reversion betrifft nur die Materie, nicht die Form. Diese wird durch den Alterungsprozeß irreversibel zerstört. Materie und Gestalt müssen bei Bauwerken und Kunstwerken gleichermaßen betrachtet werden. Beide unterliegen Veränderungsprozessen, die sämtlich ihrer Natur nach irreversibel sind.«*[41]

Erzielt werden soll mit dieser Forderung, daß Ergänzungen so ausgeführt werden, daß sie sich ohne Beschädigung des Originals wieder entfernen lassen, wenn es erforderlich sein sollte. Durch die Anpassung eines Reparaturstücks wird jedoch immer eine Veränderung des Originals eintreten und eine vollständige Rückführung auf den ursprünglichen Zustand – vor der Hinzufügung der Ergänzung – nicht möglich sein. Doch das in der Forderung nach *reversiblen* Maßnahmen intendierte Ziel, die Abnahme hinzugefügter Teile ohne Beschädigung des Originals zu gewährleisten, darf deshalb nicht außer Acht gelassen werden. Das gilt ebenso für die daraus entwickelte denkmalpflegerische Forderung, jede Maßnahme so auszuführen, daß die Reparaturfähigkeit des Denkmals oder des einzelnen Bauteils auch in Zukunft erhalten bleibt.[42]

Auch in den von ICCROM/ICOMOS 1990 veröffentlichten *»Guidelines for the Management of World Cultural Heritage Sites«*[43] wird die Forderung nach *Reversibilität* der durchgeführten Maßnahmen erhoben. Die umfangreichen Richtlinien, die unter der Leitung von Sir Bernard Feilden, dem langjährigen Leiter des Zentrums, erarbeitet wurden, bauen auf der *Charta von Venedig* auf und beziehen die von der UNESCO herausgegebenen Konventionen zum Schutz des Weltkulturerbes[44] mit ein. Kapitel 2 der 50seitigen *Management Guidelines* betrifft den Schutz der archäologischen Stätten, historischen Bauwerke und Bauensembles.

Für die Konzeption dieser denkmalpflegerischen Maßnahmen wird gefordert:

16 Sind diese Bau-
maßnahmen wirklich
reversibel? Ephesos,
Agora-Südtor, Paß-
probe eines Blocks der
Attikabekrönung.
Links Architekt F.
Hueber, 1987

»Alle vorgeschlagenen Eingriffe sollen:
a) reversibel sein, soweit es technisch möglich ist, oder
b) sich wenigstens nicht nachteilig auswirken auf zukünftige Maßnahmen, wann auch immer diese erforderlich sein werden,
c) nicht die Möglichkeit eines späteren Zugangs zu allen wichtigen Befunden des Objekts (all evidence incorporated in the object) verhindern,
d) sicherstellen, daß die maximale Menge des vorhandenen historischen Materials erhalten bleibt,
e) sich harmonisch in Farbe, Charakter, Struktur, Form und Maßstab einfügen, und wenn Ergänzungen notwendig sind, sollten diese sich geringfügig vom originalen Material unterscheiden, doch identifizierbar bleiben,

f) nicht ausgeführt werden von Restauratoren, die unzureichend ausgebildet oder unerfahren sind, es sei denn sie erhalten eine qualifizierte Anleitung. Es muß jedoch daran erinnert werden, daß manche Probleme einzigartig sind und deshalb nur von Grund auf durch Ausprobieren (on a trial-and-error basis) gelöst werden können.«[45]

Archäologische Denkmalpflege

Die archäologische Denkmalpflege unterscheidet sich von der traditionellen Baudenkmalpflege durch den Umgang mit bereits weitgehend zerstörten Denkmälern, die darüber hinaus durch die Ausgrabung in ihrer Befundlage stark verändert sind. Nicht in der substanzschonenden Erhaltung und Bewahrung des vorgefundenen ›Bauwerks‹ besteht ihre Aufgabe, sondern in der Konservierung und Präsentation der durch die Ausgrabung freigelegten Überreste. Für die speziellen Probleme der Denkmalpflege an archäologischen Stätten findet sich deshalb in der *Charta von Venedig* ein ganz auf diese Thematik ausgerichteter Artikel:

Artikel 15
»Ausgrabungen müssen dem wissenschaftlichen Standard entsprechen und gemäß der UNES-CO-Empfehlung von 1956[46] *durchgeführt werden, welche internationale Grundsätze für archäologische Ausgrabungen formuliert.*

Erhaltung und Erschließung der Ausgrabungsstätten sowie die notwendigen Maßnahmen zum dauernden Schutz der Architekturelemente und Fundstücke sind zu gewährleisten. Außerdem muß alles getan werden, um das Verständnis für das ausgegrabene Denkmal zu erleichtern, ohne dessen Aussagewert zu verfälschen.

Jede Rekonstruktionsarbeit soll von vornherein ausgeschlossen sein; nur die Anastylose[47] *kann in Betracht gezogen werden, das heißt, das Wiederzusammensetzen vorhandener, jedoch aus dem Zusammenhang gelöster Bestandteile. Neue Integrationselemente müssen immer erkennbar sein und sollen sich auf das Minimum beschränken, das zur Erhaltung des Bestandes und zur Wiederherstellung des Formzusammenhanges notwendig ist.«*

Die Grundsätze der *Charta von Venedig* sind heute in der archäologischen Denkmalpflege allgemein akzeptiert. F. Hueber bezog sich auf sie beim Wiederaufbau der *Celsus-Bibliothek* in **Ephesos**,[48] K. Nohlen beim Wiederaufbau des *Traianeums* in **Pergamon**.[49] Nach den in der *Charta* formulierten Prinzipien wurden die Restaurierungsarbeiten auf der *Akropolis* von **Athen**

konzipiert. Für diese Arbeiten, und bezugnehmend auf die spezifischen Eigenschaften des klassischen griechischen Quaderbaus, wurden von Ch. Bouras fünf Artikel formuliert, die eine Konkretisierung und Ausweitung einzelner Artikel der *Charta* beinhalten.[50] Die einzelnen Forderungen betreffen besonders den Wiederaufbau antiker Bauwerke (vgl. S. 183, 191).

Grundsätze zu den verschiedenen Aspekten des Umgangs mit dem archäologischen Erbe werden auch in der, auf der IX. ICO-MOS-Generalversammlung 1990 in Lausanne angenommenen, *»Charta for the Protection and Management of the Archaeological Heritage«*[51] formuliert (Abdruck im Anhang). Denkmalpflegerische Probleme werden in den Artikeln 6 *»Erhaltung und Konservierung«* und 7 *»Präsentation, Information, Rekonstruktion«* angesprochen.

Durch diese neuen ausführlichen Richtlinien zur Konservierung und Präsentation des archäologischen Erbes wird die *Charta von Venedig* nicht außer Kraft gesetzt. In ihrer kurzen, knappen Form mit nicht mehr als 16 Artikeln ist sie immer noch die wichtigste Grundlage für die Konzeption und Ausführung von Konservierungs- und Restaurierungsmaßnahmen. In der Vergangenheit wurden in regelmäßigen Abständen Überlegungen laut, die *Charta von Venedig* zu überarbeiten, sie unseren ›heutigen Bedürfnissen‹ anzupassen. Hierzu besteht m. E. auch weiterhin keine Notwendigkeit, denn außer der Forderung nach ›Reversibilität‹ der hinzugefügten Materialien und Konstruktionen, einer Forderung, auf die aus der Erfahrung der letzten 20 Jahre nicht verzichtet werden kann, erfüllt sie noch vollständig ihren Zweck. Die sehr prä-

17 Athen, Akropolis. Das Gebälk der Südostecke des Parthenons ist bis zum Kapitell demontiert. Foto 1990

gnant formulierten einzelnen Artikel ge- ben Richtlinien für die denkmalpflegeri- schen Maßnahmen, die in der Praxis von Architekten, Ingenieuren und Restaurato- ren den individuellen Gegebenheiten und Problemen des Denkmals anpaßt werden können. Werden die Forderungen der *Charta* berücksichtigt, so können Fehler auf ein Minimum reduziert werden. Ob

die Maßnahmen qualitätvoll ausfallen, hängt jedoch nicht allein von der *Charta* ab, sondern hauptsächlich von den ›Rand- bedingungen‹, den Fähigkeiten und dem Können der Handwerker, des Architek- ten, des Ingenieurs, des Denkmalpflegers und nicht zuletzt auch von den zur Verfü- gung stehenden finanziellen Mitteln.

18   *Pompeji, Tempel der Fortuna Augusta. Restaurierungsmaßnahmen. Foto Ronczewski 1928*

Maßnahmen, Begriffe, Definitionen

Eine besondere Eigenschaft der bildenden Künste – im Gegensatz z. B. zu Musik und Literatur – ist die Bindung ihrer Denkmaleigenschaft an das originale Material. Es macht ihre Einzigartigkeit aus, *»daß sie nicht nur über Geschichte berichten, sondern daß sie selbst ein Teil dieser Geschichte waren und als originale Zeugen der Geschichte wie materielle Kristallisationen der Vergangenheit vor uns stehen.«*[1] Alters- und Geschichtsspuren zeugen von den Verletzungen, die die unterschiedlichen Nutzungen, Veränderungen und Zerstörungen hinterlassen haben und dokumentieren die durchlaufenen, oft eher durchlittenen, Zeitabschnitte. Die Baudenkmäler sind authentische Zeugnisse der Vergangenheit von dokumentarischem Wert, nicht reproduzierbare historische Quellen.

Die Ziele denkmalpflegerischen Handelns haben sich im Laufe der Zeit stark verändert.[2] Erhalten haben sich jedoch Begriffe wie *»konservieren«*, *»restaurieren«* oder *»rekonstruieren«* zur Bezeichnung der verschiedenen denkmalpflegerischen Maßnahmen. Doch mit der Veränderung der denkmalpflegerischen Zielstellungen hat sich auch die Bedeutung der einzelnen Begriffe gewandelt. Da sie im folgenden Text immer wieder verwendet werden, soll ihre heutige Bedeutung kurz erläutert werden.[3]

Konservierung

Die schonendste denkmalpflegerische Maßnahme im Umgang mit Baudenkmälern ist die Konservierung. Konservieren (von lat. *conservare*) heißt bewahren, erhalten. Konservierende Maßnahmen sind Maßnahmen, die dazu beitragen, den weiteren Verfall aufzuhalten und die Lebensdauer des Bauwerks zu verlängern, jedoch ohne Eingriff in die Bausubstanz und unter Bewahrung der sehr verletzlichen Altersspuren.[4] Hierzu gehören auch Arbeiten, die der Erhaltung des fragmentarischen Zustands dienen, der Sicherung der Stabilität (Abstützungen), dem Schutz vor Verwitterung (Schutzdächer), vor Pflanzenbewuchs oder eindringender Feuchtigkeit. Auch das Entfernen aggressiver Substanzen, die in Zukunft zu Schäden führen können, wie z. B. Krusten und Schmutzschichten, Ergänzungen aus Zement oder rostender Eiseneinlagen, zählt zu den konservierenden Maßnahmen. Zu den flankierenden Arbeiten gehört u. a. der Schutz vor Zerstörung durch Benutzer (Absperrungen).

Die ideale Konservierung, die nichts berührt und alles erhält, gibt es leider nur in der Theorie. Bereits die Entfernung von Schmutz- und Sinterschichten führt zu einer Veränderung der Oberfläche, Flüssigkeiten dringen in das Porengefüge des Materials ein, und Schutzdächer, die den Befund weitgehend unberührt lassen, verändern das Aussehen des Grabungsplatzes ebenso wie die Stützkonstruktionen zur Sicherung gefährdeter Gebäudeteile.

Konservierungsmaßnahmen werden in den meisten Fällen zusammen mit Restaurierungsmaßnahmen durchgeführt.

Restaurierung

Restaurierungsmaßnahmen führen bereits einen entscheidenden Schritt über die bloß konservierende Sicherung hinaus. Restaurieren (von lat. *restaurare*) heißt erneuern, wiederherstellen. Als Restaurierung werden deshalb alle die Maßnahmen bezeichnet, die nicht bei der ausschließlichen Sicherung (Konservierung) stehenbleiben, sondern darüber hinaus auf die Hervorhebung der künstlerischen und historischen Qualitäten des Denkmals ausgerichtet sind. Ziel der Restaurierung ist nach der *Charta von Venedig* (Artikel 9) die Bewahrung und Erschließung der Gesamterscheinung des Denkmals als Kunst- und Geschichtszeugnis. Dieser Doppelcharakter des Denkmals hat oft zu Restaurierungsarbeiten verführt, die hauptsächlich der Wiederherstellung der ästhetischen Qualität dienten, aber zur Erhaltung des Geschichtszeugnisses nicht erforderlich gewesen wären. Aus diesem Grund wird in der *Charta* die Restaurierung als eine Maßnahme bezeichnet, die Ausnahmecharakter behalten soll (Artikel 9). Als Schwerpunkt wird eindeutig die Konservierung des uns überlieferten Originals angesehen und nicht die Wiederherstellung eines nicht mehr vorhandenen Zustandes.

Nach G. Mörsch ist die Restaurierung *»eine Maßnahme, die nach einer umsichtigen, gerechten Analyse aller historischen, kunsthistorischen und sonstigen erhaltenswerten Schichten am Denkmal diese in einem abgewogenen Verhältnis erhält und zur Darstellung bringt und gleichzeitig in den technischen Zustand des Gesamtwerkes, da, wo er stark fehlerhaft oder gefahrdrohend ist, konsolidierend eingreift.«*[5]

Da diese Eingriffe immer eine Veränderung des originalen Zustandes zur Folge haben und damit Bestandteil des Denkmals werden, müssen sie ausführlich dokumentiert werden.

Restaurierungsmaßnahmen sollen den dokumentarischen Wert des Originals nicht zerstören. Um die Reparaturfähigkeit des Bauteils wie der Konstruktion auch in Zukunft zu gewährleisten, sollen sie möglichst als Reparatur im gleichen Material und mit den gleichen Handwerkstechniken wie das Original ausgeführt werden. Der Umfang der Maßnahmen soll sich auf die wirklich gefährdeten Teile beschränken, auf die behutsame Beseitigung von Schäden und die Sicherung der originalen Substanz. Das Ziel der Restaurierung darf nicht in der umfassenden Wiederherstellung der verlorengegangenen Einheit des Bauwerks gesehen werden. Baumaßnahmen in der Form, wie sie z. B. an den *Kaisertbermen* in **Trier** 1984 durchgeführt wurden, gehen weit über den Bereich dessen hinaus, was man als *Restaurierung* bezeichnen kann.[6] Durch den umfangreichen Wiederaufbau nicht mehr vorhandener Bauteile wurde eine Teilrekonstruktion erstellt, die das bekannte Bild der originalen Ruine entscheidend veränderte. Optisch dominierend sind heute die neuen Bauteile in modernen Materialien und nicht mehr die zerklüfteten Oberflächen der gealterten Ruine, die es zu sichern galt (Abb. 19, 20).

Instandhaltung, Instandsetzung

Die der Witterung ausgesetzte Ruine ist einem kontinuierlichen Verfall unterworfen und bedarf einer dauernden *Instandhaltung*. Durch Inspektionen in regelmäßigen Abständen können Schäden bereits in ihrem Anfangsstadium erkannt und in restauratorisch angemessener Weise besei-

19   Trier, Kaiser-
thermen. Ostapsis vor
dem Wiederaufbau.
Foto 1983

20   Trier, Kaiser-
thermen. Ostapsis
nach dem Wiederauf-
bau. Foto 1984

tigt werden. Zu der baulichen Instandhaltung gehören auch konservierende Pflegearbeiten, wie z. B. das Niedrighalten des Bewuchses oder die Beseitigung der sich in den Mauerfugen ansiedelnden Pflanzen. Da Baumaterialien altern und durch äußere Einflüsse geschädigt werden, gibt es eine Grenze, wo konservierende Maßnahmen nur mehr schwer möglich sind und eine *Instandsetzung,* d. h. ein Austausch des Materials, erfolgen muß.

Ergänzungen

Die Frage nach Art und Umfang der Ergänzung schadhafter oder verloren gegangener Bauteile hat die Denkmalpflege seit ihrem Bestehen beschäftigt und die jeweils vertretenen Konzeptionen lassen sich an den restaurierten Bauwerken ablesen. Ergänzungen des Historismus *»im Sinne und Geiste der ursprünglichen Baumeister«* lassen sich ebenso datieren, wie die sich deutlich als neu darstellenden Ergänzung des Funktionalismus oder die oft rohen Betonergänzungen der Nachkriegszeit (Abb. 22).

In Artikel 12 der *Charta von Venedig* wird gefordert, daß Ergänzungen sich dem Ganzen *»harmonisch«* einfügen, aber dennoch vom Originalbestand unterscheidbar bleiben sollen. Diese wenig konkrete Aussage weist deutlich auf ein Problem hin, das jede Restaurierung mit sich bringt: die Entscheidung über die Ausführung der Ergänzungen. Die zu treffenden technischen Maßnahmen lassen sich nach naturwissenschaftlichen Kriterien entscheiden und sind objektivierbar. Hingegen sind die gestalterischen Entscheidungen von Kategorien abhängig, die sich einer exakten

21   *Aquileja, Römisches Forum. Ergänzung fehlender Teile der Säulenschäfte mit rotem Ziegelmauerwerk. Wiederaufbau 1934*

Definition entziehen und durch die künstlerischen Fähigkeiten, den Geschmack und die ästhetischen Zielvorstellungen der Ausführenden bestimmt werden. Auf diesen Bereich hat jedoch, wie die Geschichte der Denkmalpflege zeigt, der Zeitgeist entscheidenden Einfluß.

Rekonstruktion, Wiederaufbau, Anastylosis

Die Rekonstruktion eines Baudenkmals ist nach seiner Zerstörung und dem damit verbundenen Verlust an Originalsubstanz nicht möglich, da der Denkmalbegriff an das Vorhandensein der originalen historischen Substanz gebunden ist. Rekonstruieren (nachbilden) kann man nur das Erscheinungsbild des ursprünglichen Bauwerks, doch was neu entsteht, ist kein *»Baudenkmal«,* sondern ein unter heutigen Bedingungen errichteter Neubau, wie z. B. die *Attalos-Stoa* auf der Agora in **Athen** oder die ›römischen‹ Bauten in den *»Archäologischen Parks«*.[7]

In der denkmalpflegerischen Termino-

22 Apamea, Römische Säulenstraße. Die fehlenden Teile der Säulenschäfte sind mit Beton ergänzt. Wiederaufbau um 1975

logie wird der Begriff Rekonstruktion (von mittellat. *reconstruere* = wiedererrichten, wiederaufbauen) für den Neubau eines nicht mehr existierenden Bauwerks oder Gebäudeteils mit neuen Materialien benutzt, dessen Aussehen theoretisch durch Quellenstudium und Bauforschung wiedergewonnen werden konnte.[8] Für den Wiederaufbau originaler, aus ihrem Verband gelöster Bauglieder, die z. B. durch eine Ausgrabung freigelegt wurden, hat sich die Bezeichnung »Anastylose« oder »Anastylosis« durchgesetzt. Diese besondere Form, »*das Wiederzusammensetzen vorhandener, jedoch aus dem Zusammenhang gelöster Bestandteile*«, wird in der *Charta von Venedig* (Artikel 15) als einzige Methode für archäologische Grabungsstätten zugelassen und gleichzeitig die Herstellung von Rekonstruktionen ausgeschlossen. Doch nur selten läßt sich der Wiederaufbau eines zerstörten antiken Bauwerks auf eine reine Anastylosis beschränken. Die Grenzen zeigen sich dort, wo die originalen Fragmente so unvollständig sind, daß sie nur mit Hilfe von Stützkonstruktionen und weitgehenden Ergänzungen (Rekon-

struktionen) wieder an alter Stelle und im ursprünglichen Zusammenhang aufgebaut werden können.

Während bei einer Anastylosis aufgrund der wiederverwendeten originalen Bauglieder das Bauwerk als historische Quelle nicht vollständig verloren geht, und seine gestalterischen und handwerklichen Qualitäten, entsprechend der Menge der noch vorhandenen Originalteile, wiedergewonnen werden können, dokumentiert ein rekonstruiertes Gebäude aus modernen Materialien, außer der ehemaligen Form und Größe des Bauwerks, hauptsächlich die Fähigkeit des heutigen Architekten, sich mit Entwurf und Bautechnik vergangener Zeiten auseinandersetzen und diese auf heutige Materialien und Baumethoden übertragen zu können. »*Eine Nachbildung*«, schreibt G. Kiesow, »*hat geschichtlich eine Aussagekraft nur für die Zeit ihrer Entstehung, sie ist im Grunde ihres Wesens ungeschichtlich, weil sie unter veränderten wirtschaftlichen, sozialen, kulturellen Verhältnissen eine Form zu wiederholen trachtet, die unter ganz anderen Bedingungen entstanden war*«.[9] Hinter der Rekonstruktion historischer Bauwerke steht nach G. Dehio die Hoffnung, »*den Raub der Zeit durch Trugbilder ersetzen zu können*«, und so ist die Rekonstruktion des römischen Kastells Saalburg 1898–1907 im Taunus bei **Bad Homburg** für uns heute auch mehr ein Denkmal der Römerverehrung Wilhelms II. als eines der Römerherrschaft. Als steingewordener Zustand des damaligen Forschungsstandes vermittelt es dem Besucher das Bild eines römischen Kastells, das in dieser Form in Wirklichkeit nie existiert hat[10] (Abb. 254–256). Für uns ist es jedoch bereits zu einem Baudenkmal geworden, daß in seinem ursprünglichen Zustand der

Nachwelt erhalten werden sollte. Jede Veränderung reduziert den Denkmalwert und die Darstellung neuer Forschungsergebnisse sollte sich, wenn überhaupt erforderlich, nur auf beispielhafte Andeutungen am Bauwerk beschränken.

Translozierung

Mit dem Begriff Translozierung (von neulat. *translocare* = an einen anderen Ort versetzen) wird die Entfernung eines Baudenkmals oder eines Teils desselben von seinem ursprünglichen Ort und dessen Wiedererrichtung mit allen oder wesentlichen Teilen der alten Substanz an anderer Stelle bezeichnet. Ein klassisches Beispiel für Translozierungen sind die ägyptischen Obelisken, die in der Antike nach Babylon, Alexandria, Rom und Istanbul gebracht wurden und im 19. Jh. nach Paris, London und New York.[11]

Translozierbar sind nur Denkmäler, die entweder insgesamt, oder in ihre Einzelteile zerlegt, transportiert werden können: steinmetzmäßig bearbeitete Großquaderbauten wie die antiken Marmorbauten, Holzfachwerkbauten nur mit Einschränkungen, teilweise auch Hausteinbauten. Bauten aus kleinteiligem Ziegel- oder Bruchsteinmauerwerk mit Putz- und Estrichflächen sind ohne großen Materialverlust nicht umzusetzen. Sie können an ihrem neuen Standort nur als Teilrekonstruktion des Originals wiedererrichtet werden.

Als denkmalpflegerische Maßnahme wird die Translozierung nur in Notfällen durchgeführt, dann wenn das Denkmal am originalen Ort nicht mehr zu erhalten ist, denn mit dem Verlust des originalen Standorts verliert das Bauwerk einen we-

23   *Verona, Gavier-Bogen. Der Bogen befand sich bis zu seinem Abbruch 1805 neben dem Uhrturm des Castelvecchio. Wiederaufbau 1930–32 auf der Piazetta Castelvecchio*

sentlichen Teil seiner Denkmaleigenschaft. Durch Abbau, Transport und Wiederaufbau wird sein dokumentarischer Wert stark reduziert und übrig bleibt oft nur ein ›schönes‹ Erinnerungsstück in fremder Umgebung, wie z. B. der *Gavier-Bogen* in **Verona,** der heute – ergänzt und wiederaufgebaut – in einem Park unweit seines originalen Standortes steht (Abb. 23). Im Verhältnis zu einem Totalverlust kann das Denkmal mit dieser Maßnahme jedoch als ›gerettet‹ angesehen werden.

Denkmalwerte

Bei jeder denkmalpflegerischen Maßnahme, die einen Eingriff in die Substanz mit sich bringt, ist darauf zu achten, daß die schutzwürdigen Eigenschaften des Denkmals so wenig wie möglich beeinträchtigt werden. Nach G. Kiesow bestehen die Eigenschaften, die die Bedeutung eines Denkmals definieren, und deren Summe den *Denkmalwert* eines Baudenkmals ausmachen, aus folgenden Faktoren:

»1. dem städtebaulichen Wert für eine Landschaft, ein Ortsbild, einen Straßen- oder Platzraum;
2. dem siedlungs- und sozialgeschichtlichem Wert, ablesbar z. B. an der Lage im Stadtgrundriß;
3. der gestalterischen Qualität aller Architekturteile, ablesbar in den Maßverhältnissen, dem Baumaterial und seiner Bearbeitung, der Bauornamentik;
4. den Raumqualitäten des Inneren, bestimmt von den Raumproportionen, Raumformen, Raumfolgen, der Lichtführung sowie den prägenden Ausstattungsstücken und der Farbigkeit;

5. dem Quellenwert für die Wissenschaft, der z. B. in der Art der Gründung, der Konstruktion, in der Materialbeschaffenheit von Mörtel, Putz, Farbgebung von Außenbau und Innenraum bestehen kann;
6. den Geschichtsspuren, die von der Veränderung des Bauwerks mit seiner wechselnden Nutzung, vom Schicksal seiner Benutzer, von geschichtlichen Ereignissen zeugen.«[12]

Denkmalpflege hat als eindeutige Aufgabe die Erhaltung und Bewahrung der authentischen historischen Substanz und der unverfälschten historischen und künstlerischen Aussage des Denkmals. Aus diesem Grund wird der Denkmalpfleger immer der Sicherung und Instandsetzung des Bauwerks in seinem fragmentarischen, doch originalen Zustand den Vorrang geben gegenüber einer weitgehenden Restaurierung, einem Wiederaufbau oder einer Rekonstruktion.

24 New York, Metropolitan Museum of Art. Den Tempel von Dendur erhielten die USA 1965 für ihre Bemühungen um die Rettung der nubischen Altertümer. Wiederaufbau im Sackler-Flügel des Museums 1978

25   *Ephesos. Blick von der Kuretenstraße auf die Fassade der Celsus-Bibliothek. Foto 1979*

Wiederaufbaukonzepte

Auf den Grabungsplätzen werden Überreste von Bauwerken aus unterschiedlichen Epochen freigelegt, die zumeist mehrere Bauphasen aufweisen. Für den Besucher ist es schwierig, sich die komplizierten Bauzusammenhänge an Hand der wenigen Überreste, der freigelegten Mauerzüge oder einzelner Reste von Fußböden, zu verdeutlichen. Oft helfen jedoch einige wiederaufgestellte Säulen oder an ursprünglicher Stelle errichtete Teile der architektonischen Ordnung, um von dem Vorhandenen auf das ehemalige Bauwerk schließen zu können. Die wiederaufgebauten Teile ermöglichen in Analogie zu bereits Gesehenem und unter Zuhilfenahme von Rekonstruktionszeichnungen (z.B. im gedruckten Grabungsführer) eine Vorstellung davon, was alles verlorengegangen ist. Ob dieser Erkenntnisprozeß – den Willen und die Fähigkeit dazu beim Betrachter vorausgesetzt – stattfinden kann, darüber entscheidet weitgehend die Art, in der der Wiederaufbau durchgeführt wird. Verschiedene Konzeptionen und Formen der Präsentation lassen sich auf den Grabungsplätzen entdecken.

Die ›intellektuelle‹ Ruine

Dem Besucher antiker Ruinenstätten erscheint es zumeist selbstverständlich, daß die um eine Ruine verstreut liegenden Bauglieder zu dem ehemaligen Gebäude gehören oder die wieder aufgerichteten Säulen dort stehen, wo sie einmal gestan-

den haben. Auch wird er annehmen, daß der Wiederaufbau den Versuch darstellt, die originalen Bauglieder an ihren ursprünglichen Ort und in ihren ursprünglichen Verband zurückzuversetzen. Sicherheit vermittelt ihm dabei die Vorstellung, daß die Durchführung der denkmalpflegerischen Arbeiten von Wissenschaftlern geleitet wird, deren Forschungsziel im weitesten Sinne die Rekonstruktion der Vergangenheit ist. Im Vertrauen darauf, daß sie weder bei ihren wissenschaftlichen Aussagen noch den denkmalpflegerischen Maßnahmen leichtfertig mit dem ihnen anvertrauten Material umgehen, wird er die wiedererrichteten Bauten nicht als Rekonstruktionsversuche, als unsichere Hypothesen, betrachten, sondern als Wiederherstellung des ursprünglichen Zustandes. Da der Torso eine ihm aus den archäologischen Museen vertraute Form ist, wird er auch den Torsi auf dem Grabungsgelände nicht verständnislos gegenüberstehen.

Ohne große Schwierigkeiten wird der Besucher bei seinem Rundgang durch die Ruinen von **Ephesos** die Rekonstruktion der Atriumpfeiler der *Marienkirche* an Hand der Ergänzungen aus Ziegelmauerwerk als einen Wiederaufbau erkennen und nicht an der Höhe zweifeln, bis zu der die Pfeiler ergänzt worden sind (Abb. 26). Schwieriger wird es für ihn, auf der *Arkadiané* die Collage aus Säule, Pfeiler und Betonstütze richtig zu deuten und die schlanke Stütze, auf der das Bogenstück aufliegt, nur als Tragkonstruktion zu identifizieren, die mit der antiken Architektur

26   *Ephesos, Marienkirche. Säulen und Pfeiler des Atriums. Ergänzungen aus Beton (unten) und Ziegelmauerwerk (oben)*

27   *Ephesos, Arkadiané. Ergänzung der fehlenden Quader und Pfeiler mit Beton und als Betontragstruktur. Ausführung um 1960*

nichts zu tun hat (Abb. 27). Gänzlich unverständlich muß für ihn jedoch der Wiederaufbau eines Joches der Halle der *Domitians-Terrasse* (A. Bammer, 1957)[1] bleiben, da dieses Beispiel in das ihm bekannte Schema von römischer Architektur so gar nicht hineinpassen will (Abb. 28). Hier sind originale Marmorteile an ihrem ursprünglichen Ort wiedererrichtet, unter Zuhilfenahme von Beton ergänzt und anscheinend in ihrer ursprünglichen Lage wieder zusammengesetzt worden. Überraschend ist jedoch die Öffnung unter der Brüstungsplatte des Obergeschosses. Woher soll der Besucher nun wissen, daß er sich hier statt der Öffnung eine geschlossene Fläche, ein durchlaufendes Gebälk,

vorstellen muß? In Analogie zu den beim Architrav durchgeführten Ergänzungen wird er annehmen, daß das ursprüngliche Bauwerk kein durchlaufendes Gebälk besaß – wenn ihn nicht jemand darauf hinweist, daß hier auf eine originalgetreue Rekonstruktion bewußt verzichtet wurde.

Entfernt sich der Wiederaufbau noch weiter von der ursprünglichen Form des Bauwerks, wird der Wiederaufbau nicht mehr als »Rekonstruktion«, sondern bewußte *»Provokation«* betrieben, wie z. B. bei dem in der Nähe der *Domitians-Terrasse* liegenden *Memmius-Monument* (A. Bammer 1963/64)[2] (Abb. 29), so müssen vom Verfasser schon gewichtige Gründe vorgebracht werden können, um dieses Verfahren auch vom denkmalpflegerischen Standpunkt akzeptabel erscheinen zu lassen. Dazu A. Bammer:

»Bei der Wiederaufstellung des Denkmals wurde nicht versucht, den ursprünglichen Zustand der Gesamtarchitektur wiederherzustellen. Die erhalten gebliebenen Marmorteile befinden sich zwar in Hinblick auf den Grundriß an der richtigen Stelle, nicht jedoch bezüglich des Aufrisses (mit Ausnahme einer Nischentür). Sowohl die Karyatide, die den Bogen trug, als auch das Gebälk und die Attika mit ihrem figuralen Schmuck sitzen wesentlich tiefer, als sie beim antiken Bauwerk angebracht waren. Der heutige Betrachter hat also kaum die Möglichkeit, sich unmittelbar das ursprüngliche Aussehen des Denkmals vorzustellen, falls ihm nicht andere Mittel wie Zeichnungen oder Modelle zu Hilfe kommen.«[3]

»Wenn man … die heutige Komposition des Memmiusbaues betrachtet, fällt auf, daß die Substanz zerrissen ist. Die aufgestellten Marmorblöcke sind in der Regel weder in ihrer ursprünglichen Lage angebracht, noch ahmen die zu ihrem Halt eingesetzten Bauteile auch nur im entferntesten eine antike Form nach. Das Material ist grober Beton, der in geometrische, abstrakte Formen gegossen ist.

Man könnte diese Darstellung ebenfalls mit einem analytischen Verfahren vergleichen, bei dem das Häßliche, das Zerbrochene, das Gerümpel hervorgezogen und durchgearbeitet wird. So sieht der Memmiusbau denn eigentlich auch aus wie ein Haufen antiken Gerümpels, ausgestellt auf einem Flohmarkt.«[4]

Das Ziel des Wiederaufbaus war nicht die möglichst weitgehende Wiederherstellung des antiken Bauwerks, sondern der Wunsch, den Prozeß der Zerstörung des antiken Bauwerks zu dokumentieren und in den Wiederaufbau mit einzubeziehen.

»In den sechziger Jahren wurden in Ephesos einige Versuche unternommen, die Antike und

28 *Ephesos, Domitiansterrasse. Wiederaufbau eines Joches der Außenarchitektur. Ergänzung fehlender Teile in Beton. Bammer 1957*

das Ausgegrabene als Herausforderung zu sehen und ihr mit provokativen Mitteln zu antworten,« schreibt A. Bammer. *»Es wurde versucht, die antiken Denkmäler als etwas Zerstörtes zu sehen und die Tätigkeit des Ausgräbers als Zerstörungsprozeß zu begreifen. Die analytischen Darstellungen des Vorhandenen mit Mitteln der Entfremdung sollten bei den Betrachtern Denkprozesse anregen, die weg von einer klassizistischen Auffassung führen sollten. Dieses Angebot wurde jedoch weitgehend nicht angenommen und blieb, wie das Beispiel der aus Trommeln verschiedener Säulen zusammengesetzten spätklassischen Artemisionsäule zeigt, sogar vollkommen unverstanden und wird wahrscheinlich letztlich zu deren Abbruch führen.«*[5]

29   Ephesos, Memmius-Monument. Der Wiederaufbau des nur noch in wenigen Teilen erhaltenen Monuments als ästhetische »Provokation«. A. Bammer 1963/64

Betrachtet man die aus dieser Zeit stammenden Wiederaufbauten, so wirkt das Ergebnis widersprüchlich. Das theoretische Konzept, die *»analytische Darstellung des Vorhandenen mit Mitteln der Entfremdung«*, wird für den Besucher, der in Ephesos inzwischen umgeben ist von ›normalen‹ Ruinen und ›rekonstruierenden‹ Wiederaufbauten, nicht verständlich. Ohne auf die damit verbundenen Intentionen hingewiesen zu werden, wird dieser sie messen an den ihm vertrauten Methoden des Wiederaufbaus und sie wahrscheinlich als mißlungene Versuche betrachten. Doch unbeeindruckt davon haben die Postkartenhersteller alle diese ›Ruinen‹ ebenso in ihr Repertoire aufgenommen wie die späteren Wiederaufbauten. Sie haben als gleichberechtigte Objekte sogar Aufnahme gefunden in die Bildbände und Führer über Ephesos, ohne daß jedoch das besondere Anliegen des Verfassers erläutert würde.

Neben der evokativen Wirkung, die Ruinen ausüben,[6] darf ihre Bedeutung als historische Dokumente nicht vergessen werden, sind sie doch vor allem unersetzliches Quellenmaterial, das auch nach der wissenschaftlichen Bearbeitung nicht nach Belieben oder einer künstlerischen Wirkung wegen ›umgeschrieben‹ werden darf. Als authentische Zeugnisse der Vergangenheit, als ›wahre‹ Überreste eines durch einen langen historischen Prozeß veränderten und teilweise zerstörten Bauwerks, sind sie unentbehrliche Quellen der wissenschaftlichen Forschung. Selbst die aus dem Verband gerissenen Bauteile sind durch das an ihnen vollzogene Zerstörungswerk nicht ›frei‹ geworden für ein willkürliches neuerliches Zusammenfügen, bei dem die einzelnen Teile nur mehr den Part von beliebigen Bauteilen spielen. Trotz Zerstörung und späterer Freilegung, die gleichzeitig die Zerstörung des ›romantischen‹ Ruinenensembles beinhaltete, ist jedes einzelne Bauglied doch noch Teil der ›Urkunde‹ und hat Anspruch auf wissenschaftliche Bearbeitung wie auf sorgfältige Erhaltung.

Die ›natürliche‹ Ruine

Zerstörung als künstlerische Form zu gestalten und zu bauen war ein wichtiges Thema der Kunst und Architektur in der zweiten Hälfte des 18. Jhs. 1780 baute François Barbier das Wohnhaus Racine de Monvilles im Park von *Désert-de-Retz* bei **Marly** in der Form eines Säulenstumpfes (Abb. 30). Künstliche Ruinen gehörten bei der verbreiteten Ruinensehnsucht der gebildeten Kreise des ausgehenden 18. Jhs. fast immer zur Ausstattung der Landschaftsgärten.[7] Über ihre Funktion schreibt R. Zimmermann:

»Die Ruinen haben zweierlei Funktion. Einmal können sie Geschichten und Erinnerungen evozieren, die historisch mit ihnen verbunden sind; die Imagination stellt Vergangenes wieder her. Und zum zweiten sind sie – jenseits ihrer individuellen Geschichtlichkeit – Exempla der Vanitas oder des Wirkens der Fortuna. In dieser Hinsicht können sie zum Anlaß werden für allgemeine geschichts- und moralphilosophische Reflexionen, deren Inhalt nun nicht mehr direkt mit ihnen verbunden ist, und die selbst in eigener alter Tradition stehen.«[8]

Über die Ausstrahlung der Ruinen, über

30   *Désert de Retz. Das Haus in der Form eines Säulenstumpfes. Erbaut 1780 für Racine de Monville durch F. Barbier*

ihren *»eigenthümlichen Charakter«*, der auf den Betrachter eine melancholische Wirkung, eine *»Zurückerinnerung an die vergangenen Zeiten und ein gewisses mit Melancholie vermischtes Gefühl des Bedauerns ausgeübt«*, schreibt 1780 der Gartentheoretiker Christian C. L. Hirschfeld (1742–1792):

»Bey allen Ruinen aber stellt der Geist unvermerkt eine Vergleichung zwischen ihrem vormaligen und ihrem jetzigen Zustande an; die Erinnerung an Begebenheiten oder Sitten der Vorwelt wird erneuert; und die Einbildungskraft nimmt aus den vorliegenden Denkmälern Veranlassung weiter zu gehen, als der Blick reicht, sich in

31   *Korinth. Der Apollon-Tempel vor der Restaurierung. Ausflug des Deutschen Archäologischen Instituts zu den Altertümern von Korinth. Picknick in den Ruinen. Foto L. Rohrer 1903*

Vorstellungen zu verlieren, die eine geheime, aber reiche Quelle der Vergnügens und der süßesten Melancholie enthalten.

Dies sind die Wirkungen der wahren Ruinen; und wenn die nachgeahmten mit einer glücklichen Täuschung angelegt sind, so können sie fast eben diese Wirkungen haben. Und durch diese Wirkungen werden die Ruinen eine schätzbare Gattung, Werke von einem eigenthümlichen Charakter; sie erregen Vorstellungen und Empfindungen, welche die Gebäude selbst, wenn sie noch vollständig vorhanden wären, nicht hervorbringen würden.«[9]

Die Bedeutung des Malerischen, des Stimmungsvollen, das die Ruinen auszeichnet, wird auch von dem französischen Architekten Julien-David LeRoy (1728–1803) betont, der Griechenland

1754 bereiste, um die antiken Bauten zu zeichnen und zu vermessen. Er schreibt im Vorwort seines 1758 erschienenen Stichwerks »Les ruines des plus beaux monuments de la Grèce …«: *»Wenn man an einer Veröffentlichung … über die Ruinen der antiken Bauwerke arbeitet …, könnte das Ziel sein …, deren Maße sklavisch nachzuzeichnen; und die gewissenhafteste Exaktheit der Vermaßung würde, Mr. Stuart zufolge, fast das einzige Verdienst eines derartigen Buches sein. Ich bekenne, in diesem Punkt ganz anderer Ansicht zu sein. Ganz sicher wäre ich nicht nach Griechenland gereist, um die Beziehung zwischen dem Ganzen eines Bauwerks und seinen Teilen mit unserem alltäglichen Ellenmaß festzustellen … In meinen Ansichten nehmen die Ruinen einen viel größeren Teil der Abbildung ein, als dies*

32   *Korinth, Apollon-Tempel. Die Tempelruine nach der Restaurierung durch A. Orlandos um*
1960. Stabilisierung der Säulen durch einen neuen Stufenbau

*bei Mr. Stuart der Fall ist; wodurch sie den
Betrachter viel unmittelbarer betreffen, indem
sie nämlich in seine Seele all jene Bewunderung
einfließen lassen, die einem der Augenschein dieser Denkmäler abnötigt.«*[10]

Und so entstanden mehr ausdrucks-
starke als genaue Darstellungen der antiken Bauten in Athen und Attika, deren
Fehler erst durch die Publikation von James Stuart (1713–1788) und Nicholas Revett (1720–1804) »The Antiquities of
Athens« (Bd. I–IV, London 1762–1816)
korrigiert werden konnten. LeRoy, der
sich nur drei Monate in Griechenland auf-
hielt, war zeitlich gar nicht in der Lage,
genaue Bauaufnahmen anzufertigen, die
mit Stuart und Revetts Arbeiten zu vergleichen wären.[11] Sein Ziel war eine male-

rische Darstellung, wie sie die »Vedute di
Roma« Piranesis auszeichnen. Er war
nicht Bauforscher und Wissenschaftler,
sondern Künstler, der wie Piranesi mit seinen Darstellungen dem Betrachter die
Größe und Schönheit der antiken Architektur vermitteln wollte.[12]

Der Typus der ›romantischen Ruine‹ ist
einbezogen in die ungestörte Natur und
ihre Form weist auf einen ›natürlichen‹
Verfallsprozeß, der nach der Zerstörung
des Bauwerks eingesetzt hat. Bei der Suche
nach dieser ›natürlichen‹ Form entdeckt
man schnell, daß das heutige Aussehen der
antiken Bauten nicht durch einen unge-
störten Verfall entstanden ist, sondern zumeist durch Ausgrabung und Restaurierungsmaßnahmen. Selbst eine so archaisch

wirkende Ruine wie der *Apollon-Tempel* in **Korinth** hat sein heutiges Erscheinungsbild erst im Laufe mehrerer Restaurierungen erhalten (Abb. 31, 32). Eine der letzten noch unversehrten Ruinen, der *Zeus-Tempel* in **Nemea,** ist noch in den letzten Jahren auseinandergenommen worden zum Zweck eines anschließenden Wiederaufbaus[13] (Abb. 33). Dazu ist es bisher nicht gekommen. Die einzelnen Bauteile, die in dem Ruinenhügel relativ sicher vor Verwitterung waren, liegen jetzt wohlgeordnet, doch ungeschützt und verstreut um den Tempel herum. Der berühmte und immer wieder gezeichnete Ruinenhügel mit den drei aufrecht stehenden Säulen ist jedoch unwiederbringlich zerstört worden, ohne dabei ein über die bisherigen Erkenntnisse hinausgehendes wissenschaftliches Ergebnis zu erzielen.

Da heute kein Tempel mehr in dem Zustand seiner Wiederentdeckung zu finden ist, müssen wir, um der ›natürlichen‹ Form der Ruine näherzukommen, die Zeichnungen des 18. und frühen 19. Jahrhunderts zu Rate ziehen. Aber auch hier fällt es schwer, eine ›natürliche‹ Ruinenform zu entdecken. Jeder Tempel hat durch seine ihm eigene Zerstörungsgeschichte ein individuelles Aussehen erhalten. So ist z. B. der *Parthenon* entscheidend geprägt durch die Explosion 1687 oder der *Aphaia-Tempel* auf **Aegina** durch den systematischen Abbau durch Metallräuber. Es gibt Ruinen, bei denen nur noch Teile der äußeren Ringhalle mit Säulen und Architraven vorhanden sind, Dach, Giebel und die Cellamauern fehlen. Es gibt Ruinen mit nur noch wenigen aufrecht stehenden Säulen, aber auch solche mit noch weitgehend erhaltener Ringhalle wie z. B. der *Apollon-Tempel* in **Bassai**. Allen Ruinen gemeinsam war jedoch, daß um den Tempel herum die umgestürzten Bauglieder und Säulentrommeln lagen und die noch aufrecht stehenden Säulen in dem um sie herumliegenden Schutt zu ›versinken‹ schienen. Was es nur selten gab, uns aber heute von den Ruinenstätten her so vertraut ist, waren die zerbrochenen aber noch zur Hälfte aufrecht stehenden Säulen. Monolithische Säulen fallen im ganzen um und bleiben, zersprungen oder unbeschädigt, auf der Erde liegen.

Mit dem Problem, ›natürliche‹, d. h. glaubhaft aussehende Ruinen zu entwerfen und zu bauen, hatten sich die Landschaftsgärtner des 18. Jhs. auseinanderzusetzen. Im Garten des ehem. kurpfälzischen Sommerschlosses zu **Schwetzingen**, der von dem jungen Friedrich Ludwig von Sckell (1750–1823)[14] nach seiner Rückkehr aus England (1777) in seinen Randgebieten nach ›natürlichen‹ Gesichtspunkten verändert wurde, finden wir zwei hervorragende Beispiele von ›römischen‹ Ruinen: ein *Wasser-Kastell mit Aquädukt* (1777–79) und auf der gegenüberliegenden Seite des Parks, als Pendant, den *Tempel des Merkur* (1784–87). Beide Bauten (Abb. 34, 35) wurden in einem deutlich erkennbaren Zustand des Verfalls errichtet und aus dem ›zerborstenen‹ Mauerwerk des ruinierten Aquädukts rieselt das Wasser in einen davorliegenden Teich. Das ›Alter‹ dieser beiden ›antiken‹ Gebäude ist durch ein mit höchster Sorgfalt hergestelltes ruinöses Aussehen vorgetäuscht und deren stattgehabter ›Zerfall‹ durch die um sie herumliegenden Bauglieder dokumentiert.

Was bei der Errichtung einer Ruine zu berücksichtigen ist, hat F. L. v. Sckell in den »Beiträge zur bildenden Gartenkunst für angehende Gartenkünstler und Gartenliebhaber« (1819) erläutert:

33   Otto Magnus von Stackelberg, Die Ruine des Zeus-Tempels von Nemea. Lithographie 1813

»Ruinen werden von guter Wirkung seyn, wenn man sie an Stellen erbaut, wo sie die Natur der Lage erwarten läßt. Allein es ist sehr schwer, sie so erscheinen zu machen, daß sie täuschen und glauben lassen, der Zahn der Zeit und nicht die Kunst oder andere gewaltsame Ursachen hätten diese Zerstörung hervorgebracht. ...

Beim Erbauen der Ruinen sollten daher schon Steine gewählt werden, die, durch die Zeit benagt, Ruinen gleichen, wie z. B. der Tuffstein.[15] Die Mauern müssen auch von solcher Stärke und Dicke seyn, daß sowohl die Sprünge wie die andern Zeichen von Alter und Baufälligkeit, ohne Gefahr und nach ihrer erforderlichen Tiefe gleich mit angelegt und ausgedrückt werden können. Man sollte auch aus den Resten solcher Gebäude, bald ihre vormalige Bestimmung, und wie sie früher im Wesentlichen construirt gewesen seyn mochten, ziemlich bestimmt errathen können. Daher müssen auch die herabgestürzten

Reste an jenen Plätzen liegen, wo sie außer allem Zweifel herabgefallen seyn müßten, und die leeren Stellen müssen anzeigen, wo diese früher hingehört haben.

Solche Bruchstücke dürfen aber nicht willkührlich umhergestreut werden, auch hüte man sich, diese von anderen Ruinen zu entlehnen (wie Gesimse, Säulen, Capitäler, u. d. gl.), weil man nur zu bald entdecken würde, daß solche heterogenen Theile der erbauten Ruine nie angehört haben konnten. Um aber diese Wahrheit soviel möglich hervorgehend zu machen, so sollte die Anlage einer künstlichen Ruine nach einem bestimmten Plane ausgeführt werden, und die ruinirten Theile durch eine zweifache Verfahrensart hervortreten, nämlich: es brauchen jene großen, durch die Zeit eingestürzten Theile, als eingefallene Mauerstücke, Gewölbe, Kuppeln etc. nicht ergänzt gebaut zu werden, um sie nachher wieder einschlagen zu müssen, sondern diese Theile sind gleich im Bauen schon auszulas-

34   Schwetzingen, Schloßgarten. Tempel des Merkur, erbaut 1784–87 durch F. L. v. Sckell und N. de Pigage

35   Schwetzingen, Schloßgarten. Wasser-Kastell mit Aquädukt, erbaut 1777–79 durch F. L. v. Sckell und N. d. Pigage

sen, weil im anderen Falle, und wenn man diese Zerstörungen durch Instrumente bewirken wollte, der Bau zu sehr erschüttert, und eine gefährliche Ruine entstehen könnte; ... Die zweite Verfahrensart ist, daß der Erbauer einer solchen Ruine, nachdem das ganze Werk vollendet worden, alle einzelnen Theile, z. B. die Gesimse, welche sich noch zu scharf profiliren, mit andern, die zu neu erscheinen, durch einen eisernen Schlegel nach Angabe des Künstlers und nach den angemessenen Standpuncten ruiniren läßt. ... Aber der Künstler muß auch mit der Art und Weise, wie und wo die Zeit vorzüglich zerstört, eben so genau bekannt seyn, als mit der malerischen Wirkung, die seine Brüche und

Sprünge mit den gänzlich mangelnden Bautheilen von dem Standpuncte, aus welchem sie gesehen werden müssen, hervorbringen sollen. Man glaubt oft in der Nähe mit einer viel zu kühnen Hand zerstört zu haben, während die Zerstörungen vom eigentlichen Gesichtspuncte aus gesehen, in's Kleinliche fallen und nicht den geringsten Effect gewähren.«[16]

Für F. L. v. Sckell war es ganz entscheidend, daß die Ruine glaubhaft wirkt und ›Belege‹ für die Zerstörung, wie die Spuren des Alters auf der Oberfläche und die heruntergefallenen Quader, so angeordnet werden, daß sie dem Betrachter ›natürlich‹

erscheinen. Auch unsere Wiederaufbauten wollen ›glaubhaft‹ wirken und wir benutzen dazu teilweise noch ähnliche Methoden wie die Architekten des 18. Jhs. Die Brüche werden nicht vollständig geschlossen, die neuen Teile zeichnen sich als Reparaturen von den alten ab, neben den Säulen mit Architrav stehen Säulenschäfte und halbe Säulen, um ein ›malerisches‹ Bild zu erzeugen. Anastylosis verlangt architektonische Gestaltung, ist auch ›Ruinenbaukunst‹.

Die ›objektive‹ Ruine

Anastylosis wird oft als objektive wissenschaftliche Methode betrachtet, deren Ergebnis hauptsächlich bestimmt wird durch den Umfang des antiken Materials, das für den Wiederaufbau zur Verfügung steht. Friedmund Hueber, der seit 1970 mit dem Wiederaufbau antiker Bauten nicht nur in Ephesos beschäftigt ist, schreibt dazu:

»Die archäologische Forschung greift im Interesse der Wissenschaft verändernd und zerstörend in historisch gewachsene Bestände im Grabungsgelände ein. Ist ausreichend wiederzusammenfügbares Material vorhanden, setzt die Anastylose in logischer Konsequenz die Forschungsarbeit des Ausgräbers fort und restauriert gleichzeitig durch Baumaßnahmen die durch die Ausgrabung wiedergewonnenen Monumente. Sie ist gleichzeitig Forschungs-, Restaurierungs- und Baumaßnahme und unterscheidet sich grundlegend von der Rekonstruktion, die bestenfalls als ein Modell eines Denkmals im Maßstab 1:1 angesehen werden kann.

Die Rekonstruktion verlangt wie jeder Neubau Entwurf und Planung vor der Bauausführung; bei der Anastylose ergeben erst die Beobachtungen beim Zusammenbau den endgültigen Plan und seine ursprüngliche Entwurfsidee. Ge-

stalterischen Maßnahmen sind bei einer Anastylose enge Grenzen gesetzt, die durch die Kriterien der historischen Authentizität definiert werden.

Die Anastylose bringt das von der archäologischen Forschung verursachte Chaos wieder in Ordnung und schafft ein anschauliches Bild vom Zustand vor der Zerstörung. Sie ist daher der abschließende, die wissenschaftlichen Ergebnisse in besonderer Weise ergänzende Schritt der Feldforschung, der bei der Ausgrabung zu berücksichtigen wäre.«[17]

Grundlage der Anastylosis ist für F. Hueber die genaue Bauaufnahme, die Detailbeobachtung, die Untersuchung der Kurvatur, der Lagerflächen, Klammerlöcher und Bruchstellen, aus der sich die Zuordnung der einzelnen Bauteile zwangsläufig ergeben muß. Ausgehend von der genauen Bestandsdokumentation wird der ursprüngliche Zustand rekonstruiert und auf der Grundlage der Rekonstruktionszeichnungen, in denen die einzelnen Bauteile einander zugeordnet werden, das Konzept für den Wiederaufbau entwickelt. Aber erst durch das Zusammenfügen der einzelnen Bauteile ergibt sich die objektiv richtige Form.

Bauen ist ein gestaltender Prozeß. Während das Zusammenfügen der einzelnen Bauglieder auf der Grundlage einer wissenschaftlichen Studie stattfinden kann, ist die Auswahl der zur Verfügung stehenden Teile jedoch relativ willkürlich, da aus einem anarchischen Prozeß hervorgegangen. Form und Art der Ergänzung dieser Teile läßt sich bereits nicht mehr objektiv, sondern nur noch unter Einbeziehung subjektiv-gestalterischer Überlegungen bestimmen. M. Korres geht auf dieses Problem ein, wenn er schreibt:

»Der bekannte Widerspruch, der jede Anasty-

36   *Sardes, Bad-Gymnasium-Komplex. Die geschlossene Fassade des Marmorhofs zeigt sich nach außen als massiver Baukörper ohne Beziehung zu den umliegenden niedrigeren Ruinenmauern und der weiten Ebene. Foto 1979*

lose auszeichnet, beruht eben auf der Tatsache, daß die Denkmalwerte der Ruine normalerweise in Widerstreit zueinander treten und folglich jeder Versuch einer Aufwertung des einen unweigerlich zur Abwertung des anderen führt. Hinter dieser einfachen Feststellung verschanzen sich alle konservativen Theorien, die Eingriffe zum Zweck des Wiederaufbaus ablehnen. Aber die richtige Analyse der Denkmalwerte einer Ruine zeigt, daß Vor- und Nachteile sich häufig sehr vorteilhaft gegeneinander auswirken.«[18]

Auch konstruktive Maßnahmen lassen sich in unterschiedlicher Weise ausführen und die Betrachtung der neueren Wiederaufbaumaßnahmen macht deutlich, daß auch eine Minimierung der technischen

Eingriffe erreicht werden kann. Selbst die Einbeziehung des wiedererrichteten Bauwerks in das Grabungsgelände verlangt einen gestalterischen Ausdruck und hat Auswirkungen auf das Entwurfskonzept des Wiederaufbaus.

Die landschaftliche Situation des Grabungsplatzes ist ein vergleichsweise empfindlicher ästhetischer Raum, dessen Höhenmaßstab durch die Gesamtheit der erhaltenen Ruinen bestimmt wird. Welche Veränderungen durch Wiederaufbauten entstehen, kann man in **Ephesos** deutlich nachvollziehen (Abb. 37). Hier hatte sich die Anastylosis des kleinen *Hadrian-Tempels* noch ohne Schwierigkeiten in das Ruinenensemble an der *Kuretenstraße* einge-

37 *Ephesos, Celsus-Bibliothek. Die zweigeschossige Fassade ragt weit aus dem Ruinenbestand heraus. Erst mit dem Wiederaufbau des Agora-Südtores konnte eine bessere Einbindung in die Umgebung erreicht werden. Foto 1979*

fügt, während der Wiederaufbau der zwei-geschossigen *Celsus-Bibliothek* bereits eine deutlich veränderte Höhendimension in das Grabungsgelände brachte. Der neue Maßstab wurde ein wenig aufgefangen durch die ›tiefe‹ Lage am Ende der Straße, machte aber doch eine Fortsetzung der Wiederaufbaumaßnahmen über das *Ma-zaeus-Mithridates-Tor* und die *Neronische Halle* hinaus in den Bereich der Agora erforderlich.[19] Die hohe Fassade der *Cel-sus-Bibliothek* stand zuerst ohne erkennba-ren Bezug zu den angrenzenden Ruinen, ein bedeutender Solitär, an städtebaulich hervorragender Stelle, schon von weitem sichtbar für die von oben direkt auf die Fassade zugehenden Touristen (Abb. 25).

Der Wiederaufbau des Agora-Tores hat die Situation entschärft, doch für die Rückseite der *Celsus-Bibliothek* kann man nur hoffen, daß sie auch weiterhin Rück-seite und unbesehen bleibt.

Ganz besonders störend macht sich die starke Veränderung der Landschaft durch den Wiederaufbau in **Sardes** bemerkbar, wo die Ummauerung des zweigeschossi-gen *Marmorhofs* wie ein fremdartiger, an-passungsunwilliger Koloß, ohne Bezug zur angrenzenden Ruinenfläche und ohne Beachtung der landschaftlichen Gegeben-heiten direkt aus der flachen Flußebene aufsteigt (Abb. 36). Eine für den Besucher ersichtliche Anknüpfung an die Gesamt-anlage des *Bad-Gymnasium-Komplexes* ist

38   *Perge, Römisches Theater. Erst die Freilegung der Ruine schafft die Notwendigkeit für Konservierungs- und Wiederaufbaumaßnahmen. Foto 1979*

nicht gegeben. Alles Umliegende, außer der teilweise wiederaufgebauten *Synagoge*, ist klein und niedrig und damit ›bedeutungslos‹ geworden.

Um die verschiedenen Probleme, die bei einem Wiederaufbau auftauchen, schon im Voraus berücksichtigen zu können, ist es erforderlich, sich vorab über eine Reihe von möglicherweise auftretenden Problemen Klarheit zu verschaffen.

Die wichtigsten Fragen, die auf Planung und Ausführung Einfluß haben können, sind:

1. Gestalterische Fragen
– Wie ist der Wiederaufbau in die Ruinenlandschaft zu integrieren?

– Wie sollen die Übergänge und Verbindungen zu den umgebenden Ruinen gestaltet werden?
– Welche Bauphase soll wiederaufgebaut werden? Sollen mehrere Bauphasen gezeigt werden?
– Wie verhält sich die wiederaufgebaute Bauphase historisch zum umliegenden Ruinenensemble?
– Sind genug Bauteile für einen Wiederaufbau vorhanden, der einen guten Eindruck von der ehemaligen Architektur vermittelt?
– Wie vollständig soll das Gebäude wiederaufgebaut werden? Welcher Zerstörungszustand soll dargestellt werden?
– Wie sollen die Ergänzungen ausgeführt werden?

*39 Apamea, Säulenstraße. Nach der Aus-
grabung freiliegende und der Verwitterung und
Zerstörung ausgesetzten Säulen. Foto 1980*

*40 Pergamon, Stadtgrabung. Die mit Lehm-
mörtel errichteten Mauern zerfallen nach ihrer
Freilegung in kurzer Zeit. Foto 1979*

2. Konstruktive Fragen

– Welche konstruktiven Maßnahmen sind
für einen Wiederaufbau erforderlich?
Sind diese in die antike Baustruktur zu
integrieren?
– Welche Materialien und technischen
Hilfsmittel sollen für Ergänzungen,
Verbindungen, Tragkonstruktionen ver-
wendet werden?
– Welche Baustelleneinrichtung, welche
Geräte, welche Flächen sind für den
Aufbau erforderlich? Wie sind Bauplatz,
Steinlager, Werkstatt zu gestalten?
– Welche naturwissenschaftlichen Vorun-
tersuchungen zu den antiken und moder-
nen Baumaterialien sind erforderlich?
– Sind qualifizierte Arbeitskräfte für die
geplanten Arbeiten vorhanden?

3. Funktionale Fragen

– Wie soll das Gebäude für die Touristen
erschlossen werden?
– Welches museumsdidaktische Konzept,
welche Nutzungen sollen verwirklicht
werden?
– Wie ist die bauliche Unterhaltung auf
Dauer zu gewährleisten?

– Wie ist die Ruine gegen Diebstahl, Ein-
bruch, Vandalismus etc. zu sichern?

An Hand dieses Fragenkatalogs wird deutlich, daß eine Anastylosis, so ›objektiv‹
diese Form des Wiederaufbaus auch scheinen mag, immer auch geprägt wird durch
Entscheidungen, die sich aus künstlerischen, architektonischen und konstruktiven Überlegungen zusammensetzen.
Auch durch eine Anastylosis wird nicht
das zerstörte Bauwerk zurückgewonnen,
sondern ein neues geschaffen, eine ›künstliche‹ Ruine, ein neuzeitliches Präparat mit
antiken Bauteilen. Anastylosis ist keine
Wissenschaft, sondern ›Ruinenbaukunst‹.
Um ›Geschichtsfälschungen‹ zu vermeiden, muß das Ziel des Wiederaufbaus deshalb die sorgfältige und weitgehend ›objektive‹ Rückführung der aus dem Verband gerissenen Bauteile in ihren ehemaligen Zusammenhang sein. Die dafür anzuwendenden Methoden haben sich an den
allgemein anerkannten konservatorischen
Grundsätzen und internationalen Regeln
zu orientieren.

AUSGEFÜHRTE BEISPIELE

41   *Rom, Forum Romanum. Der Zustand nach den Grabungen Ende des 19. Jhs. Im Hinter-*
grund der Titus-Bogen, rechts die drei Säulen des Dioskuren-Tempels. Foto um 1890

Italien, Griechenland 1800–1850

Italien

Die drei mächtigen korinthischen Säulen des *Dioskuren-Tempels* auf dem *Forum Romanum*, monumentale Überreste des antiken **Roms**, eindrucksvolle Zeugen der ehemaligen historischen und kulturellen Größe des Imperium Romanums, sind seit dem 16. Jh. immer wieder gezeichnet worden[1] (Abb. 42). Als in der Erde versunkene Säulen wurden sie von Antonio Chichi (1743–1816) in Kork modelliert und fanden ihren Platz in den Sammlungen der Romreisenden aus dem Norden.[2] Drei Säulen mit aufliegendem Gebälk wurden fast zum Synonym für antike Ruinen und wurden nachgebaut in den Landschaftsgärten des 18. Jahrhunderts, u.a. als Teil des Ruinenensembles auf dem Ruinenberg in Potsdam (1748)[3] oder in der von Goethe entscheidend mitgestalteten Weimarer Parkanlage an der Ilm.[4]

Erst um 1800 veränderte sich der Zustand des überwachsenen, die Ruinen unter 10–15 m hohen Ablagerungen bergenden *Campo Vaccino*, als von Pius VII. (1800–1823) Ausgrabungen angeordnet wurden, um den Verlust eines Teils der päpstlichen Antikensammlung an Frankreich im Frieden von Tolentino (1797) auszugleichen. 1802 wurden der Bildhauer Antonio Canova (1757–1822) zum Generalinspektor der Schönen Künste und der Archäologe Carlo Fea (1753–1836) zum Antikenkommissar ernannt. Ihnen unterstanden alle Maßnahmen in Verbindung mit der Ausgrabung und Restaurierung

der antiken Monumente, durch die nicht zuletzt die Anziehungskraft Roms auf Bildungsreisende und Künstler gesteigert werden sollte. Die Freilegung und Sicherung der antiken Bauwerke wurde 1802 durch ein Edikt Papst Pius VII. geregelt, dem 1820 ein Erlaß mit dem Titel »Le antichità e gli scavi« folgte, in dem die Bestimmungen über Ausgrabung und Sicherung der antiken Bauten verschärft wurden.[5]

42   Rom, Forum Romanum. Ansicht der drei Säulen des Dioskuren-Tempels. Zeichnung von J.-B. Leprince, um 1754

43   *»Lo Sperone«, Abstützung der Ostwand des Kolosseums durch R. Stern 1806. Ausschnitt aus dem Rom-Plan von Uggeri, 1826*

Die geplante Freilegung des gesamten *Forum Romanums* überstieg erheblich die damals vorhandenen Möglichkeiten, so daß man sich damit begnügte, die einzelnen Monumente bis zu ihrem ursprünglichen Niveau auszugraben. Eine Promenade verband die einzelnen Ruinen.

Zu den ersten Maßnahmen gehörte die Freilegung des *Septimius Severus-Bogens* (1803) und des *Konstantins-Bogens* (1805). Auf der Ostseite des *Kolosseums* wurden die störenden Anbauten abgetragen und die Außenwand, die einzustürzen drohte, 1806 nach einem Plan des Architekten Raffaele Stern (1774–1820)[6] mit einem kräftigen Strebepfeiler aus Mauerwerk, von den Römern *»Lo sperone«* genannt, abgestützt. Aus Anlaß der Fertigstellung ließ Pius VII. eine Münze prägen mit einer Darstellung der Sicherungsmaßnahmen und der Inschrift »AMPHIT. FLAVIVM REPARAT«, die auf dem »Pianta di Roma nel 1826« abgebildet ist[7] (Abb. 43). Im gleichen Jahr begannen unter der Leitung von Giuseppe Camporesi die Sicherungsarbeiten an den Säulen des *Jupiter-Tempels*, die nur noch zu einem Drittel aus der Erde schauten. Nach der statischen Konsolidierung des ausgeraubten Sockels wurde ein großes Gerüst um die Säulen errichtet, mit

dessen Hilfe das Gebälk angehoben und die verschobenen Säulentrommeln wieder senkrecht gestellt wurden. Neben den Freilegungen und kleineren Sicherungsmaßnahmen wurden während dieser Zeit zwei große Restaurierungsmaßnahmen begonnen: die Wiederherstellung des *Titus-Bogens* und die Sicherung der südwestlichen Außenwand des *Kolosseums*.

Rom, Titus-Bogen

Der *Titus-Bogen* am östlichen Ausgang des Forum Romanums war im Mittelalter zu einem Torturm umgebaut und in den Festungskomplex der Frangipani einbezogen worden.[8] Im 15. Jh. hatten unter Paul II. und Sixtus IV. erste Freilegungen stattgefunden, bei denen Teile der mittelalterlichen Befestigungsmauern abgebrochen wurden. Den Zustand des Bogens in dieser Form zeigt ein Stich Piranesis aus dem Jahre 1748.[9] Die Restaurierungsarbeiten unter Pius VII. begannen 1812/13 mit dem Abbruch der letzten Reste der mittelalterlichen Anbauten. Nur ein Strebepfeiler blieb als Stütze erhalten (Abb. 45). 1817, nach dem Ende der seit 1809 bestehenden französischen Besetzung Roms, beauftragte Pius VII. R. Stern mit der Fortführung der Arbeiten, die aber erst nach dem Tode Sterns durch Giuseppe Valadier (1762–1839) in den Jahren 1822–24 abgeschlossen werden konnten.[10] Der Plan für die Wiederherstellung stammte von dem französischen Architekten Guy-Alexandre Jean-Baptiste de Gisors (1762–1835), Mitglied der Academie Française, der 1813 der Accademia di S. Luca und dem Conseil des Bâtiments in Paris eine Zeichnung vorgelegt hatte, die bis in Einzelheiten mit den ausgeführten Arbeiten übereinstimmte.

44   *Rom, Forum Romanum. Titus-Bogen, Ansicht der Ostseite. Die fehlenden Teile, wie z. B. die äußeren Säulen, wurden bei der Restaurierung in vereinfachten Formen und in Travertin statt Marmor wiederhergestellt. R. Stern, G. Valadier 1812–24*

45   Rom, Forum Romanum. Ansicht der Westfront des Titus-Bogens mit hölzerner Stützkonstruktion vor Abbruch der mittelalterlichen Mauern. Taylor-Cresy 1821

Nach der Vermessung des nur noch im Mittelteil erhaltenen Bogens wurde das gesamte Bauwerk zu zwei Drittel abgetragen, um die verrutschten Keilsteine wieder zurechtzurücken. Dabei wurde leider die antike Attikakammer, die man für mittelalterlich hielt, zerstört. Grabungen hatten die genauen Abmessungen des Fundaments ergeben und damit die Möglichkeit geschaffen, die Lage der verlorenen Ecksäulen exakt zu bestimmen. Ziel des Wiederaufbaus war eine vollständige Wiederherstellung des Bauwerks. Für die Ergänzung der fehlenden Teile bediente man sich einer Methode, die noch heute als vorbildlich angesehen wird. So wurden die neuen

Bauglieder wohl in der originalen Größe ergänzt, doch in vereinfachten Formen ausgeführt (die korinthischen Säulen blieben unkanneliert) und in einfacherem Material hergestellt (in Travertin statt in Marmor). Die antiken Marmorteile wurden nicht behauen, sondern die Travertinergänzungen an die unregelmäßigen Bruchkanten angepaßt. Trotz der Patinierung der neuen Teile ist es auch heute noch möglich, Original von Ergänzung zu unterscheiden, doch von weitem sieht der Bogen wie unzerstört aus (Abb. 44).

Die Restaurierung des *Titus-Bogens* war eine der ersten neuzeitlichen denkmalpflegerischen Maßnahmen an einem antiken Bauwerk, die über die reine Sicherung der noch vorhandenen Substanz hinausging und die Rekonstruktion der verlorenen Teile mit einschloß. Im Gegensatz zu der ungegliederten Stützkonstruktion am *Kolosseum* verzichtete man hier auf eine reine Sicherung des noch vorhandenen antiken Bestandes, sondern entschloß sich zu einer Wiederherstellung in der ursprünglichen Form, die man durch Aufmaß und Grabung erschlossen hatte. Die Fehler, die durch die Ergänzungen entstanden, sind geringfügig.

Der Wiederaufbau fand große Zustimmung, hatte man doch damit ein bereits weitgehend zerstörtes antikes Bauwerk zurückgewonnen. Kritisiert wurde nur der farbliche Unterschied zwischen dem hellen Travertin und dem gelblichen Marmor: »... *der Titusbogen ist wieder gewölbt, die Marmorblöcke passen aber nicht so gut als ehedem aneinander, und der alte Bogen nimmt sich zwischen der neuen Restauration nicht zum besten aus*«, vermerkte ein Kritiker 1822.[10a]

In der Zwischenzeit haben sich die Farben der unterschiedlichen Materialien angeglichen und sind gemeinsam gealtert im

›Sauren Regen‹. Die antiken Marmoroberflächen sind heute fast vollständig zerstört;
der Vergleich mit Archivfotos zeigt den
beängstigend schnell fortschreitenden
Verfall besonders der Skulpturen.

Rom, Kolosseum

Das *Kolosseum*, das bis 1744 als Steinbruch
benutzt wurde und einen erheblichen Anteil seiner Substanz dabei verlor, war ein-
sturzgefährdet. Die Ansichten Piranesis
(Vedute di Roma, 1749) zeigen deutlich
die großen Schäden: die nur noch auf der
nördlichen Hälfte erhaltene Außenwand,
die fast senkrechten Abbrüche der beiden
Wandenden und die Zerstörung der inneren Wandreihe auf der südlichen Seite.
Den östlichen Abbruch der Außenwand
hatte R. Stern 1806 durch einen massiven
schrägen Mauerkeil und die Zumauerung
einiger Arkaden gesichert. Diese einfache
Sicherungsmaßnahme wurde auf der Westseite nicht wiederholt, da sie von Valadier
für die städtebaulich wichtigere Ansichts-
seite, dem *Forum Romanum* gegenüber, als
ästhetisch nicht angemessen betrachtet
wurde. Um die Einsturzgefahr zu beseitigen, stützte er 1820 die Außenwand provisorisch mit einer großen Holzkonstruktion ab und entwarf 1823 eine schräge
Stützkonstruktion aus Ziegelmauerwerk,
die die antiken Formen (Gebälk, Pfeiler
und Gewölbe) nachahmte und an den
Bruchkanten exakt anschloß. Nur die Kapitelle und Basen wurden aus Travertin
gehauen[11] (Abb. 47, 48).

Der Entwurf Valadiers war eine Kombination der bisher zur Restaurierung der
antiken Bauten angewendeten Maßnahmen. Da eine Wiederherstellung des ge-

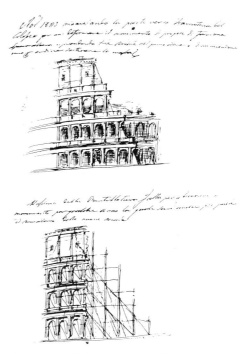

46   *Rom, Kolosseum. Zwei Skizzen von
G. Valadier für die Sicherung und Restaurierung der Nordwestseite des Kolosseums*

samten Bauwerks, wie am *Titus-Bogen*,
nicht möglich war und eine einfache Ab-
mauerung als ästhetisch nicht befriedigend
angesehen wurde, entwarf er eine geglie-
derte, den antiken Bauformen angepaßte
Stützkonstruktion, die in ihrer Grund-
form den dreiecksförmigen Stützkeil jedoch nicht verleugnet.

Die theoretische Konzeption dieser frühen römischen Restaurierungsmaßnahmen findet sich bei dem französischen Ar-
chitekturtheoretiker A. C. Quatremère de
Quincy (1755–1849), Sekretär der École
des Beaux-Arts, der in seinem »Dictionnaire de l'architecture« (Paris 1786–1826)
die Aufgabe der Restaurierung als Siche-

47   *Rom, Kolosseum. Ansicht der Nordwestseite mit der 1823–26 von G. Valadier ausgeführten Abstützung der äußeren Arkadenwand. Foto um 1900*

rungsmaßnahme beschreibt, bei der die neuen Teile sich harmonisch in das Ganze fügen sollen, ohne mit den originalen Teilen zu konkurrieren. Dieses uns ganz modern erscheinende Prinzip ist nach M. Jonsson aber nicht das Ziel Valadiers bei den von ihm durchgeführten Restaurierungen gewesen. Sie schreibt:

»*Valadier hat bislang, aber unverdient, als höchst radikaler Denkmalpfleger gegolten, der seine Eingriffe deutlich und bewußt durch vereinfachte Form und kargeren Schmuck, sowie durch abweichendes Material zu erkennen gab. Als Beleg hat man eben den Titusbogen und die Nordwestseite des Colosseums angeführt. Aber der Plan für den Titusbogen stammte nicht von Valadier, und bei der Restaurierung des Colos-*

seums bemühten er und seine Ratgeber bei der Akademie sich darum, die antiken Mauern mit den geringen Mitteln, die sie hatten, in antiker Weise wiederherzustellen und, so gut es ging, zu verbergen, daß der Papst kein Geld für teureres Material hatte. Wenn die Wiederherstellung heutzutage als vorbildlich dasteht, ist der Hauptgrund dazu in den schwachen Staatsfinanzen zu suchen, die einen originalgetreuen Neubau verhinderten. Der Charakter der damaligen römischen Denkmalpflege erklärt sich eher aus dem Mangel an teurem Material und erstklassigen Handwerkern als aus einer entwickelten Restaurierungsideologie.«[12]

Das Restaurierungskonzept dieser beiden Arbeiten hat bis heute seine Gültigkeit behalten und setzt sich wohltuend ab von den rekonstruierenden Wiederherstellungen der 2. Hälfte des 19. Jhs. wie den kontrastreichen Ergänzungsmaßnahmen der Mussolini-Aera.

Nach 1850 wurden unter der Leitung von Luigi Canina und später Pietro Rosa auf dem *Forum Romanum* größere archäologische Arbeiten in Angriff genommen, die die vollständige Freilegung des Areals zwischen dem *Kapitol* und der Biegung der *Via del Campidoglio,* die Ausgrabung des *Castor-Tempels* und von Teilen der *Basilica Julia* umfaßten (Abb. 41). Die *Portico degli Dei Consenti* wurde 1858 von Canina wiederaufgebaut[13] und die Bögen und Pfeiler der *Basilica Julia* teilweise rekonstruiert (um 1870).

Die Restaurierung des *Kolosseums* wurde unter Gregor XVI. 1845 weitergeführt. Der Mauerring auf der Südseite wurde durch sieben neue Joche in Ziegelstein wieder geschlossen. Auf der Höhe der zweiten Ordnung wurden starke Eisenanker eingebaut, um die einzelnen Mauerringe zusammenzuhalten. Weitere Bögen wurden zur Stabilisierung ausgemauert.

Agrigent, Dioskuren-Tempel

Zu ganz anderen Ergebnisssen als in Rom kam man beim Wiederaufbau der Nordwestecke des dorischen *Dioskuren-Tempels (Tempel I)* am südlichen Stadtrand von **Agrigent**, die 1836–45 durch die sizilianische Altertümerkommission unter Leitung des Herzogs von Serradifalco von D. Cavallari und V. Villareale errichtet wurde[14] (Abb. 49). Um den ganzen Tempel aufzubauen, waren zu wenig Bauglieder vorhanden, so daß man sich zu einer ›Archi-

48   *Rom, Kolosseum. Abstützung des äußeren und mittleren Mauerrings durch schräge Pfeiler aus Ziegelmauerwerk. Die Kapitelle und Basen sind aus Travertin hergestellt*

tekturprobe‹ entschloß, die aus drei Säulen, dem Giebelansatz und dem Gebälk der Nordseite bestand. Nachdem bei den Ausgrabungen weitere Teile gefunden wurden, wurde 1871 die Nordseite um eine dritte Säule und weitere Gebälkstücke verlängert.

Der Wiederaufbau enthält Bauglieder aus den unterschiedlichen Bauphasen des mehrfach umgebauten Tempels. Nach G. Gruben ist »*der Stufenbau modern, die stark ergänzten Säulen, Kapitelle und Triglyphen gehören tatsächlich dem Tempel an, das Geison mit einer überladenden Profilierung – ionischer Perlstab, dorisches und lesbisches Kyma stützen gewissermaßen das vorkragende dorische Gesims*

49   *Agrigent, Dioskuren-Tempel. Die wiederaufgebaute Nordwestecke, 1836–45, 1871*

– und die weit ausladende, geschwungene Sima mit ihren getrennt eingesetzten Löwenköpfen stammen von einer hellenistischen Erneuerung des wahrscheinlich bei der Katastrophe von 406 ausgebrannten Tempels. Die viel strenger geformte Sima hat sich inzwischen nachweisen lassen.«[15]

Im Gegensatz zu den noch weitgehend erhaltenen Tempeln Agrigents, z.B. dem *Concordia-Tempel*, ist diese künstliche Ruine, der man ihren Wiederaufbau deutlich ansieht, zum bekanntesten touristischen Signet der Stadt geworden. Wahrscheinlich entspricht die gewählte Form des Wiederaufbaus – die Tempelecke – der Idee von ›antiker Ruine‹ besonders gut. Das Beispiel hat Nachfolger gefunden auf vielen archäologischen Stätten.

Selinunt

Gewannen die Ruinen durch den Wiederaufbau an Anschauung und Klarheit, so büßten sie damit aber gleichzeitig einen Teil ihrer malerischen Wirkung ein. Wilhelm von Humboldt (1767–1835), preußischer Gesandter in Rom 1802–08, schreibt bedauernd über diesen Verlust: »*... nur als vergangen muß das Altertum uns erscheinen. Es geht damit wie wenigstens mir und einem Freunde mit den Ruinen: wir haben immer einen Ärger, wenn man eine halb versunkene Ruine ausgräbt; es kann höchstens ein Gewinn der Gelehrsamkeit auf Kosten der Phantasie sein.*«[16]

In ähnlicher Form beschreibt der Historiker Ferdinand Gregorovius (1821–1891) den Verlust des Malerischen durch Ausgrabung und Restaurierung. 1853 besuchte er auf seinen Streifzügen durch Italien die noch unberührten Ruinen der Tempel von Selinunt (Abb. 50):

»*Der Anblick dieser Trümmer am Meer, in grenzenloser Öde, ist vielleicht ohnegleichen in der Welt. Hier hatte ich zum erstenmal den ganzen und vollen Eindruck von dem, was man sich unter dem Begriff »klassische Ruine« vorstellt. Aus der Ferne wie aus der Nähe betrachtet erregen diese verlassenen Überreste hellenischer Größe ein gemischtes Gefühl von sprachlosem Erstaunen und von schauerlicher Lust. Die Wüstheit der Trümmer unter wucherndem Pflanzenwuchs ist unbeschreiblich malerisch, um so mehr, als aus den riesigen Steinblöcken überall Gebild und Gestalt hervortritt. Nichts als Triglyphen, Metopen, kannelierte Säulenstücke, dorische Kapitäler von ungeheurer Dimension und doch graziös und leicht in Form und Profil; all dies ragt übereinander, gleich wie Schollen, wenn der Strom mit Eis geht. ...*

Im übrigen Italien sieht man auf Trümmerstätten entweder das Leben sich in die Ruinen einwohnen, wie namentlich in der Campagna von

50   *Selinunt, Tempel auf dem Osthügel. Blick über die Ruinen der Tempel E, F, G (von vorn nach hinten). Kupferstich nach einer Zeichnung von J.-L. Despréz 1781*

Rom, oder man erblickt nebeneinander Trümmer von verschiedenen Zeitepochen; zu Selinunt stellt sich nur eine einzige Epoche dar; ringsum keine Spur von Leben, die feierlichste Öde zu beiden Seiten, eine grenzenlose aber selige Verlassenheit, ein verschwimmender Meereshorizont, tiefstes Schweigen und mythenvolle, odysseische Einsamkeit. Daher wird die Phantasie durch nichts aufgehalten, sondern breitet sich in dieser klassischen Wüste ungehindert aus. Wer Selinunt gesehen hat, wird sagen, daß nirgendwo anders in Italien sein Gemüt so ganz und gar den Eindruck der Ruine empfunden hat.«[17]

Als er 30 Jahre später, 1886, die Tempel wieder besuchte, hatte sich die Situation vollständig verändert (Abb. 51):

»Als ich im Jahre 1853 Selinunt besuchte, waren die Tempelreste des Osthügels durch die Ausgrabungen Serra di Falcos zugänglich ge- *macht; weil aber diese nicht mehr fortgesetzt wurden, boten die Trümmer noch das schöne landschaftliche Schauspiel der Versunkenheit in die Naturwildnis dar. Myrten, Mastix und Fächerpalmen quollen überall zwischen den riesigen Steinblöcken hervor, und der Schritt des kletternden Besuchers störte dort die buntgefleckten Schlangen auf. Heute ist der Ausgräber im Kampf mit der Wildnis wieder Sieger geworden, und fast wie überall in der klassischen, von der Wissenschaft eroberten Trümmerwelt ist die Poesie der Ruine gründlich zerstört. Statt der vom Pflanzenwuchs umschlungenen Steinblöcke gestürzter Tempel, deren tragischen Untergang die Natur selbst zu sühnen schien, indem sie diese zerstörerische Pracht unter Blumen bestattete, sieht jetzt der zu künstlerischen oder dichterischen Empfindungen geneigte Wanderer mit Unwillen nur kahle, sorgsam gereinigte Architrave, Metopen, Triglyphen, Säulenstücke auf nacktem*

51   *Selinunt, Tempel auf dem Osthügel. Blick über die Ruinen der Tempel E, F, G (von vorn nach hinten) nach ihrer Freilegung. Foto Ende 19. Jh.*

Erdboden gruppenweise hingelagert, und es fehlen nur die Nummern oder Aufschriften auf den Blöcken, um ihm darzutun, daß er Gegenstände eines wohlgeordneten archäologischen Museums vor sich habe. Der Gewinn für die Wissenschaft ist bisweilen ein Verlust für die Phantasie; denn Dichtung und Kunst ziehen ihr innerstes Leben aus dem Geheimnis. Die nackte Wirklichkeit schreckt sie als Tyrannei der Tatsache ab ... Wenn Fiorelli und Schliemann Ursache zum Jubeln haben, trauern vielleicht Geister wie Lord Byron und Claude Lorrain.

Ich bekenne, daß der erste Eindruck beim Wiedersehen Selinunts mich gar nicht erfreute. Diese majestätischen Ruinen, älter und merkwürdiger als jene Baalbeks, erschienen mir jetzt nicht nur ihrer Weihe beraubt, sondern verkleinert und zu Haufen von Schutt eingeschrumpft,

den man zusammengekehrt hat. Jedoch nachdem ich mich mit dem Bewußtsein getröstet hatte, diese wunderbare Trümmerwelt noch zu einem großen Teil in ihrem jahrhundertealten wilden Naturzustande gekannt zu haben, mußte ich mich zufriedengeben, sie jetzt von den Dienern einer Wissenschaft gezähmt zu sehen, welche uns wenigstens die Entwicklung der Kunst vor Augen führen kann und fähig ist, Gebiete göttlicher Schönheit zu erschließen, wenn ihr ein Winckelmann seinen Geist einflößt.«[18]

In der Zwischenzeit haben sich die Ruinen noch einmal verändert: der *Hera-Tempel* (Tempel E) ist fast vollständig wiederaufgebaut, doch die beiden anderen Ruinen sind wieder zugewachsen und bewegen sich auf den von Gregorovius bevorzugten Zustand hin (Abb. 136).

Athen, Akropolis

Während in Rom die Diskussion um die Erhaltung der antiken Bauwerke bereits im 16. Jh. einsetzte und man mit der Sicherung und Restaurierung der Denkmäler Anfang des 19. Jhs. begann, konnte dies in Griechenland erst nach dem Ende des Griechischen Freiheitskampfes 1821–29 geschehen.

Die zu einer Festung ausgebaute *Akropolis* von **Athen** wurde am 29. April 1833, nach dem Abzug der türkischen Besatzung, von einem bayerischen Kommandanten übernommen. Innerhalb der Festungsmauern befanden sich Bauten und Ruinen aus fast allen Abschnitten der griechischen Geschichte, aus Antike, Hellenismus und Römerzeit, aus der byzantinisch-christlichen Epoche, der fränkischen Feudalzeit und der islamisch-türkischen Besetzung (Abb. 53). Zu dieser Zeit wäre es möglich gewesen, die Akropolis als historisches Ensemble in ihrer Komplexität zu bewahren, doch bewegte die Gemüter nichts anderes als die Freilegung der antiken Bauwerke.[19] Eine Dokumentation der vorhandenen Bauten vor ihrem Abriß

wurde nicht durchgeführt, da sie als unbedeutend angesehen wurden.[20] Deutlich zeigt sich die Geringschätzung der nachantiken Bauten in dem Grundriß der *Akropolis* von J. Stuart und N. Revett (Antiquities of Athens, Bd. 2, 1787) wie auch dem Entwurf Karl Friedrich Schinkels (1834) für einen Königspalast auf der Akropolis[21] (Abb. 52). Diese großartige Arbeit, die auf Anregung des preußischen Kronprinzen und späteren Königs Friedrich Wilhelm IV. entstand, wurde nie zu einem ernsthaft diskutierten Vorschlag, obwohl die Art und Weise, mit der Schinkel auf die antiken Ruinen Bezug nimmt und den Palast um sie herum entwirft, von großem Reiz ist. Ohne rekonstruierende Zutaten werden sie in dem Zustand, in dem sie Stuart und Revett aufgenommen und publiziert hatten, als Ruinen konserviert und umschlossen von einer großzügigen klassizistische Palastanlage. Die durch Gärten und Parkanlagen geschaffene räumliche Distanz zwischen den antiken und neuen Bauten spiegelt das Wissen um die unüberwindliche historische Distanz zur Antike, die auch kein Wiederaufbau überwinden kann.

52   Karl Friedrich Schinkel, Die Akropolis mit dem projektierten Königsschloß. Ansicht von Westen, Querschnitt durch den Burgberg. Aquarell (Ausschnitt) 1834

53   Edward Dodwell, Blick auf den Parthenon von den Propyläen aus. Aquarell 1805

Am 10. Februar 1834 wurde durch kö-
nigliches Dekret die Funktion der Akropolis als Festung aufgehoben. Im gleichen
Jahr begannen unter Leitung des ersten
Generalephoros für die griechischen Altertümer, Ludwig Ross (1806–1859),[22] die
Aufräumungsarbeiten. Begonnen wurde
mit den Reinigungsmaßnahmen zunächst
im Eingangsbereich vor den zugemauer-
ten *Propyläen,* deren mittleren Durchgang
Leo von Klenze (1784–1864)[23] im September 1834 für den Einzug König Ottos auf
die Akropolis durchschlagen ließ. Während der anschließenden Feierlichkeiten
ließ er eine Säulentrommel der *Parthenon-
Nordseite* an ihren ursprünglichen Platz zu-
rückversetzen. Mit diesem symbolischen
Akt begann der Wiederaufbau der antiken,
aber auch die Zerstörung der nachantiken
Bauten auf der Akropolis.

In einem ausführlichen Bericht an die
Regentschaft hatte Klenze die ihm nötig
erscheinenden Maßnahmen zusammenge-
stellt:

»*Dieser Berg sollte, nachdem die offizielle
Erklärung, daß er nie mehr als Festung behandelt und betrachtet werden soll, vorliegt, sobald
als möglich von den ruinirten und schlechten Bauwerken der barbarischen Zeit befreit werden.
Alle antiken Mauern bleiben dabei verschont
und vielleicht auch einige malerische Theile der
neuen Festungswerke, als z. B. der Turm der
Florentiner Acciajuoli, eine venezianische Bastion neben den Propyläen u.s.w.. Die baldige
Demolition aller anderen Mauern aber scheint
um so wünschenswerther, als die große Masse
von guten Bausteinen bei dem Wiederaufbau der
Stadt gewiß gut zu verwerthen sein würde. Die
zahlreichen, ganz formlosen Marmortrümmer,
welche theils durch diese Demolition, theils*

durch das Abräumen des ursprünglichen Bodens gewonnen werden, würde ich rathen zum Zwecke des neuen Schloßbaues vorzubehalten. Somit würde sich der Abbruch der Mauern und gewiß auch der größte Theil der Kosten des Abräumens durch die Verwerthung dieses Materials decken.

Ein Zeitraum von 5 bis 6 Jahren scheint mir zu dieser Arbeit am geeignetsten. Zwei folgende Jahre möchten dann hinreichen, um die Propyläen und die unschätzbaren Trümmer des Erechtheions u.s.w. wiederherzustellen, und auf der westlichen Endseite des Felsens ein niedriges, aus einigen Säulen und Portiken zusammengesetztes Gebäude für ein National-Museum zu errichten. Dieser Theil des Felsens ist viel niedriger als der Boden um den Parthenon, und würde

hinreichenden Platz für einen Bau darbieten, welcher an und für sich bedeutend genug, doch nicht so hoch wäre, um den Resten des Alterthums schaden zu können. Ein paar geschlossene Säle wären für Münzen, Gemmen, Bronzen, Vasen und andere Anticaglien bestimmt, während die Schönheit des griechischen Himmels erlaubt, die meisten Marmorwerke in offenen Säulenhallen aufzustellen, wo sie zur Erhöhung ihres Reizes in Verbindung mit der schönen Natur gesehen würden.

Der Gedanke, hier auf diesen seit mehr als drei Jahrtausenden geheiligten Felsen neben den edelsten Trümmern der hellenischen Baukunst auch die Ueberreste hellenischer Plastik zu sehen, ist so unabweisbar, daß ich glaube den Vor-

54   Martinus Rørbye, Der Abbau der Bastion vor den Propyläen. Links Bauglieder der Propyläen, Krepis und Kapitell des Athena Nike-Tempels. Ölgemälde 1835

55   *Christian Hansen, Der wiederaufgebaute Athena Nike-Tempel. Mezzotintoblatt 1836*

schlag zu seiner Verwirklichung machen zu müssen.

Es müßte dann der Gipfel des Felsens, auf paßliche und malerische Art zwischen den Monumenten vertheilt, mit einigen Gruppen von Palmen, Cypressen, Olivenbäumen u.s.w. bepflanzt werden, um dem Ganzen eine höchst reizende Gestalt zu geben, und der herrlichen Gegend von Attika einen bedeutenden, pittoresken Schlußpunkt zu sichern.«[24]

Nur wenige Jahre vorher (1830) hatte Klenze die Glyptothek in München fertiggestellt, und es ist verständlich, daß er neben den Wiederaufbauarbeiten auch den Bau eines Museums vorschlug, um die zu erwartenden Fundstücke *»würdig«* ausstellen zu können.

Als erste große Maßnahme wurde 1835 nach seinen Plänen mit dem Abbruch der türkischen Bastion vor den *Propyläen* begonnen (Abb. 54). Dabei fanden Ludwig Ross, Eduard Schaubert (1804–60)[25] und Christian Hansen (1803–83)[26] die verschwundenen Bauglieder des *Athena Nike-Tempels* wieder.[27] Über diesen überraschenden Fund berichtet Ludwig Ross:

»Nachdem nun in den ersten Tagen des April 1835 mit der Abtragung der Batterie der Anfang gemacht worden war, stießen wir bald in den östlichen oder jüngeren Teilen derselben auf die Trümmer des Tempels der Nike und ließen daher diesen Teil zuerst abbrechen. Gleichzeitig gelangte man am südlichen Ende der Batterie auf die Fundamente des Tempels; es fanden sich drei Stufen, der ganze Sockel der Zella und an

der Südostecke zwei Säulenbasen, die eine mit
einem Stücke des Säulenschaftes noch am Platze
und jetzt ließ sich Hoffnung zu einer teilweisen
Aufrichtung dieses schönen Baudenkmals fassen. Die Arbeit wurde daher eifrig fortgesetzt,
und bis zum Julius 1835 waren die Trümmer
des Tempels ziemlich vollständig auf dem Platze
vor den Propyläen beisammen, bis auf einzelne
Stücke, die sich später tiefer in der Batterie oder
auf andern Punkten in der Nähe gefunden haben
Im Dezember 1835 wurde die Wiederaufrichtung des Niketempels begonnen und bis zum
Mai 1836 fast vollendet. Nur an den drei zerbrochenen Säulen wurden neue Tambours aus pentelischem Marmor eingefügt und eine Basis aus
demselben Material neu verfertigt, einige man-
gelnde oder halb zerbrochene Quadern der Zella-
mauer aber durch neu bearbeitete Stücke aus
Porosstein ersetzt.«[28]

Zusätzlich wurde ein Ecksäulenkapitell
neu angefertigt und von den vier Friesplatten, die von Lord Elgin nach London ge-
brachten worden waren, wurden Nachbildungen aus gebranntem Ton hergestellt.
Den neu errichteten Tempel auf dem freigelegten Postament, noch mit dem Baugerüst, zeigt die Zeichnung von C. Hansen
aus dem Jahre 1836 (Abb. 55).

Von dieser etwas groben Restaurierungsmaßnahme ist heute nichts mehr zu
sehen, denn 1935 wurde der *Nike-Tempel*
noch einmal vollständig abgebaut. Grabungen im Inneren der Bastion hatte gezeigt, daß die Fundamente, auf denen der
Tempel errichtet ist, in sehr schlechten Zustand waren und die Notwendigkeit bestand, sie statisch zu sichern. Der Wiederaufbau, noch von N. Balanos begonnen,
wurde 1940 durch A. Orlandos abgeschlossen.[29] Die Ergänzungen aus Poros
wurden entfernt und durch neue aus Marmor ersetzt, der Tonplattenfries gegen
Kunststeinabgüsse ausgetauscht und über

56   *Athen, Akropolis. Ostfront des Athena
Nike-Tempels nach dem Wiederaufbau durch
A. Orlandos 1940*

dem Fries eine Sima aus neuem Material
zum Schutz des Frieses aufgelegt.[30]

In den Jahren 1835–70 wurden die Reste
des fränkischen Palastes im nördlichen
Propyläenflügel abgebrochen, die türkischen Häuser niedergerissen und im *Parthenon* die Reste der byzantinischen Kirche
weitgehend entfernt. Die kleine Moschee
(Abb. 58) diente bis 1842 als Lager für die
Grabungsfunde und auch der *Frankenturm*
aus dem 13. Jh. im südlichen Flügel der
Propyläen blieb vorerst vom Abbruch verschont (Abb. 61). Als letztes Bauwerk der
nachantiken Zeit wurde er 1875 durch die
Archäologische Gesellschaft mit den dafür
von Heinrich Schliemann zur Verfügung
gestellten Mitteln entfernt.

Das *Erechtheion*, das unter den Plünderun-
gen Lord Elgins besonders zu leiden ge-
habt hatte, war während der türkischen
Belagerung der Akropolis 1827 durch die
Explosion des darin untergebrachten Pul-
vermagazins so schwer beschädigt worden, daß die südliche Hälfte der nördlichen
Vorhallendecke einstürzte. Die dabei um-

57   *Christian Hansen, Das Erechtheion. Aquarell 1836. Die von Lord Elgin 1802 geraubte Kore an der Frontseite ist durch einen gemauerten Pfeiler ersetzt. Der 1826 beschädigte und teilweise eingestürzte Architrav wird durch einzelne schmale Pfeiler unterstützt*

gefallenen oberen Teile der drei westlichen Säulen wurden 1837–40 wieder aufgestellt. 1843/44 ließ die Archäologische Gesellschaft durch Kyriakos Pittakis die Südwand um wenige Steine vervollständigen, die Karyatidenhalle ausbessern und den Bau von allen späteren Einbauten säubern. Der von Lord Elgin an Stelle der geraubten Karyatide aufgerichtete Ziegelpfeiler (Abb. 57) wurde 1846/47 von dem französischen Architekten A. Paccard durch die Nachbildung einer Karyatide aus Terrakotta ersetzt. Das fehlende Stück des Architravs einschließlich des Geisons ließ er, gestützt durch zwei Eisenstangen, in einfacheren Formen in Marmor ergänzen,

ebenso ein Teil der östlichen Brüstungsplatte,[31] die östliche Innenkaryatide und das Antenkapitell. Die Korenhalle war jetzt wohl wieder ›vollständig‹, aber durch die neu eingefügten Teile in einem ästhetisch unbefriedigenden Zustand (Abb. 62). Unglücklicher Weise fiel 1852 die wiedererrichtete Westfassade bei einem Erdbeben (oder Orkan) um.

Nach Vorschlägen, die noch von Klenze erarbeitet worden waren, begannen bereits 1842–1845 unter Leitung der beiden griechischen Archäologen K. Pittakis und Alexander Rizos Rangabé die ersten Wiederherstellungsarbeiten am *Parthenon*. Dabei wurden zwei Säulen der Nordkolonnade vollständig wiederaufgestellt, zwei weitere nur bis zur siebten und achten Trommel und von anderen nur einige Säulentrommeln an die ursprüngliche Stelle gelegt. 158 Mauerquader der nördlichen und südlichen Cellamauer wurden, ohne sie vorher genau identifiziert zu haben, neu versetzt und im Inneren mit Ziegeln hintermauert. Pittakis, der sorgfältig alle Bruchstücke zusammentrug, führte die Wiederaufbauarbeiten mit einfachsten Mitteln durch, benutzte eiserne Klammern und ergänzte die Fehlstellen mit Ziegel- und Porosmauerwerk. Gebrochene Säulen umgürtete er mit eisernen Bändern. Diese Maßnahmen blieben nicht ohne Kritik. So schrieb Carl Boetticher, der 1862 auf der Akropolis Ausgrabungen durchführte:

»Die sechs wieder aufgemauerten Säulen des Parthenon, mit ihrem zwischen die einzelnen verletzten Trommeln geflickten Ziegelmauerwerk, von denen zwei auch ihre Capitelle wiedererhalten haben, legen Zeugniss davon ab, wie hässlich das Ganze geworden wäre«,[32] wenn die Arbeiten in dieser Weise weitergeführt worden wären.

Von diesen Reparaturmaßnahmen haben sich einige bis heute erhalten, doch werden sie sicher durch die neuen Restaurierungen beseitigt werden. Die 1872 durchgeführte Sicherung des Sturzes über der Cellatür aus eisernen Trägern und einem Ziegelbogen wurde bereits 1926 von N. Balanos durch einen Betonträger ersetzt, der im Laufe der derzeitigen Arbeiten gegen einen Marmorbalken ausgetauscht werden soll.

Um den Zugang zur Akropolis für die Besucher zu erleichtern, ließ die Archäologische Gesellschaft 1844 die *Propyläen* freiräumen und allen Schutt bis zum Parthenon beseitigen. Eine große Anzahl von

58 M. Rørbye, *Der Parthenon 1835. Die Moschee wurde bis zu ihrem Abbruch 1842 als Museum genutzt. Bleistiftzeichnung*

›unbedeutenden‹ Marmorteilen wurde damals als Baumaterial verkauft und der Ausgrabungsschutt an der Südseite des Felsens hinabgestürzt. 1852/53 wurde die türkische Außenbastion im Eingangsbereich der *Propyläen* durch den Archäologe Chr. E. Beulé abgebaut und an der alten Rampe ein Tor freigelegt, das zu der im 3. Jh. n. Chr. errichteten Stadtmauer gehörte. Um die bei den Ausgrabungen entdeckten Funde ausstellen zu können, erbaute man 1865–74 ein Museum auf der Ostseite Akropolis, an der Stelle, die schon Klenze als Bauplatz vorgeschlagen hatte.

Restaurierung, Wiederaufbau und Anastylosis in Rom und Athen in der ersten Hälfte des 19. Jahrhunderts setzten Maßstäbe für den denkmalpflegerischen Umgang mit antiken Ruinen. Es waren jedoch Einzelmaßnahmen, die zumeist in kurzer Zeit abgewickelt wurden. Eine über viele Jahre kontinuierlich fortgeführte Forschungs- und Wiederaufbaumaßnahme begann erst 1898 mit den Restaurierungsarbeiten auf der Akropolis unter Nicolaos Balanos.

59   *Athen, Akropolis. Blick auf die Nordostseite des Parthenons. Der Burgberg ist nach den Ausgrabungen übersät mit einzelnen Baugliedern. Foto um 1890*

Die Akropolis von Athen 1885–1940

Die beiden letzten Jahrzehnte des 19. Jahrhunderts auf der Akropolis waren gekennzeichnet durch Ausgrabungen und Forschungen, die zur Klärung der Baugeschichte des Heiligtums bedeutendes Material lieferten. Nach Abschluß dieser Arbeiten waren von den nachantiken Bauten nur noch geringe Überreste vorhanden, und über das ganze Plateau verstreut lagen unzählige antike Marmorfragmente, zum größten Teil ohne Zuordnung zu den einzelnen Bauten (Abb. 59).

Den ungewollten Anlaß, diese unbefriedigende Situation zu verändern, gab ein starkes Erdbeben im April 1894, bei dem etliche Marmorsplitter vom *Parthenon* herunterfielen. *»Es hat die Augen der griechischen Regierung und der vielen Altertumsfreunde auf die Schäden des Baues gelenkt, die bisher nur Wenigen bekannt waren«*, schreibt Wilhelm Dörpfeld (1853–1940),[1] der damalige Erste Sekretär des DAI in Athen.[2] Um Vorschläge für die zu ergreifenden Sicherungsmaßnahmen zu erhalten, berief die griechische Regierung eine Kommission, die die Schäden auf der Akropolis untersuchen sollte. Unter den Mitglieder bestand bald Einigkeit darüber, daß eine *»gründliche Reparatur des ganzen Tempels und besonders eine Erneuerung der inneren Platte jenes aus drei nebeneinanderliegenden Platten bestehenden Architravs des Hinterhauses«*[3] erforderlich sein, doch über die Art der Durchführung herrschten unterschiedliche Vorstellungen. Während die Mehrheit sich für eine gründliche Restaurierung aussprach, ein Auswechseln des Architravs und den

Einbau eines neu gearbeiteten Stückes, schlug der Architekt E. Ziller die Konservierung und Sicherung des originalen Bauteils vor. *»Er sprach sich gegen jede Erneuerung irgend eines Teiles des Baues aus und will alle baufälligen Steine und so auch jenen Architrav mit Marmorkitt ausflicken«*, berichtet Dörpfeld.[4] Da in der Kommission kein Konsens über die Vorgehensweise erzielt werden konnte, wurden auf Vorschlag des Generalephoros der griech. Altertümer, P. Kavvadias, und W. Dörpfelds die bedeutendsten mit der Akropolis vertrauten Bauforscher (J. Durm, L. Magne, F. C. Penrose) gebeten, ein Gutachten über den Zustand der Bauten und die nach ihrer Meinung erforderlichen Restaurierungsmaßnahmen abzugeben.[4a]

Josef Durm (1837–1919)[5], badischer Baudirektor und Professor am Karlsruher Polytechnikum, publizierte 1895 sein umfangreiches, mit vielen Handskizzen versehenes Gutachten[6] (Abb. 60). Kritisch setzt er sich darin mit den Restaurierungen der Vergangenheit auseinander:

»Wir ziehen den jetzigen Zustand, auch wenn er Mängel hat, dem von den Türken geschaffenen vor und beklagen auch keineswegs die Wiederaufstellung der Säulenschäfte am Parthenon und Erechtheion, wenn auch die Art, wie dies geschehen, nicht in allen Stücken frei von Tadel ist. Besser war es jedenfalls, die abgestürzten Bausteine, die ein unseliges Geschick vor 200 Jahren erst niedergelegt hat, wieder aufzurichten, als sie am Boden liegen zu lassen und der Beschädigung und dem Verfall preiszugeben. Was früher ungeschickt und mit minderwerthigen Mitteln ge-

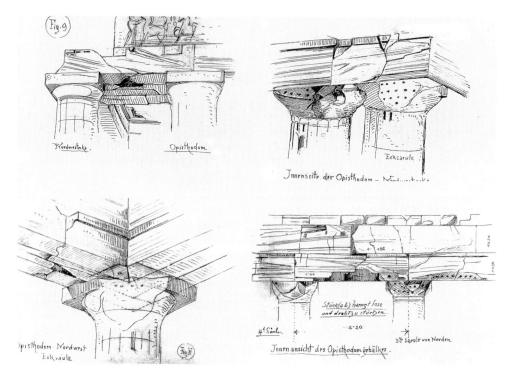

60   *Athen, Akropolis. Vier Skizzen aus dem Gutachten J. Durms 1895 über die Schäden am Parthenon. Hier Zeichnungen des Opisthodomgebälks und der Nordwestecke*

macht wurde – das Ausfüllen von Hohlräumen mit Poros- und Backsteingemäuer, das Umgürten einiger gespaltener Säulentrommeln mit Eisenreifen und dazwischengetriebenen Holzkeilen, das Ausstreichen von Höhlungen mit Mörtel u. dgl. – kann und muß heutzutage anders und besser gemacht werden. Diese Art der Ausbesserung, für die wohl meist der Geldmangel der entschuldigende Grund war, ... ist für die Folge abzulehnen, und wenn es die Mittel erlauben, sind die Ausbesserungen wieder wegzunehmen und in passenderer Weise herzustellen. Im Übrigen haben auch diese Vorrichtungen seit beinah zwei Menschenaltern ihre guten Dienste geleistet und wir wollen sie daher nicht weiter schmähen.«[7]

Als Ergebnis seiner Untersuchungen stellt er fest, daß die Bauten durch das Erdbeben nur geringen Schaden erlitten haben und nur die Teile abgesprengt wurden, die bereits nicht mehr ganz fest waren: »*Vor weiterem Schaden sind die Quaderbauten durch ihre ursprüngliche, sorgfältige eiserne Klammerverbindung in Bleiverguß der Werkstücke jeder Schicht und durch die Verbindung der einzelnen Schichten durch eiserne und hölzerne Dübel bewahrt geblieben.*«

Für die notwendig gewordenen Restaurierungsarbeiten an den einzelnen Bauten macht er detaillierte Vorschläge, deren Grundsätze noch so zeitgemäß sind, daß sie hier nicht übergangen werden sollen:

»Die Ausbesserungen und Ersatzstücke, wo solche nothwendig sind, müssen aus dem gleichen Stoffe bestehen, wie die Architektur des alten Baues, was um so leichter ausführbar ist, als der ursprüngliche Stein der Bauten uns heute noch zur Verfügung steht. Ein Ersatzstoff könnte nur in Betracht kommen, wo es sich um Dichtungen von Fugen und Festigungen kleinerer Aussprengungen handelt. Einem Aufkleistern lose gewordener oder abgesprengter Flächenstücke, Ecken und Kanten mit Zuhilfenahme von irgend einer Sorte von Kitt, ist nicht das Wort zu reden. Die Erfahrungen, die man mit solchen Kitten machte, namentlich wenn sie eine treibende Eigenschaft haben, sind in Deutschland sehr unglücklich gewesen und ihre Anwendung hat manches Baudenkmal vor der Zeit verderben helfen.

Der Bau soll und muß auch in der Folge noch als Ruine sich zeigen und muß daher von aufgeklebten Schönheitspflästerchen frei gehalten werden, deren Bestand doch nur von zweifelhafter Dauer sein würde. Abfallstücke und solche, die am Baue nicht mehr zu halten sind, müssen gesammelt und aufbewahrt werden. Was den Bestand der noch stehenden Ruinen gefährden kann oder unsicher macht, ist zu beseitigen. Statisch müssen die noch bestehenden Bautheile gesichert werden und zwar so, daß auf lange Dauer für ihren Bestand Gewähr geleistet ist. ...

Was zur Sicherung der Bautheile statisch nothwendig ist, muß mit allen und den besten Mitteln durchgeführt werden: was an tragenden Baugliedern zertrümmert und baulos geworden ist, muß durch tragfähiges Gestein ersetzt werden, ...

Zu den Klammern ist Bronce zu verwenden, da uns das gute antike Holzkohleneisen nicht mehr zur Verfügung steht und die Marmorstücke vor jedem Sprengen und Aufspalten bewahrt werden müssen, soll die große Aufgabe, welche für Schutzmaßnahmen hier zu machen

ist, keine vergebliche, sondern eine nutzbringende sein. ...

Die Instandsetzung wird sich nach dem Vorgetragenen in der Sicherung der statischen Verhältnisse aller noch vorhandenen Bauglieder (Freistützen und Tragbalken) und in den Schutzmaßnahmen aller Bautheile gegen Regenwasser in allererster Linie zu bewegen haben, und dann erst kann an die Ergänzungen, Wiederaufstellungen und kleineren Ausbesserungen gegangen werden.« [8]

Für die Restaurierung des *Parthenons* schlägt er folgende Maßnahmen vor:
- die Beseitigung des Backsteinbogens und des 1872 mit Eisenbändern instandgesetzten Sturzes über der Cellatür und dessen Wiederherstellung in der ursprünglichen Form,
- den Abbau der Ziegelverblendung im Inneren der Cella,
- die Konservierung der byzantinischen Wandmalereien, *»denn auch die Malereien sind durch die Zeit geheiligt und der Erhaltung würdig«*,
- den Ersatz der Ziegelausmauerungen an den Säulen durch Marmorergänzungen,
- die Wiederaufstellung der Säulen der nördlichen Ringhalle,
- die teilweise Überdeckung des Opisthodoms zum Schutz der Friesplatten, [9]
- die Abdichtung der obersten Schichten des Mauerwerks gegen Regenwasser und die Schaffung eines Ablaufes für den Tempelboden.

Zu der Frage, ob der Fries über den Opisthodomsäulen abgebaut und ins Museum überführt werden oder ein eisernes Schutzdach erhalten soll, äußert er sich wie folgt:

»Die Ausführung des ersten Gedankens hieße die Handlungsweise Lord Elgins gut hei-

61   Athen, Akropolis. Blick auf die Propyläen und den mittelalterlichen Frankenturm in der südlichen Vorhalle. Als letztes Bauwerk der nachantiken Zeit wurde er 1875 von der Archäologischen Gesellschaft, finanziert durch Heinrich Schliemann, abgebrochen. Foto Paul Baron des Granges, um 1870

ßen, denn schließlich hat auch er nichts weiter gethan als den Bau seiner Bildwerke beraubt und dafür gesorgt, daß sie in einem Museum ein Unterkommen fanden. Die des zweiten Vorschlags würde dem Bauwerke eine fremde Zuthat einbringen und wohl kaum zu dessen Verschönerung etwas beitragen. – Das zweckmäßigste und stilgerechteste ist, wenn Zweifel in den ferneren Bestand des Frieses gesetzt werden, daß man die Cassettendecke, welche den Raum zwischen den beiden westlichen Säulenstellungen überspannte, zum Theil wenigstens wiederherstellt und mittels dieser den Bildwerken den nöthigen Schutz in monumentaler Weise am Baue selbst gewähre.«[10]

Ausführliche Hinweise gibt er auch für die Restaurierung des *Erechtheions*, das nach seinen Vorstellungen weitgehend wiederhergestellt werden soll, denn:

»... aus alter Zeit ist beinahe das ganze Material für die Halle noch vorhanden. Es liegen also keine Gründe vor, den Wiederaufbau nicht zu wagen, wir glauben im Gegenteil er muß gewagt werden, um das Werk und seine zerstreut liegenden Bestandteile nicht verkommen zu lassen.«[11]

Bei seinen Vorschlägen für die Sicherung der *Propyläen* weist er noch einmal auf die Bedeutung von Mauerabdeckungen hin und plädiert wegen seiner histori-

62   *Athen, Akropolis. Das Erechtheion mit der durch A. Paccard 1846/47 wiederhergestellten Korenhalle. Die gemauerten Pfeiler sind verschwunden, über der östlichen zweiten Karyatide ist ein neuer Architrav mit Geison eingebaut, der durch zwei Eisenstützen gehalten wird. Die von Lord Elgin geraubte Karyatide ist durch einen Tonabguß ersetzt. Foto um 1870*

schen Bedeutung für die Erhaltung des mittelalterlichen *Frankenturmes* im Südflügel:

»*Nothwendig ist auch hier das Abdecken aller Theile und das Dichten aller Fugen der obersten Steinschichten, um das Eindringen von Feuchtigkeit und eine frühzeitige Zerstörung der Steine zu verhüten. Die jetzt noch stehenden kärglichen Reste des Frankenthurmes gereichen der Ruine zwar nicht zur Zierde, aber als geschichtliches Merkmal möchte ich sie nicht missen. Als solches werden sie daher besser stehen bleiben und zu erhalten sein.*«[12]

Zusammenfassend schreibt er: »*Es geschehe nicht zu wenig, aber auch nicht zu viel und alle Arbeiten am Parthenon sollen nur dazu angethan sein, dessen Bestand zu sichern und auch dessen zur Zeit noch verstreut liegende Trümmerstücke nicht verkommen zu lassen.*«[13]

Die eingegangenen Vorschläge der Gutachter wurden in der Kommission ausführlich diskutiert und 1895 Nicolaos Balanos (1860–1942) Bauingenieur, Absolvent der École des Ponts et Chaussées zu Paris und seit 1883 als Architekt in der griechischen Staatsbauverwaltung tätig, mit den Restaurierungsarbeiten auf der Akropolis beauftragt. Während seiner über 40jährigen Tätigkeit auf der Akropolis

63   Athen. Akropolis, Erechtheion. Die von
N. Balanos bei der Restaurierung 1902–09
eingebaute eiserne Tragkonstruktion

64   Athen. Der I-Träger zur Aufnahme der
Dachlast ist in den Architrav eingelassen und
wird zwischen den Karyatiden abgestützt

1895–1939 wurden von ihm folgende Arbeiten durchgeführt:

1898–1902 Beseitigung der Schäden an der Westseite des Parthenons,
1902–1909 Restaurierung des Erechtheions,
1909–1917 Restaurierung der Propyläen,
1922–1930 Wiederaufbau der Nordkolonnade des Parthenons,
1926   Wiederherstellung des Sturzes über der Cellatür des Parthenons,
1931   Wiederherstellung des Ostgiebels des Parthenons,
1931   Abbau und Wiederaufrichtung der Ecksäule des Pronaos und des Antenpfeilers auf der Südostseite des Parthenons,
1932–1933 Teilwiederaufbau der Südkolonnade des Parthenons,
1935–1937 Abbau des Niketempels und der Bastion.[14]

Für die Art und Weise, in der die Restaurierung durchgeführt werden sollte, hatte

er zu Beginn der Arbeiten ein klares Konzept mit folgenden Leitlinien entwickelt:
– Antike Werkstücke werden gesammelt und an ihre ursprüngliche Stelle zurückversetzt,
– Bruchflächen und Lücken werden durch eine geeignete Anpassung aus Marmor ergänzt,
– Ergänzungen aus neuem Material werden nur dort eingefügt, wo dies aus optischen oder statischen Gründen unbedingt erforderlich ist. Sie werden grundsätzlich als neue Zutaten gekennzeichnet.[15]

Zur Bezeichnung dieser Methode benutzte er seit 1925 den aus der Antike entlehnten Begriff »Anastylosis«, der auch Eingang in die Charta von Athen (1931) und die Charta von Venedig (1964) fand.[16] Während die Sicherungsarbeiten am Parthenon 1898–1902 noch nach diesen Grundsätzen ausgeführt wurden, veränderte sich im Laufe der Jahre die Methode, die er anwandte. Bereits bei der Restaurierung des Erechtheions[17] 1902–09 ging er weit über das hinaus, was er einmal als Anastylosis formu-

65   Athen, Akropolis. Theodolitstandpunkt zum Einmessung der Säulen für den Wiederaufbau der Nordkolonnade des Parthenons. Im Vordergrund (mit Hut) N. Balanos. Foto um 1930

liert hatte. Das Ziel des Wiederaufbaus bewegte sich während der Arbeiten von einer Restaurierung unter Zuhilfenahme weniger neuer Bauteile zu einer immer weitgehenderen Wiederherstellung des ursprünglichen Zustandes. Die von dem Architekten A. Paccard 1846/47 eingebauten Gebälk- und Gesimsteile der Korenhalle aus neuem Marmor ließ er durch die aufgefundenen originalen Teile ersetzen. Die verschobenen Friesblöcke auf der Westseite wurden neu versetzt, die Ostseite bis auf die fehlende Säule und Gebälkstücke und die Nordhalle vollständig bis zum Gebälk einschließlich der Decke wiederaufgebaut. Die Längswände wurden mit den wiederaufgefundenen Quadern beträchtlich erhöht, die Südwand sogar bis zur Wandkrönung *(Epikranitis)*. Für die Reparatur der beschädigten Wandquader wurden die originalen Bruchflächen so-

weit abgearbeitet, daß sich die neuen Marmorstücke leicht ansetzen ließen.

Besonders die *Korenhalle* wurde grundlegend umgestaltet. Die früher ausgeführten Restaurierungsmaßnahmen wurden wieder beseitigt, die Karyatide aus Terrakotta wurde durch einen Zementabguß ersetzt und der gesamte Oberbau der Halle unter Zuhilfenahme einer eisernen Tragkonstruktion, die von Rundstützen zwischen den Karyatiden gestützt wurde, wiederhergestellt (Abb. 63, 64). In ähnlicher Weise wurde mit dem Dach der Nordhalle verfahren. Daß die Zementabdeckung der Eisenteile im Laufe der Zeit Risse bekommen und undicht werden könnte und dann das eindringende Regenwasser zu erheblichen Korrosionsschäden führen würde, war Balanos wahrscheinlich nicht bewußt.

Nach sieben Jahren Bauzeit war das *Erechtheion* in seiner uns bekannten Gestalt

66   *Athen, Akropolis. Äußere Vorhalle der Propyläen nach dem Wiederaufbau 1909–17. Im Hintergrund die einzige vollständig wiederaufgebaute Säule mit Kapitell. Foto 1932*

wiedererstanden, und ein Vergleich der Fotos vor und nach der Anastylosis zeigt, welche große Verbesserung der Gestaltqualität durch den Wiederaufbau erreicht worden war (Abb. 62, 65). Nach dem Abschluß dieser Arbeiten begann 1909 der Wiederaufbau der *Propyläen*, der nach der gleichen Methode in zwei Kampagnen von 1909–12 und 1915–17 durchgeführt wurde. Die aufgefundenen originalen Bauteile wurden an ihren Platz zurückversetzt und die Ruine so weit wie möglich vervollständigt. Im Inneren wurde eine Säule der ionischen Ordnung mit Architrav und einem Teil der Kassettendecke aufgerichtet (Abb. 66, 67). Als Tragkon-

struktion zur Sicherung der gebrochenen Dachbalken und der Decken im Nordschiff der *Propyläen* benutzte er wieder lange Eisenträger, die zu den gleichen Schäden führten wie am *Erechtheion*[18] (Abb. 196). Georg Karo (1872–1963), der damalige Erste Sekretär (Direktor) des DAI in Athen kritisierte die Aufstellung der Säule, weil dadurch *»die kostbaren Reste von vier ionischen Kapitellen zu einem einzigen vereinigt nun hoch oben auf dem Schafte ruhen, näherer Betrachtung unzugänglich. Sie gehören ins Museum der Akropolis, an ihre Stelle eine Nachbildung.«*[19] Daß beim Zusammenfügen die Bruchflächen der einzelnen Teile abgearbeitet worden waren, fand er nicht kritikwürdig.

Bereits 1912 hatte Balanos einen Plan für den Wiederaufbau der Nordkolonnade des *Parthenons* vorgelegt, der eine vollständige Wiederherstellung bis zum Gebälk unter Einbeziehung neuer Geisonblöcke vorsah. Dieser Plan entfachte unter den Archäologen eine leidenschaftliche Auseinandersetzung um die Frage, ob man das Werk des Iktinos unter Einbeziehung neuer Bauteile

67   *Athen, Akropolis. Kapitell und Deckenfeld der äußeren Vorhalle der Propyläen. Schadhafter Zustand. Foto 1979*

so weit wiederherstellen dürfe.[20] Das Projekt mußte zurückgestellt werden und das
Ministerium genehmigte die Arbeiten erst
1922. Im Januar 1923 begann Balanos mit
der Aufrichtung der umgestürzten Säulen,
bei der er eine Reihe neuer Beobachtungen
über antike Bautechnik machen konnte.
Die von ihm vorgeschlagene Einfügung
der Metopen als Zementabgüsse kam nicht
zur Ausführung.

Der Wiederaufbau der Säulen der Nordkolonnade unterscheidet sich in einem
wichtigen Punkt von seiner bisherigen Arbeitsweise. Im Gegensatz zu den Arbeiten
am *Erechtheion*, an den *Propyläen* und den
frühen Reparaturmaßnahmen am *Parthenon*, bei denen pentelischer Marmor für
den Ersatz fehlender Teile Verwendung
fand, wurden jetzt Ergänzungen aus
Kunststein hergestellt (Abb. 68). Nur das
von Lord Elgin geraubte Kapitell und die
fehlenden Teile einiger anderer Kapitelle
wie auch zwei Architravblöcke wurden als
Kopien aus Marmor steinmetzmäßig hergestellt. Der Vorteil dieser Methode war,
daß durch die Verwendung eines plastischen Materials *(zementgebundener Kunststein)* die sonst notwendige Abarbeitung
der Bruchflächen weitgehend entfallen
konnte und die Ergänzungen deutlich
sichtbar bleiben würden.

Stahlbeton als Ersatzmaterial hatte er
bereits 1926 für die Wiederherstellung des
Sturzes über der Cella-Tür benutzt, ebenso
für die Herstellung der fehlenden rück-
wärtigen Teile der von ihm wiederverset-
ten Geisa an der Nordseite, deren Einzelteile mit massiven Eisenklammern zusammengehalten wurden (Abb. 214, 215). Wie
unkritisch man dieses Material betrach-
tete, macht ein Auszug aus dem Bericht
G. Karos 1928 über die Restaurierungsarbeiten auf der Akropolis deutlich:

68   *Athen, Akropolis. Säule des Parthenons
vor dem Anbringen der Kunststeinergänzungen.
Foto um 1930*

*»Nur eine Änderung ist am Parthenon noch
vorgenommen worden, freilich eine ungemein
wichtige und wirksame. Während der römischen
Kaiserzeit war offenbar die westliche Eingangs-
tür verbrannt und der Türsturz baufällig geworden. Man zog daher dicke marmorne Gewände
ein und später an Stelle der schadhaften Architravblöcke einen flachen, 1872 erneuerten Ziegelbogen. Diese häßlichen Einbauten sind nun
entfernt, ein Betonblock schließt oben das mäch-
tige Portal ab, das nach mehr als anderthalb
Jahrtausenden der Entstellung seine alte Maje-
stät und Harmonie wiedergewonnen hat. Die
Wirkung ist hier ebenso überraschend wie bei
der ionischen Säule der Propyläen. Statt Marmor hat Balanos aus technischen Gründen und
zur Vermeidung jeder Verwechslungsmöglichkeit
am Parthenon meist gelblichen Kalkstein vom*

69   Athen, Akropolis. Natursteinergänzung eines Säulenkapitells an der Westfassade des Parthenons. Rechts das neue Stück. Foto 1900

70   Athen, Akropolis. Schräggeison der Süd-ostecke des Parthenons mit Betonergänzung der fehlenden Teile. A. Balanos 1931. Foto 1979

Piräus und eine besonders getönte Betonlegierung verwendet.«[21]

Die in Fachkreisen bis dahin gelobten Arbeiten[22] wurden durch die Verwendung von *Kunststein* statt Marmor bei der Wiederaufrichtung der Nordkolonnade zunehmend kritischer betrachtet. Es wurde moniert, daß *Kunststein* ein *»ästhetisch unedler Werkstoff in fremder Oberflächenbehandlung und in unstimmiger Farbe«* sei, der nicht zum *»erlesenen Werkstoff der Akropolisbauten«* passe.[23] Kritik erfuhr der 70jährige Balanos, der trotz Erreichung des Pensionsalters weiterhin auf der Akropolis tätig war, auch von seinen Kollegen bei der vom 21.–30. Oktober 1931 in Athen stattfindenden »Tagung für Denkmalpflege« des Internationalen Museumsamtes beim Völkerbund. Die letzte Sitzung, berichtet G. Karo, fand auf der Akropolis statt *»und bot angesichts der Denkmäler Gelegenheit zu einer eingehenden Diskussion über die von N. Balanos ausgeführten Ergänzungsarbeiten. Während die Bewunderung für die Ergänzungsarbeiten an den Propyläen allgemein war und die Versammelten auch einstimmig die Wiederaufrichtung der Nordhalle des Parthenon billigten, waren die*

Ansichten über Vorzüge und Nachteile der dort angewandten technischen Verfahren (Eisenbeton statt Marmor, eiserne Klammern statt der wetterbeständigeren kupfernen) geteilt. Balanos erläuterte die Gründe, die ihn zur Wahl dieser technischen Hilfsmittel bewogen haben; sie wurden anerkannt, aber allerdings nur für den vorliegenden Fall. Auch sein Plan, noch ein paar Säulen der Südhalle des Parthenon aufzurichten, fand Zustimmung, während man sich allgemein nicht mit dem Gedanken befreunden konnte, wetterbeständige Abgüsse von ein paar Figuren des Ostgiebels wieder in diesen einzusetzen. Daß der Westfries nicht heruntergenommen werden kann, sondern durch ein Dach geschützt werden muß, leuchtete allen ein.«[24]

Die vielfältigen Diskussionsergebnisse dieser Tagung fanden in einer gemeinsamen Resolution der Teilnehmer ihren Niederschlag, der *»Charta von Athen«*.[25] Die Überlegungen zum Wiederaufbau archäologischer Denkmälern wurden in den Artikeln IV und V (vgl. S. 28) formuliert.

Im Februar 1939 nahm N. Balanos Abschied von der Akropolis nachdem 1938 die Dokumentation seiner Arbeiten erschienen war, in der die Zustände der ein-

71 *Athen, Akropolis. Der Parthenon nach dem Wiederaufbau der Nordkolonnade durch N. Balanos 1922–30. Foto W. Hege 1932*

zelnen Bauten (vorher – nachher) darge-stellt sind.[26] Auch die Ingenieurmaßnah-men, die Anwendung von Eisenträgern und Beton, werden ausführlich dokumen-tiert. Schäden an den Bauten scheinen bis dahin nicht aufgetreten zu sein.

Sein letztes Werk, bevor A. Orlandos mit der Fortführung der Restaurierungsar-beiten betraut wurde, war der Abbau des *Athena-Nike-Tempels* 1935.[27] Die Grabung hatte gezeigt, daß die Fundamente der Ba-stion in einem sehr schlechten Zustand waren und es notwendig sei, sie statisch zu sichern. Tempel und Bastion wurden deshalb Stein für Stein abgetragen und sehr sorgfältig und vollständiger als zuvor wiederaufgebaut[28] (Abb. 56).

Nicolaos Balanos hat, gemessen an den Maßstäben seiner Zeit, auf der Grundlage sorgfältiger Untersuchungen die einzelnen Bauten soweit wie möglich wieder zusam-mengesetzt und versucht, die erheblichen Schäden, die den Bauten zugefügt worden

waren, zu beseitigen. Der Wiederaufbau hat meist dort sein Ende gefunden, wo nicht mehr genug originales Material vor-handen war.[29] Ergänzungen blieben in ei-nem vertretbaren Bereich, und die hinzu-gefügten Teile wurden immer so ausge-führt, daß sie erkennbar blieben, ohne das Aussehen zu beeinträchtigen. Zu kritisie-ren sind aus heutiger Sicht die Abarbei-tung der originalen Stücke für die Ergän-zungen, die Verwendung von *Kunststein* als Material für Ergänzungen und der erhebli-che Einsatz von eisernen Klammern und Trägern. Deren fahrlässiger Einbau, da nur unzureichend gegen Feuchtigkeit ge-schützt, hat dazu geführt, daß seine jahr-zehntelangen Arbeiten wieder rückgängig gemacht werden müssen.

Die Frage, wie die Bauwerke vor gut gemeinten, aber letztendlich schädlichen Eingriffen bewahrt werden können, ist auch heute noch ein wichtiger Punkt in der Denkmalpflegediskussion.[30]

72   Olympia. Ansicht des Ausgrabungsgeländes nach Abschluß der ersten Grabungskampagne
1875–1881. Foto um 1883

Olympia, Delphi, Knossos 1900–1940

Die Restaurierungsarbeiten auf der Akropolis fanden nur geringe Nachahmung auf anderen Grabungsplätzen. Auch weiterhin wurde nach Abschluß der Ausgrabung für die Erhaltung und Präsentation der freigelegten Ruinen wenig oder nichts unternommen. Noch 1915 beklagt G. Karo den unwürdigen Zustand der Altis von **Olympia,** die die Ausgräber unaufgeräumt nach Abschluß der Grabungskampagne 1881 zurückgelassen hatten.[1] Wohl waren auf Anregung W. Dörpfelds 1879 Teile des Gewölbes des *Stadiontunnels* wiederhergestellt[2] (Abb. 73) und 1905 von G. Kawerau zwei Säulen des *Hera-Tempels* aufgestellt worden,[3] doch erst 1914 hatte H. Knackfuß (1866–1948)[4] damit begonnen, die Altis aufzuräumen.

Im »Handbuch der Archäologie« (1939) fordert Theodor Wiegand (1864–1936)[5] Maßnahmen zur Sicherung der Ruine während der Grabung und ihre angemessene Präsentation nach Abschluß ihrer Erforschung, kann aber selbst nur wenige Beispiele aus der eigenen Praxis nennen:

»Eine sorgfältige Konservierung der Monumente muß mit der Ausgrabung Hand in Hand gehen. Mauern, welche einzustürzen drohen, müssen unterfangen und ausgemauert, Bögen, Grabgewölbe und gespaltene Türstürze müssen gestützt, herausfallende Keilsteine verankert oder wieder gehoben werden. Bei der Cella des Didymaions wurden von der deutschen Expedition die Läufer und Binder der Wände möglichst wieder an ihren alten Platz gelegt, so daß die Wandhöhe bis zu 10 m hergestellt ist. Ausgezeichnetes hat P. Kavvadias am Tempel von Phigalia, G. Kawerau mit Hilfe eines deutschen Gönners am Heraion zu Olympia geleistet. In Delphi hat man das Schatzhaus der Athener wieder aufgerichtet. »Consolider, relever, remettre en place« – mit diesen Worten bezeichnet H. Lechat[6] die zulässige Art der Wiederherstellung im Gegensatz zu jenen beklagenswerten ›Restaurationen‹, die seit dem Zeitalter des genialen Viollet-le-Duc so vielen Denkmälern gefährlich geworden sind.«[7]

Die Ziele archäologischer Forschung haben sich, ebenso wie der Umgang mit dem Grabungsplatz, seit den Anfängen der Wissenschaft stark verändert. Wurden die frühen Expeditionen zu antiken Ruinenstätten mit dem Ziel unternommen, Kunstwerke zu entdecken und für die heimatlichen Museen zu erwerben, so nahm im Laufe des 19. Jhs. das Bemühen zu, historische Fragestellungen zu klären. Eine Konservierung der freigelegten Rui-

73 *Olympia, Stadiontunnel. Wiederherstellung des Gewölberestes auf Anregung von W. Dörpfeld 1879*

nen nach Abschluß der Grabung wurde nicht als notwendig angesehen: einerseits weil die ausgegrabenen Ruinen keine weiteren wissenschaftlichen Ergebnisse mehr erwarten ließen, andererseits weil die Anzahl der Besucher, besonders in den noch unerschlossenen Gebieten des Orients, so gering war, daß sich hierfür keine zusätzlichen finanziellen Aufwendungen lohnten. Die Grabungsfunde konnte man in den Museen bewundern, die wissenschaftlichen Ergebnisse in den Publikationen nachlesen. Ein Wiederaufbau an Ort und Stelle hätte darüber hinaus einen sicheren Schutz der Antiken vorausgesetzt, der auf den meisten Grabungsplätzen zu dieser Zeit nicht gegeben war.

74   *Berlin, Pergamonmuseum. Propylon des Athena-Heiligtums von Pergamon im »Saal der Hellenistischen Baukunst«*

Carl Humann (1839–1896)[8] berichtet von seinem ersten Besuch in **Pergamon** im Winter 1864/65, daß er mit ansehen mußte, wie kostbare antike Skulpturen zerschlagen wurden und in die Kalköfen wanderten. Das türkische Antikengesetz konnte der Zerstörung der Monumente, die für die Bevölkerung nicht mehr Wert hatten als der Baukalk, der sich daraus gewinnen ließ, trotz Strafandrohung keinen Einhalt gebieten.[9] Hingegen ermöglichte die vom türkischen Staat großzügig gehandhabte Verkaufspolitik nicht nur den Berliner Museen den Erwerb hervorragender Beispiele antiker Architektur und Plastik, die bei den Grabungen entdeckt worden waren. So konnten z. B. aus **Priene**[10] zwei Säulen mit Gebälk des *Athena-Tempels*, Höhepunkt der kleinasiatisch-ionischen Architektur, erworben werden, aus **Pergamon** der berühmte *Pergamon-Altar*, das *Propylon zum Athena-Heiligtum* und aus **Milet** das *römische Markttor des Südmarkts* (Abb. 74, 75).

Die Grabungen in **Milet** 1899–1913 unter Leitung von Th. Wiegand hatten den hellenistisch-römischen Stadtkern freigelegt. Die Erwartung der Ausgräber, dabei Bildwerke der archaischen und klassischen Zeit zu finden, hatte sich nicht erfüllt, doch »*nun haben wir dann zu guter Letzt auch ein wundervolles Prachttor des Südmarktes aus späthellenistischer Zeit – aber prima! – gefunden, wie ein doppelter Triumphbogen. Alles geht fein zu rekonstruieren*«, berichtete Th. Wiegand am 8. November 1903 aus Milet an seinen Schwager, den Archäologen Hans Schrader.[11] 1899 waren die Ausgräber an der NO-Ecke des Südmarktes auf die Trümmer eines dreitorigen Gebäudes mit einer zweigeschossigen Marmorfassade gestoßen. Die außerordentlich große Anzahl gut erhaltener Bauglieder ließ Wie-

75   Berlin, Pergamonmuseum. Das im »Saal der Römischen Baukunst« aufgestellte Markttor von Milet. Ausgrabung 1903 05, Wiederaufbau 1926–29. Marmor, Höhe 16,68 m

gand sogleich an einen Wiederaufbau in den Räumen der Berliner Museums denken, in einem von ihm konzipierten »Museum für antike Architektur«, in dem originale Bauten und Säulenordnungen *»ohne störendes Beiwerk«* aufgestellt werden sollten, um dem Laien einen Begriff von der Schönheit und den Dimensionen der antiken Architektur zu geben. Das von Alfred Messel entworfene und Ludwig Hoffmann ausgeführte »Pergamonmuseum« auf der Berliner Museumsinsel wurde am 2. Oktober 1930, zum 100. Jubiläum der Berliner Museen, eröffnet. In den drei hohen Mittelsälen mit Oberlicht hatten die antiken Bauten, Architekturproben und einzelne Architekturteile aus den Grabungen in Baalbek, Didyma, Magnesia, Milet, Myus, Olympia, Pergamon, Priene und Samos ihren Platz gefunden. Die damals

neuartige Präsentationsform und die Qualität der ausgestellten Stücke begründeten den Ruf des Museums als eines der bedeutendsten Museen antiker Architektur.[12]

533 Holzkisten waren erforderlich gewesen, um die ausgegrabenen Bauglieder des *Markttores von Milet* 1908 nach Berlin zu bringen. 1926–29 wurde der antike Bau im »Saal der Römischen Baukunst« wiederaufgebaut. Gegen den Willen Wiegands wurden die einzelnen Bauteile – Säulen, Kapitelle, Gebälke – durchbohrt und auf ein Eisengerüst montiert, das als Tragkonstruktion diente. Fehlende Teile wurden in Mauerwerk und Putz ersetzt und die Ergänzungen so ausgeführt, daß sie für den Besucher unkenntlich waren.

1945 wurde das Markttor durch Bombenangriffe schwer beschädigt. *»Fast das gesamte bekrönende Gebälk der rechten Hälfte*

76   *Zusammenstellung eines Giebels des Markttores von Milet im Pergamonmuseum. Foto 1925*

des Tores war durch die Gewalt der Explosionen heruntergeschleudert; große Teile des tragenden Gebälks des Obergeschosses waren abgesplittert und geborsten. Die Säulen und Kapitelle, die beim ersten Wiederaufbau durchbohrt worden waren, um ein tragendes Stahlgerüst in ihrem Innern aufzunehmen, waren ebenfalls in viele Teile zersplittert und die Kassetten über dem rechten Seitendurchgang und über den oberen Tabernakeln waren durchschlagen. Auch Teile vom Fries und Gebälk des Untergeschosses und der Kapitelle desselben waren geborsten.«[13]

Dieser Bericht macht deutlich, daß durch die falsche statische Konzeption – das Durchbohren der Teile und ihr Auffädeln auf eine Stahlkonstruktion – Schäden verursacht wurden, die hätten vermieden werden können, wenn der Wiederaufbau entsprechend der ursprünglichen Bauweise ausgeführt worden wäre. Das stark beschädigte Tor wurde in den Jahren 1952–54 restauriert. Auf die Schließung aller Fehlstellen wurde dabei verzichtet, kleinere Abplatzungen und Brüche wurden nicht wieder kaschiert.

Nach dem Ersten Weltkrieg war es auf Grund der strengeren Antikengesetze für

ausländische Missionen nicht mehr möglich, antike Bauglieder oder ganze Bauwerke für die Aufstellung in den heimatlichen Museen zu erwerben. Ein Wiederaufbau, wenn überhaupt in Betracht gezogen, konnte nur an Ort und Stelle vorgenommen werden. In der Zwischenzeit waren jedoch in allen bedeutenden Museen Europas große Architektursäle entstanden. Auf den Grabungsstätten selbst beschränkte man sich noch lange auf kleinere Sicherungsmaßnahmen oder die Wiederaufrichtung einzelner Säulen. Als Relikte der denkmalpflegerischen Bemühungen jener Zeit finden wir heute auf den Grabungsplätzen noch eiserne Reifen um gespaltene Säulen, Eisenbahnschienen unter gebrochenen Architraven und Versuche in bescheidenem Ausmaß, den Grabungsbefund zu verdeutlichen, wie z. B. in **Pergamon**, wo W. Dörpfeld 1912 die Länge des *Kellerstadions* der Oberen Gymnasion-Terrasse mit einer an dessen Ende aufgestellten Säule mit Architrav markieren ließ[14] (Abb. 77).

In die Zeit vor den Ersten Weltkrieg fallen zwei Arbeiten, die in direktem Zusam-

77   *Pergamon. Architekturprobe des Kellerstadions auf der Oberen Terrasse des Gymnasions. Wiederaufbau W. Dörpfeld 1912*

78   *Olympia. Blick von Südosten auf den Hera-Tempel nach der Freilegung. Foto 1878*

menhang mit den Wiederaufbauarbeiten auf der Akropolis stehen: die Aufstellung zweier Säulen des *Hera-Tempels* in **Olympia** 1905 und der Wiederaufbau des *Athener Schatzhauses* in **Delphi** 1903–06.

Olympia, Hera-Tempel

»Schon manchem Besucher Olympias ist beim Anblick der von der Südseite des Zeustempels herabgestürzten und nun dort auf dem Erdboden lang hingestreckten Säulenschäfte der Gedanke aufgestiegen, ob man nicht eine oder die andere dieser Säulen wieder aufrichten und so von dem alten Bild des Tempels wenigstens ein kleines Stück wiederherstellen könnte«, beginnt Georg Kawerau[15] seinen Bericht über den von ihm geleiteten Wiederaufbau zweier Säulen des *Hera-Tempels* in **Olympia**.[16] Die von dem Bremer Kunstfreund Carl Schütte finanzierte Maßnahme hatte zum Ziel, eine der Säulen des *Zeus-Tempels* wieder aufzurichten. Doch die Überprüfung des Zustandes der einzelnen Säulen ergab, daß alle Säulentrommeln mehr oder weni-

ger stark beschädigt waren und der Wiederaufbau *»die Einfügung neuer Stücke von z.T. sehr erheblicher Ausdehnung [verlangt hätte]. In dem Verhältnis zwischen Alt und Neu würde das Neue einen so großen Raum einnehmen, daß die gewünschte Wirkung – ein Teilbild des Alten wiederherzustellen – nicht rein erreicht werden könnte.«*[17]

G. Kawerau, der 1886–90 als Grabungsarchitekt auf der Akropolis gearbeitet hatte und mit den dort von Balanos praktizierten Restaurierungsmethoden vertraut war, verzichtete deshalb auf die Wiederaufstellung einer Säule des *Zeus-Tempels* und wandte sich dem *Hera-Tempel* zu, von dem bekannt war, daß mehrere Säulen des Tempels noch vollständig vorhanden waren.[18] Im Sommer 1905 begann er mit vier Arbeitern von der Akropolis, die ihm von Balanos ›ausgeliehen‹ worden waren, den Aufbau zweier Säulen an der SO-Ecke des Tempels (Abb. 79–81). Die Säulentrommeln und Kapitelle waren fast vollständig vorhanden oder fanden sich in der Nähe des Tempels. Bei den erforderlichen Ergänzungen der einzelnen Trommeln *»han-*

79   *Olympia, Hera-Tempel. Vorbereitung der*
Säulentrommeln für den Wiederaufbau

80   *Olympia, Hera-Tempel. Gerüstkonstruk-*
tion mit horizontal beweglichem Flaschenzug

delte es sich nur um geringe Ausbesserungen durch Einfügung einiger Flickstücke. Diese konnten nach unserer Meinung keine wesentliche Schädigung sein gegenüber dem Gewinn, den es bedeutet, wenn man durch Wiederaufbau dieser Säulen dem Beschauer den Eindruck der Gesamtwirkung wieder vor Augen stellt, den Höhe, Massenverteilung und Einzelformen dieser Träger der Ringhalle, des altertümlichsten unter den erhaltenen griechischen Tempeln einst hervorriefen.«[19]

Die Flickstücke wurden als *Vierungen* gearbeitet aus »unbedeutenden«, um den Tempel herumliegenden Bruchstücken und mit dem auf der Akropolis benutzten Steinkleber an den Originalen befestigt. Über den Zuwachs an Anschaulichkeit hinaus konnte Kawerau auch noch W. Dörpfelds Zuordnung einer Trommel revidieren – ein zusätzlicher wissenschaftlicher Erfolg der Anastylosis.

Die von K. Herrmann 1970 und 1972 hinzugefügten beiden Säulen, die jeweils zweite Säule auf der Süd- und der Ostseite, haben dazu beigetragen, den Gesamteindruck zu verbessern. Durch die Wiederaufrichtung der baugeschichtlich besonders interessanten Säule an der SW-Ecke läßt sich nun auch die ehemalige Länge des Gebäudes erahnen. Über die unterschiedliche Art der Ausführung der Ergänzungen vgl. S. 250.

Delphi, Schatzhaus der Athener

Zwei Jahre zuvor, 1903, hatte man in **Delphi** mit dem Wiederaufbau eines kleinen

81 Olympia, Hera-Tempel. Die beiden 1905 von G. Kawerau wiederaufgebauten Säulen an der Südwestecke des Hera-Tempels

zweisäuligen Antentempelchens begonnen, des *Schatzhauses der Athener* an der Heiligen Straße (Abb. 82–84). Die Durchführung lag in Händen des Grabungsarchitekten der Französischen Schule in Athen, Joseph Replat. Die Finanzierung der Arbeiten hatte die Stadt Athen übernommen.

Zu dem Wiederaufbau, der in vier Kampagnen in den Jahren 1903–06 durchgeführt wurde, hatte man sich auf Grund der großen Anzahl der durch die Ausgrabung freigelegten antiken Bauglieder entschlossen.[20] Erhalten hatten sich die überwiegende Anzahl der insgesamt 455 Bauteile, das Kalksteinfundament und die darüberliegenden Schichten der Krepis. Die

82 Delphi, Schatzhaus der Athener. Wiederaufbau durch J. Replat 1903–06

83   Delphi, Schatzhaus der Athener. Blick auf Architrav und Giebel. Deutlich erkennbar sind die beiden Trageisen. Foto 1980

84   Delphi, Schatzhaus der Athener. Ergänzungen an Sockel, Antenpfeiler und Säulen aus Tuff und Marmor

fehlenden Bauglieder wurden aus Poros hergestellt, der in Delphi ansteht.[21] Kleinere Fehlstellen der antiken Wandquader aus parischem Marmor wurden nicht ergänzt, sondern ausgemauert und mit Mörtel rauh verstrichen. Nur die fehlenden Trommeln beider Säulen – fünf von sechs Trommeln – und einzelne Blöcke des Stylobats und der Anten, die ins Museum überführt wurden, wurden in weißem pentelischen Marmor ersetzt. Sie bilden noch heute einen großen Kontrast zu den dunklen, patinierten originalen Blöcken. Der Aufbau geschah in antiker Weise mit Klammern und Dübeln in Bleiverguß, doch wurden moderne eiserne Klammern und Dübel benutzt, für die neben den ursprünglichen Klammerlöchern neue Löcher geschlagen wurden. Die gebrochenen Architrave unterstützte man mit T-förmigen Eisenprofilen, deren aufrechtstehende Schenkel in den Marmor eingelassen wurden. Die originalen Metopen, die an ihren ursprünglichen Platz zurückversetzt wurden, sind 1977 durch die griechische Antikenverwaltung abgenommen, ins Museum gebracht und durch Abgüsse ersetzt worden.

Das wiederaufgebaute *Schatzhaus der Athener* bildete lange Zeit als einziges ›vollständiges‹ Gebäude einen Kontrast zu den anderen, weitgehend zerstörten antiken Bauwerken, von denen wegen der Hanglage und der späteren Überbauung mit einem kleinen Dorf zumeist nur noch die unteren Schichten der einzelnen Bauten vorhanden sind. 1938 entschloß man sich deshalb zu einem umfangreichen Aufräumungs- und Wiederaufbauprogramm, um die Grabung auch für Touristen attraktiv zu machen. Diese Arbeiten, deren Gestaltungsvielfalt man noch heute deutlich erkennen kann wenn man über den Grabungsplatz geht, waren der Versuch, das Heiligtum so herzurichten, daß der Besucher über die *Heilige Straße* zum *Apollon-Tempel* und über schmale Wege bis zum *Stadion* gelangen kann. Die beiden wichtigsten Maßnahmen waren die Aufstellung der Säulen an der SO-Ecke des *Apollon-Tempels* und der Teilwiederaufbau der *Tholos* im *Heiligtum der Athana Pronaia*.

Delphi, Tholos

Die drei wiederaufgerichteten Säulen der *Tholos* (R. Demangel, H. Ducoux 1938)[22] gehören zu den bekanntesten ›Ruinen‹ Griechenlands, doch weniger wegen der Qualität der Anastylosis, sondern hauptsächlich auf Grund der eindrucksvollen landschaftlichen Situation des Athena Pronaia-Heiligtums. Auf der 150 m langen, aber nur 40 m breiten Terrasse befinden sich die Ruinen von fünf Tempeln, doch nur die drei Säulen der *Tholos* (Höhe bis zur Sima 8,32 m) bieten dem Besucher einen Hinweis auf die Größe der antiken Bauwerke. Als weithin sichtbarer Blick-

punkt bezeichnen sie schon von Ferne die Stätte des antiken Heiligtums und geben dem Besucher die Möglichkeit, sich zu orientieren. Bei der Betrachtung von Nahem kann er sich mit dem Bauwerk vertraut machen und die architektonischen Details studieren. Zusätzlich zu den Säulen wurden einzelne Trommeln auf dem Stylobat aufgestellt und hinter den Säulen auf der Orthostatenreihe sechs Schichten der Wandquader wiedererrichtet.

Die fehlenden Teile der Säulentrommeln sind in Poros ergänzt, der an die abgearbeiteten Bruchkanten der originalen Teile sorgfältig angesetzt ist.[23] Doch durch die (nicht erwartete?) dunkle Pati-

85   Delphi, Tholos. Die drei wiederaufgebauten Säulen. R. Demangel, H. Ducoux 1938

86   Delphi, Tholos. Rückansicht der wiederaufgebauten Säulen

87   Delphi, Tholos. Detail. Die Ergänzungen aus Poros bilden sich als dunkle Flächen ab

nierung des Poros ist ein ›Marmorkuchen-Effekt‹ eingetreten. Die weißen Marmor-teile ›schwimmen‹ in den größeren Flächen der dunklen Ergänzungen, da sie optisch keine Verbindung miteinander haben. Von Ferne kann man nicht erkennen, ob die hellen oder die dunklen Teile die originalen sind, da der Anteil beider Teile fast gleichwertig ist. Mit dem dunklen Farbton verbindet man den gealterten, patinierten Stein, mit der hellen Farbe die neue Ergänzung. Hier ist es gerade umgekehrt – der helle Marmor ist das originale Material, der dunkle Poros die neuzeitliche Ergänzung. Unschön ist auch die dicke Betonschicht, die den Oberbau – Fries, Geison und Sima – zusammenhält.

Die Anastylosis zeigt deutlich die Tendenz der Denkmaltheorie der 30er Jahre zu einem deutlichen Herausstellen der neu hinzugefügten Teile und einer ungenierten Benutzung von Beton als Konstruktionsmaterial. Der Wiederaufbau ist sorgfältig ausgeführt, doch würde man heute sicher weißen Marmor als Material für die Ergänzungen benutzen, um den Säulen ein einheitliches, auf die strenge Form der kannelierten Schäfte bezogenes Erscheinungsbild zu geben. Durch eine geschickte, geringfügig vom Original abweichende Oberflächenbearbeitung hätte man sicherstellen können, daß auch in Zukunft der Unterschied zwischen Original und Ergänzung erkennbar geblieben wäre – von Nahem.

Delphi, Apollon-Tempel

Die zweite Wiederaufbaumaßnahme galt dem *Apollon-Tempel*, dessen südliche Stützmauer durch einen Erdrutsch teilweise zerstört worden war. Um die historische und architektonische Bedeutung des nur noch aus dem Fundament bestehenden Tempels für das Heiligtum sichtbar zu machen, entschloß man sich zu einem Wiederaufbau von sechs Säulen an der Südostecke des Tempels: vier Säulen auf der Ostfront, drei Säulen an der Südseite (Abb. 88). Der Besucher merkt nur bei genauem Hinsehen, daß dieser Wiederaufbau eine umfangreiche Maßnahme war, bei der die ganze Ecke des Tempels bis zum Fundament abgetragen, neu fundamentiert und wiederaufgebaut wurde.

Die 1938 und von August bis Oktober 1941 unter Leitung von H. Ducoux und M. F. Courby, Mitarbeitern der Französischen Schule in Athen, durchgeführten

88   *Delphi, Apollon-Tempel. Wiederaufbau der Südostecke des Tempels mit sechs Säulen. H. Ducoux, M. F. Courby 1938–41. Im Vordergrund rechts Architekturprobe der Cellamauer*

Arbeiten[24] bestanden aus der Neuverlegung von 400 Blöcken der Euthynterie, der Krepis und des angrenzenden Plattenpflasters. Auf diesem neu hergestellten Unterbau wurden eine vollständige Säule von 12 Trommeln mit Kapitell und fünf Säulen von je 7–9 Trommeln aufgerichtet. Auf den zuerst geplanten Wiederaufbau zweier vollständiger Säulen mit Architrav und Fries nach dem Vorbild der *Tholos*, wurde verzichtet.[25] Sieben der 45 versetzten Trommeln wurden vollständig neu hergestellt und zwar alle sechs unteren Trommeln der einzelnen Säulen und die vorletzte Trommel der vollständigen Säule. Die durch den Brand des Tempels stark beschädigten Säulentrommeln wurde so restauriert, daß an der Außenseite die Kanneluren weitgehend ergänzt wurden, an der Innenseite aber der vorhandene Zerstörungszustand belassen wurde. Die Übergänge von neuen zu alten Teilen wurden angeglichen, die Ergänzungen aus *Kunststein* dem Original farblich angepaßt. In die neuen Trommeln wurden antike Bruckstücke integriert. Der heutige Zustand der Kunststeinausflickungen ist noch gut, Risse sind nur in geringem Umfang zu erkennen (Abb. 89a, b).

Der durch die Wiederherstellung der Kanneluren erzielte Effekt ist verblüffend, konnte doch damit die strenge tektonische Form der Säulen wiedergewonnen werden. Von gestalterischer Qualität ist auch die gewählte Anordnung einer größeren Anzahl von Säulen an einer topographisch

89 a   Delphi, Apollon-Tempel. Säulen der wiederaufgebauten Südost-Ecke. Foto 1991

89 b   Delphi, Apollon-Tempel. Säule der wiederaufgebauten Südost-Ecke. Foto 1991

hervorragenden Stelle, da damit ein Blickpunkt für den die *Heilige Straße* heraufkommenden Besucher geschaffen wurde, der ihn zum Zentrum des Grabungsplatzes führt. Eine gewisse Konkurrenz erfahren die Säulen leider durch den fast gleichhohen, aber breiteren *Prusias-Pfeiler* und die sehr weitgehende Wiederherstellung der *Tempelrampe* (Abb. 131).

Knossos, Minoischer Palast

Zu den spektakulärsten Wiederherstellungen jener Zeit, die auch heute noch Anlaß für Diskussionen über die Zulässigkeit so weitgehender Wiederaufbau- und Rekonstruktionsmaßnahmen geben, gehören die Arbeiten Sir Arthur J. Evans (1851–1941)[26] in **Knossos**. Im März 1900 hatte Evans begonnen, den von ihm entdeckten Platz, den er für den Palast des sagenhaften Königs Minos hielt, auszugraben. Nach Abschluß der ersten zusammenhängenden Grabungskampagne (1900–14) waren bereits große Flächen freigelegt und der Grundriß weitgehend geklärt. In der Mitte des Palastes liegt ein langgestreckter rechteckiger Hof mit einer mehrgeschossigen Bebauung aus Repräsentations-, Zeremonial- und Kulträumen an der Westseite. Östlich des Hofes, wo das Gelände steil abfällt, befinden sich die von Evans als *Privatgemächer* (Domestic Quarter) angesprochenen Bereiche mit der *Großen Treppe*. Die Konservierung der freigelegten Palastbereiche bereitete den Ausgräbern wegen der besonderen Bauweise – aus Lehmziegeln errichtete mehrgeschossige Bauten mit verbrannten hölzernen Tragkonstruktionen – große Probleme. Evans berichtet über die verschiedenen Versuche, die Gebäude nach ihrer Freilegung zu stabilisieren:

»Eine unvermeidliche Konsequenz dieses Auflösungsprozesses [der Mauern durch die winterlichen Regen] war, daß es notwendig wurde, die Überreste zu überdecken, um sie zu sichern. Aber die Ausgrabung der Treppe und der Hallen brachte weitere Erfordernisse mit sich. Das Weghauen der Lehmmassen und die Entfernung der verschiedenen Schutt- und Erdmassen der Zwischenräume ließ eine Lücke zurück zwischen den oberen und unteren Räumen,

so daß der Zusammenbruch des Ganzen drohte. Die verkohlten Pfosten, Balken und Säulen, obwohl ihre Form und ihre Ausmaße oft noch im Ganzen zu erkennen waren, zerfielen, wenn sie freigelegt wurden und selbstverständlich trugen sie auch nicht mehr. Die Versuche mit einer bergwerksmäßigen Abstützung mit Holzpfosten die obenliegenden Massen zu halten, waren meistens nur von kurzem Erfolg und so unsicher, daß einige gefährliche Zusammenbrüche passierten.

In unsereren Anstrengungen nachzulassen, hätte bedeutet, daß die Reste der oberen Geschosse auf die unteren hinunterstürzen würden mit dem Resultat eines unentwirrbaren Ruinenhaufens. Die einzige Alternative war, die oberen Bereiche in dauerhafter Weise zu unterstützen. Am Anfang der Grabung hatte sich der Archi-

90 Knossos, Minoischer Palast. Blick über den sudwestlichen Teil des Palastes. Foto 1979

tekt Mr. Christian Doll, der sich mannhaft dieser wahrhaft titanenhaften Arbeit annahm, hauptsächlich mit Eisenträgern helfen müssen, die aus England mit großen Kosten geholt wurden und mit Zement umkleidet wurden. Die Säulenschäfte wurden durch Steinquader ersetzt und mit einer Stuckschicht überzogen und die Kapitelle wurden neu gehauen. Darüberhinaus benutzten wir für diese Rekonstruktionen Holzbalken, die zeitweise schwer zu bekommen war. Die Stämme und Balken aus Zypressenholz, die früher die Mauerwerksmassen gestützt hatten, waren selbstverständlich nicht mehr zu bekommen, und wir hatten zu lernen, daß sogar die über Triest eingeführten Tiroler Fichten, die in den Häusern des eigenen Landes den Elementen generationenlang widerstanden, verrotteten und sich in ein paar Jahren in Staub verwandelten durch das extreme Klima in Kreta.

Aber mit dem verstärkten Einsatz von Stahlbeton – einem Material, das mit dickem Eisendraht armiert wird – für alle möglichen konstruktiven Maßnahmen, begann eine neue Ära der Rekonstruktion und Konservierung auf dem Palastgelände. Ich habe schon darüber berichtet, wie diese neue Methode es im Westflügel möglich machte, sehr viel wirksamer und billiger die oberen Geschosse mit ihren originalen Befunden in ihrer originale Höhe zu sichern, weil die Säulen, Kapitelle und anderen Bauglieder, aber auch komplizierte Details, nicht mehr länger aus Stein gehauen werden mußten, sondern in großer Anzahl in hölzernen Formen ›gegossen‹ werden konnten, die die einheimischen Tischler gut zu machen verstanden. Die verkohlten Balken und Stützen wurden ebenfalls nach dieser Methode in neuem Beton hergestellt, und so wurde es möglich, durch die Anwendung einer zeitweisen Verschalung und seitlich durch Pfosten abgestützt, größere Teile der Mauern wiederherzustellen und gleichzeitig die Gipsteile und Stucküberzüge der unteren Räume und Magazine dauerhaft gegen Verwitterung zu schüt-

zen. Das Traggerüst des Gebäudes auf dieser Seite war durch dieses neue Material so gut stabilisiert worden, daß es die verschiedenen Erdstöße am 26. Juni 1926 überstand.

Trotzdem bestand bisher noch eine große Lücke in der Rekonstruktion und Konservierung des Palastes auf der Seite der ›Privatgemächer‹. Infolge der hohen Kosten der ursprünglichen Methode war es unmöglich für mich gewesen, die Überdachung über der ›Halle der Doppeläxte‹ in Angriff zu nehmen, dem größten der erhalten gebliebenen Privaträumen, oder die dauernde Sicherung vieler Bauglieder in situ vorzunehmen, wie z. B. der Doppelreihe der Türgewände der Halle darüber, die bisher nur abgestützt waren. Fast alle Überreste des unteren Fußbodens und die teilweise erhaltenen Gipsverkleidungen und Stucküberzüge der Wände waren in einem Zustand rapiden Verfalls. Die Räume, die hier überdeckt werden mußten, waren größer als anderswo, und die Schwierigkeiten, die wir hatten, mögen dadurch illustriert werden, daß die beiden längsten Eisenträger, die wir aus England hatten kommen lassen für die Überdeckung der ›Privatgemächer‹, auf dem Boden des Hafens von Candia liegen; die Risiken einer Landung bei stürmischen Wetter haben entscheidend dazu beigetragen, daß die neue Mole gebaut wurde.

In Hinblick auf die erfolgreichen Ergebnisse der Unternehmung im Westflügel des Palastes entschied ich mich endlich, die ›Halle der Doppeläxte‹ zu überdachen und einige andere Räume des Untergeschosses, die daran angrenzen, wiederherzustellen. Dieses bedeutende Unternehmen, an dem über 100 Zimmerleute und Maurer und ihre Gehilfen fast sechs Monate im Jahre 1928 beschäftigt waren, wurde für mich bewundernswert geleitet durch Mr. Piet de Jong, den Architekten der Britischen Schule in Athen, der jetzt den Nutzen hatte von den Erfahrungen, die er im Westteil des Palastes mit einfacheren Arbeiten dieser Art gemacht hatte.«[27]

91 *Knossos, Minoischer Palast. Wiederaufbau der Großen Treppe im Ostflügel In der Mitte, im weißen Anzug, Sir Arthur J. Evans. Foto 1905*

Die Rekonstruktionsarbeiten begannen 1905 mit dem Wiederaufbau der *Großen Treppe* im Ostflügel[28] (Abb. 91). Der Anlaß hierzu war der Einsturz des zweiten Treppenabsatzes nach dem regnerischen Winter 1904/05 in die tiefer liegenden *Privatgemächer*. Für den Wiederaufbau bis auf die Höhe des Hofniveaus mußte die Treppe weitgehend abgetragen und von unten her neu aufgemauert werden. Die originalen hölzernen Bauteile, wie Säulen, Kapitelle und Architrave, hatten sich lediglich als Abdrücke im Lehm erhalten:

»Die neuen Säulen mit ihren Kapitellen wa- *ren eine Kopie in Aussehen und Farbe von Beispielen auf einigen neu ausgegrabenen Fresken einer Halle aus dem Westteil des Palastes. Die richtige Lage der Architrave und Balken konnte ermittelt werden von einigen großen verkohlten Teilen, die noch gut erhalten waren. Die Steine besonders des unteren Treppenlaufs und der Balustrade waren vorsichtig markiert und numeriert worden, so daß sie in ihre originale Position zurückversetzt werden konnten. . . . Im Ganzen ist der Effekt dieser legitimen Wiederherstellungsmaßnahme so, daß sie das historische Gefühl selbst des Phantasielosesten ansprechen muß. Zu einer Höhe von über 20 Fuß steigt die*

›Große Treppe‹ mit dem Säulenhof vor uns auf, praktisch unverändert seit sie vor dreieinhalb Jahrtausenden durchquert wurde von Königen und Königinnen aus Minos Geschlecht auf ihrem Weg von ihren Auftritten im Westflügel des Palastes in öffentlicher oder sakraler Funktion zu den mehr privaten Bereichen der königlichen Familie.«[29]

Die Faszination, die von diesen stark farbigen Rekonstruktionen ausging, deren phantasievolle Wandgemälde der in Athen lebende Schweizer Maler Emile Gilliéron und später sein nicht weniger begabter Sohn Edouard aus kleinsten Fragmente schufen, verließ Evans niemals während seiner 35jährigen Grabungstätigkeit in Knossos. Mit dem Wiederbeginn der Grabung nach dem Ersten Weltkrieg und der ›Entdeckung‹ des Stahlbetons, der als ein billiges und witterungsbeständiges Baumaterial erschien, entstanden nach 1922 auf den originalen Mauern über den ganzen Palast verteilt Teilrekonstruktionen in ›ruinenhafter‹ Form:

– am Nordeingang die *Säulenveranda* mit dem *Stierrelief* und das *Lustralbad* (Abb. 92, 94),
– am Südeingang ein Teil der *Propyläen*,
– im Ostflügel die *Haupttreppe* mit dem Säulenhof, die *Halle der Doppeläxte*, das *Megaron der Königin* und zugehörige Nebenräume.

92   *Knossos, Minoischer Palast. Rekonstruktionen des Gebäudes mit dem Kultbassin im Hof des Einweihungs-Areals. Mauerwerk und farbig gestrichener Beton. Wiederaufbau um 1922*

Die Räume im Westflügel mit dem *Thronsaal* nördlich der Haupttreppe wurden dreigeschossig wiedererrichtet.

Außerhalb des Palastbereiches sind in gleicher Form der *Kleine Palast*, die *Königliche Villa* und das *Tempelgrab* wiederhergestellt worden.

Die Rekonstruktionen fanden nicht nur Zustimmung bei Fachkollegen und Besuchern. Josef Durm bezweifelte ihre Glaubwürdigkeit und schreibt aus der Sicht des Architekten zur *Großen Treppe:*

»Die Form der Stützen, ihre jetzige Farbgebung, die mehr als seltsame Konstruktion der Auflager der Tritte, die Untersicht der Läufe sind Erfindungen von A.J. Evans und seines Technikers. Das alles so war, wie es jetzt sich zeigt, möchte ich nicht unterschreiben, aber es mag immerhin bei einem Laien die Vorstellung erwecken, daß es so gewesen sein könnte. Für eine strenge Kritik oder Kontrolle ist zu wenig Altes und zu viel Neues in dem derzeitigen Aufbau enthalten. Es ist schwer, ein richtiges Urteil bei Dingen zu gewinnen, deren ursprünglichen Zustand man nicht gesehen, wo Notwendiges und Überflüssiges durcheinandergeworfen ist; wenn aber die Formen, wie sie uns bei den monumentalen Architekturen in Mykenai noch vor Augen stehen, auch für Knossos herangezogen werden dürfen, ... dann wird der mit großen Kosten ausgeführte teilweise Wiederaufbau nicht viel sagen wollen, da in ihn unsichere Bauformen hineingetragen sind, die nur zu Irrtümern Veranlassung geben. Wozu z.B. die unglückseligen Holzsäulen in der Form von riesigen Tisch- oder Stuhlbeinen, rot und schwarz lackiert, wenn das prächtige Steinmaterial von Blöcken über 3m und über 1 1|2m Höhe zur Verfügung und in allernächster Nähe zu haben war und wenn man bedenkt, daß es sich bei Architraven nur um Längen von 1,7m handelte!«[30]

93   Knossos, Minoischer Palast. Große Treppe im Ostflügel. Aquarell von A. Zachos mit Darstellung J. Durms, um 1907

Die Kritik Erhart Kastners,[31] der Knossos 1942 besuchte, ist die des gebildeten, empfindsamen Kunstreisenden:

»Welch seltsamer, höchst verwunderlicher Anblick ist es sodann, wenn man näher herzudringt. Man glaubt nicht recht bei sich zu sein. Da sieht man halbhohes Gemäuer, grau und im Anfang verwirrend, wie man es so oder ähnlich von vielen Ausgrabungsplätzen her kennt – mitten dazwischen indessen recken sich Hochbauten auf, neu und blockhaft, grausam zementen, mit grellbunten Farben bemalt.

Die Ausgräber haben gewagt, was niemand sonst wagte und was den Andachtssinn, der sonst bei antiken Grabungen waltet, gänzlich entbehrt: sie haben große Teile des alten Palastes kühn wieder aufgebaut, nicht so hoch, wie sie

einstmals wohl waren, aber doch zum ersten zum zweiten, ja auf tiefer hangwärts gelegenen Stellen bis zum dritten und vierten Stockwerk hinauf. Da dies Neue natürlich nicht überall und nicht zur Gänze zu leisten war, sondern das Gewesene mehr andeuten will, so ist auf dem Gelände nur dies und jenes probeweise und vereinzelt emporgeführt. Säulen sind nur zur halben Höhe ergänzt, Mauern und Decken brechen ruinenhaft ab in zackigem Bruch, Treppen – ergänzte! – führen ins Leere hinauf, ins Himmelblau. Neues, Grellneues, steht neben viertausendjährigem Altem und mischt sich und mengt sich, ganz so wie die Gefühle dessen sich mischen, der dies zum ersten Male erblickt.«[32]

Dieser Eindruck herrscht auch heute noch vor, wenn man den Platz besucht und die verschiedenen, noch immer stark farbigen Rekonstruktionen inmitten des Palastbezirkes betrachtet. Darüber hinaus hat das große Areal des Palastes durch die einzelnstehenden mehrgeschossigen Rekonstruktionen, die weit über die niedrigen originalen Mauern herausragen, eine neue architektonische Gliederung erfahren – es ist in Einzelbauten auseinandergefallen. Eine wirkliche Rekonstruktion des Palastes ist nicht erreicht worden.

Die Konservierungsmaßnahmen an den originalen Mauerzügen sind zumeist mit Zement ausgeführt. Der weitaus überwiegende Teil des Palastes ist noch immer der Verwitterung ausgesetzt und nur kleinere Flächen wurden später mit Schutzdächern überdeckt. Von A. Orlandos wurden in den 50er Jahren einzelne Räume restauriert, so im Bereich der Wirtschaftsräume die *Werkstatt des Bildhauers* und *des Töpfers,* das *Magazin mit den Tongefäßen,* das *Zimmer der hölzernen Balken,* weitere Nebenräume und das Pflaster im *Pithoi-Magazin mit den Metallen.* Der halbzerstörte Thron wurde wiederhergestellt und auch die ›moderne‹ Wandmalerei im *Thronsaal.*[33]

Die Rekonstruktionen, die den aufgefundenen Wandgemälden und den originalen Resten nachempfunden sind, sind für den Besucher sehr anschaulich und vermitteln ihm ein Bild von minoischer Architektur und Malerei, das er in den anderen minoischen Palästen nicht findet (z. B. in **Phaistos, Mallia, Hagia Triada**). Sie vermitteln ihm aber auch ein falsches Bild, denn alle diese kleinen Rekonstruktionen schließen sich nicht zu einem Gesamtbild des Palastes. Der große Hof ist nicht umbaut, sondern von Einzelgebäuden umstellt, die ihr Eigenleben führen. Sie erwecken nicht die Vorstellung eines großen, mehrgeschossigen Palastgebäudes, sondern erinnern eher an die Follies des 18. Jhs. und die ›falschen‹ Ruinen in den Landschaftsgärten.

Bald jedoch werden die bereits rostenden Betonbauten so schadhaft sein, daß sich die Frage stellen wird, ob diese Rekonstruktionen schon ›Denkmäler‹ geworden sind – Denkmäler der archäologischen Denkmalpflege –, die in gleichem Maße wie die antiken Originale Anspruch auf Erhaltung haben.

94 *Knossos, Minoischer Palast. Rekonstruktionen der westlichen Säulenhalle über der Nordrampe. An der Wand eine Kopie des Stierreliefs. Wiederaufbau um 1922*

95   *Selinunt. Akropolis, Tempel C. Die 1925/26 wiedererrichteten Säulen der Nordkolonnade*

Italien, Libyen, Rhodos 1920–1940

Italien

Der Wiederaufbau antiker Ruinen in größerem Umfang begann in Italien erst in den 20er Jahren. In **Agrigent** wurden acht Säulen des dorischen *Herakles-Tempels* (Tempel A) wiederaufgestellt (F. Valenti 1921)[1] (Abb. 96) und fünf Jahre später auf der Akropolis von **Selinunt** zwölf Säulen der nördlichen Peristase des *Tempels C* (F. Valenti 1925/26)[2] (Abb. 95). Die von einem Erdbeben umgeworfenen, 8,65 m hohen Säulen lagen noch in Sturzlage, weitgehend vollständig und in relativ gutem Erhaltungszustand, und ließen sich an ursprünglicher Stelle wieder aufrichten. Die erhaltenen Gebälkteile (Architrav, Fries und Geison) wurden, soweit sie noch vorhanden waren, auf die Säulen aufgelegt. Für die Ergänzung schadhafter Bauglieder benutzte Valenti Ziegelmauerwerk, das anschließend überputzt und gestrichen wurde. Auch fehlende Säulentrommeln wurden aus Ziegelmauerwerk hergestellt. In der Zwischenzeit sind Putz und Anstrich verloren gegangen und die Ziegelausbesserungen zeigen sich in ihrer ganzen Einfachheit. Der schlechte Zustand des Wiederaufbaus hat in den Jahren 1976–80 bereits eine erneute Restaurierung erforderlich gemacht.

In der Umgebung Roms konzentrierten sich die Arbeiten auf die *Villa Hadriana* in **Tivoli** und das antike **Ostia**. In Ostia wurden unter der Leitung von G. Calza und I. Gismondi 1927–29 die freigelegten Mauerzüge der Stadtquartiere restauriert und das *Forum*, die *Thermen*, das *Theater* und einzelne *Wohnhäuser* mit ihren charakteristischen Einbauten wiederhergestellt (Abb. 97). Die freigelegten Ziegelmauern wurden mit Ziegeln in antiken Formaten aufgemauert. Die Übergänge sind deutlich markiert, die neuen Mauerflächen oft mit einer Datierung (Ziegelstempel mit Datum) versehen (Abb. 342). Die Mauerkronen erhielten eine dicke Deckschicht aus Zementmörtel (Abb. 98).

96 Agrigent, Herakles-Tempel. Wiederaufgebaute Säulen der südlichen Peristase. Ergänzungen aus verputzten Ziegelmauerwerk. F. Valenti 1921

97 Ostia antica, Teilrekonstruktion des Amphitheaters, 1927–29

98 Ostia antica, Blick über die Ruinen. Sicherung der Mauerkronen mit Zementmörtel

Auch in anderen Provinzen Italiens wurde restauriert, rekonstruiert und wiederaufgebaut:
- in **Verona** das *Theater* und der *Gavier-Bogen* (A. Avena 1930–32) (Abb. 23),
- in **Pula** der *Augustus-Tempel* (1925),
- in **Rimini** der *Augustus-Bogen* und das *Mausoleum der Sarsina* (S. Aurigemma),
- in **Aosta** das *römische Forum* (A. Mancini, G. Rosi),
- in **Turin** die *Porta Palatina* (G. Rosi 1934–38),
- in **Brescia** der *Vespasians-Tempel* auf dem Forum (Ballerio, F. Fantoni 1938–40, N. Degrassi 1948–49)[3] (Abb. 364),
- in **Aquileja** das *römische Forum* (G. Brusin, 1934) (Abb. 21), die *Via Sacra* und die Familiengräber in der *Nekropole*,
- in **Stabiae** die *Villa di San Marco*,
- in **Baiae** die *Thermen*,
- in **Cumae** die *Akropolis* und die *sibyllinische Orakelgrotte*.

Die antiken *Theater* in **Ventimiglia, Triest, Cagliari, Taormina, Syracus, Pozzuoli** und **Verona** wurden restauriert und den Besuchern zugänglich gemacht.[4] In **Pompeji** setzte man die unter der Direktion von M. Ruggiero (1875–93) und G. de Petra (1893–1901) begonnenen Restaurierungsarbeiten fort. Nach dem Vorbild der nach ihrer Freilegung in den Jahren 1892–95 restaurierten Häuser, der *Casa del Fauno, Casa dei Vettii, Casa del Poeta Tragico, Casa delle Nozze d'Argento, Casa di Lucrezio Frontone* oder der *Casa degli Amorini dorati* wurden auch unter Amedeo Maiuri, der siebenunddreißig Jahre, von 1924–61 die Grabungsleitung inne hatte, die bedeutendsten Häuser bis zum Dach wiederaufgebaut und restauriert,[5] so die *Casa del Menandro* (1933), *Casa degli Amanti* (1934), *Casa del Centenario* und die *Villa dei Misteri* (1929/30) (Abb. 99).

Über den reicher ausgestatteten Häusern wurden neue Dächer errichtet, die Mauern bis zu ihrer ursprünglichen Höhe aufgemauert, die Malereien an den Wänden belassen und durch Randsicherungen geschützt und Mobiliar und Einrichtungsgegenstände nach der Restaurierung in die Häuser zurückgestellt.[6] Das Ziel dieser Maßnahmen war der Versuch, den ursprünglichen Eindruck der Häuser soweit wie möglich zurückzugewinnen. Deshalb wurden Betonstürze holzfarben gestrichen, Säulen und Kapitelle rekonstruiert,

99   *Pompeji, Villa dei Misteri. Gartenrekonstruktion und Teilwiederaufbau des Bauwerks nach der Ausgrabung. A. Maiuri 1929/39. Foto Alinari 1935*

Räume mit den darin gefundenen Einrichtungsgegenständen ausgestattet und Gärten und Peristylhöfe neu bepflanzt (z. B. *Casa di Loreius Tiburtinus, Casa del Fauno*). Unter Mitarbeit von Luigi Jaconos wurden die *Basilika* (1929/30), die *Palästra* (1939), der *Fortuna-Tempel*, die beiden *Theater*, das *Amphitheater*, das *Grabmals der Istacidii* und der *Monopteros* auf dem *Forum triangulare*, der dem samnitischen Magistraten Numerius Trebius zugeschrieben wird, restauriert. Am *Forum* stellte man die Säulen der dorischen Portikus, teilweise in ihrer ursprünglichen zweigeschossigen Höhe, und sechs Säulen des *Chalcidicums der Eumalia* wieder auf (1935).

Die sorgfältigen Ergänzungen aus rotem Backstein lassen sie eindeutig als Arbeiten der 30er Jahre erkennen (Abb. 307). Die Fassaden der Häuser an der *Via dell'Abbondanza* wurden abgestützt und die Inschriften an den Hauswänden durch Glasplatten und Stoffrollos geschützt. Wandmalereien auf den Außenseiten der Häuser erhielten kleine eiserne Dächern als Schutz gegen Verwitterung.

In **Herculaneum,** wo die Grabungen 1927 wieder begonnen hatten, wurden in ähnlicher Weise mehrere Häuser hergerichtet: die *Casa dell'Albergo, Casa dei Cervi, Casa sannitica* (1934), *Casa di Nettuno*

100   *Rom, Kaiserforen. Die »Colonacce«,*
zwei Säulen der südöstlichen Einfassung des
Nerva-Forums. Foto um 1870

101   *Rom, Kaiserforen. Die »Colonacce«*
nach der Freilegung des Nerva-Forums in den
Jahren 1933/34

ed Anfitrite, Casa dell' Albergo, Casa dell' A-
trio a Mosaico (1937), *Casa della Gemma*
(1936) und das Peristyl der *Casa d' Argo.*[7]
Zehn Jahre nach Beginn der neuen Ausgrabung waren bereits große Bereiche der
Stadt freigelegt:

»Die Stadt überrascht immer von neuem
durch den reizvollen und lebendigen Anblick,
den die Vielfalt ihrer Häuser mit dem jungen
Grün der wiederangepflanzten Gärten bietet.
Dank der mit der Grabung stetig Schritt hal-
tenden Restaurierung lassen die Veränderungen
dieses Jahres schon jetzt im wahren Sinne des
Wortes ein ›Stadtbild‹ erkennen, in dem der
Aufbau der Häuser vom Meer gegen den Berg
hinauf als ein in dieser Deutlichkeit wohl neuer
und sehr charakteristischer Zug mitzusprechen
beginnt.«[8]

Durch die Restaurierungen sollte neben
der Sicherung der Befunde eine bessere
Präsentation des Grabungsplatzes erreicht
werden, denn die antiken Stätten wurden
immer mehr auch zum Ziel des Tourismus.

Die umfassendsten Ausgrabungen der
20er und 30er Jahre mit sich daran anschließenden Wiederaufbaumaßnahmen
fanden jedoch in **Rom, Nordafrika** und
auf **Rhodos** statt, waren eindeutig politisch motiviert und hatten propagandistische Bedeutung. Die freigelegten Ruinen
und die wiederaufgebauten Theater und
Tempel dienten als sichtbarer Beweis und
Demonstration der ehemaligen Macht und
Größe des *Imperium Romanums,* als dessen
Nachfolger sich der faschistische Staat sah.

Rom

Das bedeutendste archäologische Unternehmen der 30er Jahre war die Umgestaltung des historischen Stadtzentrums zwischen dem *Palazzo Venezia* und dem *Kolosseum:* die Freilegung der *Kaiserforen*, des *Trajansmarkts* und der Bau einer neuen Prachtstraße zum *Kolosseum,* der *Via dei Fori Imperiali* (ehem. *Via dell'Impero*).[9] Diesen Freilegungen, denen ein großer Teil des mittelalterlichen Roms zum Opfer fiel, war die Ausgrabung der vier republikanischen Tempel am *Largo Argentina* (seit 1926) vorausgegangen und die Entscheidung Mussolinis, das Grabungsgelände wegen der großen Bedeutung der Funde für die Geschichte der Stadt nicht wieder überbauen zu lassen. Am 21. April 1929 wurde die *Area sacra del Largo Argentina* als archäologisches Freilichtmuseum inmitten der Stadt eröffnet (Abb. 103).

Das Ergebnis der Ausgrabungen in den *Kaiserforen* war in Hinblick auf wiederaufbaubare Architektur und Bauglieder enttäuschend. Die einzelnen Bauten waren weitgehend ausgeraubt, nur auf dem *Caesar-Forum* konnten drei monumentale Säulen des *Venus Genetrix-Tempels* wieder aufgestellt werden (1933/34)[10] (Abb. 106).

Auf dem *Forum Romanum* wurde die barocke Kirche S. Adriano zerstört, um unter Einbeziehung der wenigen noch originalen Teile die *Senats-Curia* zu rekonstruieren (A. Bartoli 1932–37)[11] und aus geringsten Resten wurde der *Vesta-Tempel* als Architekturprobe wiederaufgebaut (A. Bartoli 1930).[12] Drei Säulen des für die Geschichte Roms bedeutenden Rundtempels aus severischer Zeit wurden auf einem Sockel aufgestellt, dessen originaler Bestand sich auf winzige Marmorsplitter beschränkt. Die Ergänzungen sind scharf-

102 Zeitgenössische Darstellung der Freilegungsarbeiten auf dem Caesar-Forum. Illustration »Domenica del Corriere« 1933

kantig aus Travertin gearbeitet, die einzelnen Profile in vereinfachter Form ausgeführt. Durch den abrupten seitlichen Abbruch und die fehlende Einbindung in die Umgebung hat dieser Wiederaufbau auch heute noch ein modellähnliches Erscheinungsbild (Abb. 107). Am nördlichen Ausgang des Forum Romanums wurde der *Venus und Roma-Tempel*, dessen Ruine jetzt die neue Straßenachse begrenzte, neu gestaltet (A. Muñoz 1934/35).[13] Die bei der Ausgrabung entdeckten Reste der Granitsäulen der beiden seitlichen Hallen wurden in der üblichen Form (in Ziegelmauerwerk) ergänzt und wiederaufgestellt, die fehlenden Säulen durch neue Basen, in die Büsche gepflanzt wurden, angedeutet (Abb. 297).

103   Rom, Area sacra del Largo Argentina, 1929 als Freilichtmuseum eingerichtet

105   Rom, Marcellus-Theater. Zustand nach der Freilegung und Restaurierung 1930–32

Durch die Freilegung der südwestlichen Seite des Kapitolshügels 1929/30 verschwand das mittelalterliche Stadtviertel um die *Piazza Montanara* und das *Marcellus-Theater*.[14] Das unter Augustus 13–11 v. Chr. vollendete halbkreisförmige Bauwerk hatte im Mittelalter der Familie Pierleoni als Festung gedient, wurde im 16. Jh. durch Baldassare Peruzzi zu einem Palast für die Familie Savelli umgebaut und ging 1712 in den Besitz der Familie Orsini über. Bereits zur Renaissance nutzte man die un-

104   Rom, Forum Romanum. Portico degli Dei Consenti. Wiederaufbau durch L. Canina 1858, Verlängerung (rechte Hälfte) durch A. Muñoz 1943

teren Arkaden als Läden für Handwerker und Kaufleute. Wegen ihrer malerischen Erscheinung wurde die überbaute Ruine zu einem beliebten Motiv römischer Architekturdarstellungen und seit Piranesi (Vedute di Roma, 1748) vielfach abgebildet. Bei der Freilegung für die Neuanlage der *Via del Mare* (heute *del Teatro di Marcello*) ging diese historische Situation vollständig verloren; die spätere Überbauung wurde teilweise abgebrochen und der Rest des antiken Bauwerks freigelegt (A. Calza Bini und P. Fidenzoni 1930–32). Schräge Stützpfeiler nach dem Vorbild des *Sperone* am *Kolosseum* sichern heute das Theater und die vom Abbruch verschonten Teile des Palastes (Abb. 105). Die an die Ruine anstoßenden, exakt gearbeiteten neuen Bauteile aus Peperino bilden einen großen Kontrast zu den originalen, stark zerklüftete Travertinoberflächen (Abb. 330). Das malerische Aussehen des Gebäudes und der Wert der gesamten Anlage als historisches Dokument der Stadtgeschichte ist durch die Freilegung und ungeschickte Restaurierung weitgehend verloren gegangen.

An fast allen antiken Bauten in Rom wurde in diesen Jahren restauriert und

106   *Rom, Caesar-Forum. Im Hintergrund die drei Säulen des Venus Genetrix-Tempels. Wiederaufbau 1933/34*

107   *Rom, Forum Romanum. Teilwiederaufbau des Vesta-Tempels mit überwiegend neuem Material. A. Bartoli 1930*

ausgebessert, so auch an der Kuppel und dem Außenmauerwerk des *Pantheons* (A. Terenzio 1931–34), den *Diokletians-Thermen* und den Palästen auf dem *Palatin* (Abb. 321–322).

Als Maßnahme mit hohem politischen Anspruch – am 23. September 1938 wurde mit großem Aufwand der 2000. Geburtstag des Augustus, des Gründers des *Imperium Romanums,* gefeiert – wurden auf dem Marsfeld das *Augustus-Mausoleum* freigelegt, restauriert und die *Ara Pacis Augustae* in einem monumentalen Schutzhaus neu zusammengesetzt (A. Muñoz, G. Moretti 1936–38).[15] Das Mausoleum erhielt nach der Demolierung der umliegenden Bebauung, zumeist Häusern aus der Renaissance, eine zeitgemäße Umbauung und steht jetzt frei inmitten einer großen Platzanlage der

30er Jahre, der *Piazza Augusto Imperatore* (Abb. 108). Als eine der letzten Maßnahmen der faschistischen Ära wurde die *Portikus der ratspendenden Götter (Portico degli Dei Consenti),* die bereits 1858 von L. Canina restauriert worden war, 1943 von A. Muñoz um fünf weitere Säulen verlängert[16] (Abb. 104).

Die neuen Grabungsflächen, besonders die *Kaiserforen,* wurden in den städtebaulichen Kontext integriert. Parkanlagen, Wege, Treppen und aufwendig gestaltete Abgrenzungen umgaben die neuen ›Attraktionen‹ im Stadtbild und ermöglichten deren Betrachtung.

Für die Durchführung dieser Arbeiten gab es einen festen Rahmen, die »Norme per il restauro dei monumenti«, auch »*Carta del restauro*« genannt, die 1931 vom

108   *Rom, Piazza Augusto Imperatore. Blick auf das 1936–38 freigelegte Augustus-Mauso-leum und das Schutzhaus über der Ara Pacis Augustae (links am Bildrand)*

»Consiglio Superiore per le antichità e belle arti« erlassen worden war und der theoretischen Konzeption G. Giovannonis entsprach.[17] Die Prinzipien und anzuwendenden Methoden bei Restaurierungsmaßnahmen werden darin in 11 Artikeln beschrieben. So wird u. a. verlangt, daß neu hinzugefügte Teile deutlich erkennbar und möglichst aus einem anderen Material sein sollen als das Original. Aus diesem Grund wurden fehlende Teile von Marmorsäulen in rotem Ziegelmauerwerk ergänzt, das anschließend sorgfältig steinmetzmäßig bearbeitet wurde.

Für die Ruinen aus Ziegelmauerwerk wurde eine spezielle Restaurierungstechnik entwickelt, die darin bestand, daß die ergänzten Flächen um 1–2 cm hinter die originale Oberfläche zurückgesetzt wurden, um Original und Ergänzung unterscheiden zu können. Aus ästhetischen Gründen – um nicht zu glatt und neu zu erscheinen – wurden die neuen Oberflächen zudem noch mit dem Eisen aufgerauht. Beispiele für diese Methode finden sich auf dem *Palatin*, am *Pantheon* und in der *Villa Hadriana* (vgl. S. 258 f.).

Beton als sichtbares Restaurierungsmaterial fand bei diesen Arbeiten noch keine Verwendung, obwohl bereits 1931 in der *Charta von Athen* die Verwendung moderner Konstruktionen – möglichst unsichtbar und im antiken Material verborgen – *»besonders in solchen Fällen, wo sie erlauben, die Elemente in situ zu erhalten und damit das Risiko ihres Verfalls und ihrer Rekonstruktion zu vermeiden«*[18] empfohlen worden war. Ihren Einzug in die Restaurierung antiker Bauten fanden die als *Kunststein* bezeichneten zementgebundenen Steinergänzungsmassen und der Stahlbeton für verborgene Tragkonstruktionen erst beim Wiederaufbau der römischen Theater in Libyen.

Libyen

Im Frieden von Lausanne (1912), der den italienisch-türkischen Krieg 1911–12 beendete, erhielt Libyen den Status eines autonomen Landes, fiel de facto jedoch an Italien. In den 20er Jahren begannen italienische Archäologen mit umfangreichen Forschungen und der Ausgrabung so bedeutender römischen Stadtanlagen wie Sabratha, Cyrene oder Leptis Magna. Den Ausgrabungen folgte der Wiederaufbau als propagandistische Maßnahme.

Zu den umfangreichsten Arbeiten gehört der Wiederaufbau des *Theaters* in **Sabratha** mit einer dreigeschossigen Bühnenfront in den Jahren 1934–37 durch die Architekten G. Guidi und G. Caputo.[19] Fotos nach der Freilegung (Abb. 111) zeigen die geringen in situ aufgefundenen Reste des Theaters. Erhalten hatten sich von der *scenae frons* der Sockel und die Rückwand mit den seitlichen Exedren und den drei Türen bis zur Höhe des unteren Geschosses. Aus den unteren zweiunddreißig Basiseindrücken und den in drei

109 *Leptis Magna. Die wiederaufgebaute Tholos auf dem Marktplatz. G. Caputo, um 1930*

110   *Leptis Magna, Römisches Theater. Orchestra und Fassade des Bühnengebäudes, 1939–48*

Größen aufgefundenen Säulenschäften mit Kompositkapitellen konnte der Aufbau rekonstruiert werden. Der Umfang des Wiederaufbaus ging jedoch weit über das noch vorhandene Originalmaterial hinaus, sollte das Theater doch für Großveranstaltungen genutzt werden. Als neues Material für Sitzstufen und Ergänzungen verwendete man den Originalstein aus den antiken Brüchen, jedoch in Blöcken von der halben Höhe der originalen Quader. Fehlende Säulenschäfte wurden statt in Marmor in Rapollino-Travertin hergestellt, die fehlenden Kapitelle als Abgüsse in getöntem *Kunststein*, der auch für Ergänzungen der Gebälkfragmente Verwendung fand. Nicht gesicherte Teile wurden besonders kenntlich gemacht. Die Bauglieder, die zu schwach waren, die gleichen Lasten wie ehemals aufzunehmen –

Säulen, Kapitelle, Gebälke –, wurden durchbohrt und mit Stahleinlagen und Beton verstärkt. Die Fehlstellen wurden anschließend verputzt. Die Ergänzungen

111   *Sabratha, Römisches Theater. Situation während der Freilegung. Foto um 1925*

sind deutlich erkennbar und heben sich durch ihre graue Farbe wie ihre glatten Oberflächen von den originalen Teilen ab.

Das konstruktive Konzept des Wiederaufbaus bestand darin, die 22,75 m hohen Säulenädikulen nicht mehr selbsttragend auszuführen, sondern die Lasten über Betonkonsolen abzutragen, die in Höhe der Gebälke aus der massiven Rückwand auskragten.

Die Hauptarbeit des Wiederaufbaus richtete sich auf die dreigeschossige Säulenfront des Bühnengebäudes, die aus gestalterischen Gründen eine ›ruinöse‹ Form erhielt (Abb. 112). Die zweigeschossige Außenfassade des Zuschauerraums wurde teilweise wiederhergestellt; im Osten und Westen wurden zum originalen Bestand jeweils noch zwei Bögen des oberen Geschosses hinzugefügt, so daß eine hoch aufragende ›Ruine‹ entstand, die auf Grund der vielen neuen Bauglieder ihre Entstehungszeit nicht verleugnen kann.

Weitere Wiederaufbaumaßnahmen größeren Umfangs in Libyen während der 30er Jahre wurden in **Leptis Magna** (*Theater*, G. Caputo, 1939–48, *Basilika, Marktplätze* und *Forum*),[20] **Tripolis** (Marc Aurels-Bogen, G. Caputo 1935–37), **Apollonia** (*Christliche Basilika*) und **Kyrene** (*Apollon-Tempel, Caesareum*, 1938–41)[21] durchgeführt (Abb. 109–112).

112   Sabratha, Römisches Theater. Die 1934–37 wiederrichtete Fassade des Bühnengebäudes

Rhodos

Wie Libyen geriet auch der Dodekanes 1912 in den Einflußbereich Italiens. Ein zweiter Schwerpunkt der Restaurierungs- und Wiederaufbauarbeiten wurden die Inseln **Kos** und **Rhodos**. In der Altstadt von Rhodos, der mittelalterlichen Stadt der Johanniter, wurden die bereits stark zerstörten Häuser der Ritter unter Leitung des Architekten Del Fausto teilweise neu aufgebaut. Um ein geschlossenes ›mittelalterliches‹ Stadtbild zu erzielen, wurden zerstörte Bauten nach Zeichnungen aus dem 19. Jh. rekonstruiert, wie z. B. die *Herberge der Ritter von England*, die 1919 nach Zeichnungen von Rottiers aus dem Jahre 1826 vollständig neu erbaut wurde. Auch der *Großmeisterpalast* mit seinen vielen Spolien ist ein Werk des 20. Jhs. (Architekt De Vecchi). Die gewaltigen Festungsanlagen wurden restauriert und, als Konzession an die neue Zeit, zwei neue Zugänge zur Altstadt geschaffen.[22]

Auf der südlichen Akropolis, auf der nur noch spärliche Reste der antiken Bebauung freigelegt werden konnten, wurden diese mit großem Aufwand rekonstruiert. Nördlich des *Apollon Pythios-Tempels* – ein Wiederaufbau aus drei Säulen auf neuem Stufenbau (Abb. 113) – liegt das fast vollständig neu errichtete *Stadion* mit nur noch wenigen originalen Stufen im Kurvenbereich und unweit davon das *Odeion*, ebenfalls ein Neubau, der für Großveranstaltungen genutzt wurde.

Umfangreiche Arbeiten fanden auf der Akropolis in **Lindos** statt, wo inmitten der Johanniterfestung Tempel, Stoa und Portikus des *Heiligtums der Athena Lindia* teilweise wiederaufgebaut wurden (L. Laurenzi 1937–38).[23] Die Maßnahme umfaßte die Wiederherstellung der großen Terrassen und Freitreppen des Heiligtums und den Wiederaufbau des *Athena-Tempels* (Abb. 114, 115). Da nur noch wenige originale Säulen vorhanden waren, und um die Abmessungen der imposanten, 87 m breiten *Stoa* aus dem Ende des 3. Jhs. v. Chr. deutlich zu machen, wurden einzelne Säulen vor der Freitreppe aufgestellt und jeweils drei an den Gebäudeecken. Die aufgelegten Kapitelle gehören teilweise zu anderen Bauten, die Architrave sind aus Beton. Auf eine Rekonstruktion der *Propyläen* aus dem Anfang des 3. Jhs. v. Chr. wurde verzichtet, so daß sich jetzt vor dem Tempel ein großer Platz befindet, der die Form der Anlage verfälscht. Nur der Grundriß wurde im Plattenbelag gekenn-

113   Rhodos. Teilwiederaufbau des Apollon Pythios-Tempels, um 1930

114   *Rhodos, Akropolis von Lindos. Eingerüstete Front des wiederaufgebauten Athena-Tempels. Foto 1989*

115   *Rhodos, Akropolis von Lindos. Blick über die Terrassensubstruktionen auf den Athena-Tempel. Wiederaufbau 1937/38*

zeichnet. Vom Tempel, einem dorischen Amphiprostylos, wurden vier Säulen der Nordfront und drei der Rückfront aufgerichtet. Die Cellamauern sind nur an der NO-Ecke bis zur vollen Höhe aufgeführt, um ein Auflager für Architrav und Fries zu schaffen zur Sicherung der beiden Frontsäulen.

Für den Aufbau der Säulen wurden die einzelnen Trommeln aus weichem Muschelkalk in der Mitte durchbohrt (d = 50 cm), die hohlen Trommeln aufeinander gestellt, ausgerichtet und mit Beton gefüllt, in den jeweils zwei Dübel aus Baustahl (d = 16 mm) gesteckt wurden, die die Verbindung der einzelnen Trommeln untereinander herstellen. Durch dieses Verfahren entstand ein monolither, bewehrter Betonkern im Inneren der Säulen. Die unterschiedliche Porosität, Wasseraufnahme und thermische Ausdehnung von Betonkern und Muschelkalk, ebenso wie die Unverträglichkeit des Zements mit dem Naturstein, haben in der Zwischenzeit zu einer starken Rißbildung in den antiken Trommeln geführt, so daß 1987 mit dem Abbau der Säulen und dem Ausbau der Betonkerne begonnen werden

mußte, um einer weiteren Zerstörung zuvorzukommen. Das Entfernen des Betons ist jedoch äußerst schwierig und nicht ohne weitere Zerstörung der weichen Bauteile aus Muschelkalk möglich.

Die Abwendung von den bisher üblich gewesenen steingerechten Restaurierungsmethoden und die Hinwendung zu Stahlbeton und *Kunststein* ermöglichte für den Wiederaufbau ein schnelleres Arbeiten und ›stabilere‹ Konstruktionen. Man machte sich keine Gedanken darüber, wie lange Betonkonstruktionen ohne Schaden halten würde. Man bemühte sich nicht um die Minimierung neuzeitlicher Zutaten, sondern nutzte unbedacht alle technischen Möglichkeiten. Die Ergebnisse der in diesen Jahren vielfach unter Zeitdruck entstanden Wiederaufbauten sind in vieler Hinsicht fragwürdig und haben, wie z.B. in Lindos, zur weitgehenden Zerstörung der antiken Bauteile geführt. Die angewandten Methoden haben aber die Wiederaufbaumaßnahmen der Nachkriegszeit entscheidend geprägt.

116 Tivoli, Villa Hadriana. Säulenexedra am halbrunden Abschluß des Wasserbeckens im Kanoposbereich mit Kopien der im Wasser gefundenen Statuen. R. Vighi, V. Fasolo 1955/56

Italien, Griechenland, Türkei 1950–1970

Die durch den Zweiten Weltkrieg unterbrochenen Ausgrabungen konnten schon bald nach Kriegsende wieder aufgenommen werden. Das Interesse der Öffentlichkeit an der Archäologie des Mittelmeerraumes war groß und der aufblühende Tourismus ermöglichte es bald jedermann, ohne Schwierigkeiten nach Italien oder Griechenland zu reisen. Selbst die bisher schlecht zu erreichenden Grabungsplätze in der Türkei wurden zunehmend zu touristischen Zielen mit von Jahr zu Jahr steigenden Besucherzahlen. Zur Förderung des Tourismus gehörte der Bau von Hotels und Museen in der Nähe der Grabungsplätze. So entstanden in Griechenland in den 50er Jahren die *Xenia*-Hotels und selbst die Rekonstruktion der *Attalos-Stoa* auf der Athener Agora (1953–56) wurde unter dem Gesichtspunkt der Förderung des Tourismus gesehen (Herstellung einer neuen touristischen Attraktion in Athen). War in den 30er Jahren der Wiederaufbau hauptsächlich politisch motiviert gewesen, so trat jetzt der Tourismus in den Vordergrund und der Wunsch nach interessanten Ruinen, nach ›Sehenswürdigkeiten‹, für die es sich lohnt, die Strapazen der Reise auf sich zu nehmen.

Daß Grabung, Restaurierung und Präsentation Hand in Hand gehen müssen, war von den Ausgräbern jetzt allgemein akzeptiert und fand seinen Niederschlag in den Empfehlungen der UNESCO für die Durchführung archäologischer Ausgrabungen (Resolution von Neu-Delhi 1956).[1] Doch waren in den Grabungsetats zumeist nur geringe Mittel für diese Arbeiten vorgesehen und ebenso hatten die Archäologen wenig Erfahrung mit der Konzeption und Durchführung von Wiederaufbauarbeiten.

Italien
Tivoli, Villa Hadriana

Nach dem Fortfall der massiven staatlichen Förderung der Grabungen und anschließenden Wiederaufbaumaßnahmen mußte in den 50er Jahren die Restaurierung der freigelegten Bauten in vielen Fällen mit privaten Spenden finanziert werden, wie z. B. in der *Villa Hadriana* bei **Tivoli**, wo in den Jahren 1955/56 umfangreiche Restaurierungsarbeiten durchgeführt wurden (R. Vighi, V. Fasolo, S. Aurigemma). Die Kosten hierfür übernahmen die »Società Pirelli« und die Gesellschaft der »Freunde der Hadriansvilla«.[2] Konzept und Ausführung der Arbeiten waren noch entscheidend beeinflußt von der Denkmalpflegetheorie der Vorkriegszeit: zur statischen Sicherung wurde Beton verwendet und die Ergänzungen sind in *Kunststein* hergestellt, dessen schalungsrauhe Oberfläche sich als neuzeitliche Zutat deutlich zu erkennen gibt. Über das Problem der Alterung von Betonergänzungen machte man sich noch keine Gedanken.

Der architektonischen Konzeption des Wiederaufbaus lag das Bild der ›romantischen‹ Ruine in der Tradition Piranesis zu

117   Tivoli, Villa Hadriana. Portikus am Wasserbecken um das Nymphäum im Teatro marittimo nach dem Wiederaufbau durch R. Vighi, V. Fasolo 1955/56

Grunde. Das neue Arrangement sollte den vorhandenen Charakter der parkartigen Ruinenlandschaft nach Möglichkeit nicht verändern oder stören, sondern nur das Bauwerk für den Besucher verständlicher machen.

Im Nymphäum des *Teatro marittimo* wurde ein Teil der Portikus (10 Säulen mit Gebälk) wiederaufgestellt und das Mauerwerk restauriert (Abb. 117, 118). Um das Becken des *Canopus* wurden an der Längsseite Kunststeinabgüsse der im Wasser gefundenen sechs großen Statuen aufgestellt und am halbrunden Abschluß des Beckens eine größere Anzahl von Säulen, teilweise mit Architrav und Bogen (Abb. 116, 335). Zwischen den Säulen fanden Kopien der aufgefundenen antiken Plastiken Platz. Im *Saal der dorischen Pfeiler* wurden zur Ver-

deutlichung der Architektur eine Ecke der Kolonnade mit Gewölbe rekonstruiert und außerhalb der Villa vier Säulen des *Venus-Tempels* über dem *Tempe-Tal* einschließlich des Gebälks wiederaufgebaut.[3]

Der Platz, der durch die monumentalen Mauerwerksruinen und die Parkanlage schon große landschaftliche Qualitäten besaß, hat durch diese Maßnahmen sehr an Anschaulichkeit gewonnen. Die durch die Wiederaufbaumaßnahmen entstandenen ›Ruinen‹ gehören mit zu den bekanntesten archäologischen Denkmälern und viele Besucher werden sie als originalen Bestand ansehen. Wieviel jedoch insgesamt von der Villa Hadrians verlorengegangen ist, macht erst das am Eingang aufgestellte große Modell der Gesamtanlage von I. Gismondi deutlich.

118   *Tivoli, Villa Hadriana. Das Teatro marittimo nach der Ausgrabung, um 1870*

Türkei, Ephesos

Als beispielhaft für ein Miteinander von Ausgrabung und Wiederaufbau entwickelte sich in den 50er Jahren die österreichische Ausgrabung in **Ephesos**, die 1954–59 von F. Miltner geleitet wurde.[4] Gleichzeitig mit den Ausgrabungen, die sich auf die Straßenzüge und Freiräume der antiken Stadt konzentrierten, gingen die Restaurierungs- und Wiederaufbauarbeiten einher: die freigelegten Straßenzüge wurden geräumt, die umgestürzten Bauglieder geordnet und beiseite geschafft, die Pflasterfugen sorgsam vergossen. Die umgefallenen Säulen der begleitenden Hallen wurden wiederaufgerichtet und ihre Kapitelle, soweit vorhanden, wieder aufgesetzt, Mosaikfußböden wurden an Ort und Stelle konserviert. Ließen sich diese Maßnahmen noch von geschickten Hilfskräften ohne qualifizierte handwerkliche Ausbildung durchführen, so machte der Wiederaufbau von beschädigten kannelierten Säulen schon erhebliche Schwierigkeiten. Da Steinmetze nicht zur Verfügung standen, wurden die Ergänzungen oft in ein-

fachster Weise und aus Beton hergestellt (vgl. S. 246).

Nach den ersten kleineren Wiederaufbaumaßnahmen wurden 1956 zwei größere Projekte in Angriff genommen: die Freilegung und Restaurierung der *Johannes-Basilika* auf dem Burgberg in **Selçuk** (G. Eisner, O. Schottenhaml, 1956–71, seit 1972 M. Erol) und die Anastylosis des *Hadrians-Tempels* an der *Kuretenstraße* (K. H. Göschl 1956–58) (Abb. 119, 120). Die Grabung hatte eine große Anzahl von Architekturteilen und Baugliedern des kleinen Tempels, dessen Fassade einen Teil der Südfront der *Scholastika-Thermen* bildet, freigelegt, so daß man sich dafür entschied, das Bauwerk wiederaufzubauen. Da der kleine Tempel im Laufe der Zeit mehrfach umgebaut worden war, mußte man sich beim Wiederaufbau für eine der Bauphasen entscheiden.

»Ziel einer solchen Rekonstruktion«, schreibt Miltner, *»kann nur die Wiederherstellung des letzten antiken Zustandes sein, nicht desjenigen der hadrianischen Zeit. Es waren demnach in die Wand der Vorhalle die Reliefplatten mit den Szenen aus der ephesischen Gründungslegende und mit der Versammlung der kaiserlichen Familie bei den altanatolischen*

119   *Ephesos. Portikus des Hadrians-Tempels*

120   *Epbesos. Die Fassade des wiederaufgebauten Hadrians-Tempels an der Kureten-Straße gehört mit zu den attraktiven Ruinen von Epbesos. K. H. Göschl 1956–58*

Gottheiten einzufügen. Da die Originalstücke durch Brandeinwirkung zu sehr gelitten hatten, wurden bei der Anastylosis Abgüsse in Weißzement (Fa. Dyckerhoff, Troisdorf) verwendet. Von den beiden Säulen der Vorhalle sind nur einige so kleine Bruchstücke vorhanden, daß auf ihre Wiederverwendung verzichtet werden mußte und die Säulen und die Eckpfeiler in Weißzement nachgegossen wurden. Dagegen wurden im Türgewände und am Gesimse über dem Türsturz alle noch vorhandenen Fragmente eingefügt.« Durch diese Maßnahme »*können Architektur und Reliefschmuck wieder unter dem ursprünglichen Blickwinkel gesehen werden, darüber hinaus kommt aber auch die von den herumliegenden Trümmern befreite Straße so erst zu ihrer Eigenwirkung.«*[5]

Zwei fehlende Gebälkteile der Vorhalle sowie der Fries und das Relief über der Tür, die sich im Museum in Selçuk befinden, sind als Zementabgüsse eingebaut. Auf die vollständige Wiederherstellung des Giebels wurde verzichtet,[6] auch fehlen der Antenpfeiler der Nordseite und dessen Kapitell. Die Wände sind ohne Verputz in dem vorgefundenen Bruchsteinmauerwerk ergänzt worden. Berücsichtigt man die geringe Erfahrung und technische Ausstattung, die zur Verfügung stehenden Finanzmittel und die für den Wiederaufbau einer Marmorarchitektur nicht vorhandenen, aber notwendigen handwerklichen Voraussetzungen, so erklärt sich von selbst die etwas ungeschickte Form der Säulen wie die unfertige Ausführung.

Griechenland

Die Wiederaufbaumaßnahmen der Nachkriegszeit im Mittelmeerraum sind gekennzeichnet durch zwei deutlich voneinander zu unterscheidende Restaurierungskonzeptionen. Die eine Richtung ist geprägt durch die Konzeption denkmalpflegerischer Maßnahmen, wie sie in den 30er Jahre in Italien entwickelt wurde und sich theoretisch in der *Charta von Athen* und praktisch in den großen Wiederaufbauten auf den italienischen Grabungen in Nordafrika niedergeschlagen hat. Die andere Richtung steht in der Tradition der Restaurierungsmaßnahmen auf der Athener Akropolis durch N. Balanos und wird repräsentiert durch die Arbeiten von Anastasios Orlandos (1887–1979), dem Direktor der Abteilung »Anastylosis« im griechischen Unterrichtsministerium von 1943–1960.[7] A. Orlandos, der Architektur studiert hatte und seit 1911 als Architekt unter Balanos arbeitete, hatte zusammen mit diesem den Wiederaufbau der Ostseite der *Propyläen* geleitet (1911–17). 1919, nach der eigenständigen Restaurierung zweier mykenischer Kuppelgräber, wurde er Professor für Formenlehre (Architektur) am Athener Polytechnikum 1922 wandte er sich öffentlich gegen die Verwendung von *Kunststein* bei der Restaurierung des *Parthenons* und grundsätzlich gegen den weiteren Wiederaufbau der Säulen der Nordseite, da ihnen die Cellawand als Hintergrund fehlen würde. Die in mehreren Zeitungsartikeln ausgetragene Fehde mit Balanos führte zu einer beiderseitigen lebenslangen Feindschaft. 1922 wurde Orlandos zuständig für die Restaurierung der Denkmäler außerhalb Athens und 1939 Nachfolger von Balanos auf der Akropolis. Dieser hatte als letzte Arbeit 1935 mit

121   Athen. Akropolis, Propyläen. Blick auf die Westseite der südlichen Vorhalle. Wiederaufbau von Pfeiler und Türsturz 1958/59 durch A. Orlandos

dem Abbau des *Nike-Tempels* begonnen, dessen Wiederaufbau 1940 von Orlandos fertiggestellt wurde. Der sorgfältige Wiederaufbau der Bastionsmauern zeigt schon die für Orlandos' spätere Arbeiten charakteristische Methode des Steinschnitts bei Ergänzungen: die gekurvten oder polygonalen Anarbeitungen, die sich den vorhandenen Bruchflächen weitgehend anpassen. Als Ergänzungsmaterial verzichtete er grundsätzlich auf Beton und *Kunststein* und benutzte nur einen dem antiken Material gleichen oder ähnlichen Naturstein.

Unter seiner Leitung und in Zusammenarbeit mit dem Architekten Eustathe Stikas, seinem Nachfolger im Amt, wurden einige der bedeutendsten griechischen Tempel restauriert: die Südhalle der *Propyläen* auf der Akropolis in **Athen**[8] (1953–55), der *Aphaia-Tempel* in **Aegina** (1956–58), der *Poseidon-Tempel* von **Kap Sunion** (1955–60), die Rampe und der Altar des *Apollon-Tempels* in **Delphi** (1959), der *Apollon-Tempel* in **Bassai**, das *Theater* in **Epidauros** (1958–63). Orlandos arbeitet in **Mykenai** (*Grab der Klytämnestra, Atreus-Grab, Löwentor, Akropolismauern,*

122   *Epidauros, Theater. Wiederaufbau der westlichen Parodosmauer und des Tores. Die neuen Bauglieder sind deutlich an ihrer helleren Farbe zu erkennen. A. Orlandos 1958–63*

1951) und **Tiryns** *(Rampe zur Burg, Süd- und Westmauern),* auf **Delos** *(Isis-Tempel, Haus der Masken, Haus des Dreizacks, Haus der Delphine)* und vielen anderen Plätzen. Von ihm stammt auch die Wiederherstellung des *Odeion des Herodes Atticus* in **Athen** (nach 1960), das heute für die Aufführung von Konzerten, antiken Dramen und andere Darbietungen genutzt wird. Die Wiederbegrünung des Akropolishügels und des Philopappos (1951–57), die Restaurierung der byzantinischen Kirche und der Bau des kleinen Cafés dort, gehören ebenso zu den umfangreichen Maßnahmen der 50er Jahre zur Neugestaltung der Umgebung der Akropolis. Sie wurden

von dem Architekten und Landschaftsplaners Dimitris Pikionis (1887–1968) ausgeführt, von dem auch einige der schönsten »Xenia«-Hotels stammen.[9]

Die von Orlandos geleiteten Restaurierungs- und Wiederaufbauarbeiten wurden mit einfachem technischen Gerät – einem Holzgerüst und dem auf der Akropolis seit Balanos benutzten Flaschenzug – von einer Gruppe erfahrener Steinmetzen ausgeführt. Im Gegensatz zu den Wiederaufbauarbeiten auf den Grabungen der ausländischen Missionen, deren Zeitrahmen sich auf die wenigen Sommermonate während der Grabungskampagne beschränkte, standen Orlandos die Handwerker das

123   Epidauros. Blick auf die Westseite des Theaters mit den noch unfertigen Stufen des oberen Koilons. Foto 1985

124   Epidauros, Theater. Detail des wieder-aufgebauten Parodos-Tores. Steinmetzmäßige Reparatur der schadhaften Bauglieder

ganze Jahr über zur Verfügung. Die Arbeiten hatten keine Eile und konnten in Ruhe ausgeführt werden.

Eine der wichtigen Arbeiten dieser Jahre war die Wiederherstellung des *Theaters* in **Epidauros**, der Wiederaufbau der Parodosmauern und die Ergänzung der seitlich fehlenden Stufenreihen (Abb. 122–125). Beide Parodostore und die Halbsäulen des Proskenions wurden wieder aufgerichtet. Die Ergänzungen sind aus Naturstein und steinmetzmäßig ausgeführt. Trotz der Alterung des Steins lassen sich die neuen Teile bis heute durch ihre hellere Farbe vom antiken Bestand unterscheiden. Als Tragkonstruktion für die gebrochenen Türstürze sind Eisenbahnschienen unterlegt worden, die optisch wenig ins Gewicht fallen. Die fehlenden Stufen sind in einem festen Kalkstein ergänzt; die Oberflächen sind scharriert, um sich der verwitterten Oberflächen der originalen Stufen anzupassen (Abb. 125). Die originalen Bruchflächen wurden etwas abgearbeitet, um die zu ersetzenden Teile leichter anpassen zu können. Leider sind die Arbeiten nicht fertiggestellt worden,

noch immer fehlt die Restaurierung des oberen Koilons der Westseite. Das Proskenion wurde, da es den sommerlichen Musik- und Theateraufführungen im Wege stand, wieder abgebaut und lagert auf dem Hof eines der Magazinbauten.

Auf ähnliche Weise wurde die Anastylosis des *Aphaia-Tempel* auf **Aegina** 1956–58 durchgeführt, der sich noch weitgehend in einem unrestaurierten Zustand befand (Abb. 126–128). Die beschädigten Säulen

125   Epidauros, Theater. Neu verlegte Stufen, deren Oberflächenbearbeitung sich der Verwitterung der originalen Stufen anpaßt

126   *Aegina. Blick auf die Südostseite des restaurierten Aphaia-Tempel. Wiederaufbau und Ersatz fehlender Bauglieder. A. Orlandos 1956–58*

waren provisorisch mit Eisenringen gesichert, viele Bauglieder lagen verstreut um den Tempel herum. Vergleicht man die Fotos vor und nach dem Wiederaufbau, so ist der Zuwachs an Gestaltqualität durch den Wiederaufbau erheblich. Wiederaufgestellt wurden zwei Säulen der Peristase, die beiden Säulen zwischen den Anten auf der Westseite, Teile des Oberbaus (Triglyphen und Geisa, hauptsächlich an der NO-Seite) und die zweigeschossige Säulenordnung in der Cella. Die verstreut herumliegenden Orthostaten wurden ergänzt und an ihren ursprünglichen Platz zurückversetzt, der östliche Türsturz auf das rekonstruierte Türgewände aufgelegt. Von besonderem Interesse bei dieser Arbeit ist die Art, wie Orlandos die Ergänzungen an

die teilweise stark verwitterten Säulen und Orthostaten anarbeiten ließ. So wurden alle neuzeitlichen Kontaktflächen ganz bewußt mit polygonalen Randflächen herge-

127   *Aegina. Der Aphaia-Tempel vor dem Wiederaufbau. Foto um 1900*

stellt. Sie sind damit – durch ihren schrägen Verlauf – als ›Bruchflächen‹ gekennzeichnet und treten nicht in Konkurrenz zu dem rechtwinkligen antiken Fugenschnitt. Die Oberflächen der neuen Teile sind mit dem Zahneisen überarbeitet, um sich den verwitterten originalen Oberflächen anzupassen.

Die Anastylosis des *Poseidon-Tempels* in **Kap Sunion** führten Orlandos und Stikas 1955–60 gemeinsam durch (Abb. 129, 130, 134). Unangetastet blieben dabei die neun Säulen der Südkolonnade, deren Stylobat schon im 19. Jh. restauriert worden war. An der Nordseite der Ringhalle, an der nach einer Zeichnung von LeRoy 1754 noch vier Säulen vorhanden waren, standen nur noch zwei Säulen (Abb. 1). Dar-

über hinaus fehlte die südliche Säule zwischen den Anten auf der Ostseite der Cella. Den Verbleib zweier dieser Säulen, deren einzelne Trommeln sich in London, Venedig, Berlin und Chatsworth befinden, konnte von L. Besci nachgewiesen werden.[10] Zu den zwei Säulen der Nordseite wurden aus den noch vorhandenen Säulentrommeln drei weitere Säulen mit Architrav hinzugefügt. Die zweite Säule von der NO-Ecke und der südliche Antenpfeiler auf der Ostseite sind ebenfalls ein Wiederaufbau. Die umfangreichsten Arbeiten umfaßten jedoch die Konsolidierung der Tempelplattform, die weitgehend wiederhergestellt wurde, jedoch ohne die äußere Verkleidung aus Marmor. Dort, wo noch die originalen Marmorstufen vorhanden

128   *Aegina, Aphaia-Tempel. Ergänzte und restaurierte Säulen (Poros)*

129   *Kap Sunion, Poseidon-Tempel. Ergänzte und restaurierte Säulen (Marmor)*

130   *Kap Sunion, Poseidon-Tempel. Im Vordergrund die wiederaufgebauten Säulen der Nordperistase, recht das ergänzte Tempelfundament. A. Orlandos, E. Stikas 1955–60*

waren, wurden die beschädigten Teile in überaus sorgfältiger Weise ergänzt (Abb. 317–319).

Der Verbesserung eines bereits vorhandenen Wiederaufbaus galt die Restaurierung des Altars des *Apollon-Tempels* in **Delphi** durch E. Stikas 1959[11] (Abb. 131, 133). Den Altar hatte J. Replat, Architekt der Französischen Schule in Athen, bereits 1920, jedoch unvollständig, zusammengesetzt. Um die Fehler zu korrigieren, wurde der Altar noch einmal auseinander genommen. Der erneute, umfangreichere Wiederaufbau ist eine hervorragende Steinmetzarbeit mit ganz exzellenten Anarbeitungen. Leider ist statt des originalen blauen Kalksteins vom Parnaß ein blauschwarzer Kalkstein aus einem antiken Steinbruch in der Nähe von Delphi (bei Arachova) verwendet worden. Hierdurch ist der Farbunterschied zwischen Original und Ergänzung wahrscheinlich größer als erwünscht ausgefallen.

Die Arbeiten von A. Orlandos und E. Stikas bestechen durch ihre hervorragende handwerkliche Qualität, intelligente Konzeption und ihr gefälliges Aussehen. Die Ergänzungen gehen meist über das Erhaltene hinaus und es wird viel neues Material eingebaut, um die Ruine standsicher zu machen und ihr ein ›natürliches‹ Erscheinungsbild zu geben. Anastylosis war für Orlandos auch immer ›Ruinenbaukunst‹, der Gestaltungswille des Architekten wurde nicht unterdrückt und findet sich

131   Delphi, Altar des Apollon-Tempels. Die neu hinzugefügten Teile sind heller als die originalen und unterscheiden sich farblich noch immer deutlich von diesen. E. Stikas 1959

bei genauer Betrachtung im Detail wie in der Gesamtkonzeption wieder. Mit unseren heutigen Anforderungen an Restaurierungsmaßnahmen wäre zu kritisieren, daß die Voruntersuchungen zu gering waren und auf eine Dokumentation der Arbeiten wie auf ihre Publikation fast immer verzichtet wurde. Auch würde man heute die originalen Teile nicht mehr so weitgehend abarbeiten, sondern die Ergänzungen mehr den originalen Bruchflächen anpassen. Trotzdem sind diese Arbeiten noch immer ganz hervorragende Beispiele für handwerklich mit großer Sorgfalt ausgeführte Wiederaufbaumaßnahmen.

Die Methoden der Arbeiten von Orlandos wurden durch Charalambos Bouras, der seit 1959 mit Orlandos arbeitete, weitergeführt. Ein Beispiel für dessen Arbeitsweise ist der Wiederaufbau der inneren Hallenfront des *Artemis-Heiligtums* in **Brauron** (1962–65)[12] (Abb. 132, 135). Von der elfsäuligen Front sind jeweils drei bzw. vier Säulen, teilweise mit Gebälk, vollständig wiederaufgestellt worden, die dazwischen stehenden Säulen nur fragmentarisch. Um die Größe des Hofes anzudeuten, aber auch zur Stabilisierung der Kolonnade, wurde jeweils eine Säule an den Schmalseiten aufgestellt. Die Ergänzungen sind im gleichen Material wie der originale Bau ausgeführt: Kapitelle und Metopen in weißem Marmor, die Säulenschäfte in gelblich-braunem Sandstein. Die Säulen stehen auf einem neuen Stylobat. Die noch *in situ*

132   *Brauron, Artemis-Heiligtum. Wiederaufgebaute Hallenfront auf neu verlegtem Stylobat. Ch. Bouras 1962–65*

vorgefundenen, aber stark abgewitterten unteren Säulentrommeln wurden ergänzt ohne etwas von der originalen Substanz abzuarbeiten. Das hatte zur Folge, daß durch die dadurch entstehende Unterschneidung die Kanneluren unterbrochen

133   *Delphi, Altar des Apollon-Tempels*

134   *Kap Sunion, Säule des Poseidon-Tempels*

werden und die Säule ihre straffe lineare Form verliert. Hätte man jedoch bis auf den noch vollständig erhaltenen Säulenumfang abgearbeitet, wäre wohl ein optisch befriedigenderes Bild entstanden, doch der wichtige Hinweis, daß diese Säulen noch *in situ* gestanden haben, wäre damit beseitigt worden.

Italien
Selinunt, Hera-Tempel

Den konzeptionelle Unterschied zwischen den griechischen und italienischen Arbeiten der Nachkriegszeit macht der Wiederaufbau des *Hera-Tempels* (Tempel E) in

135   *Brauron, Säule des Artemis-Heiligtums*

Selinunt 1960–68 unter Leitung von G. Gullini, F. Fasolo und J. B. Marconi (Ingenieur) deutlich[13] (Abb. 136–138). Der Tempel ist wie die beiden benachbarten Tempeln F und G durch ein Erdbeben zerstört worden, die Säulen der Nord- und Ostseite lagen noch so, wie sie umgefallen waren. Im Gegensatz zum Wiederaufbau des *Herakles-Tempels* auf der Akropolis der antiken Stadt, wo 1925 nur die nördliche Säulenreihe aufgestellt wurde, die anderen Säulen aber in Sturzlage auf dem Stufenbau belassen wurden, sollte beim *Hera-Tempel* die ganze Ringhalle und so viel wie möglich der Cella wiederaufgebaut werden.

Die Säulen der Ringhalle waren noch weitgehend vorhanden, es fehlten Teile des Gebälks und fast alle Quader der Cellamauern, die wahrscheinlich beim Hausbau in Selinunt eine Wiederverwendung gefunden haben. Ein Teil der Säulentrommeln war stark verwittert, die berühmten Metopen befinden sich im Nationalmuseum in Palermo.

Das statische Konzept sah vor, zur Sicherung gegen Erdbeben alle Bauglieder fest miteinander zu verspannen und auf dem Stylobat so zu verankern, daß eine starre Rahmenkonstruktion entstehen würde. So wurden die einzelnen Säulentrommeln jeweils an zwei Punkten durchbohrt, die Löcher bewehrt und mit Zement ausgegossen. Die Kapitelle wurden fest mit den Säulen verbunden und die Säulen auf dem Stylobat verdübelt. Durch die Stahlbetonarmierung wurde das elastische Gefüge des griechischen Gliederbaus zu einer starren statischen Einheit verbunden.

Aufgebaut wurden alle Säulen der Ringhalle, teilweise mit Gebälk, dazu auf der Westseite ein Teil des Opisthodoms und

136   *Selinunt, Hera-Tempel (Tempel E). Wiederaufbau 1960–68 unter Leitung von G. Gullini, F. Fasolo, J. B. Marconi. Zum Zustand der Ruine vor dem Wiederaufbau vgl. Abb. 50, 51*

die Cellamauern mit Antenpfeilern. Auf dem Architrav wurden die Triglyphen wieder aufgestellt, jedoch ohne die im Museum aufbewahrten Metopen, für die aber kein Ersatz in Form von Abgüsses geschaffen wurde. Fehlende Säulentrommeln wurden in armiertem Beton hergestellt, der anschließend mit gefärbtem Zementmörtel verkleidet und mit Kanneluren versehen wurde. Während diese Ergänzungen rekonstruierend ausgeführt sind, wurde auf eine Wiederherstellung der Krepis an den Stellen, wo die Steine ausgeraubt waren, verzichtet: auf der Westseite stehen die Säulen direkt auf dem senkrecht abfallenden Stylobat, auf der SO-Ecke sind die ergänzten Stufen nicht

um die Ecke geführt; die Säulen stehen auf quadratischen Betonklötzen. Diese Abweichungen vom ursprünglichen Zustand erscheinen willkürlich und bleiben dem Besucher unverständlich (Abb. 138).

Zu einer Konservierung hat der Wiederaufbau nicht beigetragen, denn jetzt sind alle Bauglieder der Verwitterung ausgesetzt; besonders gefährdet sind die antiken Stucküberzüge. Durch den massiven Eingriff in den originalen Bestand und die rohe Bauausführung ist die Ruine darüber hinaus auch für die Forschung wertlos geworden. Kein Befund ist mehr nachprüfbar. Probleme mit rostenden Stahleinlagen werden sich in der Zukunft sicher einstellen und wie der Tempel ein starkes Erdbe-

137   *Selinunt, Hera-Tempel (Tempel E). Teilwiederaufbau der Ostfront des Tempels. Foto 1992*

138   *Selinunt, Hera-Tempel (Tempel E).*
Südostecke des Tempels mit neuzeitlichem, eigen-
willig gestalteten Stufenbunterbau

ben überstehen wird, bleibt abzuwarten.
Daß diese Art des Wiederaufbaus von vie-
len als ein nachahmenswertes Beispiel be-
trachtet wird, zeigt die in regelmäßigen
Abständen auflebende Diskussion um den
Wiederaufbau des benachbarten *Apollon-
Tempels* (Tempel G), dessen gewaltige
Ruine noch beeindruckend den ehemali-
gen Zustand der gesamten östlichen Tem-
pelgruppe wiedergibt.[14]

Trotz der Kritik muß man sich jedoch
eingestehen, daß durch den Wiederaufbau
ein Gebilde geschaffen wurde, dessen ar-
chitektonischer Ausstrahlung man sich
trotz allem nur schwer entziehen kann.

139   *Abu Simbel. Der fertiggestellte Wiederaufbau des Großen Felsentempels Ramses II. auf einem 70 m höhergelegen Plateau über dem Wasserspiegel des Assuan-Stausees. Foto 1980*

Ägypten 1960–1975

Keine archäologische Maßnahme ist jemals weltweit mit so großem Interesse verfolgt worden wie die Rettung der nubischen Tempel vor den Fluten des Nasser-Stausees in den Jahren 1960–64.[1] Der Bau des neuen Assuan-Hochdamms, der den etwas nördlicher liegenden alten Staudamm ersetzen sollte, war 1955 als großes Prestigeobjekt ägyptisch-sowjetischer Zusammenarbeit begonnen worden. Daß durch den fast 500 km langen Stausee das gesamte Niltal zwischen dem Ersten und Zweiten Katarakt im Wasser versinken würde, wurde von den Planenden in Kauf genommen. Dem technischen Fortschritt geopfert wurde eine großartige Kulturlandschaft mit so bedeutenden Denkmälern wie den Tempeln von Philae, Abu Simbel und weiteren zwanzig großen und kleineren Tempeln, unzähligen Gräbern, Felsinschriften und natürlich auch den nubischen Dörfern mit ihren Häusern ganz eigenen Baustils. Zur Bestandsaufnahme der im Bereich des Stausees liegenden Kulturdenkmäler wurde 1955 in Kairo das »Document Center« eingerichtet. Doch erst 1959, nachdem bereits wertvolle Zeit verstrichen war, wandten sich die Regierungen Ägyptens und des Sudans (V.A.R.) an die UNESCO mit der Bitte, bei der Rettung der nubischen Altertümer zu helfen. Kurz darauf, am 8. März 1960, erließ der Generaldirektor der UNESCO, V. Veronese, einen weltweiten Aufruf an alle Nationen, bei der Rettungsaktion mitzuwirken.[2] Das Ergebnis war überwältigend: 51 Staaten waren bereit, zu helfen

und 87 Millionen Dollar wurden sofort als erste Hilfe zugesagt.[3] Für die viel zu spät begonnenen Rettungsarbeiten blieben nur noch vier Jahre Zeit, denn sie mußten abgeschlossen sein, wenn der Stausee seinen höchsten Wasserspiegel erreicht haben würde. Während dieser Jahre wurde Nubien, so gut es ging, intensiv archäologisch erforscht. Neunzehn größere und kleinere Tempel wurde abgebaut, umgesetzt und an einem sicheren Ort wiederaufgebaut.

Die größte und komplizierteste Maßnahme war die Rettung der beiden *Felsentempel Ramses II.* in **Abu Simbel**, die 1963–68 Stück für Stück aus dem Fels gesägt und auf einem Plateau hoch über dem Stausee, 70 m höher und 180 m weiter landeinwärts als der ursprüngliche Standort, wieder zusammengesetzt wurden.[4]

140   Abu Simbel. Im Hintergrund der Gerüstbogen für die Schalung des Schutzgewölbes über den Tempelräumen. Foto 1966

Das letzte Projekt war der Abbau der Tempel auf der **Insel Philae** und ihr Wiederaufbau auf der Nachbarinsel Agilkia 1974–78. Die Bundesrepublik Deutschland übernahm bei dieser weltweiten Hilfsaktion die Verlagerung des fast vollständig erhaltenen *Mandulis-Tempels* von **Kalabsha** in die Nähe von Assuan.[5]

Die Rettungsarbeiten wurden hauptsächlich von den großen europäischen Baufirmen geleistet, die allein die bautechnischen Möglichkeiten und den Maschinenpark für die technisch oft schwierigen und dazu noch unter Zeitdruck stehenden Arbeiten hatten. Der Einsatz modernster Technik war erforderlich und wurde auch als ganz selbstverständlich angesehen. Die vielen Bilder von den großen Baumaschinen, mit denen die Bauwerke auseinandergenommen, transportiert und wieder zusammensetzt wurden, waren beeindruckkend, haben jedoch den Eindruck entstehen lassen, daß der Wiederaufbau antiker Bauten hauptsächlich eine Ingenieurmaßnahme sei.[6] Die Baukräne, die schweren Lastwagen und die Betonmischmaschinen wurden zum Symbol für die ›wiedererstehende Antike‹ (Abb. 140).

141   *Assuan. Wiederaufbau des Tempels von Kalabsha in der Nähe von Assuan. Foto 1962*

Kalabsha, Mandulis-Tempel

Der Ort **Kalabsha** in Nubien, das antike Talmis, war eine kleine Siedlung rund 50 km südlich von Assuan auf dem Westufer des Nils. Hier lag *Bab el-Kalabsha*, ein Tor im Sandsteingebirge, durch das man von der Wüste das Nilufer erreichen konnte. Als Gottheit wurde Mandulis, ein nubischer Lokalgott verehrt. Ihm und dem Götterpaar Osiris und Isis wurde der Neubau eines Tempels gewidmet, als dieser Teil Unternubiens zusammen mit Ägypten von Kaiser Augustus im Jahre 30 v. Chr. zur römischen Provinz erklärt wurde. Der neue Tempel wurde an der gleichen Stelle errichtet, an der bereits Amenophis II. (1436–1413 v. Chr.) einen Tempel erbaut hatte.

Für den Wiederaufbau des umzusetzenden Tempels wurde eine beherrschende Anhöhe südlich des neuen Hochdamms, 15 km südwestlich von Assuan ausgewählt, so daß der Transport der Steinquader auf dem Schiffswege stattfinden konnte. Die gesamten Arbeiten wurden unter Leitung der Abteilung Kairo des DAI durch die Firma Hochtief AG, Essen, durchgeführt, die damals mit dem Bau eines Großkraftwerks bei Assuan beschäftigt war und bereits über die notwendige technische und personelle Ausrüstung verfügte. Die ägyptologischen und baugeschichtlichen Untersuchungen unternahmen H. Stock, D. Arnold, K. G. Siegler und H. Steckeweh; für die denkmalpflegerischen Arbeiten war G. R. H. Wright als *Archaeological Supervisor* verantwortlich.

Nach sorgfältigen Vorarbeiten wurde im September 1961 mit dem Abbau des Tempels begonnen, der zu dieser Zeit schon vom See umschlossen war. Der Abbau begann zur Zeit des Hochwassers, so

daß die oberen Schichten direkt von einem Schwimmkran in die Lastkähne gehoben werden konnten. Bis zum Oktober 1962 waren alle 13 110 Blöcke zu ihrem neuen Standort geschafft und in einem Zwischenlager deponiert, so daß im November 1962 mit dem Wiederaufbau begonnen werden konnte. Bereits ein Jahr später waren die Arbeiten, die unter der Leitung von 15 Technikern der Baufirma und 450 Arbeitern in Tag- und Nachtschichten durchgeführt wurden, abgeschlossen (Abb. 141). Sie hatten aus der Herstellung des neuen Fundaments, dem Wiederaufbau des Tempels, der Restaurierung der beschädigten Bauglieder und der Gestaltung der umgebenden Landschaft bestanden. Der schnelle Abbau und Wiederaufbau war möglich, weil die einzelnen Werksteinquader der Mauern ohne Klammern und Mörtel[7] aufeinander lagen und so, Schicht für Schicht, bis zum Fundament abgehoben und in gleicher Weise wieder aufeinander gesetzt werden konnten.

Beim Wiederaufbau mußte man sich mit den zahllosen Schäden, die das Bauwerk in seiner zweitausendjährigen Geschichte erlitten hatte, auseinandersetzen. Durch das Absinken der Fundamente waren Architrave und Türstürze gerissen und das gesamte Steindach eingestürzt, die oberen Teile der Pylone waren verlorengegangen, und die gesamte Oberfläche der Tempelwände war mit Löchern bedeckt, die Metallräubern geschlagen hatten, um die (nicht vorhandenen) Bronzedübel aus den Mauern zu holen. Diese Schäden waren die Ursache für Restaurierungsarbeiten, die der ägyptische Antikendienst unter Leitung von Barsanti bereits 1907–09 durchgeführt hatte.

Das Ziel des Wiederaufbaus war nicht die Wiederherstellung eines Idealzustan-

142   Assuan, Kalabsha-Tempel. Der umgesetzte Tempel am neuen Standort am Rande des Assuan-Stausees. Links der Hathor-Tempel von Kertassi. Foto 1980

143   Assuan, Kalabsha-Tempel. Der umgesetzte Tempel am neuen Standort. Rückansicht von der Insel. DAI Kairo, G. R. H. Wright u. a. 1961–64

144   *Assuan, Kalabsha-Tempel. Blick vom Innenhof auf den Pronaos*

des unter Ersatz der fehlenden Teile, sondern die »*ausschließliche Wiederherstellung der jetzt vorhandenen Ruine unter Ausgleichung von gewissen Schönheitsfehlern.*«[8] Auf Rekonstruktionsmaßnahmen und einen Wiederaufbau, bei dem alle Altersspuren beseitigt werden, wurde verzichtet. Nur die zerstörte Eindeckung des Heiligtums sollte wiederhergestellt werden, um die ursprünglichen Lichtverhältnisse und den ehemaligen Raumeindruck zurückzugewinnen. Fehlende Dachplatten in den ehemaligen Dimensionen wurden aus Stahlbeton gegossen, die noch unbeschädigten Dachplatten sicherheitshalber längs durchbohrt, armiert und vorgespannt.

Alle Ergänzungen und neuen Bauteile sind aus Stahlbeton hergestellt. Stahlbeton fand auch Verwendung für die Wiederherstellung der gebrochenen Architrave und Türstürze. So wurde der in mehrere Teile zerbrochene Türsturz über dem Haupteingang zu einer dünnen Platte gesägt und ein 30 cm dicker Betonbalken als Tragkonstruktion anbetoniert (Abb. 145). Die bei der Restaurierung des Tempels durch Barsanti eingelegten I-Stahlträger wurden nicht entfernt, sondern in die damals geschaffenen Vertiefungen einbetoniert; in einigen Fällen ein zweiter Träger hinzugefügt (Architrave, Türsturz des Heiligtums, Dachplatten des Pylons).[9]

Bei der Demontage des Heiligtums fand man in der Mitte der aus drei Steinlagen bestehenden Umfassungsmauer gut erhaltene Bauteile mit Reliefs; Spolien von älteren Bauten, die beim Neubau des letzten Tempels mit benutzt worden waren. Angeregt durch diesen Fund entschloß man sich 1963 zu einer Untersuchung der am Ort zurückgebliebenen Fundamente. Dabei konnten weitere 141 Blöcke geborgen werden. Die insgesamt etwa 240 Blöcke stammten von verschiedenen ptolemäischen Vorgängerbauten: einem großem

145   *Assuan, Kalabsha-Tempel. Tor zum Innenhof. Reparatur des Türsturzes durch eine Beton-Verbundkonstruktion*

146   *Assuan. Der neben dem Kalabsha-Tempel wiederaufgebaute Hathor-Tempel von Kertassi. Foto 1980*

Tor in der ehemaligen Umfassungsmauer des Tempelbezirks und einer kleinen ptolemäischen Kapelle, die wahrscheinlich ursprünglich in dem Heiligtum gestanden hatte.

Die 100 Blöcke des *Tores* erhielt die Bundesrepublik Deutschland als Dank für ihre Beteiligung an der Rettung der nubischen Altertümer. Das Tor wurde 1976/77 im Ägyptischen Museum in Berlin-Charlottenburg wiederaufgebaut.[10] Die restlichen Blöcke wurden 1974 auf die Insel Elephantine geschafft und durch G. R. H. Wright, 12 Jahre nach ihrer Entdeckung, neu zusammengesetzt[11] (Abb. 147). Da von der *Ptolemäischen Kapelle* nur etwa ein Viertel der Bausubstanz vorhanden war, wurde

keine Rekonstruktion versucht, sondern eine museale Zuordnung der einzelnen Blöcke in einer dem ursprünglichen Gebäude vergleichbaren Anordnung. Die Ergänzungen wurden aus Ziegelmauerwerk (Kalksandstein) hergestellt, das später farblich eingetönt wurde. Die restlichen Blöcke wurden so ausgelegt, wie sie einmal zusammengehört haben könnten.

Der *Kalabsha-Tempel* steht heute zusammen mit Bauten aus anderen Gegenden, den *Tempeln von Kertassi* und *Beit el-Wali*, an einem fremden Ort in einer künstlich angelegten Umgebung. Durch die Umsetzung und den damit verbundenen Verlust des ursprünglichen Ortes ist der dokumentarische Wert des Tempels stark reduziert. Der Zuwachs an Wissen, der durch den Abbau erzielt werden konnte – über altägyptische Bautechnik oder die Vorgängerbauten –, wurde erkauft mit der ›Zerstörung‹ des Originals. Der Wiederaufbau hat das ursprüngliche Bauwerk in ein *Modell* des Tempels verwandelt, das wohl für den Besucher einen hohen Anschauungswert besitzt, doch für die Forschung nur mehr eine ›überarbeitete‹ Quelle darstellt von eingeschränktem wissenschaftlichen Wert. Das gilt auch für die umliegenden Bauten, das kleine *Mammisi* (Geburtshaus) des Tempels, das ehemals in der NO-Ecke der Umfassungsmauer seinen Platz hatte und sich jetzt gegen die Granitwand hinter dem Tempel lehnt.

In Artikel 7 der *Charta von Venedig* wird auf die Probleme, die mit der Umsetzung *(Translozierung)* von Denkmälern verbunden sind, hingewiesen: »*Das Denkmal ist untrennbar mit der Geschichte verbunden, von der es Zeugnis ablegt, sowie mit der Umgebung, zu der es gehört. Demzufolge kann eine Translozierung des ganzen Denkmals oder eines Teiles nur dann geduldet werden, wenn dies zu seinem*

147   *Assuan. Aufbau der Ptolemäischen*
Kapelle auf Elephantine. G. R. H. Wright
1974

Schutz unbedingt erforderlich ist oder bedeutende
nationale oder internationale Interessen dies
rechtfertigen.«
Vor die Entscheidung gestellt, ein
Denkmal untergehen zu lassen oder es an
eine andere Stelle, z. B. in ein Freilichtmuseum, zu versetzen, wird man sich – trotz
der damit verbundenen Reduzierung des
Denkmalwerts – eher für die Translozierung entscheiden. Nach wie vor bleibt jedoch ein Unterschied bestehen zwischen
der Umsetzung eines transportablen Ge-
genstandes, eines Bildes oder einer Plastik,
oder eines Bauwerks – eines mit dem Boden verhafteten Gegenstands.

Saqqara,
Grabbezirk des Königs Djoser

Im Gegensatz zu der mit großem technischen Aufwand durchgeführten Rettung
der nubischen Tempel haben die seit 1932
von Jean-Philippe Lauer ausgeführten Re-
staurierungs- und Wiederaufbaumaßnahmen im *Grabbezirk des Königs Djoser* in
Saqqara wenig öffentliche Aufmerksamkeit gefunden (Abb. 148–150). Die Ausgrabung dieser bedeutenden Anlage um
die 60 m hohe Stufenpyramide aus der
3. Dynastie (um 2620–2600 v. Chr.) förderte im Laufe der Jahre zahlreiche zer-
schlagene Architekturteile, meist von geringer Größe, zutage, die man zusammen-
fügte, um sie an ihrem ursprünglichen Ort
wieder aufzubauen:
»Neben meinen Arbeiten an den theoretischen
Rekonstruktionen der Monumente Djosers«,
berichtet Lauer, *»unternahm ich zahlreiche*
Versuche, die Säulentrommeln der Bündelsäulen
in der Eingangshalle zusammenzufügen, wo ...
es uns [glückte] mehr als 300 Bauelemente
wieder an ihre ursprüngliche Position zurückzu-
versetzen. Im Jahre 1933 gelang es mir, die
Rekonstruktion der acht paarweisen Säulen in
der Kammer am westlichen Ende der Eingangs-
halle abzuschließen. ...
Meine Rekonstruktionsarbeiten, ... konnte
ich erst während der Kampagne 1936–37 wieder
aufnehmen. Den Anfang machte ich mit den
beiden ›symbolischen Bauwerken‹, die wir als
›Nord-‹ und ›Südhaus‹ bezeichneten. Das ›Süd-
haus‹ wurde teilweise restauriert, und im Hofe
des ›Nordhauses‹ gaben wir kleinen Papyrus-
säulen – einst Emblemen des Nordreichs – wie-
der ihre ursprünglich Form. Im Zuge der zwei
folgenden Kampagnen rekonstruierten wir ein
Stück der wunderschönen, in Felder aufgeteilten
Mauer, die die Heiligtumsfassade des ›Südgra-
bes‹ bildete. Diese Mauer tauften wir ›Kobra-‹

148   Saqqara, Grabbezirk des Königs Djoser. Die wiederaufgebauten kannelierten Halbsäulen des Pavillons mit Torus-Ecken im Großen Südhof. J.-Ph. Lauer, um 1930

oder ›Uräenmauer‹, dies wegen der Elemente des Uräen-Frieses, die wir wieder an ihren ursprünglichen Platz oben an der Mauerkrone versetzten.

Die 1939 geplante Wiederherstellung der Umfassungsmauer und der Bastionen im Bereich des Haupteinganges war in meiner Abwesenheit während des Zweiten Weltkrieges unter Verwendung neugebrochener Steine begonnen worden. Zum Glück erhoben sich dagegen wohlbegründete Proteste, so daß man eine Fortführung dieser Art von ›Rekonstruktion‹ unterließ. Mein Aufbauwerk allerdings konnte ich erst fortsetzen, als ich 1946 wieder aus Frankreich nach Saqqara kam.«[12]

Die neueren Wiederaufbaumaßnahmen konzentrierten sich auf den Aufbau einzelner Gebäude im heb-sed-Hof. Für diese Bauten, von denen zahlreiche Bauglieder geborgen worden waren – Trommeln und Kapitelle von kannelierten Säulen, Eckrundstäbe, Türwangen, Mauerkronenelemente, Dachteile – hatte Lauer seit 1928 exakte Rekonstruktionszeichnungen publiziert, »und es erschien mir höchst aufschlußreich und erstrebenswert, die Rekonstruktion eines jeden einzelnen prädynastischen Bautyps zu versuchen, der hier nach Ausweis der vorgefundenen Fragmente vertreten sein mußte und, von Imhotep vor 4700 Jahren gleichsam in Stein verwandelt, noch immer diagnostizierbar und rekonstruierbar war.«[13]

149 *Saqqara, Hofmauer des Nordhauses mit den Papyrussäulen. J.-Ph. Lauer 1936/37*

150 *Saqqara, Wiederaufbau eines Pavillons im heb-sed-Hof. Foto 1980*

Bis zum Ende der 70er Jahre wurden vier Kapellen und die Viertelkreismauer, die die Terrasse hinter dem letzten Pavillon abschließt, fertiggestellt. Die neuen Bauteile sind aus weißem *Kunststein* (Kalksteinmehl und Weißzement), der nur solange er neu ist, heller ist als der originale feine Kalkstein. Auf eine erkennbare Unterscheidung von Original und Ergänzung wurde verzichtet.[14] Bei genauem Hinsehen sind jedoch die feinen Schwindrisse im *Kunststein* zu erkennen und bei den verputzten Flächen die eingeritzten Fugen. Um eine steinmetzmäßig bearbeitet Oberfläche zu erzielen, wurden teilweise auch Mauerquader mit Bossen zum Abarbeiten in *Kunststein* hergestellt.

Der Umfang der Wiederaufbauarbeiten ist im Verhältnis zur gewaltigen Größe des Platzes (545 x 277 m) gering, doch geben die einzelnen Gebäude und die Außenmauern einen guten optischen Eindruck von der ehemaligen Anlage. Ohne diese Restaurierungsarbeiten würde man hauptsächlich auf die aus roh behauenen Steinen bestehenden Mauerfüllungen blicken und eine große Menge ausgegrabener Bauglieder.

Alexandria, Römisches Theater

Zu den Wiederaufbaumaßnahmen in Ägypten, die im Anschluß an die Rettung der nubischen Tempel begonnen wurden, gehören zwei von der Polnischen Archäologischen Mission durchgeführte Arbeiten: die Restaurierung des römischen Theaters in Alexandia und der Wiederaufbau des Tempels der Königin Hatschepsut in Dêir el-Bahari.

Die Restaurierung des *römischen Theaters* in **Alexandria**, im Stadtviertel Kôm el-

151 *Alexandria, Kôm el-Dik. Römisches Theater. W. Kolataj 1967–70*

152   *Theben-West, Tempel der Königin Hatschepsut. Bauzustand nach der Fertigstellung der Fassade der Oberen Terrasse. Z. Wysocki 1968–89. Foto 1980*

Dik, wurde in den Jahren 1967–70 unter der Leitung von W. Kolataj durchgeführt (Abb. 151). Die Aufgabe bestand darin, das Theater soweit wiederherzustellen, daß es für Theateraufführungen genutzt werden konnte. Trotz dieser zu weitgehenden Forderung ist es dem Architekten gelungen, den ruinösen Zustand des Gebäudes in Ansätzen zu erhalten. Die fehlenden Sitzstufen im Zuschauerraum wurden mit Kalkstein aus dem *Mokattamgebirge,* dem Hügelzug östlich von Kairo, ergänzt, einige Säulen sind als Sichtmarken aufgestellt, die Mosaikfußböden an Ort und Stelle belassen. Das kleine Theater, eingebettet in eine Grünanlage, ist ein schönes Beispiel für einen innerstädtischen *archäologischen Park,* der der Bevölkerung als Erholungsgebiet dient.

Theben-West, Tempel der Königin Hatschepsut

Nicht zu vergleichen mit dieser kleinen überschaubaren Anlage ist der Wiederaufbau des großen, dreigeschossigen *Totentempels der Königin Hatschepsut* in Dêir el-Bahari, **Theben-West,** der 1968–89 von einer Polnisch-Ägyptischen Archäologischen Mission unter Leitung von Zygmunt Wysocki durchgeführt wurde[15] (Abb. 152, 325). Das Ziel des Wiederaufbaus war eine weitgehende Rekonstruktion der ursprünglichen Tempelanlage und wurde unter Verwendung erheblicher Mengen neuen Materials durchgeführt. Die Ausführung selbst sowie die Ausführung der Ergänzungen erscheinen problematisch (vgl. S. 259 ff.).

Elephantine, Satet-Tempel

Der Wunsch, möglichst alle der bei der Ausgrabung freigelegten Bauphasen eines Heiligtums zu konservieren und für den Besucher erlebbar zu machen, war der Anlaß für den Wiederaufbau des *Satet-Tempels* auf **Elephantine** (W. Kaiser, W. Mayer 1978–82)[16] (Abb. 153, 154). Vom jüngsten Tempel aus ptolemäischer Zeit (30. Dyn.) hatte sich nur das Fundament erhalten, das schon 1906–09 von französischen Archäologen untersucht worden war. Dabei waren Reliefplatten eines früheren Tempels entdeckt worden, die sich heute im Louvre befinden. Die neuen Forschungen begannen mit einer sorgfältigen Bestandsaufnahme des Tempelfundaments und dessen

Abbau. Dabei fanden sich ca. 330 Sandsteinblöcke des Vorgängertempels aus der 18. Dynastie und eine größere Anzahl Kalk- und Sandsteinblöcke von verschiedenen Bauten des Mittleren Reiches. In einer Tiefe von ca. 7 m unter dem Fundament entdeckte man einen Tempel aus der späten 6. Dynastie mit niedrigen Mauern aus luftgetrockneten Nilschlammziegeln und eine Kultstätte aus der 1./2. Dynastie. Vom Beginn pharaonischer Herrschaft bis zur griechisch-römischen Spätzeit war dieser Platz Ort eines Heiligtums gewesen.

Die Kultstätte und das Heiligtum der 6. Dynastie hätte man in einem Schutzhaus konservieren können, doch wohin mit den 330 Blöcken des Tempels aus der 18. Dynastie? Man entschied sich, sie auf einer ca.

153   Elephantine, Satet-Tempel. Der auf einer Stahlbetonplatte errichtete Teilwiederaufbau des Tempels. Zustand vor Verputz der Ziegelflächen. DAI Kairo, W. Kaiser, W. Mayer 1978–82

154   *Elephantine, Satet-Tempel. Ergänzung der fehlenden Teile der Reliefs als Umrißzeichnung auf der Putzoberfläche*

300 qm großen, 90 cm dicken Stahlbetonplatte über dem Heiligtum wieder zusammenzusetzen, obwohl der vorhandene Bestand an Wandblöcken und Deckenplatten nur etwa 40% des ursprünglichen Bauwerks umfaßte. Um alle Blöcke in ihrem ehemaligen Zusammenhang aufstellen zu können – eine Rekonstruktion der Reliefs hatten ihre Lage zueinander ergeben – wurden die fehlenden Teile mit Ziegelmauerwerk ergänzt und die Reliefs als Umrißzeichnung auf den Putz gemalt. Nicht mehr untergebracht werden konnten die Blöcke des Kalksteintempels aus der 12. Dynastie, die in direkter Nachbarschaft gelagert wurden.

Der Besucher steht heute vor einem Bauwerk, das die Geschichte dieses Platzes schichtenweise aufbewahrt. Wie in einer ›Zeitmaschine‹ kann er die Abfolge der Heiligtümer durchschreiten und die Reste der Bauten aus der 1.-18. Dynastie besichtigen – vom noch *in situ* erhaltenen Befund bis zum wiederaufgebauten Tempel. Das Bauensemble zeigt jedoch auch die Schwierigkeiten dieser Präsentationsform. Der Wunsch nach gleichzeitiger Darstellung mehrerer historischer Schichten an ihrem ursprünglichen Ort war nur durch den Bau einer dicken Stahlbetonplatte über den in situ verbliebenen Befunden zu leisten und so schwebt der ›Tempel‹ aus der 18. Dynastie wie auf einem Tablett über den Resten der anderen Bauten – ein neuzeitliches Gebilde aus originalen, doch durch ihre Verwendung für das Fundament des ptolemäischen Tempels beschädigten Quadern, aus Abgüssen und verputzten und bemalten Ziegelflächen. Ob das Ziel, mit diesem Bauwerk auch eine langfristige Konservierung der Fundstelle sicherzustellen, erreicht werden kann, wird sich im Laufe der Zeit herausstellen.

155   *Theben-West. Rückwärtige Ansicht der Memnons-Kolosse. Foto 1980*

Obwohl in diesem Kapitel nur Arbeiten aus der jüngeren Vergangenheit vorgestellt werden, soll nicht darauf verzichtet werden, auch auf eine (mißlungene) Restaurierungsmaßnahme aus römischer Zeit hinzuweisen.

Theben-West, Memnons-Kolosse

Etwa in der Mitte zwischen *Medinet Habu* und dem *Ramesseum* bezeichnen weithin sichtbar in dem flachen Fruchtland **Thebens** die beiden Sitzstatuen Amenophis III. (18. Dyn.) als letzte Überreste den Platz seines heute verschwundenen Totentempels (Abb. 155, 156). Seit ptolemäischer Zeit galt der rechte (nördliche) der beiden 17,90 m hohen Kolossalfiguren aus gelbbraunem Quarzit als Abbild des vor Troja von Achill getöteten sagenhaften äthiopischen Königs Memnon, dem ›Sohn der Morgenröte‹, der allmorgendlich seine Mutter Eos begrüßt und dabei einen klagenden Ton von sich gibt. Durch ein Erdbeben(?) spätestens 27 v. Chr. hatte der Koloß in Gürtelhöhe einen Riß bekommen und ›sang‹ fortan beim Aufgehen der Sonne – wahrscheinlich weil durch die Erwärmung in den frühen Morgenstunden Luftströmungen in den Rissen und natürlichen Hohlräumen des Gesteins auftraten, die Töne erzeugten.

Der ›Gesang‹ machte die Statue berühmt und zog viele ägyptische, griechische und römische Besucher an, die sich auf Knien und Sockel verewigten. Strabo, Pausanias, Juvenal und Tacitus berichten von den Kolossen, Hadrian hat ihnen 130 n. Chr. einen Besuch abgestattet. Doch im 2. Jh. n. Chr. brach der Oberkörper der nördlichen Statue entzwei. Um in Zukunft

156 *Theben-West. Memnons-Kolosse. Deutlich ist das »gemauerte« Oberteil der rechten Statue zu erkennen. Foto 1990*

auf den ›Gesang‹ der Statue nicht verzichten zu müssen, veranlaßte Septimius Severus nach seinem Besuch 199 n. Chr. einen Wiederaufbau. Doch das heruntergefallene Stück war entweder durch den Fall zu sehr zerstört oder zu schwer, um als Ganzes wieder hinaufgehoben zu werden, so daß man sich zu einer Reparatur entschloß. Der Oberkörper wurde, aufgeteilt in fünf Schichten, aus 15 Blöcke mit neuem Material wieder aufgemauert.[17] Das äußere Erscheinungsbild der Statue war damit (fast) wiederhergestellt – doch die Statue ›sang‹ nicht mehr. Und damit verloren die *Memnons-Kolosse* ihre touristische Attraktion.

157   *Ephesos. Die wiederaufgebaute Fassade der Celsus-Bibliothek, rechts das im Bau befindliche Südtor zur Agora (Mazaeus-Mithridates-Tor). F. Hueber 1970–89*

Sardes, Ephesos, Pergamon 1960–1990

Zur Intensivierung der internationalen Zusammenarbeit auf dem Gebiet des Kulturgüterschutzes wurde 1959 von der UNESCO in Rom ein Ausbildungszentrum für Denkmalpfleger gegründet, das »*International Centre for the Study of the Preservation and the Restoration of Cultural Property*« (ICCROM) und 1964 als internationale Organisation das »*International Council of Monuments and Sites*« (ICOMOS) mit Sitz in Paris eingerichtet. Vom 25.–31. Mai 1964 fand in Venedig der »*II. Internationale Kongreß der Architekten und Techniker in der Denkmalpflege*« statt, auf dem die »*Charta von Venedig*« als verbindliche Richtlinie für den Umgang mit Baudenkmälern verabschiedet wurde. Ziel dieser Aktivitäten war, das Verständnis für die Erhaltung des historischen Erbes weltweit zu fördern, die Forschung über Materialien und Methoden zur Konservierung und Restaurierung der Denkmäler zu verstärken, die Ausbildung von Handwerkern, Restauratoren und Architekten zu organisieren und Spezialisten in die Länder der Dritten Welt zu schicken, die an Ort und Stelle helfen sollten, die Kulturgüter zu erhalten.

Die *Charta von Venedig* wurde in den folgenden Jahren zur theoretischen Grundlage denkmalpflegerischer Maßnahmen. Die darin verankerten Leitsätze fanden Berücksichtigung beim Wiederaufbau der *Celsus-Bibliothek* in **Ephesos** (1970–1978), des *Traianeums* in **Pergamon** (seit 1975) und auch bei den neuen Restaurierungsarbeiten auf der *Akropolis* von **Athen** (seit 1979). Daß erst die Beachtung der Grundsätze der *Charta von Venedig* zu einer theoretischen Klärung über den angemessene Umgang mit Denkmälern geführt hat, zeigen die auf den Grabungsstätten in den 50er und 60er Jahren ausgeführten Wiederaufbaumaßnahmen.

Ephesos

Beispielhaft für die damals herrschende Unsicherheit über die Art des Umgangs mit Ruinen und die Ausführung von Wiederaufbauarbeiten, sind die unter der Leitung F. Eichlers durchgeführten Maßnahmen in **Ephesos** in den 60er Jahren. Das Konzept, nach dem unter der Leitung F. Miltners der *Hadrians-Tempel* in den Jahren 1957/58 (vgl. S. 125) wiederaufgebaut worden war, wurde nicht weiter verfolgt, sondern mit dem Wiederaufbau des *Nymphaeum Traiani* (H. Pellionis, W. Mach 1961/62) ein neuer Weg beschritten[1] (Abb. 158). Das ehemals zweigeschossige, 10,5 m hohe Gebäude, von dem sich einzelne Kapitelle und Gebälkteile, doch keine Säulenschäfte erhalten haben, wurde als »*Architekturcollage*«[2] in seiner ursprünglichen Breite, doch in der Höhe stark verkürzt, zusammengesetzt. Kurze achteckige Betonklötze ersetzen die fehlenden Säulenschäfte mit dem Ergebnis, daß die gestreckten Proportionen des Bauwerks vollständig verloren gingen und ein für den Betrachter unverständliches Gebilde entstand. Das damit erzielte Ergebnis macht deutlich, daß bei einer zu gerin-

158   *Ephesos, Traians-Nymphäum. Teilwiederaufbau ohne Säulenschäfte. Als Ersatz sind kurze Betonklötze zwischen Basis und Kapitell eingesetzt. H. Pellionis, W. Mach 1961/62*

gen Anzahl erhalten gebliebener Bauglieder auf einen Wiederaufbau verzichtet werden muß.

Weiter nördlich, am *Domitiansplatz*, wurde das *Denkmal für Gaius Memmius*, einen Enkel Sullas, aufgedeckt und eine Wiederherstellung versucht, die darauf abzielte, den Prozeß der vorgefundenen Zerstörung in die Rekonstruktion mit einzubeziehen (A. Bammer, F. Öhlzant 1963/64)[3] (vgl. S. 45). Auf dem *Domitiansplatz* selbst wurden in ähnlicher Weise der große Bogen über der Apsis des *Domitians-Brunnens* auf zwei pilzförmigen Betonpfeilern aufgestellt (A. Bammer 1966)[4] und die Orthostaten des Sockels des *Pollio-Nym-*

phaeums neu zusammengesetzt[5] (Abb. 161). Auch hier bestand das Problem in der für einen Wiederaufbau ungenügenden Anzahl antiker Bauglieder, die eine ›Rekonstruktion‹ der Gebäude nicht erlaubten. Der Ersatz fehlender Teile aus rohem Beton konnte diesen Mangel nicht ausgleichen.

Die letzte nach dieser Konzeption durchgeführten Maßnahmen war der Wiederaufbau einer Säule des *Artemisions*, um den Ort des weitgehend verschwundenen Tempels zu markieren (A. Bammer 1972) (Abb. 160, 304). Die Säule wurde auf einem der erhaltenen Fundamente der nördlichen Innenreihe aus Trommeln des spätklassischen Baus errichtet, erreichte aber nicht die ursprüngliche Höhe.

»Für die Wiederaufstellung wurden die Trommeln zahlreicher Säulen benützt. Daher sind gewisse Inkongruenzen in der Abfolge der Kanneluren unvermeidbar geblieben. Auch die volle Säulenhöhe von 18,10 bis 18,40 m konnte aus statischen Gründen nicht erreicht werden. Auf der Höhe von 14 m wurden die Arbeiten eingestellt.[6] Die Säulenbasis wird aus Kunststein um den Stahlbetonkern gelegt. Trotz dieser Unzulänglichkeiten gibt die Rekonstruktion einen Eindruck von der Mächtigkeit und Größenordnung des Weltwunderbaus.«[7]

Die Säule ist eine wichtige ›Landmarke‹ in dem oft überschwemmten Grabungsgelände und weist schon von weitem auf die Lage des Tempels hin, doch von nahem

160   *Ephesos, Artemis-Tempel. Aus einzelnen Trommeln des spätklassischen Baus aufgebaute Säule. A. Bammer 1972*

161   *Ephesos, Domitiansplatz. Pollio-Nymphäum (links) und Domitians-Brunnen (rechts). Die Tragkonstruktion des Bogens ist aus Sichtbeton. A. Bammer 1966*

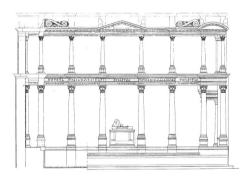

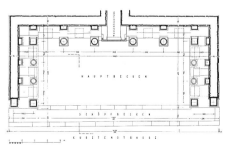

159   *Ephesos, Traians-Nymphäum. Rekonstruktionszeichnung von A. Bammer. Gesamthöhe des Bauwerks ca. 10,50 m*

162   Side, Agora. Detail der wiedererrichte-
ten Marmorarchitektur des Kaisersaals.
A. Machatschek 1965/66

besehen wird sie leider in keiner Weise
den Ansprüchen einer wissenschaftlichen
Anastylosis gerecht.

Auf zwei weitere Projekte, die ebenfalls
zeigen, daß ohne ein ausgewogenes denkmalpflegerisches Konzept, ohne Fachkräfte und sorgfältige Vorarbeiten eine
Anastylosis antiker Marmorarchitektur
nicht gelingen kann, soll noch kurz hingewiesen werden.

Side, Kaisersaal

Die seit 1947 systematisch durchgeführten
Grabungen in **Side** haben die bedeutendsten Bauwerke der auf einer Halbinsel lie-

genden, durch eine eindrucksvolle Stadtmauer abgeschlossenen römischen Stadtanlage freigelegt, ohne mit den Restaurierungsarbeiten nachzukommen. Die Versuche, die Sitzstufen des *Theaters* wieder in
die ursprüngliche Lage zu versetzen, haben zu deutlichen Höhenverschiebungen
geführt. Auch die Wiederherstellung der
ursprünglich zweigeschossigen Ädikula-
Architektur des *Kaisersaales* der Agora
(Bau M) hat zu keinem akzeptablen Ergebnis geführt (A. Machatschek 1965/66)
(Abb. 162). Die durch die Grabung freigelegten Bauglieder aus Marmor wurden
in ihre ursprüngliche Lage zurückversetzt.
Ergänzungen und fehlende Teile sind in
schalungsrauhem Beton ausgeführt. Der
Wand fehlt die ursprüngliche Marmorverkleidung,[8] so daß ihr Erscheinungsbild
heute durch die rohen Betonergänzungen
bestimmt wird, die die ursprüngliche Qualität der Architektur nicht wiedergeben
können. In ähnlicher Form wurde das *Vespasians-Monument* (A. Machatschek 1963)
(Abb. 163) am Tor der inneren Stadtmauer
in der Nähe der als Museum umgebauten
Agora-Thermen hergerichtet. Auf die Rekonstruktion der fehlenden Säulen der
rechten Ädikula ist bewußt verzichtet

163   Side, Vespasians-Monument, 1963

164   *Milet, Teilwiederaufbau der Ionischen Halle. Im Vordergund die nicht für den Wiederaufbau verwendeten Bauglieder. DAI Istanbul, H. Henschel, M. Ueblacker 1971–88*

worden, da mit der Möglichkeit gerechnet wurde, sie noch einmal aufzufinden. Die Arbeiten zeigen deutlich, daß die Qualität von Restaurierung und Wiederaufbau entscheidend mitbestimmt wird durch eine angemessene Restaurierungstechnik und entsprechende Materialien. Beton kann kein Ersatz für Marmor sein, eine schalungsrauhe Ergänzung kein Ersatz für steinmetzmäßig bearbeitete Oberflächen.

Milet, Ionische Halle

Zwischen dem *Hafentor* und den Fundamenten des sich im Berliner Pergamonmuseums befindenen *Marktores* des Südmarktes erstreckt sich eine gepflasterte Prachtstraße, die von der *Ionischen Halle*, einer 99 m langen Stoa mit hohem Stufenunterbau auf der östlichen Seite begrenzt wird. Da bei der Ausgrabung eine größere Anzahl der Bauteile zu Tage gekommen war, wurde 1971 mit einem Teilwiederaufbau begonnen (H. Henschel, M. Ueblakker, Fertigstellung 1988)[9] (Abb. 164). Vier in ganzer Höhe wiederaufgestellte Säulen, von denen keine vollständig erhalten war, und eine größere Anzahl von Säulenstümpfen stehen auf einem roh betonierten bzw. in Bruchstein gemauerten Stufenunterbau. Statt des Stylobats sind einzelne quadratische Betonklötze rekonstruiert worden. Die Basen sind in der Form von unprofilierten Werkstücken hergestellt. Die Rückwand der Halle ist in Bruchstein-

165   Sardes. Blick vom Gymnasium auf die Fassade des Marmorhofs. Der Wiederaufbau ist auf diese Blickachse hin entworfen, die ursprünglich zweigeschossige Fassade zum Gymnasium wurde nicht wiederhergestellt. F. K. Yegül, M. K. Bolgil, M. Ergene 1964–73

mauerwerk mit seitlichen ›ruinösen‹ Abbrüchen aufgebaut und das Dach als Flachdach aus Wellasbestplatten konstruiert. Ein Großteil der originalen Bauteile liegt auch heute noch ohne Konservierungsmaßnahmen vor dem Wiederaufbau, überzogen von Algen, Überresten der jährlichen Überschwemmungen, und überwachsen von Tamariskenbüschen. Konzeption und Ausführung des Wiederaufbaus entsprechen auch hier in keiner Weise den an eine Anastylosis antiker Marmorarchitektur gestellten Anforderungen. Außerdem nimmt der Wiederaufbau wenig Rücksicht auf die sehr empfindliche landschaftliche Situation des flachen Grabungsgeländes und die geringe Höhe der sonstigen Ruinen.

Bauwerke aus sorgfältig gearbeiteten massiven Natursteinquadern, die ohne Mörtel aufeinandergesetzt und nur mit Klammern und Dübeln verbunden sind – wie die griechischen Tempel –, lassen sich nach ihrer Zerstörung vergleichsweise einfach wieder aufbauen, da sich jedes Bauglied identifizieren läßt und seine ehemalige Lage rekonstruiert werden kann. Beispiele dafür, daß schon in der Antike Tempel auseinandergenommen wurden, um an einen anderen Ort transportiert und dort wieder aufgebaut zu werden, sind bekannt.[10] Diese Bauwerke sind durch ihre großen Massen standsicher und durch die hohen Reibungskräfte in den Fugen weitgehend sicher gegen Erdbeben. Bei einem Wiederaufbau, auch in ruinöser Form, bereiten sie aus statischen Gründen kaum Schwierigkeiten. Im Gegensatz dazu sind die mehrgeschossigen römischen Prachtfassaden mit ihren dünnen monolithen Säulen nur in Verbindung mit einer massiven Rückwand standsicher. Aber gerade diese Fassaden, die zusammengefallen nur noch wenig von ihrer ehemaligen Pracht vermitteln, doch aus vielen wieder zusammensetzbaren Säulen bestehen, haben seit jeher zum Wiederaufbau gereizt.

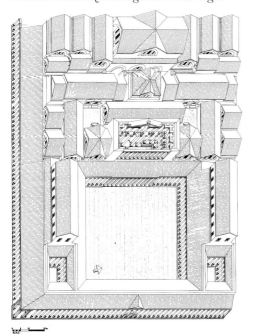

166   Sardes. Dachaufsicht des Gymnasium-Bad-Komplexes. In der Mitte der Marmorhof. Rekonstruktionszeichnung von F. K. Yegül

Sardes, Marmorhof

Die Wiederaufbauarbeiten in Ephesos und die immer größer werdende Anzahl von Türkei-Touristen waren der Anlaß, auch auf anderen Grabungsplätzen mit dem Wiederaufbau von Ruinen zu beginnen, um attraktive, präsentable Bauten vorweisen zu können. Das erste größere Projekt in dieser Reihe war der Wiederaufbau des *Kaisersaales* im *Bad-Gymnasium-Komplex* in **Sardes** in den Jahren 1964–73 (Abb. 165–172). Die Archäologen der American School of Oriental Research der Universitäten Harvard und Cornell hatten 1958 mit der Untersuchung des riesigen, 20756 qm umfassenden *Bad-Gymnasium-Komplexes* aus dem 1. Jh. n. Chr. begonnen. Dabei stießen sie im Zentrum der Anlage, in der Nähe der Palästra, auf einen *Kaisersaal*, dessen zweigeschossige Ädikulaarchitektur durch eine Dedikationsinschrift in die Zeit der Kaiser Septimius Severus und Caracalla (um 212 n. Chr.) datiert werden konnte. Über 1 000 große Bauglieder des wahrscheinlich Anfang des 7. Jhs. zerstörten Gebäudes wurden bei der Ausgrabung freigelegt, so daß es verlockend und möglich erschien, die zweigeschossige Fassade des *Marmorhofs* wieder aufzubauen. Studien und Vorbereitungen fanden in den Jahren 1959–63 statt, der Wiederaufbau begann am 1. Juli 1964 und konnte 1973 beendet werden. Die Leitung der Arbeiten lag in den Händen von Fikret K. Yegül (Archäologe), Mehmet C. Bolgil (Architekt) und Mehmet Ergene (Ingenieur).[11]

Ziel des Wiederaufbaus war die vollständige Rekonstruktion der Ädikulaarchitektur des *Marmorhofs* und eine Teilrekonstruktion der *Palästra-Kolonnade*. Der Hoffußboden, ein fast vollständig erhaltener *opus sectile*-Boden, sollte hingegen

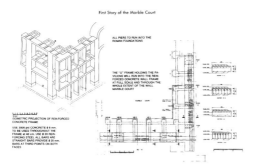

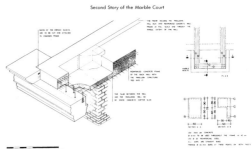

167   Sardes. Isometrische Darstellung der Tragkonstruktion. Links der in die Mauern eingebaute Stahlbetonrahmen, 1965

168   Sardes. Isometrische Darstellung der auskragenden Beton-Tragkonstruktion zur Aufhängung der Marmorarchitrave

nur restauriert werden.[12] Die aus großformatigen Marmorplatten bestehende Wandverkleidung des massiven Ziegelmauerwerks war nicht mehr vorhanden und ließ sich nur mehr durch die Löcher der Halteeisen rekonstruieren. Die Gewölbe waren eingestürzt und die Ziegelmauern weitgehend ausgeraubt.

Durch verschiedene Versuche und Berechnungen hatte man festgestellt, daß es unter den vorhandenen technischen Bedingungen praktisch unmöglich sei, die gebrochenen Marmorsäulen so wiederherzustellen, daß sie ihre ursprüngliche Tragfunktion innerhalb der Fassade wieder übernehmen können. Der Marmor war zu brüchig, um noch hohe Lasten aufnehmen zu können.[13] Als statisch-konstruktives Gerüst wurde deshalb ein massiver Stahlbetonrahmen errichtet, der aus sechs Pfeilern bestand, die bis in die römischen Fundamente reichen und aus denen U-förmige Kragträger ragen, an denen die Architrave der Ädikulen aufgehängt sind (Abb. 167, 168). Die Säulen stehen als Pendelstützen ohne Belastung unter den Kragträgern. Für diese ungemein massive Stahlbetonkonstruktion (der größte Pfeiler hat einen

Querschnitt von 2,00 x 3,50 m, die drei waagerechten Balken des U-Rahmens sind jeweils 2,00 x 0,50 m dick), die unsichtbar in der antiken Wand liegt, mußte ein Großteil des noch originalen Wandmauerwerks geopfert werden. Auch die Fries- und Gesimsplatten über den Architraven, die ehemals bis ins Mauerwerk reichten und jetzt im Bereich der Betonkonstruktion liegen, wurden bis auf eine geringe Dicke abgearbeitet und direkt an die Kragträger aus Ortbeton anbetoniert.

Die Konzeption des Wiederaufbaus ist, wie schon bei den italienischen Wiederaufbaumaßnahmen der 30er Jahre in Libyen, entscheidend durch den Werkstoff Beton als Konstruktions- und Ergänzungsmaterial geprägt. Verschiedene Versuche, Ergänzungen und Kopien in Marmor steinmetzmäßig herzustellen (ein ionisches Kapitell im 1. OG (Abb. 170) und zwei Kompositkapitelle im 2. OG in vereinfachter Form), wurden wegen des hohen Arbeitsaufwandes und der damit verbundenen Kosten nicht weitergeführt.[14] Ergänzungen und neue Bauglieder wurden nach dieser Entscheidung in eingefärbtem *Kunststein* hergestellt, der sich als dünner äuße-

169   *Sardes. Blick auf die Nordwand des Marmorhofs. Rechts die durchbrochene Kolonnade zum Gymnasium. Detailaufnahme des Architravs der linken Erdgeschoß-Ädikula auf Abb. 170*

rer Mantel um einen Kern aus grauem Beton legt.

Mit dem Verzicht auf die ›originalgetreuen‹ Natursteinkopien war ein Wechsel des denkmalpflegerischen Konzepts verbunden. Statt sich an den ursprünglichen Zustand anzugleichen, sollte sich das Erscheinungsbild der Ergänzungen jetzt deutlich von den Originalen unterscheiden. Die neuen Oberflächen wurden deshalb in der Form belassen, in der sie aus den Holz- oder Gipsschalungen kamen.[15] Da diese ›rustikale‹ Form jedoch zu keinem befriedigenden Ergebnis führte, wurde das Konzept noch einmal revidiert. Die Ergänzungen wurden jetzt als mög-

lichst getreue *Kunststein*abgüsse ausgeführt, alle Brüche und selbst kleine Fehlstellen geschlossen, die Betonoberflächen von den Steinmetzen sorgfältig nachgearbeitet und Säulenschäfte und Basen geschliffen und poliert.[16] Das jetzt angestrebte Ziel war ein unbeschädigtes Bild der antiken Architektur mit bruchloser Oberfläche, so, als wären fast zwei Jahrtausende Geschichte spurlos vorübergegangen (Abb. 171).

Neben der dominierenden senkrechten Gliederung der Fassade durch die Ädikulen wird das Bild des *Marmorhofs* durch die hinter den Säulen liegenden Wandflächen bestimmt. In der Antike waren es große

170   *Sardes. Architrav der westl. Erdgeschoß-Ädikula der Nordwand. Linkes Kapitell als vereinfachte Marmorkopie, fehlende Teile des Architravs als Kunststeinabgüsse ausgeführt*

Marmorplatten, vor denen sich die Säulen und eine phantasiereiche Bauornamentik in unterschiedlich farbigem Marmor abhob.[17] Vorgefunden hatten die Ausgräber nur noch die rohe Ziegelwand mit den Löchern für die Befestigung der Inkrustation. Um nicht erhebliche Summen für eine neue Plattenverkleidung aufwenden zu müssen, entschied man sich, die Wände in der vorgefundenen Form – ohne Verkleidung – wieder aufzumauern. Die Entscheidung, einerseits einen ›Rohbauzustand‹ herzustellen, andererseits aber die vollständige architektonische Ordnung der Fassade wiederaufzubauen, war ein problematischer Kompromiß, der letztendlich zu keiner befriedigen Lösung

führte. Die Ziegelmauern zeigen einen Bauzustand, der in der Antike sicherlich nicht lange bestanden hat, doch aufgrund der sorgfältigen Ausführung der neuen Bögen und waagerechten Ziegelschichten zwischen dem Bruchsteinmauerwerk erscheint diese Form der Wandausführung dem unbefangenen Betrachter als der ursprüngliche Zustand, stehen doch die Säulen vollständig wiederhergestellt davor (Abb. 169).

Um den Blick auf den *Marmorhof* nicht zu verstellen, wurden in der Mitte der Kolonnade zur Palästra einige Säulen weggelassen, so daß ein ›ruinenartiges‹ Loch entstand mit schrägen Abbruchkanten. Auf das zweite Geschoß der Kolonnade wurde ganz verzichtet, obwohl die Teile hierfür vorhanden sind.[18] Sie stehen heute als Architekturprobe in der Palästra. Die Mauern der Nord- und Südwand sind ebenfalls in ›ruinöser‹ Form beendet worden, jedoch mit einem Absatz in der halben Höhe der Mauer, der für den Besucher unverständlich ist. Ebenso unverständlich bleibt – ohne zusätzliche Erläuterung –, daß der heute offene Hof ursprünglich in ganzer Höhe durch eine Kolonnade geschlossen war und nur über eine davorliegende Halle betreten werden konnte. Nur schwer verständlich ist auch, daß dieser heute als Solitär dastehende Hof, umschlossen von hohen Mauern, ehemals nur ein kleiner Teil einer sehr viel größeren Anlage war und seine Bedeutung aus dem Zusammenhang des Gesamtkomplexes bezog.

Am Schluß der Dokumentation des Wiederaufbaus schreibt der Architekt, M. C. Bolgil, daß die Wiederherstellung des *Marmorhofs* ihr Ziel erreicht hätte:

»A student of Roman architecture as well as any interested observer can now readily see – and not from the pages of a book but on site and true to scale – how the different architectural elements were used and how they are articulated.«[19]

Als nicht ganz gelungen betrachtet er nur die Flächen der beiden zur Palästra schauenden Mauern, die ohne die Kolonnade einen falschen Eindruck vermitteln. Im allgemeinen würde der *Marmorhof* jedoch so, wie er wiederhergestellt sei, genau die Periode römischer Architektur repräsentieren, die als »Severischer Barock« bekannt sei.

Ein kritischer Betrachter wird mit dieser Einschätzung sicherlich nicht übereinstimmen, denn der Wiederaufbau stellt sich eher dar als ein widersprüchliches Prä-

171   *Sardes. Detail der Kolonnade zum Gymnasium. Original und Ergänzungen sind nur farblich zu unterscheiden. Foto 1979*

parat, das dem Besucher vielleicht ein wenig über römische Architektur vermittelt, im Ganzen aber einen weitgehend falschen Eindruck von der Anlage und deren ehemaligem Aussehen widergibt. Darüber hinaus ist es nicht gelungen –, konnte es sicher auch nicht gelingen – den massiven hohen Mauerblock, der auf einen Innenhof ausgerichtet ist und keinerlei Außenbeziehung hat, in den niedrigen Ruinenhügel und die flache Flußlandschaft zu integrieren.

172   *Sardes. Blick auf die Rückfront des Marmorsaals. Davor die Ruinen der Thermen, im Vordergrund die Ladenstraße. Foto 1979*

173   *Ephesos, Celsus-Bibliothek. Aufbau einer Architekturprobe des Mittelgiebels (OG)*
durch die Ausgräber. Foto 1905

Ephesos, Celsus-Bibliothek

Wurde der Wiederaufbau in Sardes weitgehend bestimmt durch einen improvisierten Baubetrieb[20] und geringe Finanzmittel, so konnte die Anastylosis der *Celsus-Bibliothek* in **Ephesos** 1970–78 (Abb. 173–183) mit der Erfahrung und dem technischen Gerät einer professionellen Baufirma durchgeführt werden, deren Chef darüberhinaus als Mäzen des Unternehmens auftrat.[21] Geleitet wurden die Arbeiten von Friedmund Hueber (Architekt, Bauforscher) und Volker Michael Strocka (Archäologe), der den Anstoß für den Wiederaufbau gegeben hatte.

Das Gebäude war bereits 1903–04 von den Archäologen R. Heberdey und dem Architekten W. Wilberg freigelegt worden und bot als Ruine für jeden, der vom *Staatsmarkt* die breite *Kuretenstraße* herunterkam einen nicht unbedeutenden Blickfang. Vor einem abschüssigen Ruinenfeld erhoben sich bis zu einer Höhe von 7 m die Wände des 17 m breiten Büchersaals. Auf dem Treppenaufgang zur Bibliothek standen die Postamente der Säulen und ein geringer Teil des aufgehenden Mauerwerks. Während der Ausgrabung waren die freigelegten Bauglieder (ca. 755 Stück) der durch ein Erdbeben im Mittelalter zusammengefallenen Fassade auf die nahe Agora geschafft worden, wo sie Vandalismus und Verwitterung preisgegeben waren. Die Skulpturen, das *Partherrelief* und ein Tympanonfeld mit Medusenhaupt, waren nach Wien gebracht worden, zwölf Architekturblöcke mit reichem figuralen Schmuck hatte das Agora-Museum in Izmir erhalten.

Im Gegensatz zu Sardes bestand die Frontwand der *Celsus-Bibliothek* nicht aus verkleidetem Ziegelmauerwerk, sondern aus reich dekoriertem Quadermauerwerk mit sorgfältigem Fugenschluß und der in der Antike üblichen bleivergossenen Verklammerung und Verdübelung. Die Seiten- und Rückwände des Bibliotheksraums waren im unteren Bereich aus Hausteinmauerwerk, darüber aus Ziegelmauerwerk.

Das für den Wiederaufbau entwickelte Konzept sah vor, den aus Marmor erbauten Teil der Fassade, bestehend aus den Ädikulen und der Frontwand der Bibliothek, vollständig wiederaufzubauen, den Bibliotheksraum aber in einem ruinösen Zustand zu belassen. Um die Standsicherheit der 17 m hohen Fassade auch bei Erdbeben zu gewährleisten, wurde die Front-

174   Ephesos, Celsus-Bibliothek. Die zusammenpassenden Fragmente der gebrochenen Bauglieder werden bereits auf dem Lagerplatz zusammengefügt

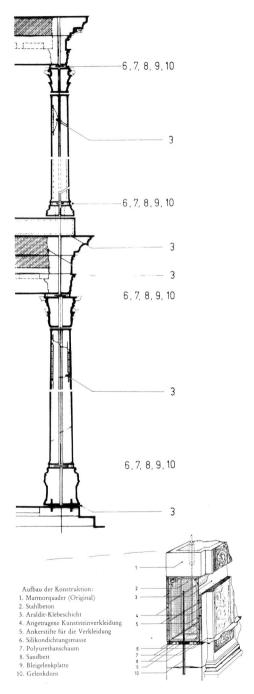

Aufbau der Konstruktion:
1. Marmorquader (Original)
2. Stahlbeton
3. Araldit-Klebeschicht
4. Angetragene Kunststeinverkleidung
5. Ankerstifte für die Verkleidung
6. Silikondichtungsmasse
7. Polyurethanschaum
8. Sandbett
9. Bleigelenkplatte
10. Gelenkdorn

wand als steife Scheibe aus originalen Wandquadern und einer Stahlbetonkonstruktion an den Fehlstellen ausgebildet.[22] Um keine Biegemomente in die antiken Fundamente zu übertragen, sind an den Stellen, die weniger ins Auge fallen – über den Sockeln und den Säulenbasen – Gelenke aus Bleiplatten mit Dorn eingebaut. Die einzelnen Säulen sind als Pendelstützen ausgebildet, auf denen das Gebälk der Ädikulen, die biegesteif mit der Rückwand verbunden sind, aufliegen. Die gebrochenen Gebälk- und Kasettenblöcke der Baldachine sind an diesen Stahlbetonkonsolen, die den ursprünglichen Hohlraum über den Kasettenplatten einnehmen, verankert (Abb. 175, 357). Jede Säulen ist in ihrer Längsachse durchbohrt[23] und mit einem in Epoxidharzmörtel eingebetteten Betonstahl armiert. Als Konzept des Wiederaufbaus berief sich Hueber auf die *Charta von Venedig* und die darin beschriebene Methode der *Anastylosis*.[24]

In der Herbstkampagne 1970 begannen die Arbeiten mit der Ordnung der über 700 auf der Agora ausgelegten Bauglieder.[25] Da keine genauen Aufzeichnungen über die Fundlage der einzelnen Stücke vorhanden war, mußte die Identifikation der einzelnen Blöcke und die Rekonstruktion ihrer Lage innerhalb der Fassade auf der Grundlage einer genauen Aufnahme der Bearbeitungs- und Versatzspuren erfolgen.[26] Schon während dieser Ordnungsarbeiten wurden die zusammenpassenden Stücke miteinander verklebt und zusätzlich durch Dübel und Klammern verbunden[27] (Abb. 174).

175 a, b   Ephesos, Celsus-Bibliothek. Schnitt durch die Konstruktion in der Säulenebene und durch ein Gelenk der Wand

1972 begann der Wiederaufbau mit der Abtragung der noch *in situ* verbliebenen Reste der Fassade und der Untersuchung der Fundamente auf ihre Tragfähigkeit. Die folgenden Arbeiten unterteilten sich in eine Rohbauphase, in der die einzelnen Bauglieder in ihre ursprüngliche Lage zurückversetzt und mit der tragenden Stahlbetonkonstruktion verbunden wurden und eine Restaurierungsphase, in der fehlende Teile ergänzt wurden. Als wissenschaftliche Erkenntnis erbrachte der Wiederaufbau die bisher nicht bekannte Anwendung der Kurvatur bei römischen Bauten. F. Hueber konnte eindeutig nachweisen, daß der Stylobat eine Kurvatur von 35 mm aufweist und diese sich über die unterschiedlichen Höhen der Postamente, Basen, Säulenschäfte und Kapitelle bis in die Gebälkzone hinein fortsetzt mit z. T. abgestuften Auflagerhöhen an ein und demselben Block:

»Dieses Beispiel zeigt, wie eine Untersuchung zu mehreren Ergebnissen führt: Einerseits gelang es, die ursprüngliche Lage der Kapitelle und die sonst nicht genau gesicherten Pilasterhöhen festzustellen, andererseits wurde die Absicht der römischen Baumeister erkennbar, durch Schwung und Gegenschwung der optisch bestimmten Horizontalen und durch unter-

177   *Ephesos. Die Celsus-Bibliothek während des Wiederaufbaus. Foto 1977*

schiedliche Dimensionierung der Säulen die Perspektive zu übersteigern, um so die gewünschte architektonische Wirkung zu erzielen.«[28]

Die Oberflächen aller fehlender Teile sind in einer dem Marmor entsprechenden Farbe in *Kunststein* (4–8 cm dick) hergestellt. Dabei wurde die Bauornamentik nur soweit nachgeahmt, wie der Formzusammenhang und die ursprüngliche Licht-Schatten-Wirkung es erforderten (Abb. 314, 315). Die ergänzten Teile sollen als neue erkennbar bleiben, sich jedoch harmonisch dem allgemeinen Zerstörungsgrad des Gebäudes anpassen. Deshalb wurden auch nur die statisch bedenklichen Abplatzungen und Risse geschlossen;

176   *Ephesos, Celsus-Bibliothek. Schema des statischen Systems. Konzeption H. Endl, Wien*

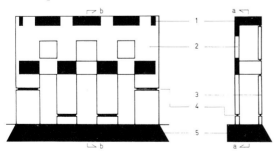

Schema der statischen Konstruktion:
1. Geschnittene Bauteile
2. Mit Stahl armierte steife Beton-Konstruktion
3. Säulen als Pendelstützen
4. Bleigelenke
5. Fundament

178   Ephesos. Die Celsus-Bibliothek nach Abschluß des Wiederaufbaus. Die zweistöckige Säulenfront überragt die umliegenden Ruinen erheblich. Rechts Blick auf die Agora und das später wiederaufgebaute Agora-Südtor. F. Hueber, V. M. Strocka, 1970–78

Fehlstellen an den Kapitellen, Gesimsen und Gebälken blieben hingegen weitgehend unberührt. Sorgfältig wiederhergestellt wurden jedoch die Kanten, die ›Strukturlinien‹, die den Aufbau des Gebäudes bestimmen, wie z. B. die Außenkanten der Pilaster. Die Dekoration auf den Pilasterschäften ist dagegen in einer nur dem Original ähnlichen Form vom Bildhauer frei angetragen und modelliert worden. Auf den Wandflächen wurde das ursprüngliche Quadermauerwerk imitiert. Sorgfältig ergänzt sind auch die Säulenschäfte und die fehlenden Kapitelle als Abgüsse aufgesetzt. Im Gegensatz zu **Sardes**, wo die wiedererrichtete Fassade durch den Verzicht auf die Inkrustation in zwei unterschiedliche ›Bauzustände‹ auseinander-

fällt, konnte in Ephesos durch den Wiederaufbau ein weitgehend einheitliches Erscheinungsbild geschaffen werden.

Das Ergebnis des Wiederaufbaus ist beeindruckend und vermittelt dem Besucher eine Vorstellung von dem ehemaligen Gebäude. Doch spätestens dann, wenn er in das Gebäude eintritt und den nicht wiederaufgebauten Bibliotheksraum und die glatte Rückfassade der Front sieht, wird er entdecken, daß es sich hier um eine ›künstliche‹ Ruine handelt (Abb. 365).

Zu den wenigen Kritikpunkten des Wiederaufbaus gehört die massive Betonstützkonstruktion, mit der die antiken Bauteile unlösbar verbunden sind. Die Forderung nach einer hohen Erdbebensicherheit, die diese massive Tragkonstruktion erforderlich machte, sollte bei zukünftigen Projekten in Hinblick auf eine dadurch langfristig nicht zu gewährleistende Schadensfreiheit (Korrosion der Eiseneinlagen) noch einmal überdacht werden.

1978, nach der Fertigstellung der *Celsus-Bibliothek,* begann F. Hueber mit dem Wiederaufbau des Südtores der Agora, des *Mazaeus-Mithridates-Tores,*[29] der 1989 abgeschlossen werden konnte (Abb. 181, 182). Bei diesem Wiederaufbau sind die an der *Celsus-Bibliothek* erprobten Methoden weiterentwickelt worden. Auf Grund der sehr massiven Form des Bauwerks konnte hier auf eine umfangreiche Tragkonstruktion aus Stahlbeton verzichtet werden. Statt Baustahl wurden Fiberglasstäbe als Bewehrung eingesetzt, Baustahl fand nur für Betonergänzungen Verwendung. Der Wiederaufbau des Tores ist ab 1984 in ein übergeordnetes denkmalpflegerisches

179   Rekonstruktionszeichnung der Fassade der Celsus-Bibliothek von W. Wilberg

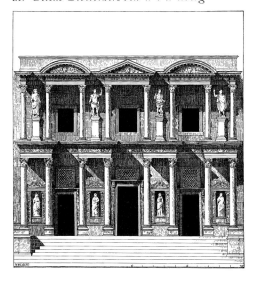

180   Ephesos, Celsus-Bibliothek. Detail der Ädikulen des Obergeschosses

Projekt mit einbezogen, daß die Erforschung und Präsentation des *Embolos*, des zentralen Platzes vor der *Celsus-Bibliothek*, zum Ziel hat.[30]

In den Jahren 1980–90 leitete Hueber die Anastylosis des *Tetrapylons* (Propylon) in **Aphrodisias** (Abb. 368). Hierbei war es möglich, die in Ephesos entwickelten Methoden der Anastylose anzuwenden, doch unter weitgehender Respektierung des statischen Systems des antiken Bauwerks. Ein überraschendes Forschungsergebnis war, daß dieser ursprünglich hadrianische Bau nach seiner Ruinierung unter Einfügung neuer Bauglieder 398 n. Chr. bereits schon einmal wiederaufgebaut worden war. Die genaue Datierung erbrachten die beim damaligen Wiederaufbau unter eine Säule gelegten Münzen.[31]

Die Arbeiten in Ephesos sind noch nicht abgeschlossen, doch steht der dreitorige Durchgang zur Agora, das *Mazaeus-Mithridates-Tor,* wieder in voller Größe an seinem ursprünglichen Platz und begrenzt den Bibliotheksvorplatz nach Norden. Durch diesen Wiederaufbau wird die hohe, zweigeschossige Fassade der *Celsus-*

*182 Ephesos. Celsus-Bibliothek und Mazaeus-Mithridates-Tor nach Abschluß der Wiederauf-
bauarbeiten. Der Eindruck des ehemaligen Stadtraumes entsteht wieder. Foto 1989*

Bibliothek gefälliger in das niedrige Rui-
nengelände eingebunden, und es ist ein
Raum entstanden, der sehr anschaulich
den antiken Zustand verdeutlicht. Damit
bekommt der Besucher, der zumeist nur
niedrige Mauerreste oder einzelne Säulen
auf den Grabungsstätten vorfindet, einen
optischen Eindruck von der Größe und
Schönheit antiker Bauwerke und eine Ah-
nung von der meisterhaften, raumbilden-
den römischen Stadtbaukunst. Bei genauem Hinsehen ist den Bauten jedoch
anzumerken, daß sie neuzeitliche ›Ruinen‹
sind, hervorgegangen aus einem Wiederaufbau nach vorheriger fast vollständiger
Zerstörung.

183 Architekt Friedmund Hueber (Mitte)

*181 Ephesos. Wiederaufbau des Mazaeus-Mithridates-Tores im Anschluß an die Celsus-Biblio-
thek (links). Versetzen eines Friesblocks. Foto 1981*

184   Pergamon, Traianeum. Versetzen des Gebälks der Nordhalle mit dem Autokran. Im Vordergrund Säulentrommeln und Kapitelle des Tempels. Foto 1981

Pergamon, Traianeum

Der umfangreichste Wiederaufbau eines römischen Bauwerks, der in den 70er Jahren in der Türkei begonnen wurde, ist der Teilwiederaufbau des *Traianeums* auf dem Burgberg von **Pergamon** durch das DAI, Abt. Istanbul seit 1965 (Abb. 184–193). Der *Traians-Tempel*, das bedeutendste Bauwerk der römischen Kaiserzeit in Pergamon aus dem Anfang des 2. Jhs. n. Chr., stand auf einem Podium inmitten eines 70 x 65 m großen Hofes, der an drei Seiten von Hallen umgeben war. Riesige Substruktionen, abgeschlossen von einer 23 m hohen Schildmauer auf der Hangseite, stützen die Hofplattform nach Südwesten und vergrößern den Bauplatz weit hinaus über den an dieser Stelle steil abfallenden Berghang.

Bereits zu Beginn der Erforschung des Burgbergs, in den Jahren 1879/80 und 1885, war die Ruine von den Architekten Hermann Stiller und Otto Raschdorff ausgegraben und publiziert worden.[32] Bei einem Besuch in Pergamon im Winter 1864/65 hatte Carl Humann, der Entdecker des *Pergamon-Altars*, noch die Kalköfen rauchen sehen, in denen die zerschlagenen Marmorteile des Tempels verschwanden:

»*Traurig stand ich da und sah die herrlichen, fast mannshohen korinthischen Kapitäle, die reichen Basen, und andere Bauglieder, alles um- und überwuchert von Gestrüpp und wilden Feigen; daneben rauchte der Kalkofen, in jeder Marmorblock, welcher dem schweren Hammer nachgab, zerkleinert wanderte. Einige tiefe frisch gezogene Gräben zeigten, welche Fülle von Trümmern unter der öden Bodenfläche lagerte; je kleiner zersplittert, desto angenehmer waren sie den Arbeitern. Das also war übrig geblieben von dem stolzen uneinnehmbaren Herrschersitz der Attaliden!*«[33]

Nach Abschluß der 1878 begonnenen Ausgrabung wurden einige exemplarische Bauglieder – Basis, Kapitell und Friesteile – nach Berlin geschafft und im Architektursaal des Pergamonmuseum aufgestellt,[34] die Ruine selbst blieb anschließend über Jahrzehnte in dem von den Ausgräbern zurückgelassenen ungeordneten Zustand.

Nach **Sardes** und **Ephesos** sollte auch in Pergamon die Präsentation des Grabungsplatzes durch einen Wiederaufbau verbessert werden. Die Wahl fiel wegen der großen Anzahl noch vorhandener Bauglieder auf das *Traianeum*. Die vorbereitenden Maßnahmen zur Freilegung der inzwischen wieder überwachsenen Ruine und eine erste Übersicht über die noch vorhandenen Bauglieder wurde im Herbst 1965 unter Leitung von K. G. Siegler begonnen und ab 1972 durch U. Rombock weitergeführt.[35] Das nach Abschluß der Voruntersuchungen 1975 vorgestellte Modell des geplanten Wiederaufbaus zeigt beide Tempelgiebel wiederaufgerichtet und einen Teilwiederaufbau der Hallen einschließlich ihrer Dächer. Die nur mit einer großen Anzahl neuer Bauteile durch-

185   Pergamon, Traianeum. Blick auf die Schildmauer und die noch offenen Gewölbe der Terrassensubstruktionen. Foto 1987

186   Pergamon, Traianeum. Die Nordwestecke des Traian-Tempels nach dem Wiederaufbau der Säulen. Links die Kolonnade der Nordhalle, im Vordergrund die Säulen der Osthalle. Foto 1992

zuführende Maßnahme wurde jedoch durch eine von DAI 1976 einberufene, für die Konzeption der Arbeiten verantwortliche Baukommission[36] erheblich reduziert und auf den Umfang einer möglichen Anastylosis beschränkt. Die Leitung des Wiederaufbaus wurde 1979 Klaus Nohlen übertragen.[37]

Das Konzept, nach dem die Forschungs- und Bauarbeiten durchgeführt werden sollten, sah vor, daß jeweils zur Arbeitskampagne Bauforscher, Archäologen, Architekturstudenten, Ingenieure und Steinmetze aus Deutschland anreisen sollten. Die Bereiche Bauforschung und Wiederaufbau sollten nicht getrennt werden, sondern der Wiederaufbau eine Umsetzung der Forschungsergebnisse sein.

Spannungen zwischen Bauforschung und Bauausführung, wie sie deutlich in dem Bericht G.R.H. Wrights über den Wiederaufbau des *Kalabsha-Tempels* zum Ausdruck kommen, konnten so nicht entstehen. Die Bauarbeiten hatten sich dem Fortgang der umfangreichen Forschungsarbeiten unterzuordnen und nicht umgekehrt.[38]

Neben der Entscheidung über den Umfang des Wiederaufbaus, der sich jetzt der Hanglinie anpassen sollte, um nicht die Ansicht des Burgbergs schon von weitem zu dominieren, wurde als Material für die Ergänzung beschädigter oder den Ersatz verlorener Bauteile ein mit Marmor- oder Andesitsplitt als Zuschlag hergestellter *Kunststein* auf Weißzementbasis bestimmt.

Neue Teile des Mauerwerks sollten durch eine Fuge aus rotgefärbtem Mörtel vom originalen Bestand getrennt werden.

Die Bauarbeiten begannen an der Nordhalle, von der noch erhebliche Teile der Bauglieder vorhanden waren (Abb. 184). Parallel hierzu lief die Sicherung der Gewölbe, der Substruktionen und der Schildmauer, um die Tempelplattform zu stabilisieren (Abb. 185). Als Vorbereitung zur Aufstellung der Säulenarchitektur wurden die einzelnen Bauglieder sorgfältig gereinigt, fotografiert, vermessen und anpassende Fragmente der gebrochenen Säulenschäfte mit Epoxidharzkleber und Edelstahldübeln zusammengefügt.[39] Fehlende Stand- und Auflagerflächen wurden in handwerklich überarbeitetem *Kunststein* hergestellt, ornamentierte Teile, wie z.B. die Hallenkapitelle, als Abgüsse von zu vollständiger Form ergänzten Originalen.

Auf ein Durchbohren und Armieren der Säulen wurde verzichtet. Kraftschlüssige Verbindungen sind mit Edelstahldübeln unterschiedlicher Länge hergestellt, die so bemessen sind, daß sie geringere Kräfte aufnehmen können als der Marmor, um bei Überbeanspruchung (z.B. bei Erdbeben) früher an die Grenze der Belastbar-

188   Pergamon, Traianeum. Die in der Säulentrommel verankerten Edelstahldübel werden in die vorbereiteten Löcher der Basis eingeführt. Rechts Architekt Klaus Nohlen

keit zu kommen als die antiken Bauglieder. Die geklebten Architrave, die auf Biegezug beansprucht werden, erhielten als zusätzliche Sicherung für den Fall, daß der Kleber nach unbestimmter Zeit versagt, lange Edelstahldübel in der Zugzone, um ein Auseinanderbrechen zu verhindern.

Auf der bis zu ihrer vollen Höhe von 4,50 m über der Tempelterrasse aufgebauten Nordwand aus Andesitquadern mit neuzeitlichen Ergänzungen aus farblich angepaßten *Kunststein* wurden elf der mit Kapitell 5,16 m hohen Hallensäulen, teilweise mit Gebälk, wiederaufgestellt.[40] Die Befestigung auf der Mauerkrone erfolgte

187   Seitenansicht und Schnitt des Traian-Heiligtums. Rekonstruktionszeichnung von H. Stiller 1895

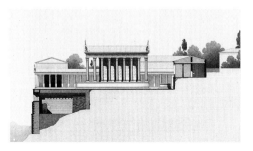

189   Pergamon, Traianeum. Bearbeitung der Kunststeinergänzung. Ausarbeitung der Kanneluren mit dem Spitzeisen. Steinmetzmeister Ch. Kronewirth, Trier

durch vier eingeklebte Edelstahldübel, die durch die Basen in einen Stahlbetonbalken geführt sind, der hinter der obersten Quaderschicht und dem darauf liegenden Zahnschnittgesims verläuft. Nach dem gleichen Verfahren wurden die fünf Säulenjoche der Osthalle einschließlich ihres Gebälks aufgestellt, dazu drei, die Länge der Halle andeutende Säulenfragmente, sowie drei Säulen der Westhalle, die die Breite des Tempelhofs markieren.

Von der Marmorverkleidung des Tempelsockels haben sich nur geringe Reste erhalten, ebenso von den unteren Baugliedern des Tempels, den Plinthen, Basen und unteren Säulentrommeln. Aus diesem Grund mußte der Wiederaufbau auf die nordöstliche Giebelecke beschränkt blei-

ben, an der vier der 8 m hohen Säulen vollständig mit Gebälk und einem Teil des Giebelfeldes aufgestellt wurden (Abb. 186). Um einen Eindruck von der ehemaligen Höhe und Ausdehnung des Tempels zu vermitteln, sind zusätzlich an der nordwestlichen Giebelecke die Ecksäule und drei Säulenfragmente aufgestellt. Die einzelnen Säulentrommeln sind miteinander, um Verschiebungen bei Erdbeben zu vermeiden und zur Erhöhung der Tragfähigkeit, je nach Höhe mit 3 bis 10 ringförmig eingeklebten Edelstahldübeln verbunden. Wie bei den Hallen sind die einzelnen Säulen in einen Ankerbalken aus Stahlbeton eingespannt, der in der vierten Steinschicht des Podiums liegt und durch Zerrbalken zusätzlich das Fundament zusammenspannt. Anker- und Zerrbalken sind miteinander verbunden und verteilen die Lasten aus den Säulen gleichmäßig auf das umliegende Mauerwerk.[41]

Das Konzept ›Anastylosis als Forschungsmethode‹, das schon von F. Hueber in Ephesos praktiziert wurde, hat sich auch hier bewährt und der Erkenntniszu-

190   Pergamon, Traianeum. Säulen der Nord- und Osthalle. Foto 1984

191   *Pergamon, Traianeum. Blick auf die Säulen der Nord- und Osthalle (links). Foto 1984*

wachs, der aus dem Wiederaufbau und den parallel laufenden Ausgrabungen zu verzeichnen ist, ist ganz erheblich.[42]

»Neben zahlreichen neuen Erkenntnissen«, schreibt K. Nohlen, *»haben die bisherigen Arbeiten eine dauerhafte Konservierung der antiken Bauteile, vor allem der Substruktionen des Heiligtums erbracht. Ein Gang durch die freigelegten antiken Gewölbe gibt dem Besucher eine eindrucksvolle Vorstellung römischer Ingenieurleistung. Die wiederaufgerichtete Marmorarchitektur der Hallen bietet einen unübersehbaren Anziehungspunkt auf der Oberburg von Pergamon. Die weiteren Arbeiten am Tempel werden auch dessen ornamentierte Architekturglieder konservieren und ihnen ihren Rang am Bauwerk zurückgeben. Durch den Tempel werden die Wichtungen unter den Baukörpern zurechtgerückt, das Heiligtum erhält seine Mitte wieder – wird aber doch auch so fragmentarisch belassen, daß die Vorstellungskraft des Besuchers herausgefordert wird. Wir wollen aber der Phantasie mit den Mitteln der Anastylose konkrete Leitlinen geben.«*[43]

Trotz der relativ großen Anzahl von wiederaufgebauten Säulen ist keine Rekonstruktion des antiken Heiligtums entstanden, sondern eine neuzeitliche ›Ruine‹ mit ganz eigenen architektonischen und ästhetischen Qualitäten.

Die Übersicht über die Wiederaufbaumaßnahmen der Nachkriegszeit zeigt, daß bei
den jüngeren Maßnahmen die deutliche
Tendenz bestand, den zeitlichen Anteil der
Bauuntersuchungen zugunsten der eigentlichen Baumaßnahmen auszuweiten. Die
Baudurchführung bei den Rettungsmaß-
nahmen in **Ägypten** (1961–64) war noch
ganz von den Vorstellungen der dort tätigen Baufirmen von einem geregelten, effektiven Bauablauf bestimmt. Unter Einsatz schweren Baugeräts wurden die Bauwerke in kürzester Zeit abgebaut, versetzt
und neu wiederaufgebaut. Alle dabei auftretenden Probleme mußten unter dem
Gesichtspunkt des notgedrungen schnel-
len Baufortschritts entschieden werden.
Der Einsatz von Stahlbeton und aller moderner Bau- und Restaurierungsmaterialien (z. B. Kunstharzklebern) war selbstverständlich.

Noch ganz unter dem Eindruck dieser
Arbeiten stand der Wiederaufbau des *Marmorhofs* in **Sardes** (1964–73). Obwohl die
technische wie finanzielle Ausstattung dieser Baustelle sich mit den Maßnahmen in
Ägypten überhaupt nicht vergleichen läßt,
sind die Tendenzen doch ähnlich: die Verwendung von Stahlbeton als Konstruk-
tions- und Ergänzungsmaterial, der Verzicht auf eine handwerkliche Reparatur
schadhafter Bauglieder und die Herstellung von Oberflächen, die nach Möglichkeit keine Spuren der Beschädigung aufweisen sollen.

Die zu gleicher Zeit durchgeführten
Wiederaufbaumaßnahmen unter Leitung
von A. Bammer in **Ephesos** (1963–1972)
zeigen den Versuch, einen neuen Ansatz
für den Wiederaufbau derjenigen antiken
Bauten zu finden, die nur noch in wenigen
Teilen ›überlebt‹ haben. Die Ergebnisse
sind nicht sehr überzeugend.

Erst F. Hueber, der den Wiederaufbau
der *Celsus-Bibliothek* (1970–78) nach den
Vorgaben der *Charta von Venedig* konzipiert
und die Bedeutung des Wiederaufbaus
als einmalige Forschungsmöglichkeit erkennt, fand einen tragbaren Ansatz für die
Anastylosis. Die schwierigen statischen
Verhältnisse der hohen Fassade und die
Forderung nach hoher Erdbebensicherheit führten jedoch dazu, daß ein Stahlbe-
tonbau entstand, an den und in den die
originalen Marmorteile irreversibel eingefügt sind. Die einzelnen Teile befinden sich
wohl wieder an ihrem ursprünglichen Ort,
doch hat das Gebäude sein antikes Kon-
struktionssystem aus miteinander ver-

*192   Pergamon, Traianeum. Westhalle,
Säulenschäfte mit Kunststeinergänzungen*

klammerten und verdübelten Mauerqua-
dern, Säulen und Marmorgebälken verloren. Die Idee des Wiederaufbaus als *Anastylosis*, d. h. als eine auf das Wiederzusammenfügen der aus dem Verband geratenen
Bauteile und der Ergänzung beschädigter
Teile beschränkte Maßnahme, wurde nicht
eingelöst.

Konzeption und Planung für den Wiederaufbau des *Traianeums* in **Pergamon**
(seit 1965) wurde in der ersten Phase von
den Erfahrungen der Mitarbeiter bei der
Umsetzung des *Kalabsha-Tempels* bestimmt
und von der Vorstellung, daß die Arbeiten
in Pergamon mit ebenso großem Aufwand
und in gleich kurzer Zeit durchgeführt
werden könnten.[44] Erst durch die Beru-
fung einer Baukommission und unter der
Leitung von K. Nohlen, der sich in erster
Linie als Bau*forscher* und erst dann als Bau-
leiter versteht, und beeinflußt durch das
Vorbild des Wiederaufbaus in Ephesos,
wurde der Wiederaufbau zu einer wirkli-
chen *Anastylosis* und das Konzept in Hinblick auf eine weniger technische, mit einfacheren Mitteln auskommende Baume-
thode verändert. Doch obwohl man auf
das Armieren bereits durchbohrter Säulen
verzichtete, war wegen der instabilen Situation der freistehenden Säulen und der
Forderung nach Erdbebensicherheit das
bloße Aneinanderfügen und Aufeinander-
setzen der Bauteile nach antiken Vorbild
auch hier nicht möglich. Durch den Wiederaufbau als Ruine, als Gebäude ohne den
ursprünglichen konstruktiven Verband,
konnte auf Ingenieurmaßnahmen, die

193   *Pergamon, Traianeum. Mit Kunststein
ergänzter Architravblock*

nicht rückgängig zu machende Eingriffe
in die antike Substanz erforderten, nicht
verzichtet werden. Während der Bearbeitung zeigte sich auch, daß es billiger und
einfacher gewesen wäre, Ergänzungen
und fehlende Teile in Naturstein statt in
Kunststein herzustellen, doch war diese zu
Beginn der Arbeiten gefällte grundsätzliche Entscheidung im Verlauf der Arbeiten
nicht mehr rückgängig zu machen.[45]

Erst bei den 1979 begonnenen Restaurierungsmaßnahmen auf der *Akropolis* von
Athen wurde der Versuch gemacht, ganz
auf neuzeitliche Materialien, deren Lang-
zeitverhalten nicht bekannt ist – Kunstharzkleber und chemische Steinkonservierungsmittel –, zu verzichten und die Ergänzungen in Naturstein und steinmetzmäßiger Technik auszuführen. Ausgangspunkt dieser Überlegungen war u. a. die
konservative handwerkliche Tradition der
Anastylosis in Griechenland.

194   *Athen, Akropolis. Die Nordostecke der Propyläen ist für die neuen Restaurierungsarbeiten eingerüstet. Das Gerüst trägt die bereits beim Erechtheion benutzte Krananlage. Foto 1991*

Die Akropolis von Athen 1950–1990

Mit den Restaurierungsarbeiten am *Erechtheion* begann 1979 nach über 35jährigen Wiederaufbaumaßnahmen durch N. Balanos 1898–1933 ein neuer, umfassender Abschnitt der Sicherung und Neugestaltung der antiken Bauwerke auf der *Akropolis* von **Athen**.[1] Bereits 1940 hatten sich erste Schäden an den restaurierten Bauten bemerkbar gemacht. Konnten diese anfangs durch einfache Konservierungsmaßnahmen behoben werden, so war die deutlich erkennbar fortschreitende Zerstörung der Oberflächen des *Parthenon-Westfrieses*[2] und der Karyatiden des *Erechtheions* Anlaß für die Einleitung umfassenderer Maßnahmen. Zur Überdeckung des dem Regen ungeschützt ausgesetzten Westfrieses, wurden von A. Orlandos 1953–57 Vorbereitungen für die Rekonstruktion der Kassettendecke des Westpterons getroffen. Aus pentelischem Marmor ließ er neue Balken und Kassetten herstellen, die wohl auf die Akropolis geschafft wurden, doch auf deren Einbau verzichtet wurde, da Bedenken bestanden, ob die Säulen diese doch recht erheblichen Lasten ohne Schaden tragen können.

1968 wies der damalige Direktor der Akropolis-Ephorie, G. Dontas, in einem weltweiten Aufruf auf die zu dieser Zeit nicht mehr zu übersehenden Schäden hin und bat um internationale Unterstützung. Bei verschiedenen Treffen mit einer von der UNESCO entsandten Expertenkommission in den Jahren 1969, 1971 und 1975 konnte jedoch keine Einigkeit über Konzeption, Organisation und Durchführung

der Arbeiten erzielt werden. Aus diesem Grund entschloß sich die griechische Regierung, auf die Mithilfe ausländischer Fachleute erst einmal zu verzichten. Zur Koordinierung der einzuleitenden Untersuchungen wurde 1975 das *»Committee for the Preservation of the Acropolis Monuments«* gegründet, dessen Vorsitz J. Miliades, der ehem. Direktor der Akropolis-Ephorie, übernahm.[3]

Um die internationale Fachwelt mit den Schäden an den Bauwerken auf der Akropolis bekannt zu machen, fand vom 27. 9.–1. 10. 1976 in Athen das *»2nd International Symposium on the Deterioration of Building Stones«* statt.[4] Ein Ergebnis dieser Tagung war, daß ein von der UNESCO finanziertes Laboratorium zur Erforschung des Steinzerfalls an der Technischen Universität Athen eingerichtet wurde, dessen Leitung Th. Skoulikides übertragen wurde. Aufgabe der dort tätigen Wissenschaftler sollte es sein, die mit der Verwitterung der Marmoroberflächen zusammenhängenden Phänomene detailliert zu untersuchen und zur Vorbereitung der geplanten Restaurierungsarbeiten verschiedene Baumaterialien und Konservierungsmittel zu testen.[5] Auf Grund der dabei erzielten Untersuchungsergebnisse entschloß man sich, auf Kunstharze oder Kieselsäureester zur Steinfestigung zu verzichten und zur Ergänzung schadhafter Bauglieder keinen *Kunststein* oder Portlandzement zu benutzen. Auf eine Festigung oder Hydrophobierung der Steinoberflächen sollte ebenfalls verzichtet werden. Für die Ergänzung schadhafter Bauglieder sollte das antike Material, pentelischer Marmor, und als mineralisches Bindemittel zur Verbindung der einzelnen Fragmente ein weitgehend neutraler Weißzement verwendet werden. Als Ersatz für die gerosteten Eisenklammern und -träger wurde als korrosionsunempfindlichstes Metall das im Flugzeugbau verwendete Titan ermittelt.

Der Stab der Mitarbeiter auf der Akropolis selbst wurde auf 60 Fachkräfte unter Leitung von neun Wissenschaftlern vergrößert, und mit den Wiederaufbauarbeiten wurden neben Architekten und Bauforschern[6] auch drei (seit 1990 vier) Bauingenieure[7] betraut, die für das technische Wiederaufbaukonzept verantwortlich und teilweise ständig auf der Baustelle anwesend sind. Ihre Untersuchungen beschäftigten sich mit den statischen Problemen des Wiederaufbaus, der Armierung von Marmorteilen, den Verankerungslängen der Armierungsstäbe und deren Einbau in die Bauglieder[8] sowie der potentiellen Gefährdung der Bauwerke durch Erdbeben.[9] Der geologische Zustand des stark zerklüfteten Akropolishügels wurde genau untersucht und analysiert, um bestehende Schäden erkennen und Sanierungsmaßnahmen einleiten zu können.[10]

Nach zweijährigen Voruntersuchungen, die sich weitgehend auf das *Erechtheion* konzentrierten, fand vom 8.–10. 12. 1977 in Athen das *»International Meeting on the Restoration of the Erechtheion«* statt.[11] Eine umfassende Dokumentation der Forschungsergebnisse lag den Teilnehmern vor und fand große Anerkennung.[12] Sie zeigte eindrucksvoll Zustand und Schäden des Bauwerks und die Notwendigkeit einer baldigen Restaurierung. Als wichtigste Programmpunkte hierfür wurden vorgeschlagen:
- der Abbau der Karyatiden, ihre Überführung in ein Museum und ihr Ersatz durch Abgüsse,
- die Entfernung aller im Bauwerk vorhandenen neuzeitlichen Eisenteile und die Verwendung von Titan,
- die Abtragung des gesamten Bauwerks bis auf die noch im originalen Verband vorhandenen Wandflächen und ihr anschließender Wiederaufbau,

195   *Athen, Akropolis. Geisonblock an der Südostecke des Parthenons. Schäden als Folge der Restaurierungsmaßnahmen durch N. Balanos. Foto 1979*

196   *Athen, Akropolis. Kassettendecke über der Halle der Propyläen. Zerstörung des Marmorbalkens durch das aufgerostete Trageisen. Foto 1990*

197   *Athen, Akropolis. Das Erechtheion während der Restaurierungsarbeiten. Die Nordwand ist weitgehend abgetragen. 1981*

– die Ergänzung der N-O-Ecke mit Abgüssen der im Britischen Museum verwahrten Teile.

Insgesamt bedeutete das, daß der durch N. Balanos ausgeführte Wiederaufbau rückgängig gemacht und das Bauwerk bis auf seine noch *in situ* befindlichen Wandflächen abgebaut werden sollte. Der neuerliche, verbesserte Wiederaufbau sollte dann nach genauer Untersuchung aller Bauglieder und mit den heutigen technischen Möglichkeiten stattfinden. Als theoretische Grundlage für die Ausführung der Restaurierung wurde die *Charta von Venedig* zugrunde gelegt. Für die speziellen Probleme bei der Restaurierung des *Erechtheions* wurden von Ch. Bouras und der Gruppe der Architekten zusätzlich drei Grundsätze[13] formuliert, die bei der Arbeit Berücksichtigung finden sollten. Diese Grundsätze betrafen:

1. Die *»Reversibilität«* von Maßnahmen. Jede Maßnahme soll so durchgeführt werden, daß die Möglichkeit bestehen bleibt, sie wieder rückgängig zu machen, um das Denkmal in seinen ursprünglichen Zustand zurückzuversetzen. Hierdurch soll sichergestellt werden, daß Fehler, die während der Vorstudien oder der Durchführung der Arbeiten gemacht werden, wieder beseitigt werden können. Alle Maßnahmen sind darüber hinaus sorgfältig zu dokumentieren.

2. Die *»Integrität«* des Bauwerks. Die Veränderung des derzeitigen Erscheinungsbildes des Denkmals soll auf ein Minimum beschränkt werden, um das bekannte Bild des Bauwerks nicht zu verändern.

3. Die *»Lesbarkeit«* des Bauwerks. Die Ruine soll so wiederhergestellt werden, daß der Besucher das Bauwerk als Meisterwerk antiker Architektur in seiner architektonischen Komposition erkennen und verstehen kann.

198   *Athen, Akropolis. Antenpfeiler und Teil der Südwand des Erechtheions nach der Restaurierung. Foto 1991*

Die Restaurierung des Bauwerks verfolgte hauptsächlich zwei Ziele:
- den Abbau der von N. Balanos wiederaufgebauten Teile des Bauwerks, den Ausbau der gerosteten Eiseneinlagen, die Ergänzung der beschädigten Bauglieder und den neuerlicher Wiederaufbau sowie
- die Verbesserung des alten Wiederaufbaus durch die richtige Zuordnung der einzelnen Bauglieder, die Hinzufügung weiterer Ergänzungen und neu aufgefundener Bauglieder.

Nachdem 1978 die Baustelle eingerichtet war, konnte im Januar 1979 mit dem Abbau des *Erechtheions* unter der Leitung von Alekos Papanikolaou (Architekt) und Kostas Zambas (Ingenieur), beraten durch das *Akropoliskomittee*, begonnen werden. Das gesamte Gebäude wurde mit einem Stahlrohrgerüst ummantelt, das zugleich als Arbeitsplattform und Auflager für die in drei Ebenen parallel zu den Außenwänden fahrenden Portalkräne diente[14] (Abb. 2). Das Auseinandernehmen der Mauern und die Abnahme der alten Ergänzungen und Flickungen gestaltete sich relativ einfach, da der von Balanos verwendete Steinkleber[15] seine Adhäsionskraft weitgehend verloren hatte. Im Oktober 1979 wurden die Karyatiden abgebaut und ins Akropolis-Museum geschafft, im Jahr darauf die korrodierten Eisenträger aus den Architraven über der Korenhalle entfernt. Für den Wiederaufbau wurde

199   Athen, Akropolis. Das Erechtheion nach Abschluß der Restaurierungsarbeiten durch N. Balanos 1902–09. Das Erscheinungsbild der Korenhalle wird durch die Stützen zwischen den Karyatiden erheblich beeinträchtigt. Foto um 1930

200   *Athen, Akropolis. Das Erechtheion nach Abschluß der letzten Restaurierungsarbeiten durch A. Papanikolaou, K. Zambas 1978–86. Die Karyatiden sind durch Kopien ersetzt, die Stützen der Tragkonstruktion in den hohlen Abgüsse der Skulpturen versteckt. Foto 1990*

eine Tragkonstruktion gewählt, die die von Balanos geschaffenen Ausarbeitungen des antiken Materials berücksichtigt, doch wurden die ehemals zwischen den Karyatiden angeordneten Stahlstützen jetzt unsichtbar in den als Hohlgüsse gefertigten Nachbildungen aus zementgebundenem *Kunststein* geführt. Das Aussehen der Korenhalle nähert sich damit wieder dem ursprünglichen Erscheinungsbild – die tragende Funktion der Karyatiden kommt durch das auf ihnen lastende Gebälk wieder deutlich zum Ausdruck –, doch wurde dies erkauft durch den Verzicht auf die Aufstellung der originalen Skulpturen (Abb. 200).

Ein entscheidender Unterschied der heutigen Arbeitsweise zu der von N. Bala-

nos besteht in dem Verzicht auf die Glättung der originalen Bruchflächen bei der Anfügung fehlender Teile sowie die Verwendung von *Kunststein*. Alle Ergänzungen werden aus frisch gebrochenem pentelischen Marmor hergestellt, der bruchfrisch sehr hell ist, sich jedoch nach einigen Jahren farblich den originalen Mauern anpassen wird. Aus diesem Grunde ist auf eine künstliche Patinierung der sich durch ihre leuchtend helle Farbe von den dunkleren originalen Steinen abhebenden neuen Quadern verzichtet worden. Sollte sich die erhoffte Patinierung nicht einstellen, so wird das Gebäude weiterhin ein ›Flickenteppich‹ bleiben, bei dem die hellen neuen Teile optisch viel bedeutender erscheinen als die originalen Bauglieder.

201   Punktiergerät. Im Vordergrund der zu kopierende, vom Original abgenommene Gips-abdruck

202   Punktiergerät. Am Gips sind deutlich die markierten Punkte, die übertragen werden sollen, zu erkennen

Für die Bearbeitung der Ergänzungen und ihre Anpassung an die unregelmäßigen Bruchflächen ist ein aufwendiges Verfahren erforderlich, damit Original und Ergänzung exakt zusammenpassen. Der Arbeitsprozeß beginnt mit der Reinigung der originalen Bruchflächen und der Herstellung eines Gipsabdruckes. Von diesem Abdruck wird ein Modell (aus Gips) des neu herzustellenden Bauteils angefertigt. Nach einer groben, teilweise maschinellen Vorbearbeitung des neuen Stücks, werden die Bruchflächen vom Steinmetz weiterbearbeitet, der mit der »Dreipunktmethode« unter Benutzung des sogenannten *»Punktiergeräts«* einzelne Punkte des Original durch abtasten *(»punktieren«)* auf das neue Stück überträgt (Abb. 201, 202). Diese Methode wird traditionell von Bildhauern für das Kopieren von Plastik benutzt (vgl. S. 270).

Die neuen Teile werden so genau gearbeitet, daß die Fugendicke an den Bruchstellen kleiner als 3 mm ist. Ist diese Paßgenauigkeit erreicht, werden die neuen Teile mit kurzen Titan-Dübeln und Weißzement an das originale Stück angesetzt und durch eine eingehauene Jahreszahl in der Lager-

fuge gekennzeichnet (Abb. 219). Die Verbindung ist mit einigem Kraftaufwand wieder zu lösen, so daß man auch später noch in der Lage sein wird, Ergänzungen auszutauschen, wenn z. B. weitere originale Bruchstücke gefunden werden sollten.

Die in dieser Form ergänzten Bauteile werden an ihrem ursprünglichen Platz wieder eingebaut und mit Klammern und Dübeln aus Titan, die in die antiken Klammerlöchern eingesetzt werden, verbunden. Ist es erforderlich, neue Mauerquader herzustellen, so werden diese aus neuem Marmor in ihrer ursprünglichen Form, ohne Berücksichtigung des ruinösen Aussehens der benachbarten antiken Quader, hergestellt. Besonders im Inneren der Cella mit ihren sehr stark geschädigten Oberflächen fallen die über die originalen Oberflächen vorstehenden Quader besonders auf (Abb. 204). An der Südwand des *Erechtheions* wurden 113 große Mauerquader abgebaut, von denen 23 als der Nordwand zugehörig identifiziert werden konnten. Diese wurden an ihrer ursprünglichen Stelle wieder eingebaut und die in der Südwand fehlenden Quader durch

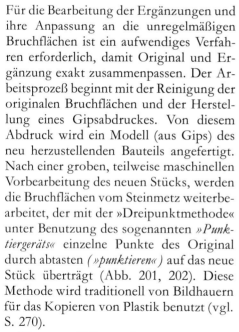

neue ersetzt. Die genaue Zuordnung der einzelnen Quader geschah mit Hilfe eines von K. Zambas entwickelten Computerprogramms, das in der Lage ist, die charakteristischen Merkmale der einzelnen Quader, darunter die genaue Lage der Dübel- und Klammerlöcher, miteinander zu vergleichen und die ursprünglich neben- und übereinander liegenden Quader zu ermitteln.[16] Jede einzelne Restaurierungsmaßnahme wurde ausführlich dokumentiert, so daß ein Vergleich der neu eingebauten Teile mit evtl. noch aufzufindenden Stükken möglich ist.

Die am meisten ins Auge fallende Ver-

änderung am *Erechtheion* nach Abschluß des Wiederaufbaus 1986 ist die jetzt wieder ›vollständige‹ Front der östlichen Vorhalle durch die Einbeziehung von Abgüssen der sich im Britischen Museum befindenden Originale – der Nordost-Säule und des Gebälks (Abb. 205). Die Säulenfront bietet mit den neuen, durch ihr helles Weiß als Abgüsse zu erkennenden Baugliedern wieder ein geschlossenes Bild. Selbst ein Stück des Giebelansatzes wurde aufgelegt. Doch ist mit dieser Maßnahme auch sehr viel neues Material dem Bau hinzugefügt worden. Durch die sorgfältige Ergänzung der Mauerquader in neuem Marmor, den

203 *Athen, Akropolis. Die neu hinzugefügten Bauteile an der Nordostecke des Erechtheions*

204 *Athen, Akropolis. Innenansicht der Nordwand des Erechtheions mit den neu eingebauten Wandquadern. Foto 1991*

205   *Athen, Akropolis. Die neuen Wandquader sowie die Kunststeinabgüsse der Ostfront unterscheiden sich deutlich durch ihre helle Färbung von den antiken Baugliedern. Foto 1991*

Ersatz der Karyatiden durch Abgüsse und den unsichtbaren Einbau der Stützen, die das Dach der Korenhalle tragen, hat das Gebäude viel von seinem ehemaligen, etwas ruinösen Charakter verloren. Es ist wohl ›vollständiger‹ geworden und für den Besucher leichter verständlich, doch mit Hilfe von *Kunststein* und unter Verlust von Authentizität.

Positiv zu beurteilen ist, daß durch den neuerlichen Wiederaufbau das Gebäude sicherer geworden ist, nicht gegen die weitere Verwitterung der Oberflächen, die auch weiterhin der agressiven Luft und dem ›Sauren Regen‹ ungeschützt ausgesetzt sind, sondern gegen eine weitere Zerstörung durch Rostsprengungen. Außer der unbedingt erforderlichen Behebung der akuten Schäden wurden darüber hinaus alle Risse und Öffnungen geschlossen, durch die Wasser in die Mauern eindringen kann und viele kleinere Fehlstellen ergänzt.

Das neue Erscheinungsbild des *Erechtheions* unterscheidet sich in vielen Bereichen von dem Zustand, in den N. Balanos das Gebäude versetzt hatte. Für die heutigen Besucher ist das durch die neue Restaurierung hergestellte Aussehen das ›originale‹ Bild des Bauwerks und bald werden auch die letzten Postkarten verschwunden

206   *Athen, Akropolis. Die Korenhalle des Erechtheions ohne die bisherige Stützkonstruktion und ohne die originalen Karyatiden*

207   *Athen, Akropolis. Entwurf der Baustelleneinrichtung für die Restaurierungsarbeiten am Parthenon. Der Kran steht inmitten des Tempels, davor die Baubüros und Werkstätten, rechts der Schrägaufzug an der SO-Ecke des Burgbergs. Zeichnung M. Korres 1982*

sein, die noch den früheren Zustand wiedergeben. Von daher ist die Überlegung, daß das aktuelle Erscheinungsbild der Ruine schützenswert sei, vielleicht etwas zu statisch gedacht. Jede Zeit hat ihr eigenes Denkmalbild und es ist sicher nicht möglich, das aktuelle Aussehen der Ruine für alle Zeiten zu bewahren. Das Bild des von N. Balanos aufgebauten *Erechtheions* war nur vorübergehend das letzte einer Reihe und wurde durch ein neues Bild ersetzt – das der 80er Jahre unseres Jahrhunderts. Wie lange dieses Bestand haben wird, ist heute noch nicht abzusehen.

Bereits 1977, noch vor dem Beginn der Restaurierungsarbeiten am *Erechtheion*, wurde von Manolis Korres mit der Erforschung und Neuvermessung des *Parthenons* in Hinblick auf dessen Restaurierung begonnen. Alle Bauteile, die sich noch auf der Akropolis finden ließen, mehr als tausend Steinfragmente von über 1000 kg Gewicht – 9/10 davon vom *Parthenon* – und etwa 100 000 kleinere Fragmente von einigen Dutzend verschiedener Gebäuden und einer großen Anzahl kleinerer Monumente[17] wurden gezeichnet, katalogisiert und auf ihre ursprünglich Lage und

Zuordnung untersucht. Die große Anzahl der dabei entstandenen Zeichnungen zeigen eine bisher nicht gekannte Perfektion und Akribie. Die bei diesen Forschungen erzielten verblüffenden Ergebnisse zur Baugeschichte und Bautechnik des *Parthenons* wurden in einer umfangreichen Publikation zur Vorbereitung des am 12.–14. September 1983 durchgeführten *»2nd International Meeting for the Restoration of the Acropolis Monuments. Parthenon«* veröffentlicht.[18] Für die am *Parthenon* vorgesehenen Arbeiten, die weitgehend nach dem Vorbild der Restaurierung des *Erech-*

208   *Athen, Akropolis. Blick in das Innere des Parthenons. Der Ausleger des Krans ruht in der Lücke der Südkolonnade. Foto 1989*

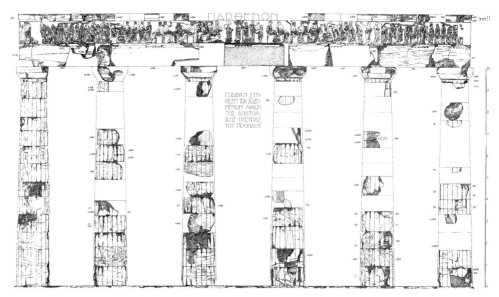

209   *Athen, Akropolis. Der Pronaos des Parthenons. Zusammenstellung und Zuordnung aller noch vorhandenen Bauglieder einschließlich des sich im Britischen Museum befindenden Ostfrieses. Zeichnung M. Korres 1989*

210   *Athen, Akropolis. Der derzeitige Zustand des Pronaos des Parthenons. M. Korres 1989*

theions ausgeführt werden sollen, wurden 12 Einzelprogramme[19] aufgestellt. Zur Diskussion der alternativen Vorschläge für den Wiederaufbau des Pronaos wurde 1989 ein dritter internationaler Kongreß durchgeführt.[20]

Nachdem 1981/82 eine Sicherungsmaßnahme an den *Propyläen* abgeschlossen werden konnte[21] und die durch das Erdbeben vom 24./25. Februar 1981 verschobene nordöstliche Ecksäule des *Parthenons* stabilisiert war, wurde 1985 ein von der französischen Firma Haulotte (Chamberry) konstruierter Kran in der Cella des *Parthenons* aufgebaut. Dieser Kran, ein sog. *Derrick,*[22] wie er auch für die Arbeiten in Abu Simbel benutzt wurde, mit einer Tragfähigkeit von 12 t bei einer Ausladung von 20 m, ist so aufgestellt, daß er alle Teile des Tempels erreichen kann. Wird er nicht benutzt, liegt der Ausleger in der Lücke der Südkolonnade und ist von der Stadt her fast unsichtbar (Abb. 208). Für den Transport innerhalb der Werkstätten wird ein Portalkran mit 12 t Tragfähigkeit entlang der Südseite des Tempels benutzt. Hier befinden sich auch das Steinlager und die Arbeitsräume für die Wissenschaftler, Techniker und Steinbildhauer. Der Transport größerer Steinquantitäten zu den Werkstätten geschieht an der SO-Ecke des Burgbergs über einen Schrägaufzug und weiter mit einer Lorenbahn bis zum Steinlager.[23]

Mit den Restaurierungsarbeiten unter der Leitung von Manolis Korres (Bauforscher, Architekt), Kostas Zambas (Ingenieur) und N. Toganides (Architekt), beraten durch das *Akropoliskomittee,* wurde 1985 an der Ostfront des Tempels begonnen. Schwerpunkt dieser Maßnahme war der Austausch der originalen Metopen und ihr Ersatz durch Kunststeinabgüsse,

der Abbau des Giebels bis zu den Kapitellen, die Reparatur der durch die rostenden Eiseneinlagen entstandenen Schäden und der anschließende Wiederaufbau des Giebels (Abb. 17). Mit den Erfahrungen, die bei den Restaurierungsarbeiten am *Erechtheion* gesammelt werden konnten, und unter Berücksichtigung der Forderungen der *Charta von Venedig* wurden, wie bereits am *Erechtheion,* auch für die Arbeiten am *Parthenon* grundlegende Prinzipien formuliert. Sie betreffen:

– die *Reversibilität* der einzelnen Maßnahmen,
– die *Integrität* des einzelnen Quaders wie des konstruktiven Systems,
– die Beschränkung der Maßnahmen auf die bereits in der Vergangenheit wiederaufgebauten Bereiche,
– die Ausführung der Maßnahmen in einer Form, die die Ruine vor weiterem Verfall bewahren soll (self-conserving),
– die Beschränkung der Veränderung des derzeitigen Erscheinungsbildes auf ein Minimum.[24]

Ein wichtiger Punkt dieser Richtlinien ist die Forderung, die Eigenständigkeit der

211 Manolis Korres bei der Demonstration der Verwendung des eisernen Hebels zum Versetzen der Bauglieder und der daraus entstehenden Spuren auf dem Werkstück

einzelnen Architekturteile zu respektieren und das statisch-konstruktive System nach Möglichkeit nicht zu verändern. Das bedeutet, jedes Bauteil als Einheit wiederherzustellen und bei einem Wiederaufbau nach Möglichkeit auf Tragkonstruktionen aus Stahlbeton oder Stahl zu verzichten. Leider läßt sich diese berechtigte Forderung bei dem Aufbau einer Ruine, d. h. eines Gebäudes mit einem gestörten statisch-konstruktiven System und zerbrochenen Baugliedern (Architraven, Türstürzen, Deckenbalken), nur schwer durchführen. Doch schon die Wiederaufbauarbeiten in **Pergamon** haben gezeigt, daß sich auch Tragkonstruktionen minimieren lassen, wenn dies als denkmalpflegerische Zielsetzung angestrebt wird. Ganz wird man auf sie nicht verzichten können und selbst der Wiederaufbau des *Erechtheions* war ohne ein Stahltragwerk über den Koren nicht möglich. Möglichst vermieden werden sollen jedoch – und das haben die Restaurierungsmaßnahmen von N. Balanos uns gelehrt – die ›Verbundkonstruktionen‹, bei denen originale Bauteile fest und unlöslich mit dem neuem Material (Stahl, Beton) verbunden werden durch den Einbau von Stahlprofilen, zementvergossenen Spannankern, Stahlarmierungen oder kunstharzverklebten Glasfaserstäben. Auf Dübel und Anker wird man sicher nicht verzichten können, doch besteht bei ihrer Dimensionierung die Möglichkeit, ihre Belastungsgrenze dem antiken Material anzupassen.

Wie das *Erechtheion* soll auch der *Parthenon* bis auf die noch *in situ* erhaltenen Wandflächen und Säulen abgebaut werden, um alle bei früheren Restaurierungsmaßnahmen eingebauten Eisenteile entfernen zu können. Anschließend soll das Bauwerk so-

weit wiederaufgebaut werden, wie es mit den vorhandenen Bauteilen unter Hinzufügung möglichst wenig neuer Teile möglich ist. Beim Vergleich der Zeichnungen des bestehenden Zustands mit denen, die die durch die Restaurierung angestrebte neue Form zeigen (Abb. 212, 213), wird deutlich, daß, wie bereits beim *Erechtheion,* auch am *Parthenon* auf die Wiederherstellung einer geschlossenen Form, der »Lesbarkeit« des Bauwerks, und die Betonung der plastischen Qualitäten besonderer Wert gelegt wird.[25]

Nach M. Korres werden durch den derzeitigen Wiederaufbau des *Parthenons* »zum ersten Mal Erscheinungsformen wiedergewonnen, die bisher verborgen waren, ohne daß jedoch

212   *Athen, Akropolis. Parthenon, Westseite. Gegenüberstellung des derzeitigen Zustands (oben) mit dem geplanten Zustand nach Abschluß der Restaurierung. M. Korres 1983*

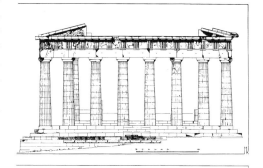

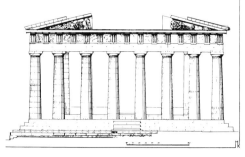

der äußere Umriß des Monuments verändert oder der prinzipielle Ruinencharakter angetastet würde. Die verschiedenen historischen Phasen werden nicht nur berücksichtigt, sondern vielmehr verdeutlicht, indem innerhalb und außerhalb des Monuments Material entsprechend genutzt wird, dessen Zugehörigkeit zu einer bestimmten historischen Phase jetzt zum ersten Mal festgestellt wurde, wie etwa ein großer Teil der christlichen Apsis, das Material der östlichen, römischen Türe usw.

Zum ersten Mal wird der Besucher der Akropolis mit der vollendeten Erscheinung des dorischen Tempels konfrontiert werden, wenn auf der Südseite des Parthenons außer dem vollständigen architektonischen Element des Gebälks zwischen den Triglyphen Metopen existieren werden, die fast zufällig auch die einzigen am ganzen Tempel sind, die nahezu unversehrt erhalten blieben.

Zum ersten Mal wird der Besucher der Akropolis ein neues, deutlicheres Raumerlebnis haben, wenn auf dem Boden nur wenige fragmentierte Steine das Gelände verunklären, während das Monument selbst die neueingefügten Steine in hellerem Glanze erscheinen lassen wird, deren Zweck nun von neuem die Vollendung der architektonischen Erscheinung und der ästhetischen Wirkung des Tempels ist.«[26]

Die Arbeiten auf der Akropolis sollen in den nächsten Jahren kontinuierlich fortgesetzt werden und auch die Restaurierung der *Propyläen* (Leitung T. Tanoulas) und

213   Athen, Akropolis. Parthenon, Nordseite. Gegenüberstellung des derzeitigen Zustandes (oben) mit dem geplanten Zustand nach Abschluß der Restaurierungsmaßnahmen. Zeichnung M. Korres 1983

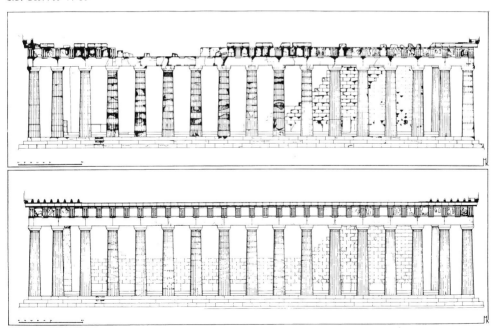

214   Athen, Akropolis. Nordostecke des Parthenons. Geison mit Betonergänzung. N. Balanos, um 1930.

215   Athen, Akropolis. Die Schäden durch Rostsprengung werden nach Abnahme des Geisons in der Werkstatt deutlich

des *Athena Nike-Tempels* (Leitung D. Giraud) mit einbeziehen. Die Forschungen werden sicherlich noch verblüffende wissenschaftliche Ergebnisse erbringen, Ergebnisse, die nur durch den notwendig gewordenen Abbau und die dabei durchzuführenden genauen Untersuchungen zu erzielen sind. Nach Abschluß des Wiederaufbaus werden die Monumente wieder einen Schritt ihrer ursprünglichen Gestalt nähergekommen sein – einen Schritt auf dem Weg, der seit dem 19. Jahrhundert auf der Akropolis kontinuierlich begangen wurde.

Die Methoden, nach denen auf der Akropolis gearbeitet wird, sind vorbildlich. Die hier formulierten Restaurierungsgrundsätze, die hier entwickelten Überlegungen zur statischen Sicherung, zur Ausbildung von Armierungen, der Ausführung von Ergänzungen und die große handwerkliche Qualität der Steinbearbeitung sind so beispielhaft, daß sich spätere Wiederaufbaumaßnahmen daran werden messen lassen müssen. Doch neben der Bewunderung für die Qualität der Arbeiten, bleiben einige Fragen zur Konzeption offen. So

z. B., ob es konservatorisch zu vertreten ist, nur die Bauplastik in das Museum zu überführen und die Bauwerke selbst, die sich durch eine hohe Qualität steinmetzmäßiger Bearbeitung aller Bauglieder auszeichnen, ohne ausreichenden Schutz der Oberflächen weiter der permanenten Verwitterung zu überlassen. Müßte nicht Ziel der Restaurierungsmaßnahmen sein, die Bauplastik *in situ* zu konservieren und das gesamte Bauwerk durch einen Oberflächenschutz vor weiterer Verwitterung zu bewahren?

216   Athen, Akropolis. Steinmetzen bei der Herstellung von Ergänzungen. Ihr Arbeitsplatz im Inneren des Parthenons. Foto 1990

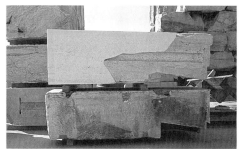

218   *Athen, Akropolis. Zwei zum Wieder-*
versetzen vorbereitete Geisonblöcke

217   *Athen, Akropolis. Der von den Beton-*
ergänzungen befreite originale Geisonblock
(oben) wird mit Dübeln und Weißzement an
die neu gearbeite Ergänzung aus pentelischem
Marmor befestigt. Foto 1989

Die Idee eines Oberflächenschutzes für
die Bauwerke ist seit Beginn der Arbeiten
diskutiert worden. Es war sicher richtig,
alle Verfahren auf der Grundlage chemi-
scher Steinkonservierungsmittel abzulehnen, da diese sich irreversibel mit dem
Stein verbinden und ihre Langzeitwirkung nicht bekannt ist. Doch hätte die
Idee des ›Schutzanstriches‹ als Konservie-
rungsmaßnahme damit nicht ganz beiseite
geschoben werden müssen.[27] Im Bauwesen ist seit Jahrhunderten die Konservie-

rung von Oberflächen aus Stein, Stuck
und Putz durch Anstriche üblich gewesen.
Schutzanstriche aus Kalk sind in der
Denkmalpflege ein erprobtes und bei Bauten aus Marmor und Kalkstein bewährtes
Mittel, um die Oberflächen mit einer
›Opferschicht‹ zu überziehen, die abwit-
tert und in regelmäßigen Abständen erneuert werden muß.[28] Die Entscheidung
für Weißzement als Bindemittel hat den
Kalk als Restaurierungsmaterial von der
Akropolis verdrängt, doch lassen sich mit
diesem Material Oberflächen festigen (mit
Kalkwasser), ausbessern (mit Kalkmörtel)
und schützen (mit Kalkanstrichen, -tün-
chen).[29] Ein Beispiel hierfür sind die in
den letzten Jahren in **Rom** durchgeführten Konservierungsarbeiten an der *Tra-
jans-* und *Marc Aurels-Säule,* dem *Konstan-
tins-* und *Septimius Severus-Bogen.* Der *»Alterswert«* der verwitterten Oberflächen
geht durch die Reinigung und Konservierung allerdings verloren. Die Forderung
nach einem »reversiblen« und gleichzeitig
unsichtbaren Oberflächenschutz – wie ihn
z. B. die chemischen Steinkonservierungsmittel versprechen – läßt sich derzeit nicht
erfüllen. Auf der Meßbildaufnahme von
A. Meydenbauer vom *Parthenon* aus dem

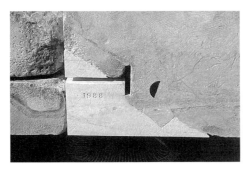

219   *Athen, Akropolis. Nordseite des Parthenons. Reparatur eines Architravblocks.
Ansicht von oben*

220   *Athen, Akropolis. Nordseite des Parthenons. Reparatur eines Architravblocks.
Ansicht von unten*

Jahr 1902 ist deutlich ein dunkler Überzug
zu erkennen, der das Gebäude fast vollständig überzieht[30] (Abb. 221). Dieser ok-
kerfarbene Anstrich (?), dessen Alter und
Bedeutung derzeit nicht bekannt ist,[31] ist
heute weitgehend abgewittert und bietet
den Marmoroberflächen keinen Schutz
mehr.

Die Abnahme der Bauplastik und ihr Ersatz durch Nachbildungen, ebenso wie der
Einbau von Abgüssen der Teile des *Erechtheions*, die sich im Britischen Museum be-

finden, wirft die Frage auf, ob es denkmal-
pflegerisch zu vertreten ist, die Bauten
durch Hinzufügung von Kopien oder Abgüssen zu vervollständigen. In der *Charta
von Venedig* wird darauf hingewiesen, daß
die *»Restaurierung«* eine Maßnahme ist, *»die
Ausnahmecharakter behalten sollte«* (Artikel
9). Damit soll deutlich gemacht werden,
daß Maßnahmen zur *Konservierung* des authentischen Bestandes Vorrang haben sollen vor Restaurierungsmaßnahmen, die
auf die *Wiederherstellung* eines im Laufe der
Geschichte verlorengegangenen Zustandes ausgerichtet sind. Das Bauwerk unter
Zuhilfenahme von Nachbildungen wieder
zu vervollständigen, um dem Betrachter
zu ermöglichen, die architektonische Konzeption leichter zu verstehen, eine bessere
»Lesbarkeit« der Architektur zu erzielen,
ist immer eine problematische Maßnahme,
da die Wiedergewinnung der Form mit

221   *Athen, Akropolis. Westfront des Parthenons. Meßbildaufnahmen von A. Meydenbauer, um 1902. Der ockerfarbene Überzug ist
noch weitgehend auf allen Baugliedern vorhanden*

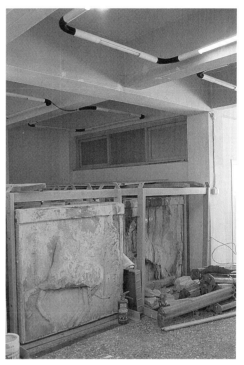

222   Athen, Akropolis. Ostseite des Parthe-
nons. Kunststeinabguß einer Metope. Zustand
nach Abschluß der Restaurierungsmaßnahme.
Foto 1991

223   Athen, Akropolis. Die ausgebauten
Metopen der Ostseite des Parthenons im Maga-
zin des Akropolismuseums. Foto 1991

dem Verlust von Authentizität erkauft wird. Die Idee der »Anastylosis« geht davon aus, den Wiederaufbau dort zu beenden, wo kein originales Material mehr vorhanden ist, aus der Erkenntnis, daß es nur ein kleiner, aber gefährlicher Schritt ist von der Restaurierung zur Rekonstruktion. Während die *Bauforschung* mit wissenschaftlicher Akribie das Denkmal mit allen seinen historischen Veränderungen erforscht und rekonstruiert (auf dem Papier), sollte sich die Aufgabe der *Denkmalpflege* auf die Sicherung und Erhaltung des originalen Baubestandes beschränken, auf den Wiederaufbau mit originalen Bautei-

len, die Reparatur der beschädigten Bauglieder und deren Sicherung gegen weitere Zerstörung. Fragen der Vervollständigung der Ruine werden dabei auch eine Rolle spielen, da bei allen Entscheidungen auch die ästhetischen Qualitäten des Bauwerks mit zu berücksichtigen sind. Aus den Erfahrungen des 19. Jhs. wissen wir aber, daß sie keine vorrangige Bedeutung haben sollten und schon G. Dehio hat vor der Versuchung gewarnt, »*den Raub der Zeit durch Trugbilder ersetzen zu wollen.*«[32]

224   *Olympia. Teilrekonstruktion des Schatzhauses von Sikyon. Rechts neben dem Wiederaufbau liegen Giebel und Gebälk des Gebäudes. DAI Athen, K. Herrmann, B. Rein 1975–77*

Architekturproben

Bei der überwiegenden Anzahl der ausgegrabenen Bauten ist die Menge der erhalten gebliebenen Bauteile so gering, daß ein
Wiederaufbau nicht in Frage kommt. Um
dem Besucher trotzdem einen Eindruck
von der Zusammengehörigkeit der aufgefundenen Stücke geben zu können, wird
oft zu dem Hilfsmittel der *Architekturprobe*
gegriffen. Das Spektrum dieser Arrangements, die wir auf vielen Grabungsplätzen
finden, reicht von einem Teilwiederaufbau
über mehrere wiederaufgerichtete Säulen
mit oder ohne Gebälk, bis hin zu einigen
Baugliedern, die auf, vor oder neben das
Fundament des Gebäudes, von dem sie
stammen, gelegt sind. Die *Architekturprobe*
so aufzubauen, daß es dem Besucher möglich ist, sich einen Eindruck von dem ehemaligen Gebäude zu verschaffen, bereitet
zumeist Schwierigkeiten, wenn zu wenig
Material vorhanden ist. Das Ergebnis
bleibt unbefriedigend und einzelne Beispiele zeigen, daß es oft besser gewesen
wäre, unter Ergänzung einzelner fehlender Teile ein wenig mehr wiederaufzubauen, als nur die noch vorhandenen Teile
einfach aufeinander zu legen.

Teilwiederaufbau

Ein Beispiel für einen Teilwiederaufbau ist
die Front des *Isis-Tempels* auf **Delos**, die
von A. Orlandos in den 50er Jahre errichtet wurde[1] (Abb. 225). Die Marmorfassade
des kleinen, zweisäuligen dorischen An-
tentempels ist unter Zuhilfenahme vieler

neuer Teile fast vollständig wiederaufgebaut. Die ›ruinösen‹ Seitenwände aus unverputztem Bruchsteinmauerwerk dienen
zur Abstützung der Front und geben darüber hinaus eine gewisse räumliche Vorstellung von der Größe des ursprünglichen Baukörpers.

Die vier wiederaufgestellten Säulen mit
Gebälk auf der *Agora der Poseidoniasten* vermitteln schon einen weit geringeren Eindruck von dem ehemaligen Bauwerk[2]
(Abb. 226). Sie akzentuieren jedoch zu-

225   *Delos. Die wiederaufgebaute Front des
Isis-Tempels. A. Orlandos, um 1955*

226   Delos. Architekturprobe einer Halle auf der Agora der Poseidoniasten

sammen mit den anderen *Architekturproben* das große, schwer überschaubare Ruinenfeld und weisen den Besucher schon von weitem auf die einzelnen Bereiche der antiken Stadt hin.

Aus den 30er Jahren stammt der Wiederaufbau der beiden Portale des *Amphitheaters* in **Lucera**/Apulien (Abb. 227). Als Tragkonstruktion dienen hier Ziegelwände, in die die Marmorquader eingebaut sind. Diese ›Torruinen‹ sind nur ein geringer Rest der gesamten Anlage und eine gedankliche Rekonstruktion des Gesamten ist an Hand dieser kleinen Baude-

227   Lucera. Wiederaufbau der Tore des römischen Amphitheaters. S. R. Bartoccini, F. Schettini, um 1930

tails kaum möglich. Doch akzentuiert der Wiederaufbau den Ort und gibt einen Hinweis auf die ursprüngliche Architektur.

Ein Kompromiß zwischen dem Wunsch, den Tempel soweit wie möglich wiederaufzubauen und dem Anspruch, ihn nicht nur mit neuen Baugliedern zu errichten, ist der Teilwiederaufbau des *Apollon-Tempels* in **Kourion**/Zypern[3] (S. Sinos 1983–86) (Abb. 228). Vom antiken Bauwerk haben sich nur wenige Bauteile erhalten, die jedoch ausreichend waren für eine zeichnerische Rekonstruktion. Säulen, Kapitelle, Wandquader und Gebälk wurden für den Wiederaufbau neu hergestellt und zu einer *Architekturprobe* zusammen-

228   Kourion/Zypern. Teilrekonstruktion des Apollon-Tempels. S. Sinos 1983–86

229   Metapont. Teilwiederaufbau der Fassade des griechischen Theaters. D. Mertens 1985

gefügt. Als Material ist ein heller Kalkstein benutzt worden, der steinmetzmäßig
bearbeitet wurde. Die einzelnen Bauglieder sind, wenn nicht statische Gründe dagegen sprachen, untereinander mit Bron-
zedübeln verbunden. Die Ergänzungen
sind sorgfältig an die originalen Teile ange-
arbeitet.

Daß ein Teilwiederaufbau auch dazu
dienen kann, neben der Veranschauli-
chung der aufgefundenen Architektur die
ursprüngliche Funktion zu erläutern (hier
dem Besucher einen Überblick über das
gesamte Grabungsfeld zu verschaffen),
zeigt der Wiederaufbau einen Abschnittes
der Außenwand des Theater-Ekklesiasterions in **Metapont**/Süditalien[4] (D. Mertens, U. Bellwald 1985) (Abb. 229, 230).
Der in seiner ganzen Höhe wiederaufgebaute Sektor VIII/IX der steinernen Außenwand veranschaulicht die ungewöhnliche Architektur der Schmuckfassade und
die zur *summa cavae* führenden Treppen-
läufe, die durch Tore in der Außenwand
zugänglich sind. Der Wiederaufbau erläutert den Zusammenhang von Architektur-
form und Funktion, der für den Besucher
durch den Aufstieg zur Plattform, einer
modernen Stahlkonstruktion, direkt erlebbar wird. Von hier überblickt er das ausgegrabene Stadtzentrum als Ganzes, dessen
geringe Überreste durch Schautafeln und
Rekonstruktionsbilder erläutert werden.

Der Wiederaufbau, für den nur ca. 35%
der antiken Materials, doch alle wichtigen
Architekturglieder   vorhanden   waren,
wurde in Anlehnung an die ursprüngliche
Bautechnik ausgeführt. Alle fehlenden
Bauglieder wurden in einem vergleichbaren Naturstein steinmetzmäßig hergestellt. Selbst der Aufbau berücksichtigte
die antike Methoden für Transport und

230   Metapont. Die Aussichtsplattform hinter der Theaterfassade ermöglicht dem Besucher einen Blick über die Grabungsfläche

Verlegung, ohne jedoch auf die Hilfe eines Autokrans zu verzichten. Die einzelnen Quader sind in fugenlosem Verband verlegt, nur durch U-förmige Klammern untereinander verbunden und gesichert.

Für die Reparatur und Ergänzung beschädigter Bauglieder wurde ein *Kunststein* auf Epoxidharzbasis benutzt, der ohne Dübelverbindungen direkt an den originalen Stein angegossen wurde. Die Alternative hierzu wäre eine sorgfältige steinmetzmäßige Ergänzung gewesen, die jedoch bei der relativ schlechten Qualität des Steins eine Abarbeitung der Bruchflächen erforderlich gemacht hätte.[5] Die kunstharzgebundenen Ergänzungen unterscheiden sich farblich von den originalen wie den neuen Baugliedern, so daß eine sehr

uneinheitliche Oberfläche entstanden ist, die sich, ähnlich der Restaurierung des *Erechtheions*, erst im Laufe von Jahrzehnten vereinheitlichen wird. Ähnliches gilt für die glatten Oberflächen der neuen Bauglieder, die sich von den beschädigten originalen Oberflächen stark absetzen. Die von A. Orlandos ausgeführten Restaurierungen (Abb. 125) zeigen, daß ein leichtes Aufrauhen der neuen Oberflächen hilft, diesen unschönen Effekt zu vermeiden.

Bei kleineren *Architekturproben* ist für den Besucher oft schwer zu erkennen, ob der ursprüngliche Zustand des Bauwerks im Sinne einer Anastylosis wiederhergestellt oder ein Phantasiegebilde zusammengefügt wurde. So gibt der Wiederaufbau des *Altars des Hera-Tempels* im Heraion von **Samos** (H. Schleif, um 1930) (Abb. 231) dem Besucher erhebliche Rätsel auf. Auch der Teilwiederaufbau des *Sikyonier-Schatzhauses* in **Olympia** (K. Herrmann, B. Rein 1975–77) (Abb. 224) ist für den Besucher nicht sofort verständlich, da Wand und Säule unterschiedliche Höhen haben und der Giebel auf dem Boden vor dem benachbarten Schatzhaus liegt.

»Die Restaurierung sollte aber nicht allein zu einem besseren Verständnis des Bauwerks

231   Samos, Hera-Heiligtum. Architekturprobe des Hera-Altars. H. Schleif, um 1930

232 Olympia, Archäologisches Museum. Wiederaufbau des Giebels des Schatzhauses von Megara. K. Herrmann, B. Rein 1972/73

verhelfen«, schreibt K. Herrmann, »sondern gleichzeitig zur Konservierung der einzelnen Architekturstücke beitragen. Zusammengefügt sind sie den zerstörenden Wirkungen von Bodenfeuchtigkeit und Pflanzenwuchs, aber auch den unabsichtlichen oder gar mutwilligen Beschädigungen durch den Tourismus weit weniger ausgesetzt als im Gelände verstreut. Außerdem wurde durch ihre Wiederverwendung die Übersicht über das umliegende Gelände erleichtert — und das, ohne die Bauteile dem Betrachter dadurch zu entziehen, daß man sie in ein Museumsmagazin oder Steindepot schaffte. ...Faßt man die Aufgabenstellung in einem Satz zusammen, so sollte die Rekonstruktion mit so vielen Originalteilen wie möglich und so wenigen Ergänzungen wie nötig ein Maximum an Informationen vermitteln. Aus diesem Konzept ergab sich beinahe zwangsläufig der Umfang der geplanten und ausgeführten Arbeiten.«[6]
Nach der Sicherung der Fundamente wurden auf dem Stylobat eine Frontsäule mit Kapitell aufgestellt und über den Orthostaten zwei Reihen der Wandquader,

der Triglyphenfries und das Traufgeison aufgelegt. Teile der Giebelarchitektur sind neben dem Bau auf der Erde zusammengelegt. Damit entstand eine malerische Architekturkomposition, die von weitem den Besucher auf die *Schatzhausterrasse* hinweist, bei näherer Betrachtung aber Verwirrung stiftet, da man nicht weiß, ob man hier einer originalgetreuen Zusammenstellung der antiken Architekturteile gegenübersteht, einem Ensemble, das in allen wesentlichen Teilen (Aufbau, Zuordnung, Höhen- und Breitenverhältnissen) dem ehemaligen Bauwerk entspricht, oder einem artifiziellen Pasticcio aus erhaltenen und neuen Teilen.[7]
Einheitlicher gestaltet ist der auf niedrigen quadratische Betonplatten aufgebaute Giebel des *Schatzhauses von Megara* im Archäologischen Museum in **Olympia**[8] (K. Herrmann, B. Rein 1972/73) (Abb. 232). Die einzelnen Architekturteile: Säulentrommeln, Dachterrakotten und Reliefs, die 1878 in dem südlichen Abschnitt der

Festungsmauer gefunden wurden, waren fast vollständig erhalten, so daß ein Zusammenbau ohne eine große Anzahl neuer Bauglieder möglich erschien. Nur ein einziger der sieben dorischen Friesblöcke und der westliche Eckarchitrav waren verloren gegangen. Hingegen fehlten die zugehörigen Orthostaten und Antenquader und die Säulentrommeln waren so stark beschädigt, daß sich ihre ursprüngliche Höhe nicht ermitteln ließ. Ein Wiederaufbau an Ort und Stelle wurde wegen der empfindlichen Bauteile, der fehlenden Wandquader und des ausgeraubten Fundaments nicht in Erwägung gezogen.

Für die Ergänzungen wählte man einen zementgebundenen *Kunststein*. Der fehlende Friesblock und der Eckarchitrav wurde aus einem Stahlbetonkern mit *Kunststein*-Mantel aus Muschelkalkabschlägen, Sand und Weißzement gefertigt und anschließend steinmetzmäßige überarbeitet. Die vielfach beschädigten Simen, Kalyptere und Antefixe sind mit Gips ergänzt und farbig eingefärbt.

Eine vergleichbare Aufgabe war der Teilwiederaufbau des *Giebelfeldes* und einer Säule des *Älteren Aphaia-Tempels* auf **Aegina** im dortigen Grabungsmagazin[9] (E.-L. Schwandner 1980/81) (Abb. 233). Der Giebel wurde jedoch nicht – wie in Olympia – auf dem Boden aufgebaut, sondern hier tragen niedrige, ca. 1,50 m hohe stählerne Stützfüße als Ersatz für die nicht mehr vorhandenen Säulen das sorgsam aus vielen kleinen Bruchstücken zusammengesetzte Giebelfeld. Der Architrav ist ein Stahlbetonbalken an dem das unsichtbar auf der Rückseite angebrachte Stützgerüst zur Sicherung der einzelnen Bruchstücke befestigt ist. Den Übergang von den Stahlstützfüßen zum Betonbalken bilden Fertigbetonplatten in den Abmessungen der

233   Aegina, Aphaia-Heiligtum. Wiederaufbau des Giebels und einer Säule des Älteren Aphaia-Tempels im Grabungsmagazin. E.-L. Schwandner 1980/81

originalen Abakusplatten. Fehlende Teile des Giebels sind in Stuckgips ergänzt, der farblich den originalen Oberflächen angepaßt ist und sich, sollten sich in Zukunft noch weitere Stücke finden, ohne Beschädigung der Originale leicht wieder entfernen läßt. Der Teilwiederaufbau dieses Giebels eines Steintempels aus der ersten Hälfte des 6. Jhs. ist eindrucksvoll und zeigt, wie wichtig ein Wiederzusammenfügen der einzelnen, oft nur kleinen Fundstücke ist, um verlorengegangene Architekturformen zu veranschaulichen und wieder erfahrbar zu machen.

Säulen

Die einfachste Form der *Architekturprobe* besteht in der Wiederaufrichtung von mehreren Säulen mit oder ohne Kapitell, Architrav und Gesims, um die Höhe des ursprünglichen Gebäudes anzudeuten. Auf fast allen Grabungsplätzen finden wir davon mehr oder weniger eindrucksvolle Beispiele. Zu den gelungenen Ergebnissen gehört die Wiederaufrichtung der Säulen der *Dorischen Halle* im Asklepios-Heiligtum in **Pergamon** (O. Ziegenaus 1968) (Abb. 234). Um die Ausdehnung der Halle kenntlich zu machen, wurden neben den drei Säulen weitere Säulentrommeln auf dem Stylobat aufgestellt.

Unweit der *Dorischen Halle* befindet sich die *Nordhalle*, deren gesamte Hallenfront von einem Erdbeben umgeworfen und in Sturzlage bei der Ausgrabung 1932 aufgefunden wurde. 17 Säulen (ohne Gebälk) wurden vollständig wiederaufgerichtet (O. Ziegenaus 1968).[10] Ein Teil des Gebälks wurde zwischen den Säulen am Ende der Halle am Boden aufgestellt (Abb. 249).

In sehr ansprechender Form sind die Überreste der *Römischen Agora* in **Athen** wiederaufgebaut (Abb. 235). Die Höhe der Hallen wird durch drei Säulen mit Gebälk angedeutet, die zerbrochenen Schäfte der Hallensäulen und des östlichen Propylons markieren die Größe der ehemaligen Agora. Dieser Platz, der umschlossen wird

234   Pergamon, Asklepios-Heiligtum. Teilwiederaufbau der Säulenfront der Dorischen Halle auf dem originalen Stylobat. O. Ziegenaus 1968

von niedrigen klassizistischen Häusern und dessen Eingang das monumentale *Tor der Athena Archegetis* bildet, gehört zu den Athener Ruinen, die noch am nachhaltigsten die Entwicklung der Stadt seit antiker Zeit vermitteln.

Hellenistische und römische Hallen mit ihrer großen Anzahl von Marmorsäulen haben die Ausgräber ganz besonders zum Wiederaufbau gereizt, doch wurden in den wenigsten Fällen die Restaurierungsarbeiten so durchgeführt, daß sie heutigen Qualitätsmaßstäben entsprechen. Ein Beispiel für einen ›einfachen‹ Wiederaufbau mit Beton bieten die verschiedenen Hallenstraßen in **Apamea**/Syrien (Abb. 237, 239). Die architektonischen Details sind in stark vereinfachter – und damit verunklärender Form – ausgeführt. Die Arbeiten zeigen deutlich, daß die Ergänzung antiker Marmorsäulen keine Arbeit für Betonbauer ist, sondern für Steinmetze und daß als Voraussetzung für einen qualitätvollen Wiederaufbau ähnliche handwerkliche Fähigkeiten wie in antiker Zeit vorhanden sein müssen.

235   Athen, Römische Agora. Wiederaufbau zweier Hallenjoche und Aufstellung einzelner Säulen. Im Hintergrund der Turm der Winde

236   Priene. Die fünf unvollständig wiederaufgebauten Säulen des Athena-Tempels

Daß auch heute noch diese Erfahrung mißachtet wird, zeigt der Wiederaufbau des *Athena-Tempels* in **Assos**/Türkei (Ü. Serdaroğlu, nach 1985) (Abb. 240, 241). Als Ergänzungsmaterial für den aus Andesit erbauten Tempel fand zementgebundener *Kunststein* Verwendung. Die fehlenden Säulentrommeln wurden alle nach dem gleichen Schema vorgefertigt. Da die originalen Trommeln unterschiedliche Höhen hatten, wurden schmale Differenzstücke eingefügt. Die Säulen sind durch Betonkerne im Inneren zu Monolithen zusammengespannt, Stylobat und Teile des Plattenpflasters aus vorgefertigten *Kunststein*platten hergestellt. Statt einer Reparatur in sorgfältiger Steinmetztechnik, die der handwerklichen Qualität und historischen Bedeutung des antiken Bauwerks angemessen wäre, wurde hier mit neuzeitlichen Baumethoden gearbeitet, die für diese sensiblen Bauteile völlig ungeeignet sind. Trotz des heute erreichten Standards für Wiederaufbaumaßnahmen wurden die Fehler der 30er Jahre wiederholt.

In besonders kurioser Form sind die Säulen der römischen *Agora* in **Baalbek**/Syrien wiederaufgebaut worden (H. Kalayan, um 1975). Unter Einsatz von Spann-

237 Apamea. Wiederaufgebaute Kolonnade der Hallenstraße

238 Baalbek, Röm. Agora. Wiederaufbau der Markthallen. H. Kalayan um 1975

stählen sind so eigenartige Gebilde entstanden, wie der auf einer Säule balancie-
rende halbe Bogen, den man vor jeder Er-
schütterung bewahrt wissen möchte (Abb.
238). Aber auch die seitlich über die Säulen
hinausragenden Architrave sind gestalterische ›Leistungen‹, die nur durch den Einsatz modernster Technik zu bewerkstelli-
gen waren. Alle gebrochenen Säulen und
Architrave sind durchbohrt und mit dünnen Spanndrähten zusammengespannt.
Sollten sie wieder umfallen, so werden sie
kaum noch zu reparieren sein, da die neuen
technischen Zutaten sich nur unter großem Substanzverlust wieder herausbohren
lassen. Daß einmal aufgestellte Säulen wieder umfallen können ist jedoch von größerer Wahrscheinlichkeit, als daß sie ewig
stehenbleiben. Ein Beispiel für den Kol-
laps eines Wiederaufbaus ist die Stoa in
Kamiros/Rhodos, von der 1962 sechs wiederaufgestellte Säulen samt Oberbau
durch einen Sturm umgeworfen wurden.[11]
Zu den weniger erfolgreichen Beispielen eines Wiederaufbaus von Säulen gehört die Aufstellung der Säulen des *Athena
Polias-Tempels* in **Priene** (Abb. 236). Ohne
genaue Aufnahme des noch vorhandenen
Bestandes wurden die Trommeln von fünf

239 Apamea, Hallenstraße. Ausführung der Ergänzungen in vereinfachten Formen und mit Kunststein

240   *Assos, Athena-Tempel. Wiederaufbau einzelner Säulen auf einem neuen Stylobat*

Säulen mit Kapitell aufeinander geschichtet, doch nur bis zu einer Höhe von 8 m (originale Höhe = 12,65 m), da Gerüst und Aufzug zu mehr nicht ausreichten. Von der Basis wurde der Torus vergessen. Von diesem Bauglied haben sich insgesamt nur wenige Stücke erhalten und der ausführende Bauunternehmer war anscheinend nicht gewillt oder in der Lage, neue herzustellen. Ein Vorteil dieser Maßnahme ist jedoch, daß die Anastylosis ganz *ohne* Ergänzungen durchgeführt wurde und die Säulen in Hinblick auf einen erneuten Wiederaufbau weder durch Anbetonieren, Durchbohren oder Abarbeiten von originaler Substanz beschädigt wurden. Hierdurch unterscheidet sich diese Maßnahme von der Wiederaufrichtung der (ebenfalls zu kurzen) Säule des *Artemisions* in **Ephesos** (Abb. 304) oder der ›Anastylosis‹ der *Ionischen Halle* in **Milet** (Abb. 164).

241   *Assos, Athena-Tempel. Zwischen die originalen Trommeln sind Ergänzungen aus Kunststein geschoben. Ü. Serdaroğlu, um 1985*

Verkürzte Säulen

Bereits in den Architekturtraktaten der Renaissance finden sich Zeichnungen von Säulenordnungen, die unter Fortlassung der Säulenschäfte auf die wesentlichsten Teile der Ordnung zusammengeschrumpft sind. Große Perfektion in dieser Darstellungsart zeigen die Publikationen von J. Stuart und N. Revett, »The Antiquities of Athens« (1762–1816). In den Vorlagebüchern für Bauformenlehre finden wir diese Darstellungsart unverändert das ganze 19. Jh. und Generationen von Architekturstudenten, die nach diesen Vorlagen Säulen und Kapitelle zeichnen mußten, ist diese Form zur vertrauten Darstellungsweise antiker Säulenordnungen geworden.

Wie die getreue Umsetzung einer dieser Zeichnungen erscheint die aus zwei Trommeln und einem Kapitell zusammengesetzte ›Säule‹ des *Südost-Tempels* auf der *Agora* in **Athen**[12] (Abb. 242). Um zu zeigen, daß die einzelnen Teile ursprünglich nicht direkt aufeinander saßen, ist – wie in den Publikationen – dort, wo etwas fehlt, eine Fuge gelassen worden, die sich deutlich abzeichnet.

Einen ganzen Saal mit dieser Art von *Architekturproben* findet man in dem 1905–09 von dem Direktor des Griechischen Antikendienstes, P. Kavvadias, eingerichteten Museum in **Epidauros** (Abb. 243). In den langen, schmalen Museumsräumen stehen die einzelnen Ordnungen der wichtigsten Bauten des *Asklepios-Heiligtums* an den Wänden aufgereiht. Die zumeist auf drei Trommeln reduzierten Säulenschäfte sind fugenlos aufeinander gesetzt, die Fehlstellen der einzelnen Bauteile stark mit Gips ergänzt. Wegen seiner Überständigkeit ist diese Form der Präsen-

tation bereits schon wieder erhaltenswert und es wäre sehr schade, wenn bei dem geplanten Museumsneubau dieses einmalige Ensemble zerstört würde.[13]

Das Prinzip der verkürzten Säulenordnung wird für den Besucher nur verständlich, wenn als Ersatz für die fehlenden Säulenschäfte deutlich als modern und unmaßstäblich zu erkennende Bauglieder zwischen Kapitell und Basis eingeschoben sind. Ein Beispiel hierfür ist die an der Marmorstraße in **Ephesos** aufgestellte *Architekturprobe* der *Dorischen Halle*, die jedoch wegen ihrer massiven Verwendung von Beton zu kritisieren wäre (K. H. Göschl 1955) (Abb. 246). Von ähnlicher Größe sind die Überreste des *Octavians-Tempels* in **Korinth** (Abb. 244). Während

242 *Athen, Agora. Architekturprobe des dorischen Südost-Tempels*

243   *Epidauros, Archäologisches Museum. Architekturprobe der Tholos*

244   *Korinth. Architekturprobe des römischen Octavians-Tempels*

in Ephesos die fehlenden Säulenschäfte durch zwei achteckige Betonstummel mit unterschiedlichem Durchmesser ersetzt sind, die jedem Betrachter deutlich machen, daß dies nicht die originalen Bauglieder sein können, sind in Korinth Marmortrommeln gleichen Durchmessers verwendet worden. Die Höhe des Wiederaufbaus wird von der längsten Trommel bestimmt, die beiden kürzeren – von denen eine ein oberes Schaftende ist – sind auf diese Länge hin ergänzt worden. Der Oberbau ist unvollständig und besteht nur aus dem Architrav. Die ehemalige Höhe der Säule kann nicht durch den Vergleich von oberem und unterem Säulendurchmesser erschlossen werden.

Ähnliche Beispiele finden sich in **Olympia** im *Buleuterion* (Abb. 245) und vor der *Echohalle* (*Ptolemaios und Arsinoe-Denkmal*) (H. Schleif, um 1936).

Ganz kurios erscheinen die Arrangements, bei denen die Säulenschäfte vollständig weggelassen sind und die Kapitelle direkt auf den Basen liegen, wie z. B. in **Olympia** (*Leonidaion, Südhalle*), **Ephesos** (vor dem Domitians-Brunnen [Abb. 161]), **Korinth** (*Agora, Römische Hallen*) und

Delos (*Antigonos-Stoa*). In diese Reihe der wenig gelungenen Beispiele gehört auch das *Traians-Nymphäum* in **Ephesos** (H. Pellionis, W. Mach, 1962–63) (Abb. 158).

Bei der Betrachtung der zumeist unbefriedigenden Ergebnisse stellt sich die Frage, ob man auf die verkürzten Säulenordnungen nicht überhaupt verzichten sollte. Eine Säule hat feste Maßverhältnisse und läßt sich nicht beliebig in ihrer Länge variieren, ohne lächerlich zu wirken. Sind nicht genug Teile für eine Anastylosis vorhanden, sollte man auf den Wiederaufbau verzichten – oder eine Auf-

245   *Olympia. Architekturprobe der Säulen des südlichen Buleuterions. H. Schleif, um 1936*

stellungsart finden, die der Bedeutung der noch verbliebenen Reste gerecht wird.

Einzelne Bauglieder

Je weniger Bauglieder vorhanden sind, um so schwieriger ist es, diese so zusammenzustellen, daß der Besucher von den geringen Resten auf das ehemalige Ganze schließen kann. Der *Hera-Tempel* in **Pergamon** ist für den Betrachter an Hand der wenigen Stücke des auf dem Boden liegenden Giebels kaum rekonstruierbar. Gänzlich unverständlich war die (inzwischen wieder abgebaute) Ecke des nördli-

247 Olympia. Architekturprobe einer Ecke des nördlichen Buleuterions. H. Schleif, um 1936

246 Ephesos, Dorische Halle. Architektur-probe des Gebälks auf verkürzten, achteckigen Betonschäften. K. H. Göschl 1955

chen *Buleuterions* in **Olympia** (H. Schleif, um 1936) (Abb. 247). Auch der Versuch, innerhalb des ausgeraubten Stylobats des *Apollon-Tempels* in **Delphi** durch einige zusammengelegte Bauglieder dem Besucher den Aufbau von Cella und Peristase zu veranschaulichen, mußte scheitern, da die geringe Höhe des Aufbaus nicht im entferntesten die ehemalige Bedeutung der Cellawand und der davorstehenden Säule wiedergeben kann (Abb. 248). Dagegen wird das auf niedrigen Säulenstümpfen zwischen originalen Basen und Kapitellen

248 Delphi, Apollon-Tempel. Architektur-probe der Cellawand und Peristase

249   *Pergamon, Asklepios-Heiligtum. Architekturprobe des Gebälks der Nordhalle. O. Ziegenaus 1968*

250   *Rom, Forum Romanum. Architekturprobe des Gebälks und einer Säule der Basilica Aemilia*

aufgelegte Gebälkstück der *Nordhalle* des Asklepieions in **Pergamon** (O. Ziegenaus 1968) vom Besucher sicher als Bauteil identifiziert werden können, dessen Platz ehemals auf den Säulen war (Abb. 249). Ähnliches gilt für die Gebälkteile der *Basilica Aemilia* auf dem *Forum Romanum* in **Rom**, die zu beiden Seiten einer in ganzer Höhe wiederaufgebauten Säule auf einer niedrigen Ziegelmauer aufgestellt sind (Abb. 250). Daß Gebälk und Säule zusammengehören und von welchem Tempel sie stammen, wird dem Besucher auf einer an der Mauer angebrachten Tafel erläutert – eine Maßnahme, die man oft vermißt, sich aber auch für viele andere *Architekturproben* empfehlen würde.

Auf dem Boden ausgelegte oder auf dem Fundament aufgebaute Gebälkteile sind zumeist nicht sehr attraktiv. In **Olympia** finden wir Teile des Gebälks der *Echohalle* (W. Koenigs 1975), des *Metroons* und der *Südhalle* (H. Schleif, nach 1936) auf den Fundamenten dieser Bauten zusammengelegt, auf **Delos** das Gebälk der *Philipps-Stoa*. Daß diese Maßnahme in Verbindung mit einer sorgfältigen Restaurierung der einzelnen Bauglieder auch mehr sein kann als nur ein einfaches Ordnen, zeigt die Aufstellung des Gebälks des Polygonsektors III des *Theater-Ekklesiasterions* in **Metapont** (D. Mertens 1980) (Abb. 251). Der Unterbau, auf dem die Bauglieder liegen, ist eine hell gestrichene

Stahlkonstruktion, deren kurze Rundstützen auf den Fugenschnitt der Architrave Bezug nehmen. Der einfache, aber ästhetisch überzeugende Entwurf, die exakte Ausführung und das neuzeitliche Material der Konstruktion unterstützen Bedeutung und Wert der antiken Bauglieder. Aus einer ganz einfachen Ordnungsmaßnahme wurde hier eine Aufstellung von der Qualität musealer Präsentation.

Alle diese Maßnahmen können vom Besucher ohne weitere Erläuterung als Versuch erkannt werden, den Grabungsplatz so herzurichten, daß die zu einem Bauwerk gehörenden Bauglieder bei, neben oder auf dessen Überresten liegen. Wichtig ist

die optische Zuordnung zu dem Bauwerk, von dem die Bauglieder stammen, und eine Rekonstruktionszeichnung, auf der der Besucher das Bauwerk und die ursprüngliche Lage der Bauglieder wiederfinden kann. Unverständlich werden für ihn alle die *Architekturproben* bleiben, die ohne erkennbare Verbindung zu den Überresten des Bauwerks aufgebaut sind oder deren ehemalige Lage und Zugehörigkeit schwer oder gar nicht zu identifizieren ist. Für die erforderliche Qualität der Ausführung gilt das gleiche wie für die Anastylosis: Je weniger Material vorhanden ist, je sorgfältiger müssen Entwurf und Ausführung konzipiert und ausgeführt werden.

251   *Metapont, Theater-Ekklesiasterion. Gebälk des Polygonsektors III. D. Mertens 1980*

252   *Xanten, Archäologischer Park. Teilrekonstruktion des Hafentempels. G. Precht 1979–81*

Rekonstruktionen

Eulbacher Park

Im Schloß **Erbach** im Odenwald hat sich bis heute fast unverändert die umfangreiche Antikensammlung des Grafen Franz I. zu Erbach-Erbach (1754–1823) erhalten. Der Graf, Altertumsliebhaber und Antikensammler, hatte Ende des 18. Jhs. Italien bereist und die Ausgrabungen in Herkulaneum und Pompeji besucht. 1806 wurden durch Zufall unweit seines Eulbacher Jagdschlosses einige römische Steine freigelegt, die, wie sich bei der Ausgrabung herausstellte, zu einem *Limeskastell* gehörten. Unter Leitung des Grafen wurden das kleine Kastelltor vollständig freigelegt, der Befund aufgenommen, die Quader numeriert und in den Park des Jagdschlosses geschafft. Dort, wo auf einer Insel bereits eine ›gotische Kapelle‹ stand, wurde das Tor an einer malerischen Stelle wiederaufgebaut (Abb. 253). Während die beiden unteren Schichten dem Befund entsprechen, sind Höhe und Zinnenkranz der Kastellmauer wohl aus römischen Quadern, doch nach den Vorstellungen der damaligen Zeit mit Mauerböschung und engem Zinnenabstand errichtet.[1]

Aus den Quadern des von ihm ausgegrabenen *Kastells Würzberg*, eines der besterhaltenen Kastelle des Odenwaldlimes, ließ Graf Franz I. ein zweites Lagertor mit Wehrmauer erbauen und in der Mittelachse des Schloßgartens einen 8 m hohen Obelisk aufstellen, dessen Inschriftplatte in antiker Form Auskunft gibt über die Herkunft der dafür verwendeten Steine: *»Ex ruderibus castelli Romani ad Wirzberg exstructus«*. Zwergsäulen und Pfeiler, die bei der Ausgrabung steinerner Limes-Wachtürme gefunden wurden und die er für Grabsteine von Soldaten hielt, wurden malerisch im Park verteilt.

Waren die Ruinen des Schwetzinger Landschaftsgartens (Abb. 34, 35) hauptsächlich stimmungsvolle Staffagebauten, die den Spaziergänger auf die ferne Antike und das Vergehen allen Menschenwerks hinweisen sollten, so steht der *Eulbacher Park* bereits am Übergang zum Historismus. Die ›Ruinen‹ stellen einerseits schon der Versuch einer wissenschaftlich begründeten Wiederherstellung der Vergangenheit dar, sind andererseits aber noch immer stimmungsvolle Staffagebauten. Die Rekonstruktion der beiden Lagertore mit originalen Steinen und auf der Grundlage

253 *Eulbacher Park. Wiederaufbau eines Lagertores des Limeskastells Würzberg, 1806*

254   Kastell Saalburg. Rekonstruiertes Haupttor des Limeskastells. L. Jacobi 1898–1907

des ergrabenen Befundes entspricht bereits dem Wunsch nach Authentizität, einem Wunsch, der sich nicht mehr allein mit dem *»Geist der Vergangenheit«*, den die Bauten ausstrahlen, zufriedengibt, sondern Wert legt auf eine originalgetreue Wiederherstellung.

Limeskastell Saalburg

Ein Schritt weiter auf dem Weg zur wissenschaftlichen Rekonstruktion archäologischer Befunde war der Wiederaufbau des römischen *Limeskastells Saalburg* auf den Höhen des Taunus unweit von **Bad Homburg** in den Jahren 1898–1907[2] (Abb. 254–256). Seit der Mitte des 19. Jhs. hatten in dem 3,2 ha großen, um 135 n. Chr. erbauten Kohortenkastell und dem außerhalb liegenden Kastelldorf Ausgrabungen stattgefunden, die von 1870 ab in systematischer Weise durch A. v. Cohausen und L. und H. Jacobi durchgeführt wurden. Nach Abschluß der Grabung wurden die freigelegten Mauern, die nur noch wenig aus der Erde ragten, mit Rasensoden abgedeckt.

Das große öffentliche Interesse und die erzielten Forschungsergebnisse waren Anlaß für Kaiser Wilhelm II., der an Fragen der Archäologie und Geschichte lebhaft interessiert war, 1897 nach einem Besuch der *Saalburg* den Wiederaufbau des ihm seit seiner Jugend bekannten Kastells vorzuschlagen. Nach dreijähriger Planungszeit, während der Jacobi sich auf ausgedehnten Studienreisen mit römischen Bauten vertraut machte, legte am 11. Oktober 1900 Wilhelm II. persönlich den Grundstein für die Principia. In seiner Ansprache wies er auf das Ziel der Unternehmung hin:

»Möge die Römerveste auf den Höhen des Taunus so genau wie möglich in römischer Bauweise wiedererrichtet, als ein Denkmal vergangener Herrschermacht und folgenreicher Kulturentwicklung in den Beschauern das Verständnis vom Wesen früherer Zeiten beleben, den historischen Sinn wachhalten und zu weiterem Forschen anregen.«[3]

Vollständig rekonstruiert wurden die Wehrmauern und Tore, von den Innenbauten nur die aus Stein errichteten, denn die Holzbauten waren den Archäologen bei der Ausgrabung entgangen.[4] 1907 war der eigentliche Wiederaufbau abgeschlossen.

255   Kastell Saalburg. Südostecke der Kastellmauer mit Rekonstruktion des Verputzes und der Farbfassung. D. Baatz 1985

256 *Kastell Saalburg, Via principalis.*
Parkartige Gestaltung des Kastellinneren

»*Die Saalburg ist ein Beispiel dafür, daß jede Rekonstruktion auch eine Dokumentation des Forschungsstandes ist*«, schreibt D. Baatz. »*Aus dem gleichen Grund gestaltete Jacobi die Bauwerke und die konservierten Mauerreste nicht rekonstruierter Gebäude ein wenig als ‚künstliche Ruinen'. Das Fehlen des Verputzes und der Bewuchs der Mauern mit Efeu und wildem Wein weisen auch bei den rekonstruierten Bauwerken in diese Richtung. Hier spielte der Zeitgeist einer noch andauernden Spätromantik hinein, ganz im Sinne des großen Förderers des Wiederaufbaus, Wilhelms II. Finanzielle Sachzwänge, Gegebenheiten des Forschungsstandes, Wirkungen des Zeitgeistes sind Einflüsse, denen sich wohl auch heute eine Rekonstruktion nicht ganz entziehen kann.*«[5]

Eindeutige Rekonstruktionsfehler sind neben den unverputzten Bruchsteinmauern auch die zu schmalen Zinnenabstände der Wehrmauer, die wahrscheinlich auf eine Intervention des Kaisers zurückgehen.[6] Nach dem Vorbild der Saalburg wurde mit den gleichen Fehlern 1911 die Südecke des *Kastells Grinario* in **Köngen** (Baden-Württemberg) erbaut.[7]

Im Saalburg-Jahrbuch 1910 wird auf die betont parkähnliche Gestaltung des Kastells hingewiesen:

»*Ängstlich war dabei allenthalben darauf Bedacht genommen, die wiedererstandenen Gebäude mit allen ihren Einzelheiten nicht nur dem Charakter der Zeit anzupassen, sondern sie, auch wie vorher die Trümmer, wirkungsvoll in den Rahmen der sie umgebenden Landschaft einzuführen. Durch sorgfältige Erhaltung der alten Bäume, Bepflanzungen der umgegrabenen Stellen und Pflege der gärtnerischen Anlagen, die nur recht vereinzelt von schlichten Orientierungstafeln unterbrochen sind, hat die feierliche Waldstimmung im Gebiet der Saalburg kaum etwas verloren.*«[8]

Der Hinweis auf die trotz des Wiederaufbaus noch vorhandene »*feierliche Waldstimmung*« innerhalb der Kastellmauern macht deutlich, daß die Vorstellung von einer romantischen Ruinenlandschaft neben der wissenschaftlich-didaktischen Zielrichtung noch nicht ganz verlorengegangen war. Der besondere Hinweis auf den erzielten Stimmungswert zeigt aber auch, daß es Jacobi bewußt war, daß der *Alterswert* der Ruine an sein ruinöses Aussehen gebunden ist und ein Neubau ohne jegliche Verwitterungsspuren schwerlich in der Lage sein würde, eine romantische Stimmung zu erzeugen (vgl. Abb. 252).

Nach den vielen rekonstruierenden Neuschöpfungen während des 19. Jhs. war die Zeit um 1900 reif für eine kritischere Betrachtung dieser Maßnahmen. Die Ruine als authentisches historisches Dokument und der *Alterswert* der originalen Oberflächen – das Ruinöse, Vergängliche, die sich auflösende, doch originale Mauer in ihrem schwer zu erhaltenden Zustand – rückten in den Vordergrund des Interesses. So war es ein von vornherein zum Scheitern verurteiltes Unternehmen, als M. Gary aus Berlin auf dem »*Tag für Denkmalpflege*« in

257   *Trier, Kaiserthermen. Joh. Anton Ramboux, Äußere Ansicht der römischen Bäder zu Trier. Lithographie 1825. Der heutige Zustand der Ostapsis (rechts auf dem Bild) auf Abb. 20*

Trier 1909 den Wiederaufbau der Ruinen des dortigen römischen »*Kaiserpalastes*« (gemeint waren die *Kaiserthermen*) mit finanzieller Hilfe des Vereins der Ton-, Zement- und Kalkindustrie vorschlug. Das Ziel dieses Unternehmens sollte neben der Rekonstruktion die damit zu erzielende Konservierung der Ruine sein, denn, führte Gary aus:

»Diese ›ewige Festigkeit‹ [der Ziegel] hat schon erheblich gelitten und sie wird weiter leiden. Die Menge der Kohlensäure in den Niederschlagswässern unserer großen Städte und die Menge der Schwefelsäure der Luft, die den Rauchgasen entstammt, übt auf die breiten Flä-

chen der Kalkfugen unserer Ruinen einen unheilvollen Einfluß aus und trotz der versuchten Abdeckung und trotz der gelegentlichen Ausflickung der Mauerreste schreitet der Verfall der Mauern so schnell fort, daß jährlich fuhrenweise Mauertrümmer und Schutt aus dem Ruinenfelde abgeführt werden. Zu dieser Zerstörung trägt ferner in erheblichem Maße das Eindringen der Wurzeln der Rankengewächse und der sich übermäßig aussamenden Sträucher und Bäume bei. Also gerade die Vegetation, die heute den Anblick einzelner Teile der Ruine so außerordentlich reizvoll macht, andere Teile völlig überwuchert, trägt wesentlich zum Verfall der Mauerresten bei.«[9]

Zu oft waren in der Vergangenheit mit diesen Argumenten umfassende Restaurierungs- und Wiederherstellungsmaßnahmen begonnen worden, als daß sich die Versammlung davon beeindrucken ließ.

Von dem Archäologen G. Loeschcke (1852–1915) mußte sich Gary sagen lassen:

»Erst im vergangenen Jahrhundert hat man gelernt, sich zu bescheiden und die Reste der Vergangenheit als historische Dokumente zu behandeln, die unverändert und ungemindert der Nachwelt zu bewahren heilige Pflicht ist. Man hat eingesehen, daß jede sogenannte Wiederherstellung vielleicht einzelne Teile erhält, aber sicher das Ganze zerstört. Am strengsten werden die Grundsätze der Erhaltung alter Ruinen wohl in Griechenland gehandhabt. Nur wo Grundriß und Aufriß der Baulichkeiten vollkommen feststehen und wo das Material, aus dem die Bauten errichtet waren, noch an Ort und Stelle erhalten und nur aus dem ursprünglichen Verband gelöst ist, entschließt man sich zur Wiederherstellung der Architekturen. So haben einst Ludwig Roß und Schaubert aus den antiken Werkstücken das Tempelchen der Athena Nike am Eingang der Akropolis wieder aufgeführt, so hat der hochverdiente Generaldirektor der griechischen Museen Cavvadias in unseren Tagen aus den ursprünglichen Werkstücken das Schatzhaus der Athener in Delphi und einen großen Teil des Erechtheions auf der Akropolis wiedererstehen lassen. Mit ängstlicher Scheu hütet er sich, irgend etwas zu ›restaurieren‹. Er läßt am Parthenon die einzelnen Trommeln wieder zur Säulen sich zusammenfügen; er läßt aber nicht etwa die Säulen von einem neuen Kapitäl bekrönt werden, wenn dieses verloren gegangen, denn, so urteilt er mit Recht, der nächste Generaldirektor würde vielleicht auf die Kapitäle der Säulen einen Architrav legen, der folgende ein Dach hinzufügen und der Parthenon wäre dann nicht mehr der Parthenon. ... Wenn man an dem Beispiel der griechischen Denkmalpflege

258   *Athen. Rekonstruktion des antiken Stadions für die 1. Olympiade der Neuzeit 1896*

sieht, wie vorsichtig, wie selbstlos man dort das Überkommene hütet, als ein Kleinod, für das man der ganzen gebildeten Welt verantwortlich ist, so begreift man kaum, wie der Vorschlag, gerade den Trierer Kaiserpalast aufzubauen, überhaupt gemacht werden konnte.«[10]

Bei dem sicher gerechtfertigten Lob für die griechische Denkmalpflege hatte Loeschcke jedoch übersehen, daß nur wenige Jahre vorher, 1896, zur Feier der Ersten Olympischen Spiele der Neuzeit, an der Stelle des antiken *Stadions* in **Athen** eine vollständige Rekonstruktion entstanden war[11] (Abb. 258). Der Neubau war nach Plänen der 1869/70 von E. Ziller durchgeführten Ausgrabung und weiteren Untersuchungen in den folgenden Jahren, die der Klärung einzelner Details dienten, erstellt worden. Vom antiken Stadion hatten sich nur wenige Teile erhalten, einige Sitze und ein Teil der Brüstung, der Rest war ausgeraubt. Die Rekonstruktion besteht überwiegend aus neuem Material und sieht heute fast noch ebenso neu aus wie nach ihrer Fertigstellung.

259   *Athen, Agora. Ruine der Attalos-Stoa. Die Fundamente waren über die ganze Länge erhalten, die Außenmauer stand noch an zwei Stellen bis zur vollständigen Höhe. Foto 1952*

260   *Athen, Agora. Die Attalos-Stoa nach ihrer Rekonstruktion 1953–56. Das Untergeschoß ist zu einem Grabungsmagazin ausgebaut, das Erdgeschoß zu einem Museum und das Obergeschoß zu Arbeitsräumen für die Archäologen. Homer A. Thompson, J. Travlos 1953–56*

Knossos, Minoischer Palast

Gehört das rekonstruierte Stadion in Athen für den heutigen Griechenlandtouristen mehr zu den unbekannten ›antiken‹ Monumenten, so sind die von Sir Arthur J. Evans 1905–35 geschaffenen Rekonstruktionen des *Minoischen Palastes* in **Knossos** (vgl. S. 100 ff.) sicherlich ebenso bekannt wie die Bauten auf der Akropolis. War der Anlaß für die Rekonstruktionsmaßnahmen in Knossos zuerst der Wunsch, auch nach der Ausgrabung die Mehrgeschossigkeit einzelner Ruinenbereiche zu erhalten, so trat im Laufe der Zeit das Ziel, dem Besucher die Architektur des minoischen Palastes zu verdeutlichen, immer mehr in den Vordergrund. Da die Gesamtanlage für eine Rekonstruktion zu groß war, sich aber auch nur die unteren Geschosse mehr oder weniger gut erhalten hatten, beschränkte man sich auf den Wiederaufbau einzelner Teile des Palastes, so daß man wohl einen Eindruck von einzelnen Baudetails und Räumen erhält, aber keine Vorstellung von der Gesamtanlage.

Athen, Attalos-Stoa

Zu den bekanntesten Rekonstruktionsmaßnahmen der Nachkriegszeit gehört der Bau der *Attalos-Stoa* auf der *Agora* von **Athen** in den Jahren 1953–56 durch die American School of Classical Studies at Athens[12] (Abb. 259–264). Anlaß für diesen Neubau im originalen Bestand war der Wunsch der Archäologen nach einem neuen Grabungsmuseum.

1949 war die Ausgrabung der Agora weitgehend abgeschlossen, und es wurde darüber diskutiert, wo die Funde, die bisher in den benachbarten Wohnhäusern in der Plaka untergebracht waren, magaziniert und ausgestellt werden könnten.[13] In den 30er Jahren hatte es Pläne gegeben, hierfür ein modernes Gebäude in der Nähe des Areopag zu erbauen, doch hatte sich die Meinung durchgesetzt, daß ein Neubau in das klassizistische Stadtensemble nicht hinpassen würde. Der Theseion-Park als möglicher Standort für das neue Museum schien zu weit entfernt. Da sich kein passender Bauplatz in der Nähe der Agora fand, kam man auf den Gedanken, statt eines modernen Neubaus die von Attalos II. von Pergamon 159–138 v. Chr. erbaute zweigeschossige Stoa am Rande der Agora als Rekonstruktion wiedererstehen zu lassen und als Museum einzurichten.

Die beim Herulereinfall 267 n. Chr. zerstörte Stoa war von der Archäologischen Gesellschaft in den Jahren 1859–62 und 1898–1902 ausgegraben worden. Erhalten hatten sich nur die Fundamente und an beiden Enden ein Stück der Wände in voller Höhe. Die Halle ließ sich theoretisch rekonstruieren, die handwerkliche Qualität der antiken Marmorarbeit war nicht besonders groß und auch von modernen Steinmetzen zu erreichen, und die antiken

261   Athen, Agora. Blick in das Erdgeschoß der rekonstruierten Attalos-Stoa

262   *Athen, Agora. Attalos-Stoa. Montage des dorischen Gebälks des Erdgeschosses*

Baumaterialien – weißer pentelischer und graublauer hymettischer Marmor, harter Piräus-Kalkstein und Breccia für die Fundamente – wurden noch abgebaut. Das umfangreiche Raumprogramm ließ sich in dem 112 m langem Gebäude leicht unterbringen. Eine finanzielle Unterstützung war durch das Marshall-Plan-Programm zur Entwicklung des Fremdenverkehrs in Griechenland gewährleistet.[14]

Bereits 1949 wurde mit den Vorarbeiten für den Wiederaufbau begonnen. Die Durchführung der Arbeiten, die von A. Orlandos, dem damaligen Leiter des Archäologischen Dienstes und Direktor der Restaurierungsabteilung (Anastylosis) als Vertreter der griechischen Regierung genehmigt worden waren,[15] lag in Händen von John Travlos, dem Architekten der Amerikanischen Schule. Die archäologischen Untersuchungen wurden von E. Vanderpool durchgeführt, als Baufirma waren W. S. Thompson und Ph. Barnum aus New York tätig.[16]

1950 wurden von J. Travlos die ersten Rekonstruktionszeichnungen vorgelegt und bereits im Herbst 1951 wurde das Baumaterial für die Stützmauern der Terrasse – Kalkstein aus Piräus – angeliefert. Im Sommer 1953 wurde mit dem Aufbau der Wände begonnen und für die Herstellung der Säulen 37 m³ pentelischer Marmor gebrochen. Am 10. November 1954 konnte die erste neue Marmorsäule aufgestellt werden[17] und am Ende des Jahres war die Rückwand vollständig errichtet. Ein Jahr später, Ende 1955, war bereits das Erdgeschoß fertiggestellt und die ersten Säulen des Obergeschosses standen an ihrem Platz.[18] Am 3. September 1956, nach nur fünfjähriger Bauzeit, fand im Beisein des griechischen Königspaares die Einweihung des Gebäudes statt.

Der Wiederaufbau ist mit größter archäologischer Sorgfalt und weitgehend als exakte handwerkliche Kopie des ehemaligen Gebäudes durchgeführt worden.

263   *Athen, Agora. Attalos-Stoa. Architrav und Fries der ionischen Ordnung des OG*

Doch mußte auf die neue Nutzung Rücksicht genommen werden, Toiletten und moderne Installationen wurden eingebaut und auch die Geschoßdecken sind nicht mehr aus Holz, sondern aus Stahlbeton. Viele der noch vorhandenen originalen Bauglieder wurden in den Wiederaufbau mit einbezogen, nur der mit Inschrift und Namen des Königs Attalos versehene Architrav nicht, da weder die ehemalige Länge der Inschrift noch der genaue Ort des Stücks in der Fassade ermittelt werden konnte.[19] Der Architrav liegt heute vor der Terrassenmauer (Abb. 264).

Die antiken Läden wurden zu Museumsräumen und in der Halle des unteren Geschosses sind antike Statuen aufgestellt. Die Räume im Unterschoß sind als Grabungsdepot eingerichtet; im oberen Geschoß befinden sich die Arbeitsräume der Archäologen.

»Außer den Aufgaben eines bequem gelegenen Museums,« schreibt Homer A. Thompson, *»wo alles, was auf der Agora ausgegraben wurde, studiert werden kann in direkter Verbindung zu seinem Fundort, erfüllt die Rekonstruktion noch andere Erwartungen. Viele Besucher haben bestätigt, daß sie erst jetzt eine Vorstellung von den Größenverhältnissen antiker Zivilarchitektur bekommen haben. Auch das sich von Stunde zu Stunde verändernde Spiel von Licht und Schatten in der Doppelkolonnade ist etwas, das man sich nicht auf Grund von Zeichnungen hätte vorstellen können. Architekturzeichnungen und Gipsmodelle haben es überdies auch nicht vermocht, ein wirkliches Verhältnis des Maßstabs der beiden Geschosse des Bauwerks zu vermitteln noch von der Ansicht, die man von Innen und Außen hat. Die fertige Rekonstruktion hat auch nicht die Befürchtungen bestätigt, die in Hinblick auf das Verhältnis zwischen Stoa und Umgebung bestanden: Länge und Höhe sind richtig für ihre Funktion, die*

Ostseite des Platzes abzuschließen und sie sitzt so tief, daß ihr Dach nicht höher hinaufreicht als bis zu den Dächern der Nachbarhäuser, noch wetteifert sie um Beachtung mit der Akropolis oder dem Tempel des Hephaistos.«[20]

Betrachtet man das von Thompson beigegebene Foto (Abb. 260), so wird das Unmaßstäbliche des Neubaus deutlich, der mehr als dreimal so lang ist wie der *Tempel des Hephaistos*. In der Spätantike war die Stoa Teil eines Bauensembles von *Odeion*, *Ares-Tempel* und *Mittlerer Stoa*, doch heute sind von diesen Bauwerken nur noch geringe Reste vorhanden. Diese Ruinen können sich optisch nicht gegen die Stoa behaupten und werden ›bedeutungslos‹ im

264 Athen, Agora. Attalos-Stoa. Die für den Wiederaufbau nicht verwendeten originalen Architravblöcke mit der Widmungsinschrift

265   *Athen, Agora. Blick über die parkähnliche Anlage vom Akropolishügel aus. Links der Hephaistos-Tempel. Gartenanlage von Ralph E. Griswold, Pittsburgh, 1954. Foto 1990*

Verhältnis zur Perfektion und Größe des Neubaus.

Die *Attalos-Stoa* neu zu errichten war in Hinblick auf den schlechten Erhaltungszustand des gesamten Ruinengeländes sicherlich eine problematische Entscheidung. Gelungen ist dagegen die Wiederbepflanzung des kahlen Grabungsgeländes. Die von dem Landschaftsarchitekten Ralph E. Griswold aus Pittsburgh entworfene Anlage[21] mit ausschließlich einheimischen Pflanzen hat sich seit 1954 zu einem großartigen *Archäologischen Park* entwikkelt mit vielen schattigen Ruheplätzen. Gut in die Parklandschaft eingebettet – weil bescheidener im Maßstab – liegt die kleine *Kirche der Heiligen Apostel* aus dem 11. Jh., die 1954–56 restauriert wurde.[22]

Augst, Römisches Haus

Auch für das 1954/55 erbaute *Römische Haus* in **Augst** bei Basel war der lang gehegte Wunsch nach einem Museum am Ausgrabungsort Ausgangspunkt der Rekonstruktion (Abb. 266, 267). Über Zustandekommen und Konzeption berichtet R. Laur-Belart:

»Den Gedanken, in Augst ein Museum für die römischen Funde zu bauen, hegten schon die alten Ausgräber von Augusta Raurica ... Den zündenden Funken zur Verwirklichung des Plans aber entfachte Dr. René Clavel. ... Eines Tages ließ er den Verfasser dieses Berichts zu sich kommen und eröffnete ihm seine Bereitschaft, beim Bau eines Museums kräftig mitzuhelfen.[23] *Die Besprechungen ergaben, daß es*

266   *Augst, Römisches Haus. Straßenfront.*
R. Laur-Belart, A. Gerster 1954/55

originell wäre, wenn man den Besuchern von
Augst ein römisches Bürgerhaus mit seiner gan-
zen Ausstattung, wie es in der alten Kolonie-
stadt bestanden haben mag, vor Augen führte.
Zum Glück hatten wir im Jahre 1948 mit
Ausgrabungen in den Wohnquartieren der Stadt
begonnen, während frühere Generationen sich in
erster Linie mit der Erforschung der öffentli-
chen Monumentalbauten beschäftigt hatten. ...
*   Da es aus finanziellen Gründen selbstver-*
ständlich unmöglich war, eine ganze Insula in
der Ausdehnung von 50 × 60 Metern wiederauf-
zubauen, kristallisierte sich die Idee heraus, ei-
nen Baukomplex zu erstellen, der im Kleinen
die Anlage einer ganzen Insula widerspiegelt
und zugleich von jedem Raumtypus ein Beispiel
enthält: also längs der Straße die Säulenlaube,
dahinter ein Gewerberaum, einen Laden und
einen Hauseingang; im Innern den U-förmigen
Säulenhof und darum gruppiert 1 Küche, 1 Spei-
sezimmer, 1 Schlafzimmer und das Bad mit den
drei Abteilungen. ... Es war von vornherein
ausgemacht, daß alles, was den Augster Origi-
nalfunden entnommen werden konnte, also
Grundriß, Proportionen der Räume, Dicke der
Mauern, Türschwellen, Form und Ausmaß der
Säulen, Ziegel usw., sich nach Augst zu richten
hatte. Alles übrige mußte sich zum mindesten

an römischen Vorbilder halten.«[24] *... und die*
fand man in den Häusern von Herkula-
neum und Pompeji.

Das im Areal der Koloniestadt nach dem
Entwurf des Architekten Alban Gerster
(Laufen), der bereits durch Rekonstruk-
tionspläne mehrerer römischer Bauten
hervorgetreten war, erbaute *Römische Haus*
unweit des *Amphitheaters* und des *Schön-*
bühl-Tempels liegt entlang einer Straßenfront der Insula 5, aus Verkehrsgründen
etwas nach Osten verschoben. Mit seinen
550 qm Grundfläche (ohne Säulenhallen)
beansprucht es fast drei der üblichen Insu-
laparzellen und repräsentiert mit dem privaten Bad, das nur in wenigen Augster
Villen gefunden wurde, ein Stadthaus der
gehobenen Bevölkerungsschicht. Die einzelnen Räume sind sorgfältig eingerichtet
und mit rekonstruierten römischen Einrichtungsgegenständen reichhaltig ausgestattet. Sie geben dem Besucher einen guten Eindruck von den Möbeln und Gerä-
ten eines römischen Haushalts. Der Innenhof mit dreiseitiger Portikus ist mit den
für die römische Zeit belegten Sträuchern
und Büschen bepflanzt.

267   *Augst, Römisches Haus. Triclinium*

268   *Malibu, J. Paul Getty Museum.
Gartenanlage. S. Garret, 1970–73*

Malibu, »J. Paul Getty Museum«

Die Idee für das *»J. Paul Getty Museum«*
in **Malibu**, an der Pazifikküste bei Los
Angeles (USA), entstand auf der Suche
nach einem angemessenen Gebäude für die
Unterbringung einer Sammlung europäischer Kunst (antike griechische und römische Plastik, Gemälde des 16.–18. Jhs. und
Möbel). Statt für den Bau eines neuzeitlichen Museums entschied sich J. P. Getty
für eine ziemlich freie Kopie der recht unvollständig bekannten, 1750 bei Herkulaneum entdeckten *Villa dei Papiri*, deren
Rekonstruktion 1970–73 von dem Architekten S. Garret und dem *»historical consul-
tant«* N. Neuerburg entworfen wurde
(Abb. 268, 269). Die großzügige Anlage
zeigt, wie eine römische Villa einschließlich ihrer Gärten ausgesehen haben
könnte, und es ist spannend, durch die
Gärten und Säulenhallen zu gehen und
Architekturmotive aus Pompeji hier in un-
tadeliger Neuheit wiederzufinden.
    *»Die kopierte Villa strahlt wie das gechlorte
Wasser in den Becken des großen und kleinen
Peristyls, obwohl ungleich mehr als ihr antikes
Vorbild. Aber man ist gewissenhaft zu Werke
gegangen. Was für die Villa der Pisonen nicht*

*belegt ist, hat man von anderen Häusern der
Vesuvstädte übernommen. Die Zier- und Nutz-
gärten, die die Villa mit einer antiken Flora
umgeben, gleichen einem archäologisch-botani-
schem Institut«*, schreibt H. v. Steuben.[25]
    Daß das Gebäude keine archäologisch
exakte Rekonstruktion ist, sondern ein
Museum, wird besonders deutlich, wenn
man in das Obergeschoß hinaufsteigt und
dort mit einer Ausstellung europäischer
Gemälde und Möbel des 16.–18. Jhs. konfrontiert wird. Dem Stil antiker Bauten
nachempfunden ist das kleine Restaurant,
doch es ist nicht wahrscheinlich, daß es
von den Besuchern als Rekonstruktion ei-

269   *Malibu, J. Paul Getty Museum. Kopie
des Brunnens aus der Casa della Fontana
Grande in Pompeji*

270 *Plymouth, Plimoth Plantation. Das 1947 gegründete Museum versucht die Situation der Kolonisten und ihrer indianischen Nachbarn im Jahre 1627 wiederzugeben. Blick über die Hauptstraße mit dem Museumspersonal in historischen Kostümen*

ner antiken Taverne verstanden wird. Wie frei man mit einzelnen Details umgegangen ist, zeigt auch ein Vergleich der Kopie des Brunnens aus der *Casa della Fontana Grande* in Pompeji mit dem Original.

Mögen die ausgeführten Details auch nicht alle archäologisch korrekt sein, so ist doch der Gesamteindruck der Anlage, das äußere Erscheinungsbild, sehr beeindruckend.

Plymouth, »Plimoth Plantation«

Die USA besitzen eine großen Tradition in der Anlage von Freizeit- und Vergnügungsparks, die sowohl informativ wie unterhaltsam sind. *Disneyland* bei **Los Angeles** war der Versuch, Kindern und Jugendlichen das historische Amerika, Europa, die Weltraumfahrt und die Gestalten aus den bekanntesten Jugendbüchern lebendig werden zu lassen und sie in das Geschehen mit einzubeziehen, wenn auch teilweise ohne die Möglichkeit selbst eingreifen zu können. Landschaft und Architektur sind rekonstruiert, oft in verkleinertem, auf Kindergröße reduzierten Maßstab, jedoch ohne besonderen Wert auf Alter und Authentizität zu legen. Von Computern gesteuert bewegen sich alle Figuren für den kurzen Augenblick, an dem der Besucher an ihnen vorbeifährt.

Die Idee des aktiven Vorführens anstelle

271   *Plymouth, Freilichtmuseum Plimoth Plantation. Darstellung eines zeitgenössischen Mittagsmahls der Siedler*

des passiven Betrachtens der ausgestellten Dingen findet sich weitergeführt in den »historic site«-Museen, den Freilichtmuseen an historischen Orten wie *Deerfield,* *Jamestown* oder *Williamsburg.* Eines der innovativsten Museen ist jedoch »*Plimoth* *Plantation*«, ein Museumskomplex in der Nähe von **Plymouth** (USA), südlich von Boston, in dem die kleine Siedlung der 1620 am Plymouth Rock gelandeten ›Pilgerväter‹ rekonstruiert wurde.[26]

Der Ort ist nicht der originale Landeplatz, der sich bei dem heutigen, etwa 10 km entfernt liegende Plymouth befindet. Ebensowenig sind die einzelnen Häuser und ihre Ausstattungsgegenstände authentisch, jedoch entsprechen die Nachbildungen dem Stand der heutigen historischen Forschung und wurden auf der Grundlage einer ausführlichen Beschreibung aus dem Jahre 1627 errichtet. Ob Schafehüten oder Hausbauen, Buttern oder Weben, Materialien und Werkzeuge, sogar Kleidung und Haartracht, alle Details wurden sorgfältig erforscht, um den ehemaligen Zustand so genau wie möglich wiederzugeben.

Der ›Nachteil‹, ohne authentische Objekte auskommen zu müssen, ist zum Ausgangspunkt für ein Museumskonzept geworden, dessen Schwerpunkt in der didaktischen Vermittlung der von den Gegenständen repräsentierten Gebrauchsprozesse liegt. Das bedeutet, daß es keine ›Rundgänge‹ durch das Museum gibt, sondern die in historischer Tracht agierenden Museumsmitarbeiter, sog. »*interpreter*«, führen die täglichen Arbeiten der ehemaligen Bewohner möglichst glaubwürdig vor und erläutern sie mit dem Ziel, dem Besucher die Lebensgewohnheiten der damaligen Zeit verständlich zu machen. Für die

272   *Plymouth, Freilichtmuseum Plimoth Plantation. Rekonstruktion des Aufbaus eines Fachwerkhauses aus der Zeit der Kolonisten*

Besucher bedeutet das, in eine fremde Zeit einzutreten und zu erleben, auf welche Art und Weise drei Jahrhunderte früher gelebt und gearbeitet wurde. Die in den Geschichtsbüchern dargestellte Vergangenheit ist zur ›Wirklichkeit‹ geworden.

York, »Jorvik Viking Centre«

Beeinflußt von den amerikanischen Museumskonzepten ist eine der jüngsten und sicherlich die derzeit erfolgreichste Archäologie-Show, das 1984 eröffnete *»Jorvik Viking Centre«* in **York** (GB)[27] (Abb. 273–276). Bei den Ausschachtungsarbeiten für ein neues Kaufhaus in der Innenstadt von York stieß man auf die Reste einer Wikinger-Siedlung. In den Jahren 1976–81 wurde ein Wohngebiet mit vier Hauszeilen und bedeutenden Resten der ehemaligen Besiedlung ausgegraben, die sich in dem feuchten Untergrund hervorragend erhalten hatten. Die Bedeutung der Funde sowie das große Interesse der Bevölkerung ließen den Wunsch nach einer Konservierung der Ausgrabung laut werden. Unter Leitung des »York Archaeological Trust« wurde ein Museumskonzept entwickelt, bei dem dem Besucher nicht nur eine Rekonstruktion der wikingerzeitlichen Siedlung vorgeführt wird, sondern auch der Ausgrabung und der archäologischen Forschungsmethoden. Unter dem neu erbauten Kaufhaus wurden zwei Reihen der Häuser rekonstruiert und realitätsnah mit *»wikingerzeitlichem Leben«* erfüllt. Die beiden anderen Reihen wurden so wiederhergestellt, wie sie aussahen, als sie ausgegraben wurden. Die Besucher gleiten in elektronisch gesteuerten *»time-cars«* rückwärts durch die Zeit bis zu einem *»späten Oktobertag im Jahre 948 im wikingerzeitlichen*

273   *York, Jorvik Viking Centre. Fahrt im »time-car« durch den »time-tunnel« in die Wikingerzeit*

Yorvik, in dem die Bewohner ihren täglichen Geschäften nachgehen«.[28] Ist dieser Punkt erreicht, dreht das Fahrzeug und fährt den Besucher an der Reihe niedriger strohgedeckter Häuser vorbei, in denen er die lebensgroßen, aber unbeweglichen Figuren bei Handel und Handwerk beobachten kann. Die sehr detailreiche Einrichtung der Häuser, die künstlich hergestellten Geräusche und Gerüche helfen zusätzlich, den Eindruck einer belebten Wikingersiedlung hervorzurufen.

274   *York, Jorvik Viking Centre. Darstellung wikingerzeitlicher Holz- und Lederbearbeitung. Die Personen sind geschnitzte und bemalte Figuren*

275   *York, Jorvik Viking Centre. Rekonstruktion der Ausgrabung. Ein Fotograf vor
den freigelegten Hölzern eines wikingerzeitlichen Hauses*

An diese historische Rekonstruktion
schließt sich die rekonstruierte Ausgrabung an mit Personen, die dort ihre »alltäg-
liche« Arbeit verrichten. Hautnah erlebt
man den weichen, schmierigen Boden, in
dem die Ausgrabung stattfand. Daß mit
der Ausgrabung die archäologische Forschung nicht beendet ist, lernt der Besucher im »Laboratorium«, durch das er nach
der Rundfahrt geht und wo er sieht, wie
die Befunde naturwissenschaftlich untersucht werden.

276   *York, Jorvik Viking Centre. Rekonstruktion des Labors. Untersuchung der biologi-
schen Überreste durch einen Paläobiologen*

Auf der nicht länger als 13 Minuten
dauernden Fahrt erlebt er anschaulich, daß
Rekonstruktionen Fiktionen sind, die
nach den Grabungsbefunden von Wissenschaftlern entworfen werden. Diese Erfahrung wird das ihm vermittelte Bild nicht
verändern, doch dessen Wahrheitsgehalt
in Frage stellen. Der nicht abreißende Besucherstrom (jährlich 900 000 Besucher)
zeigt das große Interesse an Geschichte,
aber auch an dieser Art der Präsentation
und Vermittlung, die nicht bei Teilrekonstruktionen und unbelebten Häusern stehen bleibt.

Will man mehr über Archäologie erfahren, so kann man das »Archaeological Re-
source Centre« besuchen, das in einer na-
hegelegenen Kirche untergebracht ist. Das
didaktische Konzept, nach dem die Besucher – in der Hauptsache Schulklassen –
mit den Methoden der Archäologie vertraut gemacht werden, heißt *»Learning by
doing«* und ist auf Jugendliche abgestimmt,
die hier von geschultem Personal mit einzelnen Methoden der Archäologie spiele-
risch bekannt gemacht werden: dem Sor-
tieren und Datieren der archäologischen
Funde (Knochen, Keramik und Glas) oder
der Identifizierung von Keramik und Ru-
neninschriften. Am rekonstruierten Web-
stuhl wird vorgeführt, wie zur Zeit der
Wikinger gewebt wurde und an verschiedenen Computern kann man Ausgrabungen ›planen‹ und Funde katalogisieren.
Mit diesem Hintergrundwissen versehen,
so hoffen die Initiatoren, werden die Jugendlichen in Zukunft ein besseres Verständnis für die Probleme und Sorgen der
Archäologen haben.

277 *Xanten, Archäologischer Park. Blick über die Anlage. Links der Hafentempel, rechts die Herberge mit der kleinen Thermenanlage. Beginn der Ausgrabungen 1974, Eröffnung 1977*

Archäologische Freilichtmuseen

»Der Wunsch, Vergangenheit bequem und anschaulich vorzuführen, hat die Laterna Magica und das Rundpanorama, den historischen Roman und das Freilichtmuseum hervorgebracht«, schreibt W. Pehnt mit Blick auf die 24 Vitrinen im *Deutschen Architekturmuseum* in **Frankfurt/M.**, *»die in Modellen zeigen, wie der Homo Faber sich von der bei Nizza ausgegrabenen, fast vierhunderttausendjährigen Schutzhütte bis zu den Wolkenkratzern an New Yorks 42. Straße emporgearbeitet hat.«*[29]

Auch die Idee des archäologischen Freilichtmuseums, in dem der Besucher neu errichtete ›antike‹ Bauwerke statt translozierter Bauernhäuser besichtigen kann, ist aus dem Wunsch entstanden, das, was nur noch in Spuren erhalten geblieben ist, wieder anschaulich dem Publikum vorzuführen. Die Idee des *Archäologischen Parks* hat in jüngster Zeit eine große Anziehungskraft nicht nur auf Archäologen ausgeübt; besonders dort, wo die Grabungsflächen nichts Anschauliches mehr zu bieten hatten. Die Bezeichnung *Archäologischer Park* weist auf die angestrebte Verbindung von Freizeitpark und Archäologie hin. Doch nicht mehr die in die Natur eingebettete ›künstliche‹ Ruine wie im 18. Jh. ist das Ziel dieser jüngsten Unternehmungen, sondern deren historistische Variante nach dem Vorbild des *Limeskastells Saalburg*. Ausgehend von den kaum noch vorhandenen Grundmauern werden ›antike‹ Bauwerke rekonstruiert, komplett bis zum

*278   Xanten, Archäologischer Park. Südost-
ecke der Stadtmauer, Außenansicht*

*279   Xanten, Archäologischer Park. Nord-
tor der Stadtmauer, Innenseite*

Dach aufgebaut und ›lebensecht‹ ausgestattet.

Anlaß für die Gründung des *»Archäologischen Parks Xanten«* 1973 auf dem Stadt-
gebiet der ehemaligen römischen *Colonia
Ulpia Traiana* vor den Toren des nieder-
rheinischen Städtchens **Xanten** (Abb.
277–281) war die drohende Bebauung der
noch weitgehend unerforschten römischen Stadtanlage. Den Archäologen des
Rheinischen Landesmuseums Bonn gelang es, die große Bedeutung des Boden-
denkmals und dessen hohen wissenschaftlichen Wert darzulegen und sich mit der
Idee eines Archäologischen Freilichtmuseums in das Freizeitkonzept des geplantes
Naherholungsgebiet für das Industriege-
biet Rhein-Ruhr zu integrieren.[30]

1974 wurde mit den Grabungen begonnen, die oft nicht viel mehr erbrachten
als die bereits im Mittelalter ausgeraubten
Fundamentgräben. Das Konzept für den
Archäologischen Park sah die vollständige
Rekonstruktion einzelner Bauten auf den
freigelegten Fundamenten vor. Da aus
Kostengründen nur ein verschwindend
geringer Teil der Stadt neu errichtet werden kann, befinden sich zwischen den
Stadtmauern weite Wiesenflächen in de-

nen frisch angelegte Wege mit Alleebäu-
men das ursprüngliche Straßensystem verdeutlichen.

Die Rekonstruktionsmaßnahmen begannen in der SO-Ecke der Stadt mit dem
Aufbau der *Stadtmauer* und einzelner *Wehr-
türme*. Daran anschließend entstanden die
Teilrekonstruktionen des *Amphitheaters*
und des *Hafentempels*. Vollständig rekonstruiert, da noch im Rahmen der finanziellen Möglichkeiten, wurden einige kleinere
Bauten wie das *Gästehaus* mit den *Herbergsthermen* und das zweitorige *Burginatium-Tor*
im Norden der Stadt.

*280   Xanten, Archäologischer Park. Die
freigelegten Fundamente des Hafentores, 1981*

281 *Xanten, Archäologischer Park. Herberge am Hafentor mit Straßenporticus*

Die Bauten sind auf der Grundlage der geringen Befunde rekonstruiert worden in Analogie zu bestehenden römischen Bauwerken. Sie sind teilweise in ›römischer‹ Technik errichtet, weitgehend mit den ehemals verwendeten Baumaterialien, doch mit heutigen Baumaschinen und neuzeitlicher Bautechnik. Bei den spärlichen Grabungsbefunden, die oft nicht mehr als den Grundriß erkennen ließen, mußten alle aufgehenden Bereiche neu entworfen werden.

Die Bindung der Rekonstruktionen an die vorgefundenen Grundrisse hat erhebliche Nachteile für die gestalterische Konzeption der Anlage mit sich gebracht. Darüber hinaus haben die neuzeitlichen Nutzungsansprüche eine archäologische getreue Rekonstruktion der einzelnen Bauten verhindert. Die wenigen, einzeln stehenden Gebäude sind nicht in der Lage, das Bild einer antiken Großstadt entstehen zu lassen und aufgrund der geringen Baumasse ist es bislang nicht gelungen, den Eindruck eines ›römischen‹ Stadtquartiers zu vermitteln. Beeindruckend als maßstabsgetreue Modelle sind die *Stadtmauern* und *Tore*, doch schon der *Hafentempel* ist ein eigenartiges Präparat aus Befund und

Teilrekonstruktion. Die Bauten selbst, geschichtslose Neubauten ohne Altersspuren, vermitteln wenig von der ursprünglichen Geschichte und dem Leben in dieser bedeutenden römischen Siedlung. Deutlich wird das besonders beim *Amphitheater*, das erst dann wieder ›lebendig‹ wird, wenn es genutzt wird als Sommertheater für die unterschiedlichsten kulturellen Veranstaltungen.

Anlaß für den Aufbau des »*Archäologischen Parks Cambodunum*« in **Kempten**/Allgäu (Abb. 282, 283) war der Wunsch der Stadt Kempten, ihre 2000jährige Geschichte handfest dokumentiert zu sehen. Nach dem Xantener Vorbild entstand 1983–87 als erster Bauabschnitt auf einem Bergsporn über der Iller die Teilrekonstruktion des dort bereits 1936 ergrabenen und in der Zwischenzeit wieder zugeschütteten *Gallorömischen Tempelbezirks* (G. Weber 1983–87). Die Grundlagen für die Rekonstruktion waren ebenso spärlich wie in Xanten, da auch hier nur noch Fundamentreste (Feldsteinmauerwerk) freige-

282 *Kempten, Archäologischer Park Cambodunum. Gallorömischer Tempelbezirk. Im Hintergrund der Herkules-Tempel, vorn die Fundamente der nicht wiederaufgebauten Tempel. G. Weber 1983–87*

legt worden waren. Die Anlage besteht
aus etwa der Hälfte der ergrabenen Bauten, die restlichen zeigen dem Besucher
den wiederhergestellten Zustand nach ihrer Freilegung 1937/38.

Bei den einzelnen Tempelchen hat man
auf eine genaue Rekonstruktion römischer
Bautechnik verzichtet. Allzudeutlich weisen heutige Baumaterialien auf die neuzeitliche Entstehung hin.[31] Viele Baudetails
sind, da nicht belegt, auf möglichst einfache Grundformen reduziert, wie z. B. die
Giebel- und Gesimsprofile, die Kapitelle
und Basen einzelner Tempelchen und besonders die hölzernen Stützen und Kapitelle der Halle. Der Hinweis im Führer
zeigt die Entwurfsprobleme des Architekten:

*»Da die Außenseiten der Doppelhalle so-
wohl mit brüstungshohen Mauern als auch völlig
geschlossen – nur mit Fensteröffnungen versehen – denkbar sind, wurde bei der Rekonstruktion dieser Mauern auf Brüstungshöhe kein obe-
rer Mauerabschluß hergestellt. Die gleichsam
im Aufbau unterbrochene Wand soll diese Unsicherheit optisch vermitteln.«*[32]

Durch diesen Hinweis verändert sich

*283   Kempten, Archäologischer Park Cam-
bodunum. Die den Tempelbezirk umschließende
Doppelhalle. Foto 1990*

*284   Carnuntum, Archäologischer Park. Re-
konstruktion des Diana-Tempels und einer
Straßenhalle im antiken Stadtviertel bei Schloß
Petronell. W. Jobst, K. F. Gollmann 1987–89*

aber nicht der optische Eindruck, den der
Besucher mitnimmt. Auch die *»gleichsam
im Aufbau unterbrochene«* Mauer wird von
ihm als fertiger Zustand angesehen. Die
Rekonstruktion ist für ihn authentisch und
wird durch den Hinweis, daß alles Sichtbare nur auf Fiktion beruht, nicht aufgehoben. Obwohl die unverputzt gelassenen
unteren Schichten der einzelnen Bauten
deutlich machen sollen, wo die Rekonstruktion beginnt, wird es dem Besucher
doch schwerfallen, von dem Gesehenen zu
abstrahieren und den ›falschen‹ Eindruck
wieder zu vergessen. Er wird davon ausgehen, daß die Bauten und ihre Einrichtung
eine Lösung zeigen, die der Archäologe
für möglich hält. Bestimmend für den Besucher ist in der Hauptsache der Gesamteindruck der Rekonstruktion, *»und das um
so mehr, als erfahrungsgemäß ein Großteil der
Besucher die Häuser für Realität hält und ihren
Modellcharakter übersieht«.*[33] Dieser Gesamteindruck wird aber nicht nur bestimmt vom räumlichen Ensemble, der
Ausführung der Oberflächen, der Feinheit
der Details, sondern auch von den unhi-
storischen Zutaten, die deutlich darauf

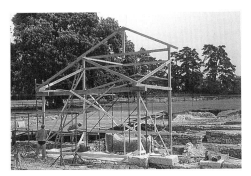

285 Carnuntum, Archäologischer Park. Holzgerüst mit den Umrissen der geplanten Rekonstruktion des Diana-Tempels

hinweisen, daß man sich in einem nach neuzeitlichen Gesichtspunkten errichteten Gebäude befindet: den Plastikfugen, Lüftungsblechen, Gartenleuchten oder modernen Türbeschlägen – einem sicher unpassenden Dekor für Geschichts- und Erinnerungsillusionen.

Nur 40 km von Wien entfernt, in der Nähe von Bad Deutsch-Altenburg liegt das Ausgrabungsgelände von **Carnuntum**, der Hauptstadt Pannoniens zur Römerzeit. Die Notwendigkeit, die schlecht konservierten Ausgrabungen zu restaurieren, führte 1988 zu dem Beschluß der Niederösterreichischen Landesregierung, gleichzeitig mit diesen Restaurierungsarbeiten die Attraktivität des Grabungsplatzes durch die Anlage eines *»Archäologischen Parks Carnuntum«* zu steigern[34] (Abb. 284, 285). Bereits 1986 hatten Ausgrabungen mit dem Ziel einer erneuten wissenschaftlichen Bearbeitung der alten Grabungsflächen in der Zivilstadt Carnuntums begonnen. Das Stadtviertel bei Petronell, dessen freiliegende Mauern ein erschreckendes Stadium des Verfalls erreicht hatten,

wurde neu untersucht und das attraktivste Gebäude, der *Diana-Tempel*, für eine Rekonstruktion ausgewählt. Das eingeschossige Gebäude wurde in ›römischer‹ Bautechnik auf den originalen Fundamente mit einer davorliegenden Straßenhalle errichtet (W. Jobst, K. F. Gollmann, 1987–89) und dient heute als kleines Grabungsmuseum.

Als Maßnahmen für den weiteren Ausbau des Archäologieparks (Projektstufe I, 1988–93) sind, neben der fertiggestellten Restaurierung und Neueinrichtung des »Römermuseums Carnuntum«, einem Baudenkmal der Jahrhundertwende, die Errichtung eines *Pfaffenbergmuseums* auf dem Stadtberg von Carnuntum und die Restaurierung und Teilrekonstruktion des *Amphitheaters* vorgesehen.

Nach den Erfahrungen in Xanten sollen Rekonstruktionen nur in bescheidenem Umfang durchgeführt werden und mehr Wert auf die Konservierung und Präsentation der originalen Ruinen gelegt werden.

Teils vollständig, teils in ruinöser Form rekonstruiert, jedoch in kräftigen Farben

286 Homburg/Saar. Römisches Freilichtmuseum Schwarzenacker. Blick auf das rekonstruierte Kulthaus über dem Säulenkeller. A. Kolling, um 1970

287   *Hechingen-Stein, Römisches Freilicht-museum. Teilrekonstruktion der 1978–82 frei-gelegten Villa rustica*

angestrichen und unausgesprochen mehr dem Vorbild von Knossos verpflichtet als der Saalburg, präsentiert sich das *»Römer-museum Schwarzenacker«* bei **Homburg/** Saarland[35] (Abb. 286). Der gute Erhal-tungszustand der bei den 1965 begonne-nen Grabungen freigelegten Überreste ei-nes römischen Vicus ließen die Idee auf-kommen, die Bauten teilweise zu rekon-struieren. Als erstes wurde über dem frei-gelegten *Säulenkeller* ein ganzes Haus errichtet und mit Mobiliar ausgestattet. Daneben entstand das *Haus des Augenarztes* mit Hypokaustenheizung, etwas weiter entfernt ein Stück Fassade mit Portikus, aber ohne die dahinterliegenden Häuser. Kunstvoll angekohlte Balken machen dem Besucher glauben, daß die Siedlung in ei-ner Feuersbrunst zugrunde gegangen ist.

Bescheidener als diese großen Anlagen ist das *»Römische Freilichtmuseum Hechin-gen-Stein«* bei **Hechingen/**Baden-Würt-temberg (Abb. 287) mit der Teilrekon-struktion eines kleineren Bereichs einer rö-mischen Villa, deren 1978–82 freigelegte Mauern weitgehend neu aufgemauert sind. Der neu erbaute Teil der Villa scheint ohne große archäologische Detailplanung

durchgeführt zu sein, denn die gestalteri-sche Ausführung der Rekonstruktion läßt sehr zu wünschen übrig. Die Anlage zeigt darüber hinaus, daß ohne die Beachtung denkmalpflegerischer Grundsätze bei Konservierungs- und Rekonstruktions-maßnahmen durch den Wiederaufbau der originale Befund zerstört und für weitere Forschung wertlos werden kann.

Die *Archäologischen Parks* stehen in einer Tradition, die mit den, von uns heute belä-chelten, rekonstruierten Pfahlbauten in den vor- und frühgeschichtlichen Frei-lichtmuseen begonnen hat.

Das erste Pfahlbaudörfchen entstand 1888–90 auf private Initiative des Schuh-fabrikanten C. F. Bally in seinem eigenen Park in **Schönenwerd** bei Aarau/Schweiz. Die heute noch existierende Anlage be-steht aus fünf Flechtwandhäusern mit strohgedeckten Satteldächern, die auf zwei durch einen Steg verbundenen Plattfor-men im Wasser stehen.[36] Nach dem Vor-bild von Schönenwerd wurde 1910 eine Pfahlbausiedlung am Attersee erbaut, die jedoch 1922 während der Dreharbeiten für den Film »Sterbende Völker« in Flammen aufging.

Im gleichen Jahr entstand unter Leitung von H. Reinerth das *»Freilichtmuseum Deutscher Vorzeit«* in **Unteruhldingen** am Bodensee (Abb. 288, 289). In den Jahren 1922, 1931 und 1939/40 wurden unweit des Ufers mehrere Pfahlbausiedlung er-richtet, die mit ›Bewohnern‹ und Einrich-tungen möglichst lebensecht ausgestattet wurden. Die stein- und bronzezeitlichen Häuser, die rekonstruiert wurden nach Ausgrabungen in Sipplingen am Boden-see, Bad Buchau und Rietschachen am Fe-dersee, sollten die seit dem 19. Jahrhundert umstrittene und vieldiskutierte Pfahlbau-

288 *Unteruhldingen, Freilichtmuseum Deutscher Vorzeit. Rekonstruktion eines Pfahldorfes der Bronzezeit nach der Ausgrabung des ältesten Dorfes der Wasserburg Buchau/Federseemoor. H. Reinerth 1931*

theorie handfest beweisen.[37] Die Pfahlbausiedlung, heute ohne wissenschaftlichen Wert, da die damaligen Grabungsbefunde derzeit anders interpretiert werden, steht noch immer, wird in Stand gehalten und ist auch weiterhin eine große Touristenattraktion – was deutlich zeigt, daß es Touristen mehr auf Attraktion als auf wissenschaftliche Korrektheit ankommt und sie auch archäologische Rekonstruktionen dort anschauen, wo die Vorbilder selbst nicht gestanden haben.

Das Anliegen aller dieser Unternehmungen – und dazu gehören auch die vielen in den letzten Jahrzehnten rekonstruierten Limestürme und Kastelle, ländlichen Villen und Aquädukte – ist nach den Aussagen der dafür verantwortlichen Archäologen in erster Linie ein didaktisches, *»die Aussagemöglichkeiten eines meist unscheinbaren, archäologischen Befundes in eine dreidimen-*

sionale, erlebbare Wirklichkeit zu transponieren.«[38] Darüber hinaus soll das ›Leben in der Antike‹ an eben diesem Ort und zu einer Zeit, den die Baumodelle repräsentieren, für den Besucher erfahrbar gemacht werden.[39] Doch kann dieses Ziel auf diese Weise überhaupt erreicht werden?

289 *Die Pfahlbauten als Filmkulisse. Szene aus dem Ufa-Film »Schöpferin Natur«. Zeitgenössische Postkarte*

290   *Pergamon. Touristen im Traianeum vor den wiederaufgebauten Säulen der Nordhalle*

Die sich mit dem Phänomen Tourismus und Geschichte beschäftigenden Wissenschaftler bezweifeln dies entschieden. So schreibt z. B. H.-M. Müllenmeister:

»Die touristische Reise in die Vergangenheit ist in Wahrheit allzu häufig eine Reise in die Nostalgie. Sie führt mit Entschiedenheit aus der strapaziösen Gegenwart hinaus, aber sie verrät nicht die mindeste Absicht. Stattdessen landet sie im mythisch Unbestimmten, im Wolkenkukkucksheim, in jener berühmten goldenen Zeit, in der die Welt noch heil und die Verhältnisse in Ordnung waren. ... Mit Geschichte hat das alles nichts zu tun. Im Gegenteil: Es handelt sich um den konsequenten Verzicht auf Denkprozesse in historischen Kategorien. Und damit um das pathologische Phänomen des Realitätsverlustes.

Wo leichtgläubige Beobachter historische Objekte vermuten, erkennt der geschärfte Blick täuschende Kulissen, Kunstwerke der Illusionstechnik, Versatzstücke mit Patina«[40] (Abb. 290). Die Lernprozesse, die diese Kulissen ermöglichen, seien wenig ergiebig und *»Kunstgeschichte für Touristen ist höchst selten Kunstgeschichte. Es sei denn, man versteht darunter nicht mehr als die Entwicklung künstlerischer Techniken und Formensprachen«*.[41]

Experimentelle Archäologie

Neben den neuzeitlichen Rekonstruktionen auf originalen Mauerzügen, die wir hauptsächlich auf den Grabungsstätten mit römischen Bauten finden, wurde von den Vor- und Frühgeschichtlern bereits in den 50er Jahren die Idee der *»Experimentellen Archäologie«* entwickelt, eine Methode, mit der versucht wird, die Interpretation der ausgegrabenen Befunde durch die Rekonstruktion der Arbeitsvorgänge abzusichern.[42] Nicht das rekonstruierte Objekt, sondern der Prozeß, durch den es hergestellt wird, ist dabei entscheidend. Bekanntgeworden sind das 1964 von H.-O. Hansen gegründete *»Historisk-arkeologisk Forsøgscenter«* in **Lejre** bei Roskilde/ Dänemark mit stein- und eisenzeitlichen Dorfanlagen (Abb. 291, 292) oder das Museumsdorf Düppel in **Berlin-Zehlendorf** – eine pfostengetreue in situ-Rekonstruktion eines kurzfristig besiedeltes, palisa-

291   *Lejre, Historisch-archäologisches Forschungszentrum. H.-O. Hansen 1965–80*

292 *Lejre, Historisch-archäologisches For-schungszentrum. Experimentelle Herstellung und Verwendung von Pfeilspitzen aus Feuer-stein*

denumwehrtes mittelalterlichen Dorf mit 14 Häusern.

In Lejre wird nach Befunden von ver-schiedenen Grabungen in historischen Techniken und Materialien rekonstruiert und die Rekonstruktion als Grundlage für die Durchführung historischer Lebens- und Arbeitsweisen benutzt. Damit bleibt der experimentelle Charakter der Maß-nahme deutlicher als bei einer Rekonstruk-tion an originaler Stelle, deren Authentizi-tät vom Besucher leicht als Wahrheitsbe-weis für das Gesamte mißverstanden wer-den kann. Der größte Unterschied zu den Rekonstruktionen in den *Archäologischen Parks* besteht jedoch in dem Versuch, die historischen Techniken so genau wie mög-lich nachzuahmen, um die Ausgrabungs-befunde besser interpretieren zu können. Dieser Aspekt wissenschaftlichen Interes-ses, der den Bauten auch einen Anschein größerer ›Echtheit‹ vermittelt hätte, ist bei den neuzeitlichen ›römischen‹ Rekon-struktionsmaßnahmen zu Gunsten einer zeitgemäßen Nutzung und der Erfüllung damit verbundener Sicherheitsauflagen unberücksichtigt geblieben.

Rekonstruktionen neben dem Grabungsplatz

Eine Möglichkeit, den Wunsch nach einer Rekonstruktion mit der Verpflichtung zur Konservierung des Befundes zu verbin-den, besteht darin, die neuen Bauten au-ßerhalb des Grabungsplatzes zu errichten – dort wo sie Befund und Ruinen nicht stören. In Seeland/Dänemark, in der Nähe von Slagelse finden wir am Eingang der 1934–41 ausgegrabenen *Wikingerfestung* **Trelleborg** ein einzelnes der 16 gleichgro-ßen Häuser als maßstabsgerechtes Modell aufgebaut (Abb. 293). Auf dem Gra-bungsplatz selbst wurden die sich nur in Pfostenlöchern markierenden Holzständer der freigelegten Häuser durch niedrige Ze-mentpoller markiert, die Seitenwände der Tore gesichert und die Umwallung wieder aufgeschüttet. Das Modell des Wikinger-hauses wurde nach dem Befund rekonstru-iert und in altertümlicher Weise von den Zimmerleuten hergestellt. Doch wie alle Rekonstruktionen war es ein Kind seiner Zeit und geprägt durch den Wissensstand

293 *Trelleborg, Wikingerfestung. Rekon-struktion eines Wohnhauses außerhalb des Gra-bungsplatzes. Im Vordergrund ein Modell der Anlage*

seiner Zeit. So ist es nicht verwunderlich, daß 1965 von dem Archäologen Holger Schmidt auf der Grundlage der ehemaligen Grabungsbefunde, aber mit den heutigen Erkenntnissen, eine neue Rekonstruktion des Hauses vorgeschlagen wurde.[43] Diese wurde 1984/85 bei der *Wikingerfestung* **Fyrkat** bei Hobro (Nordjütland) erbaut, aus konservatorischen Gründen ebenfalls außerhalb des Ringwallareals.[44]

In Schottland findet man im römischen Fort **Vindolanda** am *Hadrians-Wall* die Rekonstruktionen eines typischen Lagertores einer römischen Holz-Erde-Mauer und einer Steinmauer mit Turm (Abb. 294). Beide Rekonstruktionen sind außer-

294   Hadrians-Wall, Fort Vindolanda. Rekonstruktion der Holz-Erde-Befestigung außerhalb des Grabungsplatzes. Foto 1982

halb der Grabung erbaut. Der Besucher wird auf einer Tafel darauf hingewiesen, daß beide Nachbildungen aus experimentellen Gründen errichtet wurden, um festzustellen, wie schnell sie unter den gegebenen klimatischen Bedingungen zerfallen.[45]

Nicht zu vergleichen mit diesen kleinen Rekonstruktionsversuchen ist das unweit von **Beaune** (Burgund), neben einem Rastplatz an der Autobahn A7 Paris – Marseille errichtete größte französische Museum mit archäologischen Modellen in natürlicher Größe, das *»Archéodrome«* (= der Marsch durch das Altertum).[46] Hier findet man *»auf einem Gang durch 1000 Jahre Geschichte«* die wichtigsten Stationen der französischen Vergangenheit, von der Steinzeit bis zur Römerzeit: ein Dorf aus der Jungsteinzeit, ein Tumulusgrab, einen gallo-römischen Kultbezirk und ein Gräberfeld, einen gallischen Bauernhof und eine römische Villa. Besonders beeindruckend ist die 100 m lange Rekonstruktion von *Caesars Umschließungsmauer vor Alesia* (Abb. 295).

Durch die vielen an diesem Ort versammelten hübschen Rekonstruktionen aus unterschiedlichen Zeiten wird sicherlich kein Besucher annehmen, daß hier Originale zu sehen sind, sondern nur wissenschaftlich mehr oder weniger gesicherte Nachbildungen. Doch diese Rekonstruktionen bleiben in der Erinnerung haften, ähnlich wie die Personen in den historischen Romanen oder Historienfilmen, und bilden die Grundlage für die Vorstellung von geschichtlichen Ereignissen und historischen Bauwerken.

Daß Rekonstruktionen auch dazu dienen können, die Originale vor der Zerstörung durch eine zu große Anzahl von Besuchern zu bewahren, zeigt das Beispiel der

295   Beaune/Burgund, Freilichtmuseum Archéodrome. Rekonstruktion der Palisadenwand mit Wachtürmen, wie sie von Caesar vor Alesia gegen die Kelten angelegt worden sein soll

Höhle von Lascaux bei **Font-de-Gaume** (Dordogne/Frankreich). Die stark in Mitleidenschaft genommenen Wandmalereien sind nach ihrer Konservierung nur noch für Wissenschaftler zugänglich. Neben der Höhle wurde jedoch eine zweite Höhle erbaut, eine originalgetreue Nachbildung, die ausschließlich der Besichtigung durch die in immer größerer Zahl anreisenden Touristen dient.[47]

Daß heute selbst unregelmäßige Oberflächen mit Bemalung in hervorragender farblicher Qualität reproduziert werden können, hat auch die Nachbildung der *Grabkammer des Sennefer* (18. Dyn.) aus **Theben-West** gezeigt.[48] Der Eindruck der in verschiedenen Museen ausgestellten ›Grabkammer‹ ist verblüffend und in vielen Fällen wird in Zukunft sicher die Herstellung von Repliken die einzige Möglichkeit sein, um die Originale zu erhalten und den Touristen trotzdem einen Eindruck von diesen zu ermöglichen.

296   Theben-West, Tal der Könige. Grab des Tut anch-amun. Die stark geschädigten Wandmalereien in der Grabkammer

297   Rom, Venus und Roma-Tempel. Blick vom Kolosseum auf die 1935 von A. Muñoz angelegte Rekonstruktion der Tempelanlage mit Hecken und Büschen. Foto 1980

Auf eine besondere Form der Rekonstruktion von Architektur soll hier noch hingewiesen werden: den Ersatz von Architektur durch Büsche und Sträucher. Diese ungewöhnliche Methode wurde bei der in den 30er Jahren durchgeführten Restaurierung des *Venus und Roma-Tempels* zwischen dem *Forum Romanum* und dem *Kolosseum* in **Rom** praktiziert[49] (Abb. 297). Identifiziert man die flachen quadratischen Platten beim Vorbeigehen zuerst als Pflanztröge der darin befindlichen Büsche, so wird doch bei der Betrachtung der korinthischen Basen mit niedrigen Säulentrommeln, in die kleine Marmorbrocken eingelassen sind, klar, daß hinter dieser

298   Xanten, Archäologischer Park. Eine dichte Hecke dient als Ersatz für die steinerne Stadtmauer

regelmäßigen Bepflanzung eine Rekonstruktionsabsicht steckt.[50] Aber erst vom *Kolosseum* herab erschließt sich die gesamte Anlage: die mit Lorbeer bepflanzte Cellamauer, der mit Ligusterbüschen angedeutete 10säulige Peripteros, die umlaufenden Stufenreihen aus einer dichten Myrthenhecke.

Diese von A. Muñoz 1935 inszenierte ›Rekonstruktion‹ der Tempelanlage gehört mit zu den Maßnahmen für die Anlage der *Via dell' Impero* und war ein Versuch, statt eines Wiederaufbaus in Stein ›natürliche‹ Materialien hierfür einzusetzen.[51]

Eine ungewöhnliche Form der ›Rekonstruktion‹ ist auch die Trompe-l'œil-Perspektive in **Nyon** am Genfer See über den Fundamenten einer *römischen Basilika*. Die Zeichnung vermittelt eindrucksvoll die Größe des ehemaligen Gebäudes, das in seinen originalen Fundamenten noch vorhanden ist[52] (Abb. 299). Die Zeichnung weist aber gleichzeitig durch die analytische Form der Perspektive darauf hin, daß der Betrachter etwas ›Konstruiertes‹ sieht – eine Rekonstruktion.

Ein historisches Bauwerk, einmal zerstört, ist nie wieder zurückzugewinnen. Wenn es hoch kommt, wird die Rekonstruktion ein weitgehend originalgetreues Abbild des Verschwundenen sein, üblicher Weise ist es jedoch ein Modell im Maßstab 1:1 mit vielen Fehlern, das unseren heutigen Kenntnisstand wiedergibt und errichtet ist mit neuzeitlichen Arbeitsmethoden und Materialien. Erscheint das Ergebnis uns

299 *Nyon, Trompe l'œil-Malerei. Innenraumperspektive der römischen Basilika, deren Fundamente in dem unter der Plattform liegenden Museum zu besichtigen sind. Fred-A. Holzer 1979*

heute auch glaubhaft, so wird sich bald herausstellen, wie zeitgebunden es war. Ist es qualitätvoll gemacht, werden spätere Generationen es vielleicht einmal zu einem Baudenkmal erklären – erhaltenswert als Ausdruck der kulturellen Leistungen des späten 20. Jahrhunderts.

RESTAURATORISCHE MASSNAHMEN

300   *Athen, Akropolis. Erechtheion, Ergänzung eines schadhaften Kymas an der Korenhalle*

Ergänzungen

Zu den wichtigsten, aber zugleich auch schwierigsten restauratorischen Maßnahmen zählt die Reparatur und Ergänzung schadhafter Bauglieder, denn die Art, in der die Ergänzungen ausgeführt werden, entscheidet über das Aussehen des restaurierten Bauteils und seine weitere Erhaltung als authentisches Geschichtsdokument. Form und Bearbeitung der fehlenden Teile sind zumeist nicht bekannt, das Material ist verlorengegangen. Ergänzungen, die diese verlorengegangenen Teile ersetzten sollen, sind Rekonstruktionen, neuzeitliche Hinzufügungen zu den originalen Teilen des historischen Bauwerks. Selbst wenn es sich ›nur‹ um die Ergänzung einfacher Mauerquader handelt, bleibt ein Rest von Unsicherheit, ob das ergänzte Teil wirklich eine genaue Nachbildung des verlorenen Originals ist.

Die wichtigsten Fragen, die sich für die Konzeption und Ausführung von Ergänzungen stellen, sind:
– muß das beschädigte Teil wirklich ergänzt werden, kann es nicht in seinem augenblicklichen Zustand belassen werden?
– wie weit kann der Umfang der Ergänzungen eingeschränkt werden?
– welches Material ist für die neuen Teile zu verwenden?
– welche Oberflächenbearbeitung ist der Ergänzung angemessen?
– wie deutlich sollen sich die neuen Teile von den alten unterscheiden?
– wie weit darf, ohne den Befund zu verunklären, in den originalen Bestand eingegriffen werden?
– auf welche Weise soll die Verbindung zwischen Original und Ergänzung hergestellt werden?

In der *Charta von Venedig* (Artikel 9) wird die Ausführung von Ergänzungen unter dem Stichwort *Restaurierung* abgehandelt:
»Die Restaurierung ist eine Maßnahme, die Ausnahmecharakter behalten sollte. Ihr Ziel ist es, die ästhetischen und historischen Werte des Denkmals zu bewahren und zu erschließen. Sie gründet sich auf die Respektierung des überlieferten Bestandes und auf authentische Dokumente. Sie findet dort ihre Grenze, wo die Hypothese beginnt. Wenn es aus ästhetischen oder technischen Gründen notwendig ist, etwas wiederherzustellen, von dem man nicht weiß, wie es ausgesehen hat, soll sich das ergänzende Werk von der bestehenden Komposition abheben und den Stempel unserer Zeit tragen.«
Über die Deutlichkeit, mit der sich Ergänzungen vom Original abheben sollen, wird in der *Charta* nichts gesagt, sondern in Artikel 12 nur darauf hingewiesen, daß *»die Elemente, welche fehlende Teile ersetzen sollen, ... sich dem Ganzen harmonisch einfügen, aber dennoch vom Originalbestand unterscheidbar sein [müssen], damit die Restaurierung den Wert des Denkmals als Kunst- und Geschichtsdokument nicht verfälscht«.*

Unter Heranziehung der weiteren Artikel der *Charta* lassen sich die Forderungen, die an die Ausführung von Ergänzungen zu stellen sind, wie folgt zusammenfassen:

– Ergänzungen sollen sich auf ein Minimum beschränken;
– Ergänzungen sollen nur dort angebracht werden, wo es für die Erhaltung des Denkmals unerläßlich ist;
– Ergänzungen sollen dazu beitragen, die ästhetischen und historischen Qualitäten des Denkmals wiederherzustellen;
– Ergänzungen sollen als neuzeitliche Hinzufügungen erkennbar sein, sich aber harmonisch dem Ganzen einfügen. Das bedeutet nicht, daß die neuen Teile schon von weitem zu erkennen sein müssen, sondern daß sie bei genauer Betrachtung vom Original unterscheidbar bleiben sollen.

Eine weitere Forderung, die nicht in der *Charta* verankert ist, müßte lauten:
– Die zur Ergänzung verwendeten Materialien, ebenso wie die Verbindungsmittel (Dübel, Kleber, Kitte), dürfen das Original nicht schädigen. Es muß die Möglichkeit bestehen, die Ergänzungen wieder abzunehmen, wenn es erforderlich sein sollte. Die Reparaturfähigkeit des Originals muß erhalten bleiben.

In der Vergangenheit wurden unterschiedliche Methoden und Materialien zur Her-

301   Ephesos, Johannesbasilika. Ergänzung eines marmornen Türgewändes mit Beton

stellung von Ergänzungen benutzt. Davon zeugen die folgenden Beispiele, die nach den verwendeten Materialien und ergänzten Baugliedern geordnet sind.

Zementmörtel und Beton

Die einfachste und am wenigsten geeignete Methode für die Ergänzung fehlender Teile aus Naturstein ist die Verwendung von Zementmörtel oder Beton ohne farbliche Anpassung des Materials an das Original und ohne spätere Überarbeitung. In dieser Form wurden z. B. die Säulen des *Ceres-Tempels* auf dem *Forum der Korporationen* im antiken **Ostia**, der Nordhalle im *Asklepios-Heiligtum* in **Pergamon**, der *Johannesbasilika* und des *Artemis-Tempels* in **Ephesos** und der Hallen in **Apamea** ausgeführt.

Bei der Verwendung von Beton ist eine Schalung erforderlich, die sich bei glatten, unkannelierten Säulen relativ leicht herstellen läßt, bei kannelierten Säulen mit Entasis jedoch eine schwierige Tischlerarbeit ist. Deshalb haben sich in der Vergangenheit für nicht steinmetzmäßig weiterbearbeitete Betonergänzungen zwei Methoden herausgebildet:
– Ergänzungen, die bis hinter die Kehle der Kannelur zurückgesetzt sind und
– Ergänzungen, die über den Steg der Kannelur hinausreichen.

In **Ephesos** wurden bei der Aufstellung der Säulen der *Marktbasilika* und der *Nordhalle am Staatsmarkt* beide Verfahren ausprobiert (W. Alzinger, um 1960) (Abb. 302, 303). Die Ergebnisse waren nicht sehr erfolgreich, denn nur der ungestörte Umriß der Säule vermittelt einen ästhetisch befriedigenden Eindruck. Das Auge folgt

302   *Ephesos, Marktbasilika. Ergänzung der kannelierten Säulenschäfte mit Beton*

303   *Ephesos, Marktbasilika. Ergänzung der kannelierten Säulenschäfte mit Beton*

sehr genau dem Verlauf der Kanneluren. Willkürliche Unterbrechungen der Form wirken störend und unschön.

Das gilt auch für Säulentrommeln, die im ›Rohbauzustand‹, mit Werkzoll, ergänzt werden, wie es bei den neu errichteten Pronaossäulen im *Hephaistos-Tempel* auf der *Agora* in **Athen** geschehen ist[1] (A. Orlandos, um 1955). Ein Vergleich mit den von A. Orlandos in **Pella** wiedererrichteten Säulen mit Ergänzungen aus Naturstein zeigt, wieviel besser das Ergebnis bei einer sorgfältigen steinmetzmäßigen Arbeit sein kann (Abb. 305).

Auch eine ungenaue Herstellung der Entasis fällt sofort ins Auge und läßt die Rekonstruktion unglaubwürdig erschei-

nen, wie z. B. beim *Hadrians-Tempel* in **Ephesos** (K. H. Göschl 1956–58) (Abb. 120) oder der Teilrekonstruktion des römischen *Apollo Grannus-Tempels* in **Faimingen**/Bayern (G. Weber, um 1985).

Ergänzungen aus Zementmörtel zeichnen sich durch die typische graue Farbe des Portlandzements aus, die sich deutlich von den Eigenfarben der Natursteine unterscheidet. Sie sind sehr hart, die ergänzten Flächen haben fast immer deutlich erkennbare Schwindrisse. Ergänzungen aus reinem Zementmörtel wie aus *Kunststein* sind wegen ihrer vielen Nachteile abzulehnen.

Ziegelmauerwerk

Typisch für die italienischen Restaurierungsmaßnahmen der 30er Jahre sind Ergänzungen in rotem Ziegelmauerwerk, die
sorgfältig den Konturen der antiken Architektur angepaßt sind. Der Grund für
diese farblich sehr auffälligen Ergänzungen war die damalige Restaurierungstheo-
rie, die forderte, daß das Neue, Hinzugefügte deutlich erkennbar sein müsse. So
finden wir heute antike Marmorsäulen mit
roten Flickstellen auf fast allen Grabungsplätzen, auf denen zu dieser Zeit restauriert wurde (Abb. 306, 307).

Wegen ihrer geringen Festigkeit lassen
sich gebrannte Ziegel gut bearbeiten und
der Profilierung des Originals anpassen.
Die Herstellung des Ziegelmauerwerks
bereitet technisch keine Schwierigkeiten,
die einzelnen, relativ kleinen Elemente lassen sich durch den Mörtel gut zu einer
Einheit zusammenfügen und sind weitgehend witterungsbeständig. Der große
Kontrast zwischen Ergänzung und Original in Farbe und Struktur (Fugennetz statt
einheitlich glatter Oberfläche) ist jedoch
sehr auffällig. Wir betrachten diese Ziegel-
flickungen heute nicht mehr als ›harmoni-
sche‹ Ergänzung, denn statt zu einer neuen
Einheit zu verschmelzen, fällt das restaurierte Bauteil optisch in zwei deutlich voneinander geschiedene Bereiche (Original –
Ergänzung) auseinander.

304   Ephesos, Artemis-Tempel. Ergänzung
fehlender Teile der Säulentrommeln mit Beton
und in vereinfachten Formen. A. Bammer 1972

305   Pella, Ionisches Peristyl. Ergänzung
fehlender Teile der Säulenschäfte mit Naturstein
(Kalkstein). Foto 1980

306 Rom, Caesar-Forum. Ergänzung fehlender Teile mit roten Ziegeln, 1933/34

Betonschicht im Mischungsverhältnis 1:3, mit Eisen armiert. Die Kannelierung wurde erst nach dem Erhärten des Betons herausgearbeitet, und zwar so, daß die Außenfläche 3–4 mm hinter der Fläche des anschließenden antiken Steines lag. Schließlich wurde auf den Beton noch eine dünne Schicht aus Zement und Ockerfarbe aufgebracht und diese durch ein amerikanisches Härtemittel besonders widerstandsfähig gemacht. In gleicher Weise wurden auch die beschädigten Säulentrommeln in ihren Lücken ergänzt.«[2]

Die denkmalpflegerische Forderung der 20er Jahre, bei Restaurierungen deutlich die neu hinzugefügten Bauteile zu kennzeichnen und möglichst ein anderes Material als das des Originalteils zu verwenden, wird verständlich als Reaktion auf die ›unsichtbaren‹, dem Stil des Bauwerks nachempfundenen Restaurierungen

307 Pompeji, Forum. Ergänzung fehlender Architekturteile mit roten Ziegeln, um 1930

»Kunststein«

Die Verwendung von *Kunststein*, einem eingefärbten Beton mit Portland- oder Weißzement als Bindemittel und einem dem antiken Original angepaßten Zuschlagstoff, zur Ergänzung antiker Bauglieder begann in den 20er Jahren. Eine umstrittene und viel diskutierte Maßnahme war der Wiederaufbau der Nordkolonnade des *Parthenons* durch N. Balanos 1923–30 (Abb. 68).

»Als Ersatz für die fehlenden Säulentrommeln«, berichtet Toni Hess, »wählte Balanos ein eigenartiges Verfahren: Um einen Kern aus hartem Piräusstein stampfte er innerhalb einer Schalung eine im Durchschnitt 0,10 m starke

308   Olympia. Hera-Tempel, Südostecke.
Die beiden Säulen auf der rechten Seite wurden
1905 von G. Kawerau aufgestellt, die linke
Säule von K. Herrmann 1972

309   Olympia, Hera-Tempel. Während die
Natursteinergänzungen G. Kaweraus nachge-
dunkelt sind, sind die Kunststeinvierungen nach
20 Jahren noch deutlich zu erkennen

und Rekonstruktionen des 19. Jhs. Der entscheidende Grund für die Anwendung von *Kunststein* war jedoch, daß dieses Material plastisch ist und sich an unregelmäßige Bruchflächen anschmiegt ohne weitere Abarbeitung des Originals. Da es darüber hinaus sehr hart wird, läßt es sich nach dem Abbinden steinmetzmäßig bearbeiten. Die derzeitigen Restaurierungsarbeiten auf der *Akropolis* von **Athen** haben jedoch gezeigt, daß auch Ergänzungen aus Naturstein an unregelmäßige Bruchflächen angepaßt werden können (Abb. 300).

In **Olympia** wurden bei der Wiederaufstellung zweier Säulen des *Heraions* (K.

Herrmann 1970, 1972) zwei unterschiedliche Verfahren zur Ergänzung der Fehlstellen benutzt.[3] Bei der Säule an der Südwestecke des Tempels wurden die Ergänzungen in traditioneller Weise als rechtwinklige »*Vierungen*« aus dem ortsüblichen Muschelkalk eingesetzt. Bei der später aufgestellten Säule wurden dagegen die in Form einer Vierung ausgearbeiten Fehlstellen mit *Kunststein* geschlossen. Als Ergänzungsmasse wählte man eine Mischung aus Muschelkalkabschlägen, Sand und weißem und grauem Zement als Bindemittel. Um einen haltbaren Anschluß des Kunststeinmaterials an den originalen Stein zu bekommen, mußten die Kanten

der Ausbrüche einige Zentimeter tief abgearbeitet werden. Zur Verbindung der
neuen Teile mit dem Original diente eine
Bewehrung aus rostfreiem Stahl. Nach
dem Abbinden wurden die überstehenden
Oberflächen vom Steinmetz abgearbeitet
und ihre Oberfläche dem verwitterten Zustand des Originals angepaßt.

Die Natursteinergänzungen an den von
G. Kawerau 1905 aufgestellten Säulen
(Abb. 79–81, 308) haben sich farblich den
originalen Säulentrommeln fast vollständig angeglichen, sind jedoch von Nahem
auch heute noch als neuzeitliche Flickungen zu identifizieren. Im Gegensatz dazu
sind die Flickstellen aus *Kunststein* auch
nach fast 20 Jahren noch deutlich zu erken-

nen (Abb. 309). Der Grund hierfür ist die
unterschiedliche   Wasseraufnahmefähig-
keit und die dichte Oberfläche des *Kunststeins,* die diesen anders patinieren läßt als
den Naturstein.[4]

Beim Wiederaufbau des *Traianeums* in **Pergamon** ist für die zu ergänzenden oder
fehlenden Teile der Architektur ein *Kunststein* aus Weißzement und Marmorsplitt als
Zuschlagstoff – bzw. Andesitsplitt für die
Wandquader – verwendet worden.[5] Die
Mischung wurde in einer Schalung direkt
auf die Bruchflächen betoniert und nach
Erhärten vom Steinmetz überarbeitet, damit die Oberfläche nicht von dem Abdruck der Schalung bestimmt wird, son-

*310   Pergamon, Traianeum. Wiederaufgebaute Säulen der Ost- und Nordhalle. Die Ergänzungen
sind aus zementgebundenem weißen Kunststein. K. Nohlen 1979–89*

311   Olympia, Schatzhaus von Sikyon. Architravblock aus Kunststein mit Schwindrissen

Auch beim Wiederaufbau der *Celsus-Bibliothek* in **Ephesos** wurde von F. Hueber für die Ergänzungen eingefärbter *Kunststein* benutzt, der direkt an die Betonkonstruktion oder das einzelne Bauglied anbetoniert wurde:

»*Wann immer an Marmorbruchstücken betoniert werden mußte, wurden die gesäuberten Bruchflächen kurz vor dem Betonieren mit Araldit[7] eingestrichen, um einen guten Verbund zu gewährleisten. Jeder versetzte Stein erhielt zudem eine mechanische Verankerung, indem ein Dübel in ihn eingeklebt wurde, der in den Betonkörper hineinragte. Anfänglich wurde ein ungefülltes Bindemittel verwendet; mit Marmormehl nur leicht gefüllter Kleber trug aber zur*

dern vom aufgeschlagenen Marmorkorn[6] (Abb. 310, 312). Die Herstellung rissefreier größerer Werkstücke erfordert eine genaue Zusammensetzung von Bindemittel, Zuschlagstoff und Wasser und eine sorgfältige vierwöchige Nachbehandlung bei gleichmäßiger Temperatur und Feuchtigkeit während der Abbindezeit. Ist dies nicht zu gewährleisten, so sind Schwindrisse, die manchmal auch erst nach längerer Zeit auftreten, nicht zu vermeiden.

Die Zeit, die für die steinmetzmäßige Überarbeitung des *Kunststeins* aufgewendet werden muß, entspricht der Bearbeitungszeit für Naturstein, doch ist dieser aufgrund seiner Homogenität viel besser geeignet für eine steinmetzmäßige Ausarbeitung feingliedriger Ornamente. Die mit *Kunststein* zu erzielenden Ergebnisse sind wegen der schwierigen Herstellung selten von einwandfreier Qualität. Selbst so sorgfältige hergestellte Bauteile wie die von J.-Ph. Lauer in **Saqqara** (*Nordhaus*, Abb. 149) oder K. Herrmann in **Olympia** (*Schatzhaus von Sikyon*, Abb. 311) haben Schwindrisse und teilweise unansehnliche, glatte Oberflächen.

312   Pergamon. Traianeum, Osthalle. Anarbeitung an eine gesplitterte Bruchfläche

*Verbesserung der Haftfestigkeit bei. Überall
wo Gebälkteile, Mauerquader oder Kassettenplatten mit Steckeisen in der Stahlbetonkonstruktion zu verankern waren, sind diese mit
Hilfe von Epoxidharz in den Stein geklebt
worden..«*[8]

Kleinere Fehlstellen wurden vom Bildhauer mit Weißzementmörtel ausgefüllt:

*»Der ausgehärtete Mörtel ist dem Marmor
farblich angepaßt und ahmt das fehlende Bauglied nur soweit nach, daß der Formzusammenhang und die ursprüngliche Licht-Schatten-Wirkung gewahrt bleiben. Es bleibt also der gewünschte Gesamteindruck; dem Betrachter soll
es aber möglich sein, die originalen Steine von
den Ergänzungen zu unterscheiden.*

*In einigen wenigen Fällen wurden mit dem
Weißzementmörtel auch Kunststeinplatten von
etwa 10 cm Dicke hergestellt und diese als Schalung für den Betonkern verwendet. Da es sich
als schwierig erwies, die Schalformen für diese
Platten maßgerecht herzustellen – sie bildeten
in der Regel Ergänzungen vorhandener Marmorteile –, wurde diese Technik auf die Herstellung von Ersatzkapitellen, Säulenbasen usw.
beschränkt. Zumeist erfolgte deshalb das Auftragen des Weißzementmörtels in situ. Zu dessen
Fixierung dienten in den Beton eingelassene
Buntmetallstifte sowie eine auf die Betonober-
fläche aufgetragene Epoxid-Hafthrücke.«*[9]

Fehlende Säulenschäfte und Kapitelle
wurden als exakte *Kunststein*abgüsse hergestellt, doch sind einzelne Teile roh ausgefallen und mit der Qualität des Originals
nicht zu vergleichen, wie z. B. die Säulen-
postamente des Erdgeschosses (Abb. 313).
Für den Besucher sind sie deutlich als neuzeitliche Nachbildungen zu erkennen,
ebenso wie das gesamte Bauwerk den Prozeß des Wiederaufrichtens nicht leugnet.

In den 70er Jahren tauchten auf dem
Markt kunstharzgebundene Ergänzungs-

mörtel auf, die aber sehr teuer waren und
einen zu hohen Verarbeitungsstandard erforderten, um sich auf den Grabungsstätten durchsetzen zu können. Von D. Mertens wurde bei der Anastylosis des *Theater-
Ekklesiasterions* in **Metapont** (D. Mertens,
U. Bellwald 1985) (Abb. 229, 230) für die
Ergänzung beschädigter Blöcke ein epo-
xidharzgebundener Ergänzungsmörtel benutzt, der in der Schweiz hergestellt und in
fertig gemischtem Zustand nach Metapont
geschickt wurde. Hier wurde das Material
nach genauer Vorschrift zubereitet und an
die mit einer Schalung versehenen Blöcke
ohne zusätzliche Bewehrung oder Dübel
angegossen. Die Oberflächen wurden anschließend steinmetzmäßig überarbeitet.[10]

*313 Ephesos, Celsus-Bibliothek. Unsaubere
Ausführung der Kunststeinergänzung von Säulenbasis und Sockel*

Die Verwendung von zementgebundenem *Kunststein* ist nicht einfach, wie oft angenommen wird, sondern kompliziert und aufwendig. Zur Herstellung einer Ergänzung sind folgende Arbeitsschritte erforderlich:

– die Ermittlung farblich passender Zuschlagsstoffe (Sand, Kies, Gestein),
– die Aufbereitung der Zuschlagsstoffe nach der festgelegten Sieblinie,
– der Bau der Schalung und evtl. die Herstellung der Abgußformen,
– Biegen, Montieren und Befestigen der Bewehrungseisen,
– Betoniervorgang,
– anschließende Nachbehandlung (ca. vierwöchige schattige, feuchte Lagerung),

– Überarbeitung der Oberflächen durch den Steinmetz.

Neben dem komplizierten Herstellungsverfahren ist die sich vom Naturstein unterscheidende Alterung des zement- oder kunstharzgebundenen *Kunststeins* wegen seiner sehr unterschiedlichen mineralogischen, hydrologischen und thermischen Eigenschaften ein entscheidender Nachteil dieses Materials. Ergänzungen werden aus diesen Gründen besser aus dem gleichen Natursteinmaterial wie das Original angefertigt. Die antiken Brüche sind oft noch bekannt oder lassen sich wieder erschließen. Ist das antike Material nicht mehr zu erhalten, so verhelfen mineralogische

314   Ephesos, Celsus-Bibliothek. Weitgehend rekonstruierende Wiederherstellung des dekorierten Türgewändes

315   Ephesos, Celsus-Bibliothek. Wiederherstellung der »Strukturlinien« des beschädigten Türgewändes und Pilasters

Untersuchungen zu einem dem antiken ähnlichen Steinmaterial, das heute noch abgebaut wird. Die zuerst oft auffallend helle Färbung des bruchfrischen Steins, wie man sie derzeit auf der *Akropolis* von **Athen** beobachten kann, verliert sich im Laufe der Zeit und gleicht sich relativ schnell dem patinierten Original an.

Durch das Anbetonieren des *Kunststeins* findet bei porösen Bausteinen eine Einwanderung von Salzen statt, deren Kristallisation zu einer schnelleren Verwitterung der originalen Bauglieder führt.[11] Für größere Ergänzungen sind Verbindungs- und Bewehrungseisen erforderlich, die im Original verankert werden müssen. Die dafür erforderlichen Bohrungen sind nicht rückgängig zu machende Verletzungen. Bewehrungseisen aus nicht rostfreiem Stahl können darüber hinaus im Laufe der Zeit, wenn Feuchtigkeit eindringt, zu rosten beginnen und erhebliche Schäden verursachen. Ein erschreckendes Beispiel hierfür sind die Bauten auf der *Akropolis* von **Athen** (vgl. Abb. 195, 196, 215).

Naturstein

Die traditionelle steinmetzmäßige Form der Reparatur und Ergänzung von Naturstein ist das Einsetzen von »*Vierungen*«, d. h. es werden über die Bruchkante hinaus rechtwinklige Abarbeitungen vorgenommen, in die das geringfügig kleinere neue Stück eingesetzt wird. In dieser Form wurden von N. Balanos teilweise die Kapitelle des *Parthenons* ausgebessert (Abb. 69) und in **Olympia** von G. Kawerau (1905) und K. Herrmann (1970) die Säulentrommeln im *Heraion* ergänzt (Abb. 79). Diese traditionelle Handwerkstechnik hat jedoch zwei Nachteile:

– Die regelmäßigen Kanten der Vierungen sehen sehr künstlich aus, da sie nicht dem gewohnten unregelmäßigen Verlauf von Bruchkanten entsprechen.
– Für die Herstellung der rechtwinkligen Einpassungen muß ein erheblicher Teil der originalen Substanz abgearbeitet werden.

Um den Umfang dieser Abarbeitungen so gering wie möglich zu halten, wurden bereits von N. Balanos schräge, dem Bruchverlauf entsprechende Fugenschnitte ausgeführt, z. B. bei der Ergänzung der Wandquader des *Erechtheions* (Abb. 341). Von A. Orlandos wurde diese Methode verfeinert; er ließ auch polygonale und gekurvte Fugen herstellen (Abb.

316   Athen, Akropolis. Ergänzung einer beschädigten Säule der Propyläen mit pentelischem Marmor. A. Orlandos, um 1953

317   Kap Sunion, Poseidon-Tempel. Wiederherstellung der ausgeraubten Krepis ohne Ergänzung der äußeren marmornen Bauglieder. Der einzelne Stufenblock auf der linken Seite ist im Detail auf Abb. 318 zu sehen. A. Orlandos 1955–60

316, 319). Dieses Fugenbild hat den rechtwinkligen »*Vierungen*« gegenüber einen entscheidenden Vorteil: die gekurvten Li-

318   Kap Sunion, Poseidon-Tempel. Steinmetzmäßige Ergänzung eines beschädigten Stufenblocks der Krepis

nien sehen ›natürlicher‹ aus, sind mehr dem Verlauf der Brüche angepaßt, und unterscheiden sich formal deutlich von dem rechtwinkligen antiken Fugenverlauf. Die so umschlossenen Flächen sind als Ergänzungen, bzw. Anpassungen, gut zu erkennen. Durch diese schrägen Linien wird darüber hinaus optisch die Einheit des Baugliedes wiederhergestellt, gleichzeitig aber die rechtwinklige Struktur des antiken Fugenverlaufes nicht beeinträchtigt. Wir finden diese Art der Fugenschnitte u. a. am *Poseidon-Tempel* von **Kap Sunion**, dem *Aphaia-Tempel* auf **Aegina** und dem Altar des *Apollon-Tempels* in **Delphi** (Abb. 128, 129, 131, 133, 134, 319). Als Ergänzungsmaterial wurde jeweils ein dem Original gleicher oder zumindest sehr ähnlicher Naturstein benutzt. Die neuen Oberflächen wurden durch eine steinmetzmäßige Überarbeitung dem Verwitterungszustand des Originals angeglichen.

Schon durch eine geringe Abarbeitung der originalen Bruchflächen wird die spätere Anpassung eines neu gefundenen Fragments unmöglich gemacht. Sind jedoch keine *Bruchflächen* vorhanden, sondern nur *Verwitterungsflächen*, wie bei den meisten weichen Steinarten, kann eine spätere Anpassung kaum noch stattfinden. Hier läßt sich eine geringfügige Abarbeitung für die Anpassung der Ergänzung vertreten. Hingegen würde eine *vollständige* Abarbeitung der Schadstelle den dokumentarischen Wert der Bruch- oder Verwitterungsfläche beseitigen (Abb. 135).

319 Kap Sunion, Poseidon-Tempel. Steinmetzmäßige Ergänzung beschädigter Säulentrommeln. A. Orlandos 1955–60

Mauerwerk

Der überwiegende Anteil antiker Bauglieder, die bei einer Anastylosis Verwendung finden, sind rechtwinklige glatte Wandquader. Auf eine sorgfältige Wiederherstellung dieser ›untergeordneten‹ Bauglieder hat man bei den frühen Wiederaufbauten wenig Wert gelegt. So wurden beim Wiederaufbau des *Athena Nike-Tempels* auf der *Akropolis* von **Athen** 1835/36 nur geringe Ergänzungen angebracht (Abb. 55). Die größten Fehlstellen wurden mit Poros geschlossen, kleinere mit Ziegelsteinen ausgemauert. Die Wandflächen erhielten dadurch ein sehr scheckiges Bild.

In gleicher Weise wurde der Wiederaufbau des *Schatzhauses der Athener* in **Delphi** (1903–06) ausgeführt. Die neuen Quader sind aus dunklem Poros statt aus Marmor. Kleinere Fehlstellen der Wandquader wurden mit Ziegeln ausgemauert und mit Mörtel rauh verstrichen (Abb. 320).

Bedeutend sorgfältiger gestaltete N. Balanos den Wiederaufbau der Wände des *Erechtheions* (1902–09).[12] In der Tradition dieser Arbeiten stehen die hervorragenden Steinmetzarbeiten von A. Orlandos und, mit verfeinerten Methoden, die heutigen Restaurierungsarbeiten auf der *Akropolis*

320 Delphi, Schatzhaus der Athener. Reparatur der marmornen Wandquader mit Poros und Mörtel. J. Replat 1905

Bei der Ergänzung von unverputztem Ziegelmauerwerk sollte darauf geachtet werden, daß Größe und Farbe der neuen Steine mit den originalen Mauerflächen übereinstimmen. Um die neuen Flächen – denn hier geht es nicht mehr um einen einzelnen Wandquader – erkennbar zu lassen, wurde in den 30er Jahre in **Rom** für die antiken Ziegelruinen, z. B. auf dem *Palatin*, dem *Pantheon* oder in der *Villa Hadriana*, eine spezielle Methode entwickelt, die darin bestand, daß die neuen Flächen um 1–3 cm hinter die originalen Oberflächen zurückgesetzt wurden. Zusätzlich erhielt das neue Mauerwerk noch eine vom Original unterscheidbare Oberfläche, die durch eine mechanische Aufrauhung erzielt wurde. Ziegelgröße und Mauerverband wurden dem originalen Mauerwerk angeglichen, da sonst keine Verzahnung möglich gewesen wäre (Abb. 321, 322).

Die Idee, die neuen, ergänzten Flächen nicht bis zur antiken Oberfläche zu führen, wenn kein originales Material mehr vorhanden ist, sondern sich auf den dahinterliegenden, den ›unedleren‹ Bereich, zu beschränken, wurde von A. Orlandos bei der Wiederherstellung des Stufenbaus des *Poseidon-Tempels* von **Kap Sunion** praktiziert (Abb. 317, 323) und von D. Ohly beim Wiederaufbau der Terrassenmauer des *Aphaia-Tempels* auf **Aegina** (um 1970). Es wurde in beiden Fällen nicht weitergebaut, ergänzt oder vervollständigt, sondern das Original in seiner Zerstörung belassen und dahinter eine neue Konstruktion aufgeführt.

Das Zurücksetzen der ergänzten Flächen hat wegen der relativ einfachen Ausführung auch Eingang in die Restaurierung von Quadermauerwerk gefunden. Bei den italienischen Wiederaufbauarbeiten der

30er Jahre in Nordafrika wurde dieses Verfahren angewandt, um die steinmetzmäßige Reparatur der einzelnen Quader zu sparen. Die Fehlstellen wurden mit *Kunststein* ausgefüllt, dessen Oberfläche um wenige Zentimeter hinter die originale Oberfläche zurückgesetzt ist (Abb. 109–112). Diese einfache Methode wurde in **Ägypten** bereits bei den früheren Restaurierungen des ägyptischen Antikendienstes (Luxor, Karnak, Dendara, Edfu) benutzt und ebenfalls angewendet beim Wiederaufbau der vor den Fluten des Nasser-Stausees geretteten Tempel. Daß das Verfahren nicht immer erfolgreich ist, zeigt der Wiederaufbau der *Tempel von Philae*, deren Wände sich nicht nur durch deutliche Fu-

321   Rom, Palatin. Reparaturdetail. Die Wand ist auf Abb. 322 rechts oben zu sehen

322   *Rom, Palatin. Domitianischer Kaiserpalast. Ergänzung und Reparatur des antiken Ziegel-mauerwerks durch Ziegel mit gleichen Abmessungen. Die neuen Wandflächen sind um einige Zentimeter hinter die originale Oberfläche zurückgesetzt. Um 1935*

gen zwischen den einzelnen Mauerqua-dern auszeichnen, sondern auch durch großflächige Mörtelergänzungen, die auf den Fugenschnitt keine Rücksicht nehmen (Abb. 324).

Daß die Methode des Zurücksetzens der neuen Oberflächen für die Ergänzung kleinerer ›Löcher‹ praktikabel ist, sich je-doch nicht für eine komplizierte Anastylo-sis eignet, zeigt das Beispiel des Wieder-aufbaus des *Tempels der Königin Hatschepsut* in Dêir el-Bahari in **Theben-West** (Z. Wy-socki, 1968–79) (Abb. 325). Hier sind die Ergänzungen nach folgendem Schema ausgeführt worden:

– Alle nicht mehr vorhandenen Bauglie-der sind in Kalkstein wiederhergestellt.
– *Kunststein* fand überall dort Verwen-dung, wo sich die Oberfläche oder die Kontur des originalen Steins erhal-ten hatte und nur ergänzt werden mußte.
– Fehlstellen wurden um 2 cm hinter die originale Oberfläche zurückgesetzt.
– Bauglieder, die im Original eine deko-rierte Oberfläche haben (Figuren, Re-liefs, Hieroglyphen) blieben undeko-riert und erhielten eine glatte Ober-fläche, die jedoch, um sich vom Original zu unterscheiden, aufgerauht ist.[13]

323   Kap Sunion, Poseidon-Tempel. Ergänzung des ausgeraubten Tempelfundaments ohne Rekonstruktion der verlorenen Marmorstufen. A. Orlandos 1955–60

Die Ausführung zeigt deutlich die Probleme dieser Methode. Dort, wo die ergänzten Flächen der Originale (in *Kunststein*) mit den neuen Baugliedern (aus Kalkstein) zusammenstoßen, entsteht eine zurückliegende Fläche, in der sich, oft ohne Verbindung zu einem Nachbarblock, erhabene originale Oberflächen befinden. Die Kontinuität der Form, besonders bei den Pfeilern, wird durch diese Vor- und Rücksprünge erheblich gestört; Original und Ergänzung werden so deutlich voneinander geschieden. Der Wiederaufbau schafft keine neue Einheit von Alt und Neu, sondern ein ästhetisch unbefriedigendes archäologisches Präparat.

324   Insel Philae, Großer Pylon des Isis-Tempels nach dem Wiederaufbau. Ergänzung der fehlenden Oberflächen mit Mörtel, 1976–78

325   Theben-West. Tempel der Königin Hatschepsut. Die auf verschiedene Weise ausgeführten
Ergänzungen der fehlenden Oberflächen und Bauglieder ergeben ein sehr unruhiges Erscheinungsbild

326   *Rom, Titus-Bogen. Die ergänzten Teile (rechte Hälfte) unterscheiden sich von den originalen durch einfacheres Material – Travertin statt Marmor – und vereinfachte Formen*

Bauskulptur

Neben den Umrißlinien der Gesamtform, die die Proportionen des Bauwerks bestimmen, sind es die dekorierten Bauteile, die entscheidend zur Gliederung einer Fassade beitragen: Säulen, Pilaster, Gesimse, Friese und Architrave, Fenster- und Türgewände. Sie fallen dem Betrachter durch ihre aufwendigere Gestaltung und ihre Stellung im Gesamtzusammenhang schon von weitem ins Auge. Fehlstellen, die diese ›Strukturlinien‹ unterbrechen, werden dabei deutlicher wahrgenommen als solche innerhalb von Mauerflächen. Tritt der Betrachter dicht vor das Gebäude, so erkennt er darüber hinaus Farbe und Zustand, Zerstörungsgrad und Oberflächenbearbeitung. Er nimmt deutlich jedes Detail wahr.

Bei der Konzeption zur Ergänzung von Bauskulptur ist deshalb die vom Abstand zum Objekt abhängige Sehschärfe des Betrachters mit zu berücksichtigen. Eine Methode, die aus dieser spezifischen Forderung entwickelt wurde, ist die vom Gemälderestaurator benutzte *Tratteggiotechnik*.[14] Dieses Verfahren besteht darin, die Fehlstellen eines Bildes nicht flächig, sondern mit einem System von parallelen Strichen, einer Art Schraffur, wieder zu schließen. Die ergänzte Fläche setzt sich von nahem gesehen deutlich vom Original ab, ist aber von weitem kaum zu erkennen. Die verlorengegangenen Teile werden in einfacherer Form (in Farbe und Struktur) wiederhergestellt, um die störenden Fehlstellen zu schließen und ein harmonisches Ganzes wiederzugewinnen. Die Ergänzung *(Retusche)* will, bei genauem Hinsehen, nicht die Illusion eines unzerstörten Originals erwecken und nicht verschweigen, daß eine Beschädigung oder Zerstö-

rung stattgefunden hat. Sie wird deshalb in einer Maltechnik ausgeführt, die deutlich weniger qualitätvoll ist als die des Originals. Die Retusche soll nicht ›ins Auge springen‹, sich nicht wichtiger machen als das gealterte Original, sondern nur die den Gesamteindruck störenden Fehlstellen schließen. Auf die Ergänzung von Bauskulptur übertragen bedeutet das, daß fehlende Teile in einfacheren Formen und in weniger qualitätvollem Material auszuführen sind.

Das früheste Beispiel für diese Art der Restaurierung ist der Wiederaufbau des *Titus-Bogens* auf dem *Forum Romanum* in **Rom** 1812–24 (S. 60 ff., Abb. 44, 326). Das neue Material ist weniger qualitätvoll als das originale (Travertin statt Marmor) und die ergänzte Bauplastik ist in einfacherer Form ausgeführt. Das antike Bauwerk ist so weit wie möglich vervollständigt, um die ursprüngliche Gestalt wiederzugewinnen, doch von nahem sind Original und Ergänzung deutlich auseinanderzuhalten. Nach einem ähnlichen Konzept wurde in

327   Antalya, Hadrians-Bogen. Ergänzung der fehlenden Teile mit Naturstein und in vereinfachten Formen

328   Delphi, Schatzhaus der Athener. Die neuen Säulentrommeln aus pentelischem Marmor sind auch nach 75 Jahren noch weiß und ohne Patina. Wiederaufbau 1903–06

den Jahren 1823–26 von G. Valadier die südwestliche Seite des *Kolosseums* mit Arkaden aus Ziegelmauerwerk gesichert (Abb. 47, 48).

In ähnlicher Form wurden in **Verona** der 1805 abgebrochene *Gavier-Bogen* in den Jahren 1930–32 wiederaufgebaut[15] (Abb. 23) und in **Antalya**/Türkei der *Hadrians-Bogen* ergänzt (Abb. 327). Die neuen Teile sind jeweils in Naturstein und in vereinfachter Form hergestellt. Beide Bauten sind so weit wie möglich vervollständigt worden – eine Tendenz, die bei der Restaurierung kleiner Bauten immer zu beobachten ist.

Der Eindruck einer ›Überrestaurierung‹ entsteht oft dadurch, daß das neu Hinzugefügte sich durch ›größeren Glanz‹ vom beschädigten Original abhebt. Das gilt z. B. für die neuen Marmorsäulen des *Athener Schatzhauses* in **Delphi**, die sich noch immer weiß und hell von den originalen, dunkel patinierten Mauerquadern abheben (Abb. 328). Nicht ganz so störend erscheinen uns die Ergänzungen der 30er Jahre aus Ziegelmauerwerk, wie z. B. bei den drei wiederaufgerichteten Säulen des

Venus Genetrix-Tempels auf dem *Caesar-Forum* in **Rom** (Abb. 306). Obwohl die rote Farbe des feinen Ziegelmauerwerks einen starken Kontrast zum weißen Marmor der Säulenfragmente bildet, und damit keine optische Verbindung zwischen Alt und Neu entsteht, ist der Ziegel von seiner ästhetischen Qualität nur ein ›Ersatzmaterial‹ im Verhältnis zum Marmor. Er steht auf einer niedrigeren Stufe der Qualitätsskala der Materialien, die vom ›reichen‹ Marmor angeführt wird und über Travertin, Kalkstein und Sandstein zum ›armen‹ Ziegel führt. Die bearbeitete Ziegeloberfläche ist rauh, mit einem Fugennetz überzogen und damit auch handwerklich keine Konkurrenz zu der steinmetzmäßig bear-

329   Thessaloniki, Galerius-Bogen. Ergänzung der fehlenden Teile mit Ziegelmauerwerk (Bogen) und Marmor (Rundstab)

330 Rom, Marcellus-Theater. Anschluß des neuen Teilstücks an das geschädigte Original. Freilegung und Restaurierung 1930–33

beiteten, ehemals glatten, polierten Marmoroberfläche. Ein Vergleich der Restaurierung des *Galerius-Bogens* in **Thessaloniki** (Abb. 329), dessen fehlende Teile in Ziegelmauerwerk rekonstruiert wurden, mit dem *Nordtor* der Stadtmauer in **Resafa** (Abb. 331) oder den Ergänzungen am *Marcellus-Theater* in **Rom** (Abb. 330) macht dieses Phänomen deutlich.

Die Beispiele zeigen, daß für die Ausführung von Ergänzungen folgendes beachtet werden sollte:

– Ergänzungen sind auf die Bedeutung der einzelnen architektonischen Elemente abzustimmen. Dabei ist die durch den Abstand des Betrachters vom Objekt bestimmte Sehschärfe mit zu berücksichtigen.

– Ergänzungen sollen sich in Material, Farbe, Bearbeitung, Oberfläche oder plastischer Ausarbeitung der Details dem Original geringfügig ›unterordnen‹.

– Ein gleiches Material mit ähnlicher handwerkliche Bearbeitung – eine Ergänzung, die als ›Reparatur‹ ausgeführt wird –, ist einem Ersatzmaterial immer vorzuziehen.

– Der Eingriff in das Original soll so geringfügig wie möglich sein. Die Ergänzungen müssen ›reversibel‹ sein und sich, wenn erforderlich, ohne Schädigung des Originals wieder entfernen lassen.

– Ergänzungen aus kunstharz- oder zementgebundenem *Kunststein* sind nur in Ausnahmefällen in Betracht zu ziehen.

Ergänzungen aus grauem, schalungsrauhen Beton sind grundsätzlich abzulehnen, denn Beton wird immer ein störender Fremdkörper in der durch Naturstein und steinmetzmäßige Bearbeitung geprägten antiken Ruinenlandschaft bleiben.

331 Resafa, Nordtor der Stadtmauer. Das ergänzte Mauerstück bildet einen zu großen Kontrast zu den geschädigten Wandflächen

332   Athen, Akropolis. Im Oktober 1979 wurden die Karyatiden abgenommen und in das
Akropolis-Museum geschafft. Die am Bau vorhandenen Skulpturen sind hohle Kunststeinabgüsse

Kopien und Abgüsse

Die unaufhaltsam fortschreitende Zerstörung freistehender Stein- und Metalldenkmälern durch aggressive Umwelteinflüsse hat dazu geführt, daß fast alle bedeutenden Beispiele antiker Skulptur in den geschützten Bereich eines klimatisierten Museums überführt wurden. Jüngste Beispiele hierfür sind der Ersatz der *Erechtheion-Koren* durch Abgüsse (1979) und die Entfernung des *Reiterstandbilds Marc Aurels* vom Kapitol in **Rom** (1981). Die anscheinend so problemlose Maßnahme des Ersatzes der originalen Skulptur, besonders der Bauskulptur, durch eine Nachbildung wirft jedoch verschiedene Fragen auf, die ernsthaft zu bedenken sind:

– nach dem Verbleib des Originals und seiner Neuaufstellung,
– der Art des Ersatzes und
– der mit dem Austausch verbundenen Reduzierung des Denkmalwerts des Bauwerks.

Vom Standpunkt der Denkmalpflege, deren oberstes Ziel die Erhaltung des Denkmals in seiner Gesamtheit am originalen Ort sein muß, kann die Abnahme von Bauplastik nur auf Grund einer voraussehbaren Zerstörung oder fehlender Konservierungsmöglichkeiten gutgeheißen werden.[1] Da man nicht das gesamte Bauwerk, das ja den schädigenden Umwelteinflüssen ebenso wie die Bauplastik ausgesetzt ist, in ein Museum transportieren kann, sollten vor dem Ersatz einzelner Teile alle Konservierungsmaßnahmen geprüft werden, die zur Erhaltung der Einheit von

Bauwerk und Bauplastik beitragen könnten (Schutzanstrich, Kalkmörtelreparatur, Schutzdach u. a.). Die Auswechslung des Originals durch einen Abguß oder eine Kopie ist vom denkmalpflegerischen Standpunkt immer eine bedauerliche Maßnahme, denn die an ursprünglicher Stelle aufgestellte Nachbildung, das *Original aus zweiter Hand*, kann niemals ein vollwertiger Ersatz sein. Sie ist nur ein Abbild des in seinem historischen und künstlerischen Wert unersetzlichen Originals. Die durch

333   Athen. Gipsabgüsse der Koren im Hof der Werkstatt. Foto 1979

334   Athen, Akropolis. Athena Nike-Tempel. Der Fries ist ein Kunststeinabguß. Gut zu erkennen sind die sorgfältigen Ergänzungen einzelner Wandquader. A. Orlandos 1940

die Trennung von Bauwerk und Bauplastik auseinandergerissene künstlerische Einheit wird durch die Aufstellung eines Faksimiles scheinbar ungeschehen gemacht, doch nur für den unaufmerksamen Beobachter.

Bei der Monumentalplastik ist es neben der Gefahr der Verwitterung die Möglichkeit einer Zerstörung durch mutwillige Beschädigung, die eine Aufstellung im Freien verbietet. So können wir deshalb nicht nur in der *Villa Hadriana* in **Tivoli** zwei Versionen der Plastiken bewundern – das Original und dessen Kopie. Hier sind es die Statuen vom *Kanopus,* die wir im Museum (als Originale) und außerdem an ihrem ursprünglichen Aufstellungsort finden, wo sie 1957 als Kunststeinabgüsse aufgestellt wurden (Abb. 335).

Für den Ersatz der originalen Bauskulptur durch Nachbildungen gibt es auf den Grabungsstätten zahlreiche Beispiele. Abgüsse in Kunststein sind u. a.:

– der Fries des *Hadrian-Tempels* in **Ephesos** (Anastylosis 1958),

– die Orthostaten des *Südtors* der hethitischen Burganlage **Alaça Hüyük** (um 1969 aufgestellt),

– die Wandverkleidung im *Marmorsaal* in **Pergamon** (1977–79 angebracht),

– die Metopen am *Schatzhaus der Athener* in **Delphi** (1977 ausgewechselt),

– die Statuen der Fassade der *Celsus-Bibliothek* in **Ephesos** (1978 aufgestellt),

– einige Grabsteine auf dem *Kerameikos* in **Athen** (1974 ausgewechselt),[2]

– die Statuen im *Haus der Kleopatra* auf **Delos**.

Auf der *Akropolis* von **Athen** ist fast die gesamte nach Zerstörung und Raub noch verbliebene Bauskulptur ausgewechselt worden, u. a.:
– Teile der Giebelskulptur des *Parthenons* (1932),
– die Friese des *Nike-Tempels* (1940),
– die Koren des *Erechtheions* (1979),
– die Metopen des Ostgiebels des *Parthenons* (1990).

Gipsabgüsse antiker Plastiken wurden von den Bildhauern bereits in römischer Zeit hergestellt; als enzyklopädische Abguß-Sammlungen haben sie Eingang gefunden in die Kunstmuseen des 19. Jhs.[3] Für eine Aufstellung im Freien waren Gipsabgüsse ungeeignet, hierfür mußten witterungsbeständige Kopien aus Naturstein oder Abgüsse aus Metall (Bronze, Zinkguß) hergestellt werden. Eine Verbilligung brachten die seit der Jahrhundertwende produzierten zementgebundenen Abgüsse. Ein frühes Beispiel dieser neuen Abgußtechnik ist die 1908 im Hof des *Rheinischen Landesmuseums* in **Trier** errichtete 23 m hohe Zementkopie der *Igeler Säule* (Pfeilergrab der Secundinier), deren Erhaltungszustand den des Originals inzwischen bei weitem übertrifft.

Heute finden sich auf vielen Grabungsstätten und in archäologischen Museen im Freien aufgestellte Zementabgüsse römischer Steindenkmäler und Grabsteine. So u. a. im »*Römischen Parkmuseum*« des Limesmuseums **Aalen**,[4] entlang der »*Römischen Straße*« im Rheinauenpark in **Bonn**[5] oder im Lapidarium des »*Archäologischen Parks*« in **Xanten**. Einzelne, besonders attraktive römische Steindenkmäler, z. B. die *Jupitergigantensäulen*,[6] finden wir als Reproduktionen gleich an mehreren Orten und nicht nur dort, wo sie gefunden wurden.

Nachbildungen können nach zwei unterschiedlichen Verfahren hergestellt werden:
– als steinmetzmäßig gearbeitet *Kopien* in Naturstein oder
– als *Abgüsse* aus einer plastischen Masse unter Zuhilfenahmer einer Form.

Beide Verfahren unterscheiden sich grundsätzlich voneinander, denn die vom Bildhauer hergestellte *Kopie* ist immer etwas Neues, ein von der Hand des Künstlers geprägtes neues ›Kunstwerk‹. Die Kopie ist zugleich ein Ausdruck des handwerklichen und künstlerischen Könnens des ausführenden Bildhauers, der sich in be-

335 Tivoli, Villa Hadriana. Säulenexedra am halbrunden Abschluß des Wasserbeckens im Kanoposbereich mit Kopien der im Wasser gefundenen Statuen. Aufstellung 1955/56

stimmten Bereichen auf sein Auge und gestalterisches Gefühl verlassen muß. Die besondere Qualität der *Abgüsse* liegt hingegen in der detailgetreuen Nachbildung des Originals.

Steinmetzmäßige Kopien

Seit der Antike sind von Bildhauern Kopien von Statuen angefertigt worden und viele griechische Plastiken sind uns nur durch römische Kopien bekannt. Als Kopierverfahren für die maßstabsgetreue Übertragung des Originals benutzte man, wie aufgefundene unfertige Kopien zeigen, die *Punktiermethode* mit der auch heute noch Kopien hergestellt werden. Das Punktieren mit dem *Lotrahmen* war seit dem 18. Jahrhundert die gebräuchlichste Form bei der Herstellung von Statuenkopien (Abb. 336). Ausgiebigen Gebrauch machten von diesem Verfahren Antonio Canova, Bertel Thorvaldsen wie auch der Antikenrestaurator Cavaceppi.[7] Für die genaue Übertragung kleinerer Flächen ist der *Lotrahmen* jedoch zu ungenau, hierfür findet das *Punktiergerät* Verwendung. Es besteht aus einem Holz- oder Eisengestell in Form eines »T«, an dessen Schenkeln drei verstellbare Fühler angebracht sind, die in Fixpunkte am Modell und Original eingreifen. An diesem Gestell ist ein mehrteiliger, ebenfalls verstellbarer Taststab befestigt, der zum eigentlichen Abtasten (*Punktieren*) und Übertragen der einzelnen Maßpunkte benutzt wird.[8] Das Gerät wird dabei immer abwechselnd auf die Fixpunkte des Modells und des Originals aufgesetzt. *Punktiergeräte* werden z. B. auf der *Akropolis* von **Athen** auch heute noch zum Kopieren der Bruchflächen bei der Herstellung der Ergänzungen benutzt.

336   *Maßstabsgetreue Kopie einer Statue mit Hilfe des Lotrahmens und verschiedener Abgreifzirkel. Kupferstich F. Carradori, 1802*

Abgüsse

Während man für eine Kopie das gleiche Material wie das des Originals verwenden kann, werden Abgüsse aus plastisch formbaren Massen hergestellt, die in eine Form gefüllt werden. Sie ermöglichen eine sehr genaue Wiedergabe auch feingliedriger Einzelheiten der Oberfläche. Struktur und Färbung lassen sich durch die Zusammensetzung der Zuschläge und eine entsprechende steinmetzmäßige Nachbearbeitung weitgehend dem Original anpassen.

Für die Herstellung eines Abgusses sind zwei verschiedene Arbeitsgänge erforderlich:
– die Anfertigung einer Negativform und
– die Herstellung des Positivs.

Das älteste bekannte Abformmaterial ist weicher plastischer Ton, der um das abzuformende Objekt gedrückt und anschließend im Ofen gebrannt wird. Aus gebranntem Ton waren z. B. die Formschüsseln der römischen *Terra Sigillata*-Töpfereien. Hingegen werden Formen aus Knochenleim (Gelatine), Wachs und Paraffin traditionell zum Abgießen von flachen Reliefs benutzt. Für Hochreliefs oder Rundplastiken mit abstehenden Körperteilen wird Gips bevorzugt, da dieses Material eine größere Stabilität aufweist.

Um Unterschneidungen zu vermeiden, muß die Form in viele einzelne Stücke *(Stückformen)* aufgeteilt werden, die von Stützkappen aus Gips zusammengehalten werden. Mit einer Gipsform lassen sich bis zum Verlust der Zeichnungsschärfe 12 bis 15 Abgüsse herstellen. Um das empfindliche Original vor Schäden und Verschmutzung zu bewahren, ist es erforderlich, vor dem Abformen ein Trennmittel (z. B. Zellulosekleister) aufzubringen, da aus dem Gips sulfathaltige Flüssigkeit auswandern kann.

Durch gummiartige, chemisch neutrale Abformmassen mit großem Dehnvermögen wurde die Abformtechnik in den letzten Jahrzehnten bedeutend vereinfacht. Für wenig komplizierte Vorlagen und eine geringe Anzahl von Kopien (3–5 Abgüsse) empfiehlt sich der preisgünstige *Naturlatex* (Kautschuk) der vorvulkanisiert und mit Ammoniak versetzt ist. Verdunstet nach dem Auftragen das Ammoniak, so härtet der Latex zu einer gummiartigen Haut mit einem mehr als zehnfachen Dehnvermögen aus. Um die Form für den Abguß zu stabilisieren und das Schwindmaß so gering wie möglich zu halten, wurden von den Restauratoren unterschiedliche Verfahren und Mischungen entwickelt.[9] Naturlatex hinterläßt auf dem Original keine Spuren, doch empfiehlt es sich auch bei diesem Material, sicherheitshalber ein Trennmittel auf die Steinoberfläche aufzutragen, z. B. Zellulosekleister, der später mit Wasser leicht wieder abgewaschen werden kann.

Neben den Vorteilen des Naturlatex, wie angenehme Verarbeitung, unschädliche Handhabung, gute Abformeigenschaften und geringer Preis, gibt es doch einige Nachteile, die die Verwendungsmöglichkeit einschränken. So ist die Haltbarkeit der fertigen Formen auf wenige Jahre begrenzt. Bei einer optimalen Lagerung kann man mit einer Aufbewahrungs-

337   Aalen, Römisches Parkmuseum. Kunststeinabguß der Jupitergigantensäule von Walheim mit einer Jupitergigantengruppe nach einem in Pforzheim gefundenen Jupitergigantenreiter

zeit von max. fünf Jahren rechnen, doch können sich schon nach zwei bis drei Jahren Zersetzungserscheinungen zeigen und ein Klebrigwerden oder eine Versprödung der elastischen Haut eintreten.[10] Auf Grund des nicht ganz zu unterdrückenden Volumenschwundes kann es auch passieren, daß sich die Formhaut aus scharfen, tiefen Rillen zurückzieht und dadurch ein Qualitätsverlust der Abformgenauigkeit eintritt.

Bei großen und schwierig abzuformenden Gegenständen wird der Naturkautschuk daher immer mehr durch zweikomponentige Produkte aus *Silikonkautschuk* ersetzt, die wohl teurer sind, sich jedoch auszeichnen durch eine optimale Abformgenauigkeit, geringe Schrumpfung und gute Temperatur- und Lagerbeständigkeit.[11] Silikonkautschuk wird als gieß-, streich- oder knetbare Masse hergestellt, die durch Zugabe eines Härters zu elastischen Vulkanisaten vernetzt. Für den Abguß von Inschrifttafeln wird man eine Gießmasse verwenden, für die Abformung vollplastischer Objekte eine streichfähige Masse, die in mehreren Arbeitsgängen aufgespachtelt wird (Schichtdicke 4–6 mm). Auch bei diesem Material ist ein Trennmittel zu verwenden, da es bei der Abformung von Naturstein zu Verfärbungen kommen kann, die nicht mehr zu entfernen sind.

Sind am abzuformenden Objekt noch Farbspuren der originalen Fassung vorhanden oder ist die Oberfläche durch Umwelteinflüsse und Verschmutzung geschädigt, so ist als Vorbehandlung eine Festigung durchzuführen. Dabei ist zu berücksichtigen, daß bei Verwendung von Kieselsäureestern oder Silikonen es zu absolut unlöslichen Verbindungen zwischen Stein und Silikonkautschuk kommen kann.[12]

Soll der Abguß ohne die am Original vorhandenen Fehlstellen hergestellt werden, so wird zunächst vom Original ein Gipsabguß angefertigt, der überarbeitet wird und als Abgußform dient. Kleinere, nur für den Abguß benötigte Ergänzungen kann man auch am Original selbst vornehmen, und zwar aus einem speziellen, wasserlöslichen Leim-Sand-Gemisch, das ohne Spuren zu hinterlassen wieder entfernt werden kann.[13]

Für die Herstellung steinartiger, wetterbeständiger Abgüsse werden zement- oder kunstharzgebundene Massen benutzt. Die gewünschte Farbe wird durch ein Zuschlagmittel oder die Zugabe von Mineralfarbe zu der Mischung aus Weißzement und Sand erzielt. Spezielle Gießmassen zur Herstellung von Kopien werden von den bekannten Steinersatzmaterial-Herstellern (z. B. *Mineros*) als Fertigmischungen mit Zement oder Kunstharz als Bindemittel angeboten. Früher wurde wegen des großen Herstellungsaufwandes und der erheblichen Kosten für das Steinersatzmaterial mit einer dünnen Vorsatzschale und einem massiven Betonkern gearbeitet. Viele der so hergestellten Abgüsse haben im Laufe der Zeit durch die unterschied-

338   Athen, Kerameikos. Kunststeinabguß mit poriger Oberfläche. Detail aus Abb. 339

339   Athen. Kerameikos, Gräberstraße. Links Abguß des Grabreliefs der Hegeso. In der Mitte die originale marmorne Grabstele mit bereits stark geschädigter Oberfläche. Foto 1979

lichen physikalischen Eigenschaften der beiden Materialien Rissen bekommen. Das Verfahren ist nicht zu empfehlen. Für die erforderliche Bewehrung hat sich rostfreier V4A-Stahl bewährt. Baustahl und verzinkte Eisenstäbe sind ungeeignet, da sie an den Schnittstellen bei zu geringer Betonüberdeckung zu rosten beginnen und den Abguß auseinandersprengen. Nach Möglichkeit sollte auf eine Bewehrung ganz verzichtet werden.

Die Nachteile zementgebundener Abgußmassen bestehen in der deutlich sichtbaren Porenstruktur der ansonsten glatten Oberfläche (Abb. 338) und der kaum zu umgehenden Haarrißbildung, die oft erst nach mehreren Jahren auftritt. Bei neuen Abgüssen sind die Oberflächen oft unangenehm glatt. Der Farbton kann sich im Laufe der Zeit durch Ausbleichen verändern. Soll eine schnelle Verschmutzung und Verwitterung der im Freien aufgestellten Abgüsse verhindert werden, so können sie mit einem hydrophobierenden Anstrich behandelt werden, der für eine gewisse Zeit als Imprägnierung wirkt.

Kopien und besonders originalgetreue Abgüsse sind auf jeden Fall zu kennzeichnen. Eine Signatur mit Jahreszahl an nicht exponierter Stelle ermöglicht auch nach langer Zeit noch eine einfache Identifizierung der neu angefertigten Werkstücke.

340   Athen, Akropolis. Südwand des Erechtheions nach Abschluß der Restaurierungsmaßnahmen 1979–86. Die neu hinzugefügten Quader und kleineren Ergänzungen sind noch deutlich durch
ihre hellere Farbe von den originalen Quadern zu unterscheiden. Foto 1981

Kennzeichnungen

Die beim Wiederaufbau 1979–86 ergänzten Teile der Wandquader am *Erechtheion* auf der **Athener Akropolis** sind heute noch überdeutlich durch ihr strahlendes Weiß von den antiken Baugliedern zu unterscheiden. Nach einigen Jahren wird sich der Unterschied etwas verringert haben und nach einigen Jahrzehnten werden sie wahrscheinlich farblich kaum noch zu unterscheiden sein. Mit Hilfe der umfangreichen zeichnerischen und fotografischen Dokumentation können sie jedoch in Zukunft immer wieder identifiziert werden.[1] Aber auch ohne diese Unterlagen werden sie bei genauer Betrachtung allein aufgrund ihrer geringeren Verwitterung und der von den Werkzeugen hinterlassenen Arbeitsspuren, die besonders an den Fugenflächen ganz anders aussehen als die Spuren der antiken Werkzeuge, von den Originalen zu unterscheiden sein.[2]

Daß neu hinzugefügte Bauteile erkennbar bleiben müssen, um das Bauwerk als authentisches historisches Dokument zu erhalten, ist eine berechtigte denkmalpflegerische Forderung. Seit 1900 haben in Deutschland ausführliche Diskussionen über die Art und Weise, wie neu hinzugefügte Teile zu kennzeichnen sind, stattgefunden.[3] So wurde von dem Architekten Bodo Ebhardt auf dem »Tag für Denkmalpflege« in Freiburg i. B. 1901 vorgeschlagen, bei allen Restaurierungsmaßnahmen die neuen Teile zu kennzeichnen und dafür eine unverwechselbare, von allen zu benutzende Methode zu entwickeln. Als vorbildlich und nachahmenswert empfahl er

das Verfahren, das von dem Architekten Albert Naef aus Lausanne entwickelt und bei der Restaurierung des *Schlosses Chillon* am Genfer See benutzt worden war (Abb. 14). Naef kennzeichnete jeden ersetzten Stein mit einer Jahreszahl und einem weiteren zusätzlichen Hinweis:
- »R. 1904« für die Ergänzung eines an Ort und Stelle vorgefundenen älteren Bauteils (= *Renovatum 1904*),
- »F. S. 1904« für eine genaue Reproduktion eines nicht mehr benutzten Bauteils (= *Facsimile 1904*),
- »1904« für eine moderne Zutat.[4]

Die von B. Ebhardt angeregte Diskussion über eine allgemein verbindliche Form der Kennzeichnung zog sich drei Jahre lang hin und wurde erst auf dem 1904 in Mainz abgehaltenen »Tag für Denkmalpflege«

341 Athen, Akropolis. Erechtheion, Südwand. Reparatur eines Orthostaten und des darüberliegenden Mauerquaders durch A. Balanos (1902–09). Die Ergänzungen haben sich farblich bereits dem Original angeglichen

*342   Ostia. Ergänzung einer antiken Ziegel-
mauer. Kennzeichnung mit einem gestempelten
Ziegel »Restauro / 1959« (in Bildmitte)*

*343   Pompeji. Kennzeichnung der Restaurie-
rung mit einer Marmorplatte »R 1975«*

mit einer sehr allgemein gehaltenen Resolution abgeschlossen:

*»Die Wiederherstellung an einem Denkmal
ist durch Anbringung der Jahreszahl und durch
Zeichen, welche eine Unterscheidung der alten
von den neuen Teilen ermöglichen, kenntlich zu
machen. Die Art der Kennzeichnung bleibt dem
Künstler überlassen.«*[5]

Eine einheitliche Kennzeichnung hat sich
bis heute nicht durchgesetzt. In der denkmalpflegerischen Praxis werden verschiedene Verfahren, die sich auch miteinander
kombinieren lassen, zur Kenntlichma-
chung neuer Teile benutzt. So können
Hinzufügungen
– durch ein vom Original unterschiedli-
  ches Material,
– durch eine andere Oberflächenbearbeitung,
– durch eine unterschiedliche formale Gestaltung,
– durch eine Jahreszahl oder Inschrift gekennzeichnet werden.
Neue Mauerwerksflächen lassen sich
durch eine Fuge oder eine nicht vergängliche Einlage in der Fuge vom originalen

Mauerwerk trennen. Etwas problematisch
ist ein Rücksprung hinter die originale
Oberfläche bei gegliederten Wänden, da
leicht Probleme an den Anschlüssen entstehen. Doch ist diese Methode geeignet,
wenn es darum geht, Ausbrüche oder
kleine Fehlstellen zu schließen.

In der Vergangenheit sind Restaurierungsarbeiten überwiegend ohne Kennzeichnung der neuen Bauteile ausgeführt
worden. Nur vereinzelt finden sich Jahreszahlen als Hinweis auf die durchgeführten
Maßnahmen:
– in **Ostia** einzelne Ziegel mit einem
  Stempel »RESTAURO« und der Jahreszahl (Abb. 342),
– im *Theater* von **Augst**/Schweiz einzelne
  Ziegel mit einer Jahreszahl,
– in **Pompeji** kleine, an den Wänden be-
  festigte Marmorplättchen mit dem Hinweis »R« und der Jahreszahl (Abb. 343).
Ähnliche Marmorplättchen wurden
auch an anderen Ruinenplätzen in Italien
angebracht. Besonders während der 30er
Jahre bemühte man sich, die Wiederaufbaumaßnahmen deutlich zu kennzeichnen.[6]

In **Athen** finden sich Kennzeichnungen früherer Restaurierungen am Fundament des *Agrippa-Monuments* (»1856«), an der *Brüstung der Südmauer* auf der Akropolis (»1865«, Reparatur durch Kalkos), dem *Parthenon* (»1872«, Maßnahmen von Eustratiades) und dem *Erechtheion* (»1844«, bei den letzten Arbeiten abgenommen).[7] Auch N. Balanos hat alle von ihm durchgeführten Restaurierungen mit einer Jahreszahl und teilweise auch einer Inschrift gekennzeichnet.[8]

Am *Dioskuren-Tempel* in **Agrigent**/Sizilien ist der Wiederaufbau mit Jahreszahlen im Stylobat neben den einzelnen Säulen dokumentiert (»1836«, »1845«, »1871«).[9]

Die Restaurierungsarbeiten im *Bacchus-Tempel* in **Baalbek** sind durch ein in die neuen Plinthen eingemeißeltes »SAB 1933« gekennzeichnet.

Eine weniger plakative Art der Kennzeichnung findet sich in **Pella.** Hier sind Löcher mit einem Durchmesser von 2 cm in die neuen Steine gebohrt. In **Pergamon** wurden beim Wiederaufbau des *Traianeums* die neuen Andesit-Blöcke des Tempelpodiums durch eingesetzte Bleiplomben mit Jahreszahl gekennzeichnet.

Neue Flächen aus Ziegel- oder Bruchsteinmauerwerk lassen sich, besonders wenn sie mit antiken Ziegeln aufgemauert wurden, nach einigen Jahrzehnten kaum noch von den originalen Mauerflächen unterscheiden. Als Beispiel hierfür können die frühen Wiederaufbauten in **Pompeji** gelten aus Steinmaterial, das aus dem Ausgrabungsschutt der Ruinen gewonnen wurde. Es ist heute selbst für Archäologen schwierig, diese Wiederaufbaumaßnahmen von den antiken Reparaturen nach dem Erdbeben 62 n. Chr. zu unterscheiden. Deshalb wurden bei den Restaurie-

rungsmaßnahmen unter Leitung von A. Maiuri in den Jahren 1924–41 Begrenzungslinien aus flach gelegten Ziegeln über den originalen Mauern eingeführt, die deutlich antike und neuzeitliche Mauerflächen trennen (Abb. 344). Diese Form der Abgrenzung des originalen Bestandes findet sich in unterschiedlicher Art und mit unterschiedlichen Materialien (rote Mörtelfuge, Bleifolie) auf vielen Grabungsstätten. Es ist bei dieser Maßnahme jedoch zu bedenken, daß diese Trennfugen nur Hilfslinien sind, die wie ein feiner, fast unsichtbarer Strich Alt und Neu voneinander trennen sollen. Mit der so gekennzeichnete Fuge soll die Restaurierungsmaßnahmen nicht betont werden (man

344 *Pompeji. Abgrenzung der neuen Aufmauerung vom antiken Bestand durch eine rote Linie aus flachgelegten Ziegeln*

würde die restaurierte Fehlstelle eines Wandgemäldes auch nicht mit einem roten Strich umfahren!), sondern es soll damit die Möglichkeit erhalten bleiben, auch später noch die Grenze zwischen Alt und Neu (bei genauem Hinsehen) identifizieren zu können.

Im Gegensatz zu diesen möglichst unsichtbaren Verfahren, die nicht so sehr für den Besucher bestimmt sind, sondern mehr für den Wissenschaftler, sollen am Bauwerk angebrachte Inschriften über Motiv, Zeit und Auftraggeber der Restaurierungsmaßnahme berichten.

Die Reihe von Inschriften Papst Pius VII. an den während seines Pontifikats (1800–1823) restaurierten Gebäuden in **Rom**, zeigt die Bedeutung, die er diesen Arbeiten beimaß. An der Ostseite des *Kolosseums*, an der zur Abstützung der äußeren Mauer ein massiver, schräger Ziegelpfeiler errichtet worden war, finden wir nur eine einfache Tafel mit einer kurzen Inschrift, die auf diese Sicherungsmaßnahme im Jahre 1806 hinweist:[10]

»PIVS VII P M / ANNO VII«.

Über dem Eingang des *Kolosseums* wurde nach Fertigstellung der Abstützungen auf der südwestlichen Seite 1822 bereits eine etwas ausführlichere Inschrift in antiker Form angebracht[11] (Abb. 47):

»PIVS SEPTIMVS PONTIFEX MAX
ANNO SACRI PRINCIPATVS EIVS XXIII«

Die umfangreichste Inschrift befindet sich jedoch am *Titus-Bogen*. An Stelle der fehlenden antiken Inschrift brachte man auf der Westseite eine Tafel mit Hinweis auf die erfolgte Restaurierung an[12] (Abb. 345):

345   *Rom, Forum Romanum. Westseite des Titus-Bogens mit der von Papst Pius VII. 1823 angebrachten Inschrift*

»INSIGNE RELIGIONIS ATQVE ARTIS
MONVMENTVM
VETVSTATE FATISCENS
PIVS SEPTIMVS PONTIFEX MAX
NOVIS OPERIBVS PRISCVM EXEMPLAR
IMITANTIBVS
FVLCIRI SERVARIQVE IVSSIT
ANNO SACRI PRINCIPATVS EIVS XXIIII«

In **Athen** weist ein kleiner klassizistischer Marmorpfeiler am Schutzgitter des *Lysikrates-Monuments* auf die Geschichte des Bauwerks und dessen Restaurierung durch die Französische Schule in Athen hin:[13]

»CE MONVMENT
ACQVIS PAR LA FRANCE
EN 1669 A ETE RESTAVRE
PAR SES SOINS EN 1845 ET
1892«

Das *Lysikrates-Monument,* ehemals einbezogen in das 1669 gegründete Kapuzinerkloster, wurde beim Abbruch der Klosterbauten 1845 von französischen Archäologen freigelegt und 1876–77 unter der Leitung der Architekten F. Boulanger und E. Loviot restauriert. 1892 fand eine erneute Restaurierung durch die Französische Schule in Athen statt, bei der verlorene oder schlecht erhaltene Platten und Kapitelle ersetzt wurden.[14]

Inschriften werden, wie am *Titus-Bogen,* auch angebracht, um die Verdienste der beim Wiederaufbau beteiligten Personen der Nachwelt zu überliefern. Zu diesen Inschriften, die davon künden, wer was

346 *Athen, Lysikrates-Denkmal. Der Pfeiler mit der Inschrift lehnt am Denkmalsockel. Foto 1991*

warum unternommen hat, gehört die Inschrift über der Tür zu einem der frühesten Schutzhausbauten in Deutschland, über dem *römischen Kastellbad* in **Hüfingen**/Baden-Württemberg, das 1820 von Fürst Karl Egon von Fürstenberg ausgegraben wurde:[15]

»ROMANORUM
QUAE HIC SPECTAS MONUMENTA
ERUIT POSTERISQUE SERVAVIT
CAROLUS EGON
PRINCEPS DE FÜRSTENBERG
MDCCCXXI«

Eine weitaus größere Inschrifttafel aus Marmor finden wir in **Ephesos**, im Inneren der *Celsus-Bibliothek,* deren Text dem Besucher nicht nur die einzelnen Fakten der Wiedererrichtung erläutert und die Namen der Beteiligten nennt, sondern auch noch auf die Intention und Bedeutung der Maßnahme für unsere Zeit hinweist. Eine ähnliche Wandtafel mit der Auflistung der Beteiligten befindet sich in der *Attalos-Stoa* auf der *Agora* von **Athen.**

Wie eine Restaurierung zu kennzeichnet ist, läßt sich allgemeinverbindlich nicht festlegen, da Form und Ausführung Bezug nehmen müssen auf die durchgeführte Maßnahme.[16] Aus diesem Grunde mußte auch B. Ebhards Initiative scheitern, und wie die Teilnehmer auf dem »Tag für Denkmalpflege« sich nur zu einer recht allgemein gehalten Formulierung durchringen konnten, so kann man auch heute nur empfehlen, die Kennzeichnung möglichst zurückhaltend auszuführen, aber so dauerhaft, daß sich auch noch in Zukunft feststellen läßt, wann die Arbeiten ausgeführt und welche Teile neu hinzugefügt wurden.

347   *Athen, Akropolis. Südostseite des Parthenons. Der Kran hebt einen restaurierten Geisonblock der Ostseite zurück an seine ursprüngliche Stelle, nachdem die originalen Metopen durch
Abgüsse ersetzt worden sind. Foto 1990*

Bautechnik

Das Gelingen eines Wiederaufbaus wird ganz entscheidend mitbestimmt durch ein intelligentes baukonstruktives Konzept. Je umfangreicher der Wiederaufbau, desto wichtiger wird der Ingenieur.[1]

Die technischen Probleme, die von G. Kawerau 1905 bei dem Wiederaufbau der beiden Säulen des *Heraions* in **Olympia** zu lösen waren (vgl. S. 93 f.), bestanden hauptsächlich darin, die bis zu 2,5 t schweren Säulentrommeln anzuheben und die Kapitelle auf die Höhe zu bringen, von der sie sich auf die Säulenschäfte absetzen ließen. Nach diesen Vorgaben baute Kawerau das Arbeitsgerüst, einen Turm aus vier hölzernen Ständern, die in verschiedenen Ebenen horizontal miteinander verbunden und seitlich abgestrebt waren. Das Holz wurde in der Nähe Olympias gekauft und *»um den Holzwert des später wieder zu verkaufenden Materials nicht zu beeinträchtigen, [wurde] auf alle eigentlichen Holzverbindungen des Zimmermanns-Handwerks, wie Überblattungen und Versatzungen, Verzicht geleistet, auch keine Schraubenbolzen angewendet, sondern alle Zusammenfügung der Hölzer nur mit starken Nägeln und Krampen bewerkstelligt. Das Gerüst hat sich vollkommen bewährt, und wir hatten durch Schonung des Materials den Vorteil, daß wir am Schluß der Arbeit bei Wiederverkauf der Hölzer den halben Einkaufspreis wieder zurückerhielten.«*[2]

Die vier Arbeiter, mit denen er den Wiederaufbau durchführte, waren Fachkräfte von der Akropolis, die dort unter N. Balanos bei der Wiederherstellung des *Erechtheions* beschäftigt waren.[3] Auch der Fla-

schenzug kam von der Akropolis, war jedoch für 4 t ausgelegt und für die Arbeiten etwas unhandlich. Das Gerät hatte aber den großen Vorteil, daß sich Lasten mit ihm nicht nur vertikal, sondern auch horizontal bewegen ließen:

»Die hier gebräuchlichen Flaschenzüge für kleinere Lasten«, berichtet Kawerau, *»sind mit einer für primitive Verhältnisse sehr praktischen Vorrichtung versehen, welche die Anwendung eiserner Träger oder Laufschienen und auf Rädern gehender Laufkatzen erspart. Der Flaschenzug wird an einem starken eisernen Bügel aufgehängt, der um den Haupt-Tragebalken herumgelegt wird, so daß die obere horizontale Axe dieses vierseitigen eisernen Rahmens auf dem Tragebalken aufliegt, während die an den Flaschenzug angehängte Last frei unter dem Balken schwebt. Diese obere Axe ist aus Rundeisen hergestellt und kann mittels seitlich angebrachter Kurbeln gedreht werden. Ein einziger Mann kann von oben her die ganze Last in horizontalem Sinne hin- und herbewegen.«*[4]

Die dem Bericht beigefügten Fotos (Abb. 80) zeigen, wie mit diesem Flaschenzug eine Trommel gehoben und an ihren Platz versetzt wird. Die Befestigung des Flaschenzuges an der Trommel geschah wie in der Antike mit dem *Wolf,*[5] der in den entsprechenden Ausarbeitungen befestigt wurde.

Als Tragkonstruktion zur Unterstützung gebrochener Bauglieder, besonders der auf Biegezug beanspruchten Architrave, Türstürze oder Deckenbalken, standen bis in die 20er Jahre nur Eisenträger (zumeist

Schienen der bei der Ausgrabung benutzten Feldbahn) zur Verfügung. Ihr Einbau hat überall dort nicht geschadet, wo das Eisen frei lag und es nicht zu Rostsprengungen kommen konnte. Frei liegende Eisenträger unter gebrochenen Architraven finden wir z. B. am Bühnengebäude im *Theater* von **Priene** (Th. Wiegand, um 1898) (Abb. 348) oder in **Epidauros** (A. Orlandos, um 1960) (Abb. 124). Sie haben wohl Rost angesetzt, aber bisher keinen Schaden verursacht, wie etwa die unsichtbar verbauten, mit Zement ummantelten Eisenträger auf der Athener Akropolis.

Ein Beispiel für die geringen technischen Mittel, mit denen man vor dem Er-

349   *Baalbek, Jupiter-Tempel. Die Cella vor der Ausgrabung. Der Schlußstein der Cellatür ist durch ein Erdbeben 1759 heruntergerutscht. Foto F. Bedford 1862*

348   *Priene, Theater. Eiserne Stützkonstruktion zur Sicherung des Architravs. Th. Wiegand, um 1898*

sten Weltkrieg auf den Grabungsstätten des Orients Restaurierungsarbeiten ausführte, ist die Reparatur der Cella-Tür des *Bacchus-Tempels* in **Baalbek** durch die deutsche Expedition unter Leitung von Theodor Wiegand[6] (Abb. 349–351). Der Schlußstein des aus drei Steinen bestehenden, als scheitrechter Bogen konstruierten Türsturzes war durch ein Erdbeben 1759 gefährlich abgerutscht und 1870 von R. Burton, dem englischen Generalkonsul in Damaskus, durch einen Ziegelpfeiler gesichert worden. Um die ganze Öffnung der Tür wieder unbeeinträchtigt zur Geltung kommen zu lassen, wurde der Stein angehoben und frei schwebend wieder befestigt (B. Schulz 1902). Mit vier großen Schraubwinden, die die Baustelle der Bahnstrecke Rayak-Hama zur Verfügung gestellt hatte, wurde der abgesunkene Stein in seine ursprüngliche Lage gehoben und an jeweils zwei eisernen Trägern aufgehängt. Im Inneren des Tempels konnten sie in die bereits vorhandenen Schlitze eingelassen werden, auf der Außenseite, wo sich die Türrahmen- und Bekrönungsprofile befinden, mußten sie auf der Oberseite des Türsturzes angebracht werden. Zwei eiserne Haken greifen in Löcher, die auf den seitlichen Stoßflächen eingearbeitet wurden. Da die seitlichen Auflager durch das Erdbeben auseinandergedrückt worden waren, wurden die Fugen mit Beton ausgestopft. Der Sturz hatte damit eine Armierung erhalten, und der Ziegelpfeiler konnte wieder abgebaut werden.

Auch die technischen Hilfsmittel, die N. Balanos für die Bauarbeiten auf der *Akropolis* von **Athen** zur Verfügung standen, waren gering und bestanden hauptsächlich aus Holzgerüsten und Flaschen-

351 *Baalbek, Jupiter-Tempel. Der Innenraum der Cella nach Abschluß der Ausgrabung und Sicherung des Schlußsteins. Foto A. Meydenbauer 1902*

350 *Baalbek, Jupiter-Tempel. Sicherung des abgerutschten Schlußsteins mit einem Ziegelpfeiler. Foto F. Bonfils 1873*

zügen (Abb. 352, 353). Die Gerüste wurden aus Kanthölzern gebaut und mit Schraubbolzen zusammengehalten. Sie dienten gleichzeitig als Arbeitsgerüst für den Aufbau der einzelnen Säulen und als Unterkonstruktion für den Flaschenzug. Selbst das Arbeitsgerüst für die Aufrichtung der Nordkolonnade des *Parthenons* (1922–30) bestand nur aus einer stabilen Holzkonstruktion beiderseits der Säulenreihe als Auflager für den fahrbaren Flaschenzug, der über fünf Säulenjoche bewegt werden konnte.[7]

Auch für die Wiederaufbauarbeiten in Libyen in den 30er Jahren, in **Leptis Magna, Kyrene** und **Sabratha**, wurden hölzerne Gerüste verwendet und an Dreibeinen aufgehängte Flaschenzüge.[8] Noch bis weit in die Nachkriegszeit fand kaum eine Veränderung dieser Art der Baustelleneinrichtung statt. Die Fotos von den Restau-

352   *Athen, Akropolis. Baugerüst für die Sicherung der Südostecke des Parthenons. Foto 1931*

rierungsarbeiten am *Theater* in **Epidauros** (1958–60) zeigen, daß hier sogar noch die gleiche Art von Flaschenzug, wie ihn N. Balanos benutzte, verwendet wurde (Abb. 122). Selbst für die Wiederaufbauarbeiten des *Marmorhofs* in **Sardes** (1964–73) wurden noch Holzgerüste benutzt und auf hölzernen Rampen die Materialien bis in die oberste Gerüstebene geschafft.[9] Als Hebewerkzeug stand den Architekten in den ersten Jahren nur ein von der Grabung in Ephesos ausgeliehenes fahrbares Dreibein mit Flaschenzug zu Verfügung, das jedoch durch die teleskopartige Verlängerung der Beine Blöcke bis zu 3 t in eine Höhe von 11 m heben konnte. Erst 1967, nachdem der Wiederaufbau die obere Etage erreicht

353   *Athen, Akropolis. Baugerüst für den Wiederaufbau der Nordkolonnade des Parthenons 1922–30*

hatte und dort die Säulen aufgestellt werden mußten, wurde ein einfacher Kran angeschafft – ein selbst konstruierter, beweglicher Ausleger mit einem Flaschenzug.[10]

Ein entscheidender Wandel in der technischen Ausführung der Wiederaufbaumaßnahmen trat in den 20er Jahren durch die Verwendung von Stahlbeton als Konstruktionsmaterial ein. Stahlbeton hat den großen Vorteil, daß Brüche und Fehlstellen konstruktiver Bauteile sich durch eine entsprechende Armierung überbrücken lassen. Die Armierungseisen werden direkt im Original verankert und nach dem Abbinden des Betons sind beide Teile fest miteinander verbunden. War es bisher nur möglich, Stahlträger unter die gebrochenen Bauteile zu schieben, so ließen sich jetzt die einzelnen Teile ohne sichtbare Hilfskonstruktionen in ihrer ursprünglichen Form ergänzen und oft sogar so, daß man den Eingriff nicht sah. Die Verbindung zwischen dem alten und neuen Teil konnte durch die Bewehrung biegesteif ausgebildet werden. Diese Vorteile machten Stahlbeton zum universellen Ergänzungsmaterial, denn Baustahl, Portlandzement, Kies und Sand waren zumeist leicht zu beschaffen. Die Arbeiten konnten unter Anleitung durch unausgebildete Arbeiter ausgeführt werden und Steinmetze waren nur noch erforderlich, wenn eine weitere Bearbeitung der Oberflächen vorgesehen war. Mit Stahlbeton war auch die Möglichkeit gegeben, vorhandene Fundamente zu verstärken oder Krag- und Rahmenkonstruktionen herzustellen, die als unsichtbare Stützkonstruktionen in die massiven antiken Mauern eingebaut werden konnten.

Armierten Beton benutzte Balanos für die Wiederherstellung des Sturzes über der Cella-Tür des *Parthenons* (1926) und die Ergänzung der Geisa an der SO-Ecke (1931) (Abb. 354), von denen eines beim Abbau der Metopen durch Lord Elgin heruntergeworfen worden war und dabei zerbrach. Mit Stahlbeton sicherte und rekonstruierte Sir A. J. Evans Teile des *Minoischen Palastes* in **Knossos.**

Bei einem Wiederaufbau im Mittelmeerbereich ist die Sicherung gegen Erdbeben mit zu bedenken. Als technisches Konzept wurde bisher von den Ingenieuren eine ausgesteifte Rahmenkonstruktion vorgeschlagen, für freistehende Säulen eine zugfeste Verbindung mit dem Fundament.[11] Nach diesem Konzept wurde der *Hera-Tempel* (Tempel E) in **Selinunt** 1960–68 wiederaufgebaut. Die aus einzelnen Trommeln bestehenden Säulen wurden durchbohrt und zu einem monolithen Gebilde zusammengespannt, Basis, Kapitell und Architrav wurden mit den Säulen fest verbunden und die Säulen im Fundament eingespannt (vgl. S. 135 ff.).

Aus den gleichen Überlegungen wurden die Säulen der Tempel in **Agrigent**, **Segesta** und **Paestum** *vernadelt*, d. h.

354 *Athen, Akropolis. Ergänzung eines beschädigten Geisonblocks mit Hilfe von Eisenträgern und Stahlbeton. N. Balanos 1931*

355   Ephesos, Celsus-Bibliothek. Präzisionsbohrgerät zum Durchbohren der Säulen. Durchmesser der Bohrung 100 mm. Foto 1977

356   Ephesos, Celsus-Bibliothek. Axiales Ausrichten der Endstücke einer Säule auf zwei als Justierwagen umgebauten Loren. Foto 1977

durchbohrt, armiert und die Bohrung mit Beton oder Kunstharz verpreßt. Diese unsinnigen Eingriffe lassen sich nicht wieder entfernen und weitere Reparaturmaßnahmen sind damit fast unmöglich gemacht. In **Segesta** haben sich die ersten Schäden schon eingestellt, in **Paestum** hat die 1962 durchgeführte Stahlarmierung des *Athena-Tempels* dazu geführt, daß ein durch die Eisenmasse angezogener Blitz 1974 die dritte Säule der Ostseite großenteils zerschmetterte.[12]

Waren die wiederaufzubauenden Säulen dünn und nicht mehr tragfähig, wie etwa bei den römischen Theaterfassaden, so mußte eine Belastung aus den darüberliegenden Geschossen vermieden werden. Die Abtragung der Lasten mußte ersatzweise von einem Stahlbetonskelett übernommen werden. Dieses wurde, um es nicht sichtbar werden zu lassen, in das antike Mauerwerk eingebaut und erhielt auskragende Stahlbetonbalken oder -konsolen, an denen die Architrave befestigt und zwischen denen die Säulen als unbelastete *Pendelstützen* eingeschoben wurden.

Nach diesem konstruktiven Konzept wurden die großen Wiederaufbaumaßnahmen in **Libyen** in den 30er Jahren durchgeführt (vgl. S. 117 ff.),[13] der Wiederaufbau des *Marmorhofs* in **Sardes** (vgl. S. 159 ff.) und in modifizierter Form, ohne Fundamenteinspannung und mit Einbau von Gelenken, der Wiederaufbau der *Celsus-Bibliothek* in **Ephesos** (vgl. S. 165 ff.).

Mit dem Auftreten der großen europäischen Baufirmen bei den Arbeiten zur Umsetzung der nubischen Altertümer in **Ägypten** 1960–64, veränderte sich die technische Ausstattung der Baustellen entscheidend. Wie auf einer modernen Großbaustelle wurden für die in diesem Umfang bisher noch nie durchgeführten Arbeiten Kräne, Lastwagen, Raupenfahrzeugen und Betonmischer eingesetzt (Abb. 140). Als Gerüste fanden leicht montierbare Stahlrohrgerüste Verwendung, für den Transport der schweren Bauteile und das Anheben der Lasten wurden Autokräne benutzt. In **Abu Simbel** fanden als Kräne sog. *Derricks* Verwendung, wie sie im Steinbruchbetrieb gebräuchlich sind. Die sich um einem festen Mittelpunkt drehenden Auslegerkränen konnten bis zu 30 t schwere Teile sehr langsam und genau bewegen. Planung, Organisation und Durchführung lag in den Händen der Ingenieure der Baufirmen, die diese Maßnahmen selbstverständlich nach ihren Vorstellungen und nicht nach denen der Restauratoren durchführten.[14] Außerdem mußten die Tempel in einer durch das Ansteigen des Stausees begrenzten Zeit abgebaut, an einen anderen Ort transportiert und dort wieder aufgebaut werden. Der Zeitfaktor war für die Auswahl der Baumethoden ganz entscheidend, und die Bilder, die um die Welt gingen, zeigten neben

358   Pergamon. Traianeum, Nordhalle. Die Säule wird mit vier Dübeln auf der Mauerkrone befestigt. Foto 1982

357   Ephesos, Celsus-Bibliothek. Rückwand und Kragplatten über den Ädikulen des Erdgeschosses sind betoniert und für die Aufstellung der Säulen vorbereitet. Foto 1977

den im Ab- oder Wiederaufbau befindlichen Tempeln immer auch die moderne Ausrüstung der Baustellen.

Durch diese Arbeiten wurden die Methoden des Wiederaufbaus nachhaltig beeinflußt. Der Wiederaufbau antiker Bauten wurde nur noch als technische Maßnahme betrachtet, die sich mit moderner Bautechnik und dem Wissen und Können einer großen Baufirma lösen läßt. Anstelle des Steinmetzen, der die antiken Werksteinteile in traditioneller Weise repariert oder ersetzt, wurde jetzt der Betonbauer zum wichtigsten Handwerker auf der Baustelle. Der Wiederaufbau hatte sich von einer *Anastylosis,* wie sie noch N. Balanos oder die *Charta von Venedig* 1964 definiert hatten, weitgehend zu einer Ingenieurmaßnahmen gewandelt, bei der die antiken Bauteile an tragende Stahlbetonkonstruktionen angehängt wurden.

In den 60er Jahren fand ein neues Material Zugang auf die Baustellen, das sich besonders gut dazu eignete, gebrochene Marmorteile wieder zusammenzufügen: der *Epoxidharzkleber.* Durch die Verbesserung der Bohrtechnik wurden zudem genauere und dünnere Bohrungen möglich, in die die Stähle eingeklebt werden konnten. Aus der Entwicklung des Spannbetons standen dünne, hochfeste Litzen zur Verfügung, die ein festes Zusammenspannen gebrochener Bauglieder ermöglichten. Neben der *schlaffen* Bewehrung wurde als neue technische Möglichkeit die Spanntechnik für Wiederaufbaumaßnahmen eingesetzt. Durchbohrt und *vernadelt* wurden u. a.:

– die Säulen des *Konstantins-Bogens* in **Rom** (1953),[15]
– die vier Arkaden des äußeren Mauerrings des *Amphitheaters* in **Verona** (1958),[16]
– die Säulen und der Giebel der Ostfront des *Athena-Tempels* in **Paestum** (1962),
– die Kapitelle und Säulen des Tempels von **Segesta** (1964),[17]
– die Architrave des *Tempels des Apollon Epikurios* in **Bassae** (1962).

Die Restaurierungsarbeiten in **Baalbek**/Syrien (H. Kalayan, um 1975) zeigen eindrucksvoll die ›Möglichkeiten‹ und skurrilen Ergebnisse dieser neuen Technik (Abb. 238).

Diese stark technologisch beeinflußte Richtung des Wiederaufbaus in der Nachkriegszeit wurde hauptsächlich durch die derzeitigen Arbeiten auf der *Akropolis* von **Athen** Schritt für Schritt zurückgenommen, da deutlich wurde, daß zu viele Gefahren und unkalkulierbare Risiken für die Bauwerke mit den nicht ›reversiblen‹ Bautechniken und den neuen Materialien ohne Langzeiterfahrung verbunden sind. Die Überlegungen gingen dahin, den Wiederaufbau wieder mehr als wirkliche *Anastylo-*

359   *Athen, Akropolis. Im Baubüro für die Restaurierung des Parthenons. Kostas Zambas (links) und Manolis Korres berichten über die laufenden Arbeiten. Foto 1991*

sis zu betrachten – als handwerkliche Reparatur der einzelnen Bauglieder und Wiederzusammenfügen im ursprünglichen Verband unter Berücksichtigung der antiken Konstruktionsprinzipien. Dieses Konzept wird sich aber nur realisieren lassen, wenn, wie auf der *Akropolis*, Architekten und Ingenieure gleichberechtigt zusammenarbeiten und der Wiederaufbau nicht mehr hauptsächlich als ein architektonisch-gestalterisches Problem betrachtet wird, sondern ebenso als konstruktives. Das bedeutet, daß Voruntersuchungen und Experimente auch im Ingenieurbereich (und dazu gehören selbstverständlich auch naturwissenschaftliche Untersuchungen) mehr als bisher durchgeführt werden müssen, denn nur durch eine genaue Kenntnis des Bauwerks und der verwendeten Materialien lassen sich die statisch-konstruktiven Maßnahmen und die Eingriffe in das Bauwerk auf das angestrebte Minimum reduzieren.

360   Pergamon, Traianeum. Das Kapitell der Ecksäule des Tempels wird aufgesetzt. Foto 1988

ZUSAMMENFASSUNG

361   *Athen. Blick hinauf zur Akropolis mit der Kranbahn über den Propyläen. Foto 1991*

Zum gegenwärtigen Stand der archäologischen Denkmalpflege

Verschiedene Konzepte und Methoden denkmalpflegerischen Handelns sind zuerst an Ruinen entwickelt worden und haben in der Folge die Theorieansätze der Baudenkmalpflege beeinflußt. Die Ursache hierfür findet sich in der Geschichte der Denkmalpflege, die sich in ihren Anfängen zuerst um Ruinen bemühte – im Norden um die Erhaltung der mittelalterlichen Burgruinen und in Italien um die ruinösen antiken Bauwerke. Viele Theoriediskussionen haben ihren Anfang genommen in der Auseinandersetzung um die Frage der ›richtigen‹ Erhaltung von Ruinen – vom *Heidelberger Schloß* bis zur *Athener Akropolis*. Wahrscheinlich sind Ruinen für die Theoriebildung der Denkmalpflege so geeignete Objekte, weil sie ›gebrauchsunfähige‹ Bauwerke sind, Denkmäler, die wir nach Alois Riegl *»vollständig unbeirrt durch den Gebrauchswert rein vom Standpunkte des Alterswertes zu betrachten und zu genießen«* in der Lage sind.[1] Ohne Nutzungsansprüche berücksichtigen zu müssen, sind sie theoretischen Fragestellungen leichter zugänglich als die einer Nutzung unterworfenen und mit Ausstattung versehenen ›lebenden‹ Bauwerke.[2] Die ruinierten Bauten sind aus der als selbstverständlich angesehenen Nutzungskontinuität herausgenommen, sind so gesehen bereits historische Ehrfurchtsobjekte, deren Konservierungsaufwand allein von ihrer historischen Bedeutung her gerechtfertigt ist.[3]

Antike Ruinen sind zwar in aller Regel ohne eine direkte Nutzung, aber sie erfahren – oder erleiden – eine andere Art von Nutzung: sie sind den immer größer werdenden Massen von Besuchern ausgesetzt. Besonders die bedeutenderen Ruinenplätze sind als touristische Ziele ihrer Zweckfreiheit gründlich beraubt. Die Interessen einer effektiven ›Vermarktung‹ erzeugen, neben dem Verschleiß der Bausubstanz, einen ›ideellen Druck‹ auf die Ruinen, sollen die Grabungsplätze doch für den Besucher interessant und attraktiv sein. Neben der Konservierung der freigelegten Bauteile war deshalb der vorrangige Anlaß für die meisten Wiederaufbauprojekte – und fast aller Rekonstruktionen – der Wunsch, die Bedeutung der historischen Stätten durch ›präsentable‹ bauliche Zeugen der Vergangenheit besonders hervorzuheben und die oft unscheinbaren Grabungsbefunde zu einer für den Besucher eindrucksvollen Wirklichkeit wiedererstehen zu lassen.

Eine allgemein verbindliche Antwort auf den politischen und gesellschaftlichen Druck nach ›Verfügbarkeit‹ der Geschichtszeugen läßt sich nur schwer finden, doch wird es in Zukunft sicherlich notwendig werden, mehr Objekte als bisher dem Zugriff der Öffentlichkeit zu entziehen. Erste Beispiele hierfür sind die *Höhle von Lascaux* bei **Font-de-Gaume** (Dordogne/Frankreich), wo seit einigen Jahren nur noch ein Faksimile des *Saals*

der Stiere zu besichtigen ist, oder die Gräber im *Tal der Könige* in **Theben-West**/
Ägypten, die teilweise wegen der durch
Übernutzung entstandenen Schäden geschlossen werden mußten (Abb. 296). Ein
Versuch, den Zugriff nicht einfacher zu
machen, sondern zu erschweren und damit
eine Verlangsamung des ›Verbrauchs‹ zu
erzielen, war auch die Entscheidung der
englischen   Denkmalpflegeorganisation
»*English Heritage*«, das neue Besucherzentrum für den prähistorischen Steinkreis
Stonehenge bei **Salisbury** so weit entfernt
vom Standort des Monuments anzulegen,
daß nur die wirklich leidenschaftlich interessierten Besucher die lange Wegstrecke
bis dort hin nicht scheuen werden, die
große Masse, die gewohnt ist, mit dem
Bus bis vor die Denkmäler gefahren zu
werden, aber auf den Besuch des Originals
verzichten wird.

Auf den Grabungsplätzen wird man sich
in Zukunft aus konservatorischen Gründen mehr bemühen müssen, die Zerstörung der Originale durch eine exzessive
touristische Nutzung zu verhindern und
die allzu freie Verfügbarkeit der Monumente einzuschränken. Für den Teil der

*362   Athen, Akropolis. Die Besuchermassen
stauen sich vor dem Beulé-Tor*

*363   Stonehenge. Grün gestrichene Wege und
Leinen kanalisieren derzeit den Besucherstrom*

Besucher, dessen Interesse abhängig ist
von der Anschaulichkeit der Ruinen, wird
man sicher auch weiterhin Attraktionen
herstellen müssen. Auf den Wiederaufbau
als denkmalpflegerische und didaktische
Maßnahme wird man dabei auch in Zukunft nicht verzichten wollen, werden
doch weiterhin antike Bauten freigelegt.
Doch können diese Aktivitäten nicht allein darin bestehen, daß auf den originalen
Fundamenten   Rekonstruktionen,   ›gefälschte‹ Antiquitäten, errichtet werden.
Was gilt es also zu beachten?

Für die Konzeption von Wiederaufbaumaßnahmen und die damit verbundenen
Konservierungs- und Restaurierungsarbeiten gelten als theoretische Grundlage
und Richtschnur noch immer die Richtlinien der *Charta von Venedig* aus dem Jahre
1964, obwohl in der Zwischenzeit eine
Reihe neuer Regelwerke entstanden sind
(vgl. S. 339). Die sehr prägnant formulierten 16 Artikel stecken den Rahmen für die
wichtigsten denkmalpflegerischen Maßnahmen ab; innerhalb dieses Rahmens lassen sich konkrete Einzelentscheidungen
den individuellen Gegebenheiten des
Denkmals anpassen. Die teilweise schlechten Erfahrungen mit den neuen Konservierungsmitteln, den Kunstharzen und

den chemischen Steinkonservierungsmitteln und die unheilvollen Ergebnisse der Wiederaufbaumaßnahmen vor allem der 30er Jahre, die sehr weitgehend von ingenieurtechnischen Überlegungen und dem Material Stahlbeton bestimmt waren, haben jedoch dazu geführt, daß heute Forderungen an die Ausführung von Restaurierungen gestellt werden, die über den Stand der *Charta von Venedig* hinausgehen. Dazu gehören die Forderung nach ›reversiblen‹ Maßnahmen, die die Reparaturfähigkeit des Bauwerks erhalten sollen und nach einem ›sanften‹ Wiederaufbau unter Berücksichtigung der Autonomie der Bauglieder und des ursprünglichen statischen Konzepts. Dazu gehört u. a. auch, daß neu hinzugefügte Teile so ausgebildet werden, daß sie erkennbar bleiben und sich harmonisch in das historische Bauwerk einfügen, aber trotzdem ohne Schaden für das Original wieder entfernt werden können.

Ein grundsätzliches Problem, das bei jedem Wiederaufbau auftritt, ist die Frage nach Art und Umfang der hinzuzufügenden Teile. Soll nur das wieder aufgerichtet werden, was als Originalsubstanz vorhanden ist, oder soll das Bauwerk soweit rekonstruiert werden, daß es möglichst weitgehend »in seiner vergangenen Schönheit« wieder erlebbar wird? Soll sich der Wiederaufbau auf das authentische Material beschränken, oder soll das Gebäude unter Zuhilfenahme einer größeren Anzahl von Kopien und Ergänzungen wiedererstehen? Soll der *Alterswert*, der *historische Wert* oder der *Kunstwert* der Ruine im Vordergrund der Überlegungen stehen?

Auf die verschiedenen Wertkategorien eines Denkmals und ihre unterschiedliche Bedeutung hat erstmals Alois Riegl hingewiesen und gefordert, das Denkmal als

eine möglichst unverfälschte authentische Urkunde zu erhalten. In der Vergangenheit ist diese einseitige Betonung des *dokumentarischen Werts* relativiert worden, und bereits in der *Charta von Venedig* wird als Ziel der Restaurierung nicht mehr allein die Bewahrung des Denkmals als Geschichtszeugnis gefordert, sondern auch seine Erhaltung als Kunstwerk (Artikel 3). Um dieser Forderung zu genügen, ist es unbedingt notwendig, daß die ideelle und stoffliche Integrität des Originals erhalten bleibt.

Doch in welcher Form und wie umfangreich sollen Ergänzungen ausgeführt werden? Grundsätzlich gilt, daß alle neuzeitlichen Ergänzungen im strengen Sinne nicht nachgewiesene Zutaten sind, die den *dokumentarischen Wert* des Bauwerks insgesamt schmälern. Die korrekte Nachbildung eines antiken Bauteils sagt wohl etwas über den antiken Entwurf aus, ist aber ohne *historischen Wert,* da unter heutigen Bedingungen und aus neuzeitlichem Material hergestellt. Gleichzeitig trägt sie jedoch, wenn sie sorgfältig gearbeitet ist, dazu bei, die gestalterische Qualität des

364   Brescia, Römisches Forum. Teilwiederaufbau des Vespasians-Tempels. Ergänzungen aus rotem Ziegelmauerwerk. 1938–49

Denkmals, seinen *Kunstwert*, hervorzuheben und zu betonen. Sie ist einerseits als historische Quelle für die Erforschung des antiken Gebäudes unbedeutend, andererseits aber wichtig für die Wiederherstellung des äußeren Erscheinungsbildes, das das verlorene Original erahnen läßt. Mit dem Gewinn an Anschaulichkeit geht jedoch gleichzeitig ein Verlust an Authentizität einher. Hier die Grenze festzulegen, ist eine der wichtigsten, aber auch schwierigsten Aufgaben des Denkmalpflegers. Aber auch bei genauer Abwägung beider Wertkategorien wird man zu dem Ergebnis kommen, daß es für diese Fragestellung keine allgemeingültige Lösung gibt, die ausschließlich rational zu begründen wäre, denn ohne Berücksichtigung des

ästhetisch-künstlerischen Bereichs wird die Qualität des Erreichten meist Wünsche offenlassen.

Jeder Wiederaufbau ist unausgesprochen der Versuch der Wiederherstellung eines verlorengegangenen Zustandes. Doch durch den Vorgang des Wiederzusammenfügens läßt sich der Zerstörungsprozeß nicht wieder rückgängig machen; es wird nicht das alte Gebäude wiederhergestellt, sondern ein neues geschaffen. Die Dimension Zeit ist nie rückläufig, sondern hat nur eine Richtung – die in die Zukunft. Durch die Zerstörung des Bauwerks sind die Verbindungen der einzelnen Bauglieder untereinander unwiederbringlich verloren gegangen. Die gleichzeitig entstan-

365   *Ephesos. Die Fassade der Celsus-Bibliothek – ein neuzeitliches Bauwerk mit antiken Baugliedern. Foto 1979*

366   Die »Rekonstruktion« der Antike.
Karikatur von Jean-Jaques Sempé. Ohne Titel

denen Schäden, die *Geschichtsspuren,* die als
authentische Zeugen den historischen
Prozeß dokumentieren, lassen sich nur
wieder beseitigen, wenn dafür der historische Zustand des Originals aufgegeben
wird. Das ursprüngliche Erscheinungsbild, einmal verloren, ist nicht zurückzugewinnen, obwohl die Bauglieder selbst
noch die originalen sind.

Anastylosis ist keine Denkmal*pflege* im
eigentlichen Sinn, setzt diese doch ein zu
pflegendes Bauwerk voraus, sondern ist in
erster Linie ›*Ruinenbaukunst*‹: die Neu-
schöpfung eines zerstörten Bauwerks
– auf wissenschaftlicher Grundlage,
– unter Zuhilfenahme moderner techni-
  scher Hilfsmittel,

367   *Karikatur von Vladimir Renčin, 1983*

368   *Aphrodisias. Wiederaufbau des Tetrapylons (Propylon). F. Hueber 1980–90*

– durch das sorgfältige Zusammensetzen der originalen Bauglieder und
– unter Berücksichtigung denkmalpflegerischer und konservatorischer Grundsätze.

Die Probleme, die bei einem Wiederaufbau zu lösen sind, beziehen sich deshalb auch nicht so sehr auf denkmalpflegerische Fragestellungen; die Hauptprobleme sind bauforscherischer, architektonisch-gestalterischer und ingenieurtechnischer Natur.

Trotz sorgfältiger Abwägung möglichst vieler Randbedingungen, einer intensiven Forschung und Planung und einer schlüssigen denkmalpflegerischen Konzeption bringt der Wiederaufbau selbst, der oft mehrjährige Arbeitsprozeß, noch viel Unvorhersehbares mit sich. Erforderlich für das Gelingen ist deshalb eine intensive interdisziplinäre Zusammenarbeit zwischen den beteiligten Spezialisten, zwischen dem Archäologen, Bauforscher, Architekten, Ingenieur, Naturwissenschaftler, Restaurator, Garten- und Landschaftsarchitekten, um die vielen Fragen und Probleme – besonders jene, die noch während des Bauvorgangs auftreten –, lösen zu können.

Da jeder Ruinenplatz und jedes Bauwerk eigene Fragestellungen hat, sind einzelne Lösungen nur schwer direkt übertragbar. Was im Fall der Athener Akropolis nach Abwägung aller Randbedingungen richtig sein mag, wird vielleicht für eine provinzialrömische Villa im Rheinland nicht angemessen sein – in allen Fällen wird aber zu fordern sein, daß die jeweilige Maßnahme im Verhältnis zu dem damit zu erzielenden Gewinn steht – im Hinblick auf die langfristige Erhaltung des antiken Bauwerks als eines unwiederbringlichen historischen ›Dokuments‹.

ANHANG

Abkürzungen

Die in diesem Band verwendeten Abkürzungen von
Buchtiteln, wiss. Zeitschriftenreihen usw. folgen den
Richtlinien des Deutschen Archäologischen Instituts
(vgl. AA 1989, 721-33).

AA	Archäologischer Anzeiger
ADelt	Ἀρχαιολογικὸν Δελτίον
AEphem	Ἀρχαιολογικὴ Ἐφημερίς
AM	Mitteilungen des Deutschen Archäologischen Instituts, Athenische Abteilung
AnzWien	Anzeiger, Österreichische Akademie der Wissenschaften
ASAE	Annales du Services des antiquités de l'Égypte
ASAtene	Annuario della Scuola archeologica di Atene e delle Missioni italiane in Oriente
BCH	Bulletin de correspondance hellénique
BdA	Bolletino d'arte
CdB	Centralblatt der Bauverwaltung, Berlin
DAI	Deutsches Archäologisches Institut
DKD	Deutsche Kunst und Denkmalpflege. Wiss. Zeitschrift der Vereinigung der Landesdenkmalpfleger in der Bundesrepublik Deutschland
DiskAB	Diskussionen zur Archäologischen Bauforschung. DAI Berlin, Architekturreferat

EtTrav	Études et travaux. Travaux du Centre d'archéologie méditerranéenne de l'Académie des sciences polonaise
ICCROM	International Centre for the Study of the Preservation and the Restoration of Cultural Property, Rom
ICOMOS	International Council of Monuments and Sites, Paris
IstMitt	Istanbuler Mitteilungen
JdI	Jahrbuch des Deutschen Archäologischen Instituts
JFieldA	Journal of Field Archaeology
MDAIK	Mitteilungen des Deutschen Archäologischen Instituts, Abteilung Kairo
ÖJh	Jahreshefte des Österreichischen archäologischen Instituts in Wien
ÖZKD	Österreichische Zeitschrift für Kunst und Denkmalpflege
RA	Revue Archéologique
REA	Revue des études anciennes

Anmerkungen

EINLEITUNG

1 G. Dontas, Probleme der Erhaltung und Restaurierung der Akropolis. DiskAB 2 (1975) 111–118

2 Der Nike-Tempel hat seine eigene, von den anderen Bauten abweichende Wiederaufbaugeschichte. Eine Überprüfung des derzeitigen Zustandes ist vorgesehen. Vgl. S. 194

3 M. Korres, Twelve Programs for the Restoration of the Parthenon. 2nd International Meeting for the Restoration of the Acropolis Monuments. Athens, 12–14 Sept. 1983. Proceedings. Athen 1985, 95–116 mit 4 Planbeilagen

4 Erhart Kästner (1904–1974) Schriftsteller. Studierte in Leipzig, Freiburg und Kiel, wurde 1927 Bibliothekar an der Staatsbibliothek in Dresden, später Leiter der Handschriften-Abteilung. 1936–38 Sekretär Gerhart Hauptmanns. Nach 1945 Direktor der Herzog-August-Bibliothek zu Wolfenbüttel.

5 E. Kästner, Kreta. Aufzeichnungen aus dem Jahre 1943. Frankfurt/Main 1975, 126

6 Papst Leo X. (1513–1521) erteilte 1515 Raffael den Auftrag, die antiken Ruinen in Rom zu erforschen und zu vermessen. Gleichzeitig verhinderte er nicht deren Plünderung durch Steinräuber, sondern förderte durch den reichen Ausstattungsstil in St. Peter und der Villa Madama deren weitere Zerstorung. Bis in das 18. Jh. gehen bei den Päpsten Wehgeschrei und Plünderung Hand in Hand. H. Günther, Das Studium der antiken Architektur in den Zeichnungen der Hochrenaissance (= Veröffentlichungen der Bibliotheca Hertziana in Rom 24). Tübingen 1988, 65 ff.

7 Diese Entwicklung wurde in den letzten Jahren besonders durch Gert Th. Mader gefördert, der als Leiter des Referats für Bauforschung des Bayerischen Landesamtes für Denkmalpflege die Aufmaß- und Darstellungsmethoden der archäologischen Bauforschung zur Untersuchung und Dokumentation des Denkmalbestandes übernahm und den neuen Aufgaben anpaßte. Vgl. Gert Th. Mader, Angewandte Bauforschung als Planungshilfe bei der Denkmalinstandsetzung. In: Erfassen und Dokumentieren im Denkmalschutz. Schriftenreihe des Deutschen Nationalkomitees für Denkmalschutz 16 (1982) 37–53. Eine Zusammenstellung verschiedener Bauaufnahmezeichnungen der »Münchner Schule« in: Haller von Hallerstein in Griechenland 1810–1817. Ausstellungskatalog, Berlin 1986, 207–227 Bauforschung Heute

8 Charta von Venedig, Artikel 15. Der Begriff *Anastylosis* wurde seit 1925 von N. Balanos verwendet, fand 1931 Eingang in die »Charta von Athen« und wird seither für einen archäologisch genauen Wiederaufbau mit überwiegend originalen Baugliedern verwendet.

9 U. Heimberg, A. Rieche, Colonia Ulpia Traiana. Die römische Stadt. Planung, Architektur, Ausgrabung (= Führer und Schriften des Archäologischen Parks Xanten, Nr. 8). Köln 1986, 41 ff.

THEORETISCHE GRUNDLAGEN
Denkmalpflegerische Grundsätze

1 Die Denkmalpflege entstand parallel zu der Ausbildung der Nationalstaaten in Europa Anfang des 19. Jhs., denn Denkmalpflege setzt das Bewußtsein der Existenz von historisch bedeutsamen Bauwerken voraus, von »Nationaldenkmälern«, die als nationale Kulturgüter und wertvoller Besitz der Nation zu erhalten sind. Diese Bauwerke, heute als »Kulturdenkmäler« definiert, werden durch den Staat vor weiterer Zerstörung geschützt und »im Interesse der Allgemeinheit« gepflegt.

2 August Reichensperger (1808–1895) Apellationsgerichtsrat, Zentrumsabgeordneter, Kunsttheoretiker, Publizist. Setzte sich besonders für die Wiederbelebung der rheinischen Gotik ein. Mitbegründer des 1840 ins Leben gerufenen *Central-Dombau-Vereins,* dessen Ziel die Fertigstellung des Kölner Doms war. Nachruf in CdB (1895) 326 f.

3 Zitiert nach N. Huse (Hrsg.), Denkmalpflege. Deutsche Texte aus drei Jahrhunderten. München 1984, 97

4 Zum Kölner Dombau: A. Wolff, Der Kölner Dom. In: E. Trier, W. Weyres (Hrsg.), Kunst des 19. Jahrhunderts im Rheinland I, Düsseldorf 1980, 55–73; H. Borger (Hrsg.), Der Kölner Dom im Jahrhundert seiner Vollendung. Ausstellungskatalog (2 Bde.) Köln 1980

5 Diese einheitlich geprägte Kulturlandschaft wird heute durch eine neue denkmalpflegerische Zielsetzung – Verputz der steinsichtigen Fassaden mit anschließendem ›historischen‹ Anstrich – grundlegend verändert.

6 1892 Beschluß für den Wiederaufbau, 1883–89 Bauaufnahme durch das Schloßbaubüro J. Koch und F. Seitz, 1895–1903 Restaurierung des Friedrichsbaus durch C. Schäfer.

7 Vgl. Anm. 9, 20

8 Georg Dehio (1850–1932) Historiker. Seit 1883 Professor für Kunstgeschichte in Königsberg, 1892–1918 in Straßburg, dann Tübingen. Seit 1898 Mitglied in der Kommission für Denkmalpflege im »Gesammtverein der deutschen Geschichts- und Alterthumsvereine.« Beschäftigung mit Fragen der Denkmalpflege. 1905–12 Bearbeitung des »Handbuchs der Deutschen Kunstdenkmäler«. M. Wohlleben, Konservieren oder Restaurieren? Zürich 1989, 74 ff.

9 G. Dehio, Was wird aus dem Heidelberger Schloß werden? (1901) In: G. Dehio, Kunsthistorische Aufsätze. München 1914, 247–259

10 Carl Schäfer (1844–1908) gehörte zu den bekanntesten in der Denkmalpflege tätigen Architekten Deutschlands. Seine weitgehenden Restaurierungsmaßnahmen – Friedrichsbau des Heidelberger Schlosses, Westtürme des Meißener Domes und die Freiburger Stadttore – waren jedoch schon zu ihrer Entstehungszeit umstritten. J. Schuchardt, Carl Schäfer 1844–1908. Leben und Werk des Architekten der Neugotik. München 1979. Über Schäfers Tätigkeit als Restaurator fehlt bisher eine zusammenfassende Arbeit.

11 Eugène-Emmanuel Viollet-le-Duc (1814–1879) Architekt, Bauforscher, Denkmalpfleger. Restaurierte seit 1840 die bedeutendsten mittelalterlichen Bauwerke Frankreichs. Seine Theorie der gotischen Baukunst in: »Dictionnaire raisonné de l'architecture française duXIᵉ au XVIᵉ siècle« 1854–68 publiziert. Eine Übersicht über sein Werk in: Viollet-le-Duc, Ausstellungskatalog Galéries nationales du Grand Palais Paris 1980

12 Paul Tornow (1848–1921) Architekt. Regierungsbaurat, seit 1874 Dombaumeister von Metz, Professor an der Berliner Bauakademie. Gehörte wie Carl Schäfer zu den rekonstruierenden Denkmalpflegern in der Tradition von Viollet-le-Duc und Sir Gilbert Scott (1811–1878).

13 P. Tornow, Grundregeln und Grundsätze beim Wiederherstellen von Baudenkmälern. Die Denkmalpflege 2 (1900) 113–115

14 Das Protokoll der Tagung in: Korrespondenzblatt des Gesammtvereins der deutschen Geschichts- und Alterthumsvereine 48 (1900) 202–221 und A. v. Oechelhäuser (Hrsg.), Denkmalpflege. Auszug aus den stenographischen Berichten des Tages für Denkmalpflege (2 Bde.) Leipzig 1910, 1913

15 Grundsatz XII, Korrespondenzblatt, a. a. O., 214

16 Cornelius Gurlitt (1850–1938) Kunsthistoriker. 1889 Promotion in Leipzig, Professor für Kunstgeschichte an der TH Dresden. 1887–89 erste zusammenfassende Darstellung der Barockarchitektur.

17 Oechelhäuser (1910) a. a. O., 54

18 Oechelhäuser (1910) a. a. O., 54

19 Einen wichtigen Einfluß hatten aber auch die Schriften von J. Ruskin, W. Morris und der »Society for the Protection of Ancient Buildings« (SPAB). S. Tschudi-Madsen, Restoration and Anti-Restoration. A study in English restoration philosophy. Oslo 1976

20 Denkmalschutz und Denkmalpflege im neunzehnten Jahrhundert. Festrede zum Geburtstag Kaiser Wilhelms II. am 27. Januar 1905 an der Universität Straßburg. In: G. Dehio, Kunsthistorische Aufsätze. München/Berlin 1914, 263–282

21 Alois Riegl (1858–1905) Kunsthistoriker. Seit 1883 am Wiener Institut für österreichischen Geschichtsforschung, seit 1886 Mitarbeiter, dann Leiter der Abteilung für Textile Kunst im Österreichischen Museum für Kunst und Industrie. Seit 1895 Professor für Kunstgeschichte an der Wiener Universität. Übernahm 1902 das Generalkonservatorium der K. k. Zentralkommission für die Erforschung und Erhaltung der Kunst- und historischen Denkmale. M. Wohlleben, Konservieren oder Restaurieren? Zürich 1989, 73 ff.

22 A. Riegl, Der moderne Denkmalskultus. Sein Wesen und seine Entstehung (1903) In: A. Riegl, Gesammelte Aufsätze. Hrsg. von K. M. Swoboda, Augsburg/Wien 1929, 144–191. Als Einleitung zum österreichischen Denkmalschutzgesetz konzipiert.

23 Riegl, a. a. O., 160

24 B. Ebhardt, Über Verfall, Erhaltung und Wiederherstellung von Baudenkmalen. Berlin 1905, 9

25 Riegl, a. a. O., 166

26 Riegl, a. a. O., 177

27 W.-D. Heilmeyer, Vom modernen Mißverständnis antiker Theaterbauten. Antike Welt 18 (1987) H. 1, 22–28

28 Riegl, a. a. O., 179

29 Riegl, a. a. O., 179f.

30 C. Ceschi, Teoria e storia del restauro. Rom 1970, 109. Formuliert auf dem III. Kongreß der Ingenieure und Architekten in Rom 1883

31 Ceschi, a. a. O., 111 ff., 209 ff.

32 1904 in Dresden von Ernst Rudorff gegründeter »Deutscher Bund Heimatschutz«. Erster Vorsitzender war der Architekt und Schriftsteller Paul Schultze-Naumburg (1869–1949).

33 C. Sitte, Der Städtebau nach seinen künstlerischen Grundsätzen. Wien 1889

34 P. Schultze-Naumburg, Kulturarbeiten. 9 Bde. und 1 Ergänzungsband. München 1901–1917. Vgl. N. Borrmann, Paul Schultze-Naumburg 1869–1949. Essen 1989

35 M. Dvořák, Katechismus der Denkmalpflege. Wien 1918

36 Dvořák, a. a. O., 30f.

37 Paul Clemen (1866–1947) Kunsthistoriker. Seit 1893 Provinzialkonservator der Rheinprovinz, 1901–35 Professor für Kunstgeschichte an der Rheinischen Friedrich-Wilhelms-Universität in Bonn. Ausstellungskatalog Paul Clemen, Bonn 1991

38 P. Clemen, Von den letzten Zielen der Denkmalpflege (1911). In: P. Clemen, Die Deutsche Kunst und die Denkmalpflege. Berlin 1933, 72

39 G. Karo, Tagung für Denkmalpflege Athen (21. bis 30. Oktober 1931). Die Denkmalpflege 34 (1932) 37–40. Die *Charta von Athen* abgedruckt bei: C. Ceschi, a. a. O., 212. Übersetzung aus dem Italienischen D. Mertens, Rom

40 »Internationale Charta über die Konservierung und Restaurierung von Denkmälern und Ensembles (Denkmalbereiche), Venedig 1964.« Der vollständige Abdruck im Anhang.

41 E. Althaus, Was ist Reversibilität? In: Arbeitshefte des SFB 315, H. 11/1992. Selbst im physikalischen Bereich ist zum Ingangsetzen eines Prozesses die Veränderung der Zustandsgröße des Körpers (Entropie) durch Hinzuführung von Energie erforderlich.

42 Das Problem der Reversibilität wurde in der archäologischen Denkmalpflege zuerst von Ch. Bouras bei der Ausführung der Wiederaufbaus der Stoa in Brauron zu einem leitenden Prinzip erhoben. Vgl. hierzu Bouras, Ch., Ἡ Ἀναστήλωσις τῆς στοᾶς τῆς Βραυρῶνος. Τὰ Ἀρχιτεκτωνικά της προβλήματα (Die Anastylosis der Stoa von Brauron. Fragen ihrer Architektur). Athen 1967

43 ICCROM/UNESCO, »Guidelines for the Management of World Cultural Heritage Sites«. Rom 1990

44 »Conventions and Recommendations of UNESCO Concerning the Protection of the Cultural Heritage«, UNESCO, Paris 1985

45 ICCROM/UNESCO, Guidelines 1990, 10. Übersetzung des englischen Textes.

46 »Recommendation on International Principles applicable to Archaeological Excavations«, angenommen von der Generalkonferenz der UNESCO auf ihrer 9. Tagung in Neu-Delhi, 5. Dezember 1956

47 Die in der deutschen Fassung der *Charta von Venedig* benutzte Schreibweise »Anastylose« ist eine Übernahme der französischen Schreibweise (englisch: anastylosis, spanisch: anastilosis, italienisch: anastilosi). Vgl. die von ICOMOS herausgegebene Liste der denkmalpflegerischen Terminologie (1981); Zur Schreibweise vgl. J. Dimacopoulos, Anastylosis and Anasteloseis. ICOMOS-Information 1 (1985) 16–26

48 F. Hueber, Antike Baudenkmäler als Aufgabengebiet des Architekten. In: Lebendige Altertumswissenschaft. Festschrift H. Vetters. Wien 1985, 391–398

49 K. Nohlen, Restaurierungen am Traianeum in Pergamon. Ein Arbeitsbericht. architectura 15 (1985) 140–168

50 Ch. Bouras, The problems of conserving the Parthenon and the possibilities of improving the value of the monument. The principles which will guide the operation. In: 2nd International Meeting for the Restoration of the Acropolis Monuments. Proceedings. Athen 1985, 86–94

51 Die »Charta for the Protection and Management of the Archaeological Heritage« wurde vom International Committee for the Management of Archaeological Heritage (ICAHM) erarbeitet und 1990 von der IX. ICOMOS-Generalversammlung in Lausanne beschlossen.

Maßnahmen, Begriffe
Definitionen

1 G. Mörsch, Grundsätzliche Leitvorstellungen, Methoden und Begriffe der Denkmalpflege. In: A. Gebeßler, W. Eberl, Schutz und Pflege von Baudenkmälern in der Bundesrepublik Deutschland. Ein Handbuch. Stuttgart 1980, 70

2 W. Haas, Wandlungen in der Denkmalpflege. Die Alte Stadt 15 (1988) H. 1, 41 ff.

3 Eine Zusammenfassung bei M. Petzet, Grundsätze der Denkmalpflege. Denkmalpflege Informationen Ausgabe A Nr. 62 (1987) und ders., Kopie, Rekonstruktion und Wiederaufbau. Denkmalpflege Informationen Ausgabe A Nr. 64 (1988)

4 T. Brachert, Patina. Vom Nutzen und Nachteil der Restaurierung. München 1985

5 Mörsch, a.a.O., 82

6 H. Cüppers, Die Kaiserthermen in Trier. Zerstörung, Konservierung und Restaurierung. trier texte 5, Trier 1985

7 C. Meckseper, Architekturrekonstruktionen in der Geschichte. DKD 1984, 17–24

8 Im Englischen und Französischen wird ein deutlicher Unterschied gemacht zwischen den Begriffen »Wiederaufbau«: »reconstruction« (engl.) bzw. »reconstitution« (franz.) und »Rekonstruktion«: »restitution« (engl., franz.), der in der deutschen Sprache nicht vorhanden ist.

9 G. Kiesow, Einführung in die Denkmalpflege. Darmstadt 1982, 104

10 D. Baatz, Die Saalburg – ein Limeskastell 80 Jahre nach der Rekonstruktion. In: G. Ulbert, G. Weber (Hrsg.), Konservierte Geschichte? Antike Bauten und ihre Erhaltung. Stuttgart 1985, 117–129. Einige Fehler der alten Rekonstruktion wurden in jüngster Zeit beseitigt. Der heutige Forschungsstand läßt sich aber auch ohne Veränderung des Bauwerks und weitaus informativer mit den üblichen Medien des Museums (Modell, Film, Video, Publikation) dem Besucher vermitteln.

11 E. Iversen, Obelisks in Exile. Bd. I: The Obelisks of Rome, Kopenhagen 1968; Bd. II: The Obelisks of Istanbul and England. Kopenhagen 1972

12 Kiesow, a.a.O., 102

Wiederaufbaukonzepte

1 A. Bammer, AnzWien 114 (1977) 198, Taf. I

2 A. Bammer, Das Monument des C. Memmius. Forschungen in Ephesos VII. Wien 1972

3 A. Bammer, Ephesos. Land an Fluß und Meer. Graz 1988, 174

4 Bammer (1988) a.a.O., 183

5 Bammer (1988) a.a.O., 185. Die gleiche Argumentation auch in: A. Bammer, Architektur und Klassizismus. Hephaistos 3 (1981) 95–106

6 Besondere Betonung findet dieser Aspekt z.B. in dem Fotoband von H. Dollhopf, K. Dornisch, Türkei. Griechische und römische Ruinenlandschaften. Würzburg 1988

7 G. Hartmann, Die Ruine im Landschaftsgarten. Ihre Bedeutung für den frühen Historismus und die Landschaftsmalerei der Romantik. Worms 1981

8 R. Zimmermann, Künstliche Ruinen. Studien zu ihrer Bedeutung und Form. Wiesbaden 1989, 156

9 Chr. C.L. Hirschfeld, Theorie der Gartenkunst. 5 Bde., Leipzig 1779–1785, III, 111

10 J.-D. LeRoy, Les ruines des plus beaux monuments de la Grèce ... Paris 1758, Vorrede zur 2. Ausgabe. Diese Publikation enthielt die ersten im großen und ganzen richtigen Darstellungen der klassischen Bauten in Griechenland.

11 Stuart und Revett waren zweieinhalb Jahre in Griechenland, von März 1751 bis Herbst 1753, Revett noch einmal 1767. L. Lawrence, Stuart and Revett: Their Literary and Architectural Careers. Journal of the Warburg Institute 2 (1938) 128–146

12 N. Miller, Archäologie des Traums. Versuch über Giovanni Battista Piranesi. München/Wien 1978, 227

13 Das Wiederaufbaukonzept in: The Temple of Zeus at Nemea. Perspectives and Prospects. Ausstellungskatalog Benaki Museum Athen 1983

14 D. Hennebo, A. Hoffmann, Geschichte der Gartenkunst III. Hamburg 1963, 188 ff.

15 Gleiche Überlegungen stehen hinter der Verwendung von Kork als Material für die Ruinenmodelle Antonio Chichis, Rom.

16 F.L. v. Sckell, Beiträge zur bildenden Gartenkunst für angehende Gartenkünstler und Gartenliebhaber. München 1819. Reprint Worms 1982, 36 f.

17 F. Hueber, Die Anastylose – Forschungsaufgabe, Restaurierungs- und Baumaßnahme. ÖZKD 43 (1989) H. 3/4, 111–119, mit einer ausführlichen Darstellung der einzelnen Arbeitsschritte. Hierzu

auch: ders., Antike Baudenkmäler als Aufgabengebiet des Architekten. In: Lebendige Altertumswissenschaft. Festschrift H. Vetters. Wien 1985, 398, Anm. 28

18 M. Korres, Die Akropolis: Restaurierung und Besucher. In: Conservation and Tourism. Second International Congress on Architectural Conservation and Town Planning. Basel 1985, 128

19 F. Hueber, Bauforschung und Restaurierung am unteren Embolos in Ephesos. ÖZKD 43 (1989) H. 3/4, 120–143

AUSGEFÜHRTE BEISPIELE
Italien, Griechenland
1800–1850

1 Römische Skizzen. Zwischen Phantasie und Wirklichkeit. Römische Ruinen in Zeichnungen des 16. bis 19. Jahrhunderts aus Beständen der Stiftung Preußischer Kulturbesitz. Ausstellungskatalog Staatsbibliothek Berlin 1988. Mainz 1988, 42, Abb. 13

2 P. Gercke (Hrsg.), Antike Bauten in Modell und Zeichnung um 1800. Katalog der Korkmodelle der Staatl. Kunstsammlung Kassel. Kassel 1986, Katalognummer 7 »Tempio di Giove Statore«. Höhe der Säulen 35,8 cm

3 G. Hartmann, Die Ruine im Landschaftsgarten. Worms 1981, 48, Abb. 24

4 »Die drei Säulen« in der Nähe des Römischen Hauses. In: Hartmann, a. a. O., 154, Abb. 78. Daß diese Tradition auch heute noch lebendig ist, zeigt das Arrangement der römischen Säulen in **Nyon** hoch über dem Ufer des Genfer Sees mit dem Mont Blanc im Hintergund.

5 M. Jonsson, Monumentvårdens Begynnelse. Restaurering och friläggning av antika monument i Rom 1800–1830 (Der Beginn der Denkmalpflege. Restaurierung und Freilegung antiker Monumente in Rom 1800–1830). Uppsala 1976

6 E. Brües, Raffaele Stern. Ein Beitrag zur Architekturgeschichte in Rom zwischen 1790 und 1830. Diss. Bonn 1958

7 Frutaz, Amato Pietro (Hrsg.), Le Piante di Roma. Rom 1962, Bd. I, 257, Bd. III, Nr. CLXXXIX (Taf. 479–487): ›Roma anno MDCCCXXVI‹ von Angelo Uggeri, 1822. Hinweis von E. Friedrich, Karlsruhe

8 M. Pfanner, Der Titusbogen (= Beiträge zur Erschließung hellenistischer und kaiserzeitlicher Skulptur und Architektur, Bd. 2) Mainz 1983. Über die Restaurierung vgl. 9–12

9 G. P. Piranesi, Antichità Romane de'tempi della Repubblica e de'primi imperatori, 1748 und Vedute di Roma, 1748 (Hind 55, 98)

10 G. Valadier, Narrazione artistica dell'operato finora ristauro dell'Arco di Tito. De Romanis. Rom 1822

10a Schorns Kunst-Blatt 3 (1822), 375. Zit. nach M. Pfanner, a. a. O., Anm. 68.

11 Die Kombination von hellem Naturstein (pietra d'Istria) für die Architekturglieder mit rotem Ziegelmauerwerk benutzte bereits Palladio für die Innenhoffassade des Convento della Carità in Venedig (1560/61).

12 Jonsson, a. a. O., 211f. Auch M. Pfanner weist darauf hin, daß die Restaurierungsidee von R. Stern stammte, von C. Fea gutgeheißen, doch von G. Valadier nicht gebilligt wurde.

13 Von A. Muñoz 1943 um fünf weitere Säulen verlängert.

14 Der Aufbau geschah in mehreren Etappen. Fertigstellung 1871. D. Mertens, Der Tempel von Segesta und die dorische Tempelbaukunst des griechischen Westens in klassischer Zeit. Mainz 1984, 117ff.

15 G. Gruben, Die Tempel der Griechen. München 1966, 294

16 Zit. in Goethes Aufsatz über Winckelmann: Goethes Werke, Hamburger Ausgabe (Wegener), Bd. 12 (1953) 109

17 F. Gregorovius, Wanderjahre in Italien. C. H. Beck, München 1978 (3. Aufl.), 794f.

18 Gregorovius, a. a. O., 839f.

19 Zur Restaurierung der Bauten auf der Akropolis 1833–84 hauptsächlich: M. Kühn, Als die Akropolis aufhörte Festung zu sein. Stimmen der Zeit zur Frage der Errichtung neuer Bauten auf der Akropolis und zur Erhaltung ihrer nachantiken Monumente. In: Schlösser, Gärten, Berlin. Festschrift für G. M. Sperlich. Berlin 1979, 83–106; F. W. Hamdorf, Klenzes archäologische Studien und Reisen, seine Mission in Griechenland. In: Ein griechischer Traum. Leo von Klenze der Archäologe. Ausstellungskatalog Glyptothek München 1986, 183–195; H. H. Russack, Deutsche bauen in Athen. Berlin 1942

20 M. Korres, Die Akropolis als Festung. In: Die Explosion des Parthenon. Ausstellungskatalog Antikenmuseum Berlin SMPK, Berlin 1990, 37

21 M. Kühn (Hrsg.), Karl Friedrich Schinkel – Lebenswerk. Ausland, Bauten und Entwürfe. München 1989, 3–45

22 Ludwig Ross (1806–1859) Archäologe. 1832–36 im griechischen Antikendienst, 1837–42 Professor an der Athener Universität, 1845–49 an der Universität Halle. Zahlreiche Reisen in Griechenland, Ausgrabungen auf der Akropolis, Wiederaufbau des Nike-Tempels zusammen mit E. Schaubert und C. Hansen. DAI, Archäologenbildnisse. Mainz 1988, 29f.

23 Leo von Klenze (1784–1864) Architekt. 1800–03 Studium in Berlin bei D. Gilly und A. Hirt, 1808–13 Hofarchitekt in Kassel, trat 1816 in den Dienst des bayerischen Kronprinzen, späteren Königs Ludwig I., seit 1818 Hofbauintendant, bis 1843 Leitung der Obersten Baubehörde. 1843 Griechenlandreise. Vgl. O. Hederer, Leo v. Klenze. Persönlichkeit und Werk. München 1981

24 Zit. nach Hamdorf, a. a. O., 183f.

25 Eduard Gustav Schaubert (1804–1860) Architekt. Reiste nach dem Studium in Berlin 1831 mit dem griechischen Architekten Stamatios Kleanthes nach Athen. Zusammen mit diesem Entwurf für die Athener Neustadt (1833). 1850 Rückkehr nach Breslau. Vgl. H. H. Russack, Deutsche bauen in Athen. Berlin 1942, 94 ff.

26 Christian Hansen (1803–1883) Dänischer Architekt. Seit 1833 in Griechenland, 1835–37 auf der Akropolis tätig, baute die Athener Universität (1837–42). Vgl. H. H. Russack, Deutsche bauen in Athen. Berlin 1942, 91 ff.

27 L. Ross, E. Schaubert und Chr. Hansen, Die Akropolis von Athen nach den neuesten Ausgrabungen. I. Abteilung, Der Tempel der Nike Apteros. Berlin 1839, Erster Abschnitt, 1–3

28 Ross-Schaubert-Hansen, a. a. O., 61–63

29 Ch. Picard, L'anastylose du temple de la Victoire Aptère. RA 15 (1940) 256–258

30 Eine neuerliche Untersuchung des Bauwerks hat durch D. Giraud stattgefunden.

31 Hierfür ließ der Architekt einen Marmorbalken des Parthenon umarbeiten. Hinweis M. Korres, Athen.

32 A. Boetticher, Die Akropolis von Athen. Berlin 1888, 42

Die Akropolis von Athen 1885–1940

1 Wilhelm Dörpfeld (1853–1940) Bauforscher, Archäologe. Studium an der Berliner Bauakademie, seit 1877 Teilnahme an den Ausgrabungen in Olympia, mit H. Schliemann in Troja und Tiryns, 1885–91 auf der Akropolis, Entdeckung des »Dörpfeld-Tempels«. 1886 Ernennung zum Zweiten Sekretär des DAI in Athen, 1888–1912 Erster Sekretär. Zahlreiche weiteren Ausgrabungen in Griechenland. DAI Berlin, Archäologenbildnisse. Mainz 1988, 112f.

2 W. Dörpfeld, AM 19 (1894) 529–31

3 ebenda 531, vgl. Abb. 60

4 ebenda 531

4a Die Vorschläge von L. Magne in dessen Publikation: Le Parthénon. Études faîtes au cours de deux missions en Grèce (1894–1895). Paris 1895, 113 ff.

5 Josef Durm (1837–1919) Architekt, Bauforscher. Studium an der Polytechnischen Schule in Karlsruhe, ab 1864 Badischer Baudirektor, 1868–1919 Professor für Architektur am Polytechnikum (Technische Hochschule) in Karlsruhe. Vgl. DAI Berlin, Archäologenbildnisse. Mainz 1988, 65f.

6 J. Durm, Der Zustand der antiken Athenischen Bauwerke auf der Burg und in der Stadt. Befundbericht und Vorschlag zum Schutz vor weiterem Verfall. CdB 15 (1895) 201–204, 210–211, 221–226, 253–255. Auch als Separatdruck erschienen. Ders.: Der Parthenon und seine Beschädigungen durch das Erdbeben 1894. AA (1895) 100–102

7 Durm, CdB 15 (1895) a. a. O., 203. Durms Ausführungen machen deutlich, welche Bedeutung der Reparaturfähigkeit von Restaurierungsmaßnahmen zukommt. Dieser Punkt wird heute, mit Blick auf die ›endgültige‹ Maßnahme, meist übersehen.

8 Durm, CdB 15 (1895) a. a. O., 226, 254. Diese wichtigen technischen Hinweise wurden von Balanos nicht beachtet. Die Verwendung der falschen Materialien hat im Laufe der Zeit zu den heutigen Schäden geführt.

9 Der Fries wurde erst 1976 mit einem provisorischen Schutzdach versehen, nachdem er in der Zwischenzeit Schaden genommen hatte.

10 Durm, CdB 15 (1895) a. a. O., 226. A. Orlandos plante, die Kassettendecke über dem Westpteron zu rekonstruieren und ließ 1953–57 neue Balken

und Kassettenplatten aus pentelischem Marmor herstellen und auf die Akropolis schaffen. Die Arbeiten wurden jedoch nicht ausgeführt. Vgl. S. 181

11 Durm, CdB 15 (1895) a. a. O., 253

12 ebenda 253

13 Durm, AA 1895, a. a. O., 102

14 N. Balanos, Les Monuments de L'Acropole. Relèvement et Conservation. Paris 1938, 9

15 Balanos, a. a. O., 29

16 Balanos, a. a. O., Vorwort, Anm. 1: »A proprement parler, le mot grec ›Anastylosis‹ indique la remise en place de divers tambours d'une colonne, c'est par extension qu'il a désigné le relèvement des éléments architectoniques d'un édifice; c'est en ce dernier sens, qui a prévalu, que nous employons ce mot.«

17 H. J. Kienast, Der Wiederaufbau des Erechtheions. architectura 12 (1982) 89–104

18 T. Tanoulas, The Propylaea of the Acropolis since the 17th Century. JdI 102 (1987) 413–483

19 G. Karo, Denkmalpflege auf der Akropolis in Athen. Die Antike 4 (1928) 76, Taf.10

20 T. Hess, Die Wiederaufrichtung der antiken Baureste auf der Akropolis. Die Denkmalpflege 23 (1931) 201–211, bes. 202

21 Karo (1928) a. a. O., 80. Eine entgegengesetzte Meinung vertrat Toni Hess, a. a. O., die die Kunststeinergänzungen stark kritisierte.

22 z. B. Karo (1928) a. a. O.

23 Hess, a. a. O., 207

24 G. Karo, Tagung für Denkmalpflege Athen (21. bis 30. Oktober 1931). Die Denkmalpflege 34 (1932) 37–40

25 Aus ihrer Funktion als Zusammenfassung der Diskussionsergebnisse erklärt sich die heterogene Zusammensetzung der darin angesprochenen denkmalpflegerischen Probleme.

26 N. Balanos, Les Monuments de L'Acropole. Relèvement et Conservation. Paris 1938

27 N. Balanos, Ἡ νέα ἀναστήλωσις τοῦ ναοῦ τῆς Ἀθηνᾶς Νίκης (1935–1939) (Die neue Anastylosis des Tempels der Athena Nike 1935–1939), AEph 1937, III, 776 ff.

28 Es fragt sich, ob diese radikale Maßnahme wirklich notwendig war und ob es nicht möglich gewesen wäre, die Fundamente ohne Abbau der Bastion zu stabilisieren. Zum Wiederaufbau des Tempels vgl. A. Orlandos, Nouvelles observations sur la construction du temple d'Athena-Niké. BCH 71/72 (1947/48) 1–38, Taf. I–II

29 Durch die Forschungen von M. Korres konnten in den letzten Jahren noch eine große Anzahl von Bruchstücken identifiziert werden.

30 Eine Maßnahme, die heute bei größeren Arbeiten angewandt wird, ist die Einberufung einer ›Baukommission‹, in der Fachleute verschiedener Disziplinen die Planung und Ausführung beraten, begutachten und kontrollieren. Aber auch eine Kommission ist nicht frei von falschen Entscheidungen, und sie ist selten in der Lage, extreme Entscheidungen zu treffen.

Olympia, Delphi, Knossos 1900–1940

1 A. Mallwitz, Ein Jahrhundert deutsche Ausgrabungen in Olympia. AM 1977, 27

2 Hinweis von K. Herrmann, Athen

3 G. Kawerau, Bericht über den Wiederaufbau zweier Säulen des Heraions in Olympia. AM 30 (1905) 158–172

4 Hubert Knackfuß (1866–1948) Bauforscher. Studium an der TH Aachen, seit 1901 Mitarbeit als Bauforscher auf den Grabungen in Milet, Didyma, Pergamon, Olympia, Athen. Seit 1912 Zweiter Sekretär des DAI Athen, 1919–34 Professor an der TH München. Vgl. DAI Berlin, Archäologenbildnisse. Mainz 1988, 164f.

5 Theodor Wiegand (1864–1936) Archäologe. Studium in München, Berlin, Freiburg, seit 1895 Ausgrabungen in Priene, Milet, Didyma, Pergamon. Von 1911–31 Direktor der Antikenabteilung der Preußischen Museen in Berlin, 1932 Präsident des DAI. Vgl. C. Watzinger, Theodor Wiegand. Ein deutscher Archäologe 1864–1936. München 1944; DAI Berlin, Archäologenbildnisse. Mainz 1988, 154f.

6 REA 12 (1910) 132

7 Th. Wiegand, Die Denkmäler. Ihr Untergang, Wiedererstehen und ihre Erhaltung. Handbuch der Archäologie I (1939) 107

8 Carl Humann (1839–1896) Altertumsforscher. Studium an der Berliner Bauakademie, seit 1861 in der Türkei als Bauingenieur tätig, Entdeckung des Pergamonaltars, 1878 Beginn der Ausgrabungen in Pergamon. DAI Berlin, Archäologenbildnisse. Mainz 1988, 69f.

9 Die Zerstörung der antiken Architekturteile hielt so lange an, bis sich auch hierfür ein Kunstmarkt gebildet hatte. Vgl. C. Schuchardt, Th. Wiegand,

Carl Humann. Der Entdecker von Pergamon. Ein Lebensbild. Berlin 1930

10 Priene wurde 1673 wiederentdeckt, war 1865–69 das Ziel englischer Expeditionen und wurde 1895–99 durch die Berliner Museen unter Leitung von C. Humann und Th. Wiegand ausgegraben.

11 Zit. nach V. M. Strocka, Das Markttor von Milet (128. Winckelmannsprogramm der Archäologischen Gesellschaft zu Berlin) Berlin 1981

12 W. v. Massow, Führer durch das Pergamonmuseums. Berlin 1936

13 Strocka, a. a. O., 9

14 Hinweis von K. Nohlen, Wiesbaden

15 Georg Ferdinand Kawerau (1856–1909) Architekt. Nahm 1885 an Schliemanns Ausgrabung in Tiryns teil und leitete 1886–90 als Grabungsarchitekt zusammen mit P. Kavvadias die Ausgrabungen auf der Akropolis. Neben der Tätigkeit als Architekt und Ingenieur Mitarbeit auf den Grabungen in Milet (1914, Delphinion) und Pergamon (1930, Paläste der Hochburg). DAI Berlin, Archäologenbildnisse. Mainz 1988, 335

16 Kawerau, a. a. O., 157

17 Kawerau, a. a. O., 158

18 Olympia, die Ergebnisse der vom Deutschen Reich veranstalteten Ausgrabungen. Hrsg. von E. Curtius, F. Adler. Berlin 1890–97. Bd. 2, Die Baudenkmäler von Olympia, bearbeitet von F. Adler, W. Dörpfeld u. a., Berlin 1892, Taf. XXI

19 Kawerau, a. a. O., 158f.

20 J. Audiat, Le Trésor des Athéniens. Fouilles de Delphes II, 2 (1933) 3–6, Abb. 1–13; P. Roussell, A propos du Trésor des Athéniens a Delphes. BCH 58 (1934)

21 Zum Wiederaufbau benötigte man 30 m^3 Poros und 5,5 m^3 pentelischen Marmor, 820 Eisenklammern und 550 Dübel, die in der antiken Art mit Blei eingesetzt wurden. Die Kosten betrugen 30 000 Drachmen. Audiat, a. a. O., 3

22 R. Demangel, H. Ducoux, L'Anastylose de la Tholos de Marmaria. BCH 62 (1938) 370–85

23 ebenda, Abb. 5–12

24 H. Ducoux, Restauration de la façade du temple d'Apollon. BCH 64/65 (1940–41) 266f., Taf. XVI, XVII; M. F. Courba, La Terrasse du Temple. Fouilles de Delphes II,1 (1927)

25 BCH 62 (1938) 465

26 Sir Arthur J. Evans (1851–1941) britischer Archäologe. Seit 1884 Kustos am Ashmolean Museum in Oxford, 1894 Entdeckung des minoischen Palastes von Knossos, Erwerb des Grundstücks, Leitung der Ausgrabungen 1900–35. Vgl.

S. L. Horwitz, Knossos. Sir Arthur Evans auf den Spuren des Königs Minos. Bergisch Gladbach 1983

27 A. J. Evans, The Palace of Minos III (1936) 288f., Abb.189–190. Übersetzung aus dem Englischen

28 Evans, a. a. O., I (1921) 328, Abb. 246–278

29 A. J. Evans, The Palace of Knossos. Report of Excavation. 1905, 25f., Abb. 12. Übersetzung aus dem Englischen

30 J. Durm, Handbuch der Architektur II.1, Die Baukunst der Griechen. Leipzig 1910, 54f.

31 vgl. S. 10

32 E. Kästner, Kreta. Aufzeichnungen aus dem Jahre 1943. Frankfurt/Main 1975, 122

33 E. Stikas, Ὁ ἀναστηλώτης Ὀρλάνδος (Der Denkmalpfleger Orlandos). In: Ἀναστάσιος Ὀρλάνδος. Ὁ ἄνθρωπος καὶ τὸ ἔργον του (Anastasios Orlandos. Der Mensch und sein Werk). Athen 1978, 449

Italien, Libyen, Rhodos 1920–1940

1 V. Tusa, Anastylosis ad Agrigento e Selinunte. Sicilia archeologica 8 (1975) H. 27, 63 ff.

2 Tusa, a. a. O., 27, 63 ff.

3 C. Ballerio, Brescia – Scavi e restauri nella zona romana. Palladio 2 (1938) 187 ff.

4 C. Ceschi, Teoria e storia del restauro. Rom 1970, 115 f. Die Aufzählung erhebt keinen Anspruch auf Vollständigkeit, da über viele Einzelmaßnahmen nicht berichtet wurde. Sie zeigt aber die großen denkmalpflegerischen Aktivitäten in Italien während der 20er und 30er Jahre.

5 Die Konstruktion in Beton, die Oberflächen verputzt und teilweise bemalt.

6 P. Grimal, Das antike Italien. Frankfurt 1979, 179f.

7 R. Horn, Herculaneum 1738–1938. Die Antike 14 (1938) 355 ff.

8 AA 52 (1937) 414f.

9 A. Cederna, Mussolini urbanista. Lo sventramento di Roma negli anni del consenso. Rom 1979. Einweihung der Via dell'Impero am 28. Oktober 1932

10 Ceschi, a. a. O. 119, Abb. 163–167. Einweihung am 28. Oktober 1933

11 A. Bartoli. Capitolinum 9 (1933) 261f.; A. Bartoli, Curia Senatus. Rom 1963

12 A. Bartoli, Bullettino della Commissione Archeologica Comunale di Roma 61 (1933) 259f.; Ceschi,
   a. a. O. 122, Abb. 172–175
13 A. Muñoz, Il tempio di Venere e Roma. Capitolinum 2 (1935) 231f.
14 A. Muñoz, L'isolamento del Colle Capitolino.
   S.P.Q.R. 1943
15 AA 53 (1938) 694f., Abb. 32–34
16 Ceschi, a. a. O., 119
17 Abgedruckt bei Ceschi, a. a. O., 209f.; G. Giovannoni, Il restauro dei monumenti. Rom 1945
18 Charta von Athen, Artikel V. Vgl. S. 28
19 G. Guidi, Criteri e metodi seguiti per il restauro
   del teatro romano in Sabratha. Africa Italiana 6
   (1935) 30–53; G. Caputo, Il teatro di Sabratha
   e l'architettura teatrale africana (Monografie di
   archeologia Libica VI). Roma 1959; B. M. Apol-
   lonj, Sabratha. Il restauro del teatro romano. Palladio 2 (1938) 93 ff.; AA 51 (1936) 559, Abb. 44,
   45; G. Ortolani, Archeologia e restauro in Libia:
   il contributo italiano. In: Restauro e cemento in
   architettura 2. Rom 1984, 100 ff.
20 G. Caputo, Il teatro Augusteo di Leptis Magna.
   Scavo e Restauro (1937–51). Monografie di Archeologia Libica III. Rom 1987
21 AA 56 (1941) 702, Abb. 156–157
22 K. Gallas, Rhodos. Köln 1984
23 L. Laurenzi, I restauri sull' Acropoli di Lindo I. Il
   restauro del tempio di Atena Lindia e del portico
   maggiore. Memorie pubbl. a cura dell'Instituto
   storico-archeologico F. E. R. T. (Rodi) 2 (1938)
   9ff, Ab.. I–XV.; ders., I restauri del Santuario di
   Atena Lindia. op. cit. 3 (1939) 27 ff., Abb. XXVI;
   E. Dyggve, Lindos. Fouilles de l'Acropole
   1902–14 et 1952. III, 1. Le sanctuaire d'Athena
   Lindia et l'architecture Lindienne I. Berlin/Ko-
   penhagen 1960, 24f.

Italien, Griechenland, Türkei 1950–1970

1 »Recommendation on International Principles
  applicable to Archaeological Excavations«, angenommen von der Generalkonferenz auf ihrer
  9. Tagung in Neu-Delhi, 5. Dezember 1956
2 S. Aurigemma, Villa Adriana. Rom 1962; BdA
  41 (1956), 57 ff.; Palladio 8 (1958) 49f.
3 Unfertig blieb der Wiederaufbau der *Piazza
  d'Oro*.
4 F. Miltner, AnzWien 93 (1956) 43 ff.; 94 (1957)
  13ff; 95 (1958) 79 ff.; 96 (1959) 31 ff.; ders. ÖJh
  42 (1955) Beibl. 23 f.; 43 (1956) Beibl. 1 ff.; 44
  (1959) Beibl. 243 ff.; ÖJh (1960) Beibl. 1 ff.
5 F. Miltner, ÖJh 44 (1959) 372f.
6 Von den im Wiederaufbau fehlenden Baugliedern
  des Giebels liegen noch einige Blöcke neben dem
  Bauwerk.
7 E. Stikas, Ὁ ἀναστηλώτης Ὀρλάνδος (Der
  Denkmalpfleger Orlandos). In: Ἀναστάσιος
  Ὀρλάνδος. Ὁ ἄνθρωπος καὶ τὸ ἔργον του (Anastasios Orlandos. Der Mensch und sein Werk).
  Athen 1978, 393–578. Die umfangreichsten Arbeiten von Orlandos betreffen jedoch die Restaurierung byzantinischer Kirchen. J. Dimacopoulos, Anastylosis and Anasteloseis. In: ICOMOS-
  Information 1/1985, 16–25
8 BCH 79 (1955) 220, Abb. 9, 10
9 Dimitris Pikionis, Architekt 1887–1968. A senti-
  mal topography. Ausstellungskatalog London
  1989
10 L. Besci, Disiecta Membra del Tempio di Posei-
   don a Capo Sunion. ASAtene 47/48 N.S. 31/
   32 (1969/70) 417–437. J. Dimacopoulos, a. a. O.,
   bemängelt den Ersatz von Säulen, deren Originale noch vorhanden sind.
11 E. Stikas, La restauration de l'autel d'Apollon à
   Delphes. BCH 53 (1979) 479–500. Foto des alten
   Zustands bei G. Gruben, Die Tempel der Griechen. München 1966, Abb. 61
12 Ch. Bouras, Ἡ Ἀναστήλωσις τῆς στοᾶς τῆς
   Βραυρῶνος. Τὰ Ἀρχιτεκτωνικά της προβλήματα (Die Anastylosis der Stoa von Brauron. Fragen ihrer Architektur). Athen 1967
13 J. B. Marconi, Problemi di Restauro e Difficoltà
   dell'Anastylosis del »Tempio E« di Selinunte. Palladio 17 (1967) 85–96; Ceschi, a. a. O., 132f.
14 V. Tusa, Sulla ricostruzione del Tempio di Zeus
   a Selinunte. In: Beni Culturali e Ambientali, Sicilia, 2 (1981), 16–20; U. Diehl, Die Poesie und der
   Marktwert der Ruinen. Die Tempel in Selinunt
   Meditieren oder Rekonstruieren? Frankfurter
   Allgemeine Zeitung vom 17. 12. 1979, 21

Ägypten 1960–1975

1 Anke A. Tadema, B. T. Sporry, Unternehmen
  Pharao. Die Rettung der ägyptischen Tempel.
  Bergisch Gladbach 1978; Martini, Karl-Heinz,

Natürliche und künstliche Methoden bei der Erhaltung von historischen Bauwerken. Diss. Freiburg/Schweiz 1982. Die Insel Philae wurde bereits als Folge des 1899–1902 errichteten alten Damms bei Hochwasser überschwemmt.

2 V. Veronese, Aufruf des Generaldirektors in: UNESCO-Kurier 5 (1964) Nr. 12, 2

3 Ohne die Kosten der Arbeiten für Abu Simbel und Philae.

4 Chr. Desroches-Noblecourt, G. Gerster, Die Welt rettet Abu Simbel. Berlin 1968; Arab Republic of Egypt, The Salvage of the Abu Simbel Temples. Stockholm 1971

5 K. G. Siegler, Kalabsha. Architektur und Baugeschichte des Tempels (Archäologische Veröffentlichungen 1, DAI Kairo). Berlin 1970; G. R. H. Wright, Kalabsha. The Preservation of the Temple (Archäologische Veröffentlichungen 2, DAI Kairo). Berlin 1972; Dieter Arnold, Die Tempel von Kalabsha. DAI Kairo, Berlin 1975; Hochtief Nachrichten 38 (1965), Die Versetzung des Tempels von Kalabsha. Auftraggeber war die Bundesrepublik Deutschland, die Organisation lag in Händen der Deutschen Wirtschaftsförderung- und Treuhand-Gesellschaft (GAWI), die wissenschaftliche Leitung hatte das DAI, Abt. Kairo, H. Stock.

6 Eine Parallele finden wir in der Stadtsanierung, bei der während dieser Jahre die Auskernung unter Beibehaltung der historischen Fassaden als adäquate Methode betrachtet wurde.

7 Zum Problem der Verwendung von Mörtel bei altägyptischen Bauten vgl. Wright, a.a.O., 46: Outline of Egyptian masonry as a background to the setting and fixing of the masonry during the rebuilding of Kalabsha Temple.

8 Wright, a.a.O., 62

9 Wright, a.a.O., 53–60, Abb. 44–50. Die beim Wiederaufbau eingesetzten technischen Verfahren entsprachen den Möglichkeiten einer Baufirma bei mittlerem Maschineneinsatz (Autokran) mit ausgebildetem Fachpersonal und ungelernten Arbeitern.

10 E. Winter, Das Kalabsha-Tor in Berlin. Jahrbuch der Stiftung Preussischer Kulturbesitz 14 (1979) 59–71, Abb. 9–15. Weitere kleinerer Tempel erhielten als Geschenk: die USA den Tempel von Dendur (New York, Metropolitan Museum of Art, Abb. 24), die Niederlande den Tempel von Taffa (Leiden, Rijksmuseum van Oudheden), Spanien den Tempel von Debod (Madrid, in einem öffentlichen Park aufgestellt), Italien die Reliefs des Felsentempels von Ellesija (Turin, Ägyptisches Museum).

11 G. R. H. Wright, Kalabsha III. The Ptolemaic Sanctuary of Kalabsha. Its Reconstruction on Elephantine Island (Archäologische Veröffentlichungen 3,1, DAI Kairo). Mainz 1987

12 J.-Ph. Lauer, Saqqara. Die Königsgräber von Memphis. Bergisch Gladbach 1977, 134 ff.

13 Lauer, a.a.O., 138

14 J.-Ph. Lauer, Restauration et »anastylose« dans les monuments du roi Zoser à Saqqarah (1927–1947). ASAE 48 (1948) 351–366, Taf I-III

15 The Temple of Queen Hatshepsut. Results of the investigations and conservation works of the Polish-Egyptian Archaeological Mission. I (1968–72), II (1972–73), III (1974–79), IV (1980–88). Warschau 1979–91. Wysocki, EtTrav VII (1973) 253–262; VIII (1974) 341–348; X (1978) 387–395; XI (1979) 221–228; XII (1983) 277–284; XIV (1990) 331–347

16 W. Kaiser, MDAIK 33 (1977) 64 ff.; MDAIK 36 (1980) 250 ff.; W. Mayer, Wiedererrichtung eines Satettempels. Archäologie in Deutschland 1991, H. 1, 12–17

17 Zur Materialbestimmung vgl. Heinzer, Stross u.a., The Colossi of Memnon revisited. Science 182 (1973) Nr. 4118, 1219–25

Sardes, Ephesos, Pergamon 1960–1975

1 F. Eichler, AnzWien 100 (1963) 50 ff.

2 A Bammer, Ephesos. Stadt an Land und Meer. Graz 1988, Abb. 26

3 A. Bammer, Das Monument des C. Memmius. Forschungen in Ephesos VII (1971); ders., Restaurierung von Bauwerken, ÖJh 50 (1972–75) 220 ff.

4 F. Eichler, AnzWien 104 (1967) 26 Taf. III,2; AnzWien 108 (1971) 92; Vetters, AnzWien 109 (1972) Taf. 11; Bammer, a.a.O., ÖJH 50, 393–406

5 A. Bammer, Das Denkmal des C. Sextilius Pollio in Ephesos. ÖJH 51 (1976–77) Beiblatt 78–92

6 Gerüst und Aufzug waren für einen höheren Wiederaufbau ungeeignet.

7 Bammer, a.a.O., ÖJH 50, 406

8 A. F. Mansel, Die Ruinen von Side. Berlin 1963, 109–20, Abb. 85–98. Ein Foto der restaurierten

Nische des Kaisersaals, auf dem ca. 30% des Abgebildeten Beton ist, zierte bis zur 4. Auflage (1978) als Titelbild E. Akurgals Handbuch »Ancient Civilizations and Ruins of Turkey«. Für die 5. Auflage (1983) wurde es durch ein Foto der wiederaufgebauten Celsus-Bibliothek ersetzt. Hieran zeigt sich, daß zu Werbezwecken nicht die historische Bedeutung eines antiken Bauwerks entscheidend ist, sondern das vermeintlich für den Leser und potentiellen Touristen ›attraktive‹ Erscheinungsbild der Ruine.

9 G. Kleiner, IstMitt 23/24 (1973/74) 117 ff.; W. Real, V. Rödel, M. Ueblacker, Die Grabung auf der heiligen Straße und die Anastylose der Ionischen Halle in Milet. IstMitt 23/24 (1973/74) 122–130, Taf. 37, Beilage 1 und 2

10 Südost-Tempel auf der Athener Agora mit Bauteilen des Demeter- und Kore-Tempels aus Thorikos. America School of Classical Studies at Athens, The Athenian Agora. Athen 1976, 139

11 M.C. Bolgil, The Reconstruction of the Marble Court and Adjacent Areas In: F.K. Yegül, The Bath-Gymnasium Complex at Sardis (Archaeological Exploration of Sardis, Report 3) Cambridge 1986, 152–168; F.K. Yegül, The Marble Court of Sardis and Historical Reconstruction. JFieldA 3 (1976) 169–193, Fig. 1–28

12 Bolgil, a.a.O., 152

13 Bolgil, a.a.O., 160

14 Bolgil, a.a.O., 162, Fig. 120, 134, 135, 425. Ein Problem waren die für komplizierte bildhauerische Arbeiten nicht ausgebildeten Steinmetze.

15 Bolgil, a.a.O., 155

16 Bolgil, a.a.O., Fig. 417

17 Bolgil, a.a.O., Fig. 374, 385

18 Bolgil, a.a.O., 167, Fig. 192

19 Bolgil, a.a.O., 168

20 Als Hebewerkzeuge standen nur Holzgerüste, Flaschenzüge und ein aus Ephesos ausgeliehenes Dreibein, seit 1968 auch ein selbst konstruierter Kran, zur Verfügung. Kunstharzkleber und -abformmassen konnten wegen der hohen Kosten nur sparsam eingesetzt werden. Für das Durchbohren von Säulen gab es keine Geräte.

21 A.K. Prskawetz, Chef der Bauunternehmung A. Kallinger, Wien. Der für das Versetzen der Teile benutzte 25 t-Autokran war ein Geschenk der Firma Hochtief AG, Essen. Vgl. auch: A.K. Prskawetz, Baugeschichtsforschung nicht nur im Interesse des Historikers. Antike Welt 7 (1976) H. 3, 16–18; B. Fehr, Archäologen, Techniker, Industrielle. Betrachtungen zur Wiederaufstellung der Bibliothek des Celsus in Ephesos. Hephaistos 3 (1981) 107–125

22 Es wurde eine Standfestigkeit bis zu einem Beben der Stärke 9 nach der 12–teiligen Mercalli-Sieberg-Skala gefordert. Die Ingenieurleistungen führte Dipl.-Ing. H. Endl vom Büro Toebisch (Wien) aus.

23 Durchmesser der Bohrungen 100 bzw. 60 mm

24 Auf diesen Punkt wird von Hueber in allen Publikationen hingewiesen. Hierzu vgl. auch: F. Hueber, Theorie und Praxis der Anastylose und ihre Bedeutung für die Bauforschung (dargestellt am Beispiel Celsusbibliothek Ephesos). Diss. TU Wien 1978

25 Über die Durchführung der Arbeiten: F. Hueber, Bauforschung und Restaurierung am unteren Embolos in Ephesos. ÖZKD 63 (1989) Heft 3/4, 120–143. Zum theoretischen Konzept: F. Hueber, Die Anastylose – Forschungsaufgabe, Restaurierungs- und Baumaßnahme. ÖZKD 63 (1989) Heft 3/4, 111–119

26 Als Grundlage diente die Publikation von R. Wilberg 1908.

27 Für alle Verklebungen wurde ein Epoxidharzkleber (»Araldit«) mit langer Topfzeit benutzt. Kleber wie Spachtelmassen für die Ausfüllung von Fehlstellen waren thixotropiert und in der Regel mit Marmormehl gefüllt. Vgl. Hueber (1978) a.a.O., 10

28 Hueber (1975) a.a.O., 13

29 F. Hueber, Zur Anastylose des Süd-Tores der Agora in Ephesos. Koldewey-Gesellschaft. Bericht über die 32. Tagung für Ausgrabungswissenschaft und Bauforschung 1982, 36–39; Lang, Gerhard J., Ein Zwischenbericht zur Anastylose des Südtores der Agora in Ephesos. Antike Welt 15 (1984) H. 4, 23–30

30 Hueber (1989) a.a.O., 120–143

31 Für Abbildungen und Hinweise zu den Arbeiten in Ephesos und Aphrodisias danke ich F. Hueber.

32 H. Stiller, Das Trajaneum (Altertümer von Pergamon V, 2) Berlin 1895

33 Der Entdecker von Pergamon, Carl Humann. Ein Lebensbild. Hrsg. von C. Schuchardt und Th. Wiegand. Berlin 1931 (2. Aufl.) 13 f. Einer der Kalköfen konnte bei den Wiederaufbaumaßnahmen konserviert werden.

34 Rekonstruktion einer Ecke des Tempels und Teil der rückwertigen Halle aus originalen Bauteilen mit Ergänzungen.

35 U. Rombock, Trajaneum. AA 1976, 322–328, Abb. 18–23 und ders., Pergamon, Trajaneum.

Vorläufiger Bericht über die Arbeiten von 1965 bis 1974. AA 1976, 328–340, Abb. 1–14. Für die Ausführung hatten die Firma Hochtief AG, Essen und der Architekt M. Bolgil der Firma TEMA Ltd., Istanbul, ein Angebot abgegeben.

36 G. Gruben, W. Schirmer, W. Müller-Wiener †, W. Hoepfner, E.-L. Schwandner, W. Radt, E. Akurgal, K. Nohlen (seit 1979)

37 K. Nohlen, Restaurierungen am Traianeum in Pergamon. Ein Arbeitsbericht. architectura 1985, 140–168; ders.: Die Wiederaufrichtung des Traian-Heiligtums in Pergamon. Mannheimer Forum 19 (1982/83) 163–230

38 Auf den Einsatz neuzeitlicher Baugeräte, wie Lastwagen, 30 t-Autokran, Gabelstapler, Betonmischer, Hochdruckreiniger und Bohrhammer wurde selbstverständlich nicht verzichtet. Die statisch-konstruktive Beratung lag in den Händen von Prof. Fritz Wenzel, Universität Karlsruhe, der durch seine Arbeit entscheidend zu einer Reduzierung der Eingriffe in die Originalsubstanz beitrug. Vgl. P. Mutsch, Ingenieurarbeiten bei der Wiederaufrichtung des Traian-Heiligtums in Pergamon. Festschrift Karl Krauß. Tübingen 1987, 21–34

39 Wie in Ephesos wurde als Kleber »Araldit« verwendet. Dübel und Klammern sind aus spaltkorrosionsfestem, titanstabilisiertem Chromnickelstahl hergestellt. Bei Bauteilen, die keinen Zugbelastungen unterliegen, wurden als Bewehrung glasfaserverstärkte Kunststoffstäbe (GFK) benutzt. Die Berechnungen sind wie in Ephesos auf ein Erdbeben der Stärke 9 auf der 12teiligen Mercalli-Skala ausgelegt.

40 Weil bei der Ausgrabung vor 100 Jahren die Sturzlage der Bauteile nicht festgehalten wurde, war die Zuweisung einzelner Stücke der gleichförmigen Hallensäulen erschwert. *»Bei unserer mangelnden Kenntnis von der Sturzlage der Hallenbauten blieb für ihre Zuordnung nur das Ausschlußverfahren, d.h. der Vergleich von Lage der Klammer- und Dübellöcher, von geringsten Differenzen der Fugenneigung, von Eigenheiten durchlaufender Profile, der Dimensionen an den Anschlußflächen etc.«,* K. Nohlen (1985), a.a.O., 160. Durch die sorgfältige Beobachtung aller Bauglieder und die Kontrolle der Anpassungen während des Bauvorgangs war jedoch eine Zuordnung der einzelnen Teile weitgehend möglich.

41 Mutsch, a.a.O., 31

42 W. Raeck, Hellenistische Bebauung der Akropolis in Pergamon. IstMitt 38, 1988, 201 ff.

43 K. Nohlen, Zur teilweisen Aufrichtung des Traian-Heiligtums in Pergamon. Unveröffentl. Manuskript 1987. Für Hinweise zu den Arbeiten und Fotos danke ich Klaus Nohlen.

44 K.G. Siegler war leitend an der Umsetzung des Kalabsha-Tempels beteiligt.

45 Nohlen, Klaus, Kunst-Stein – Stein-Kunst. Sonderforschungsbereich 315, Erhalten historisch bedeutsamer Bauwerke, Sonderband 1990, Berlin 1993, 99 ff.

Die Akropolis von Athen 1950–1990

1 Die Akropolis in Gefahr. UNESCO-Kurier 18 (1977) H. 10; The Acropolis at Athens. Conservation, Restoration and Research 1975–1983. Ausstellungskatalog. Hrsg. Ministry of Culture, Committee for the Preservation of the Acropolis Monuments, Athen 1983; H.J. Kienast, Der Wiederaufbau des Erechtheions. architectura 13 (1983) 89–104; E. Touloupa, Die Arbeiten zur Erhaltung der Akropolis 1834–1984. Hellenika 1984, 112–119; U. Muss, Ch. Schubert, Die Akropolis von Athen. Graz 1988, 225 ff.; H.R. Goette, Restaurierungen und Forschungen auf der Akropolis von Athen. Ein Forschungsbericht. Antike Welt 22 (1991) H. 3, 165–176. Regelmäßige Berichte über den Fortgang der Arbeiten findet man in den Jahresberichten des französischen Instituts in Athen (BCH), des englischen Instituts (ARep-London) sowie im ADelt.

2 F. Brommer, Stationen des Verfalls. Der Westfries des Parthenon – bald wird er unwiederbringlich verloren sein. Frankfurter Allg. Zeitung vom 14. Januar 1978

3 Die Mitglieder des Komitees: Ch. Bouras, I. Dimakopoulos, G. Dontas, Th. Skoulikides, J. Travlos †. Nach dem Tod von G. Miliades im Sept. 1975 übernahm N. Platon den Vorsitz, seit 1978 G.E. Mylonas. Weitere Mitglieder waren (1983): S. Angelidis, G. Despinis, V. Petracos, E. Touloupa, J. Tzedakis, G. Lavas

4 2nd International Symposium on the Deterioration of Building Stones. Proceedings. Athen 1976

5 Th. Skoulikidis, La détérioration des monuments et des statues anciens par les polluants atmosphériques et leur protection: pollution atmosphérique. La détérioration des monuments de l'Acro-

pole et leur protection. Thesaurus Acroasium 11 (1982) 349–400, Abb. 1–27

6 Für das Erechtheion: Alekos Papanikolaou. Für den Parthenon: Manolis Korres, N. Toganides und P. Kouphopoulos. Für die Propyläen: Tasos Tanoulas. Für den Athena-Nike-Tempel: Demosthenis Giraud.

7 Für das Erechtheion und den Parthenon: Kostas Zambas. Für die Propyläen: M. Ionnidou. Für den Akropolis-Felsen: M. Arwanitakis

8 C. Zambas, M. Ioannidou, A. Papanikolaou, The Use of Titanium Reinforcement for the Restoration of Marble Architectural Members of the Acropolis Monuments. In: ICC Congress Bologna 1986, 138–141; C. Zambas, Principles for the structural restoration of the Acropolis monuments. In: Engineering Geology of Ancient Works, Monuments and Historical Sites. Rotterdam 1988, 1813–1818

9 Zambas (1983) a.a.O., 127–183

10 E. Hackl, M. Arwanitakis, Der Akropolishügel von Athen. Eine felsmechanische Beurteilung seines derzeitigen Zustandes und generelle Sanierungsmöglichkeiten. Rock Mechanics 1979, Suppl. 8, 317–332

11 Working Group for the Preservation of the Acropolis Monuments, International Meeting on the Restoration of the Acropolis. Reports, Proposals, Conclusions. Athens 8–10/12/1977

12 Working Group for the Preservation of the Acropolis Monuments (Hrsg.), Μελέτη Ἀποκαταστάσεως τοῦ Ἐρεχθείου (Study for the Restoration of the Erechtheion) Athens 1977. Eine Zusammenfassung in französischer Sprache: La restauration de l'Erechthéion.

13 ebenda 30. Diese drei Grundsätzen wurden im Laufe der Arbeiten um zwei weitere vermehrt. Vgl. S. 191

14 Der Entwurf für die sorgfältig detaillierte, hellgrau gestrichene Gerüstkonstruktion stammt von M. Korres. Vgl. Katalog The Acropolis at Athens (1983) 74f., Abb. VII.1

15 Ein deutsches Fabrikat, »Meyer's Steinkleber«, das bis in die 60er Jahre hinein benutzt wurde.

16 K. Zambas, Ἀναδιάταξη τῶν λιθῶν στὸ νότιο τοῖχο τοῦ Ἐρεχθείου (Untersuchung der Steine der Erechtheion-Südmauer), ADelt 33 (1978) A (Athen 1984) 168–190 u. Taf. 45–58

17 M. Korres, Die Akropolis: Restaurierung und Besucher. In: Conservation and Tourism. Basel 1985, 126

18 Committee for the Preservation of the Acropolis Monuments (Hrsg.), Μελέτη Ἀποκαταστάσεως τοῦ Παρθενῶνος (Study for the Restoration of the Parthenon). Band 1. Bearbeitet von M. Korres und Ch. Bouras. Athen 1983. Kurzfassung in engl. Sprache. Die Studie wurde fortgesetzt: M. Korres u.a., Bd. 2a (1989); M. Korres, Bd. 2b (1989). Bd. 2a in engl. Sprache: Study for the Restoration of the Parthenon, Athen 1983. Die Ergebnisse in: 2nd International Meeting for the Restoration of the Acropolis Monuments. Parthenon. Athens, 12–14 September 1983. Proceedings. Athen 1985

19 The Proposals for the Parthenon. The twelve programs of work. In: Study for the Restoration of the Parthenon (1983) 61–72

20 M. Korres u.a., Study for the Restoration of the Parthenon, Volume 2a und 2b. Athen 1989. Das Ergebnis des Kongresses in: 3rd International Meeting for the Restoration of the Acropolis Monuments. Athens, 31 March – 2 April 1989. Proceedings. Athen 1989

21 Unter Leitung von A. Tzakou mit Unterstützung von M. Ioannidou

22 Dieser Krantyp wird besonders in Steinbruchbetrieben eingesetzt, da er durch die stabile Lagerung des Auslegers große Lasten millimetergenau bewegen kann. Anfertigung nach einem Entwurf von M. Korres

23 The Acropolis at Athens. Conservation, Restoration and Research 1975–1983, a.a.O., 74f., Abb. VII, 3a; 5

24 Ch. Bouras, The Problems of Conserving the Parthenon and the Possibilities of improving the Value of the Monument. The Principles which will guide the Operation. In: 2nd International Meeting for the Restoration of the Acropolis Monuments. Parthenon. Athen 1983. Proceedings, 86–94

25 M. Korres, A consideration of the tectonic and plastic character of the Parthenon as in an half-finished state, as completed, as a ruin and as restored. In: 2nd International Meeting for the Restoration of the Acropolis Monuments. Parthenon. Athen 1983. Proceedings, 116–118 mit 4 Abb.

27 M. Koller, Denkmal-Pflege mit »Opferschichten«. ÖZKD 43 (1989) 48–53

28 Versuche mit Kalkwasser zur Festigung der Oberflächen sind unternommen worden. Vgl. Y. Doganis, A. Moraitu, Surface Conservation Interventions. In: Study for the Restoration of the Parthenon 2a (1989), a.a.O., 176ff.

29 Ein hervorragendes Beispiel für diese Art der

Konservierung mittelalterlicher Bauplastik ist die Arbeit an der Westfassade der Kathedrale von Wells durch A. Baker 1975–86. Vgl. J. Ashurst, C. A. Price, K. D. Ross, The cleaning and treatment of limestone by the lime method. Monumentum 27 (1984) 301–312; M. Caroe, Wells Cathedral Conservation of figure sculptures 1975–86. Final report and assessment. In: Case studies in the conservation of stone and wall paintings. Reprints of the contributions to the Bologna Congress, 21–26 September 1986. London 1987

30 R. Meyer, Albrecht Meydenbauer. Baukunst in historischen Fotografien. Leipzig 1985, 189.

31 C. Kouzeli u. a., Study of the monochrome and polychrome layers on the marbles of the Parthenon. In Study for the Restoration of the Parthenon 2a (1989), a. a. O., 168 ff.

32 S. 300, Anm. 9.

Architekturproben

1 E. Stikas, Ὁ ἀναστηλωτὴς Ὀρλάνδος (Der Denkmalpfleger Orlandos). In: Ἀναστάσιος Ὀρλάνδος. Ὁ ἄνθρωπος καὶ τὸ ἔργον του (Anastasios Orlandos. Der Mensch und sein Werk). Athen 1978, 444, Abb. 55

2 Der Zustand dieses Wiederaufbaus zeigt die typischen Schäden einer Restaurierung mit Beton: rostende Eisen, abgeplatzte Betonteile.

3 S. Sinos, The Temple of Apollon Hylates at Kourion and the Restoration of its South-West Corner. Athen 1990; F. Wenzel, F. Berger, P. Mutsch, Statisch-konstruktive Maßnahmen beim Wiederaufbau der Südwestecke des Apollontempels in Kourion. In: Institut für Tragkonstruktionen, Aus Forschung und Lehre, Heft 21, Zypern 1986. Eine Exkursion. Karlsruhe 1987, 87 ff.

4 D. Mertens/A. De Siena, Metaponto – Il Teatro-Ekklesiasterion, Rapporto preliminare. BdA 16, (1982), 1 ff.; U. Bellwald, Restauro, integrazione e consolidamento dei blocchi antichi, ebenda, 58 ff.

5 Da keine Steinmetze mehr vorhanden waren, die diese Arbeit hätten ausführen können, schloß sich diese Methode aus. Die Ergänzungen sind nach Aussagen von D. Mertens bisher ohne Schäden geblieben.

6 K. Herrmann, Bericht über Restaurierungsarbeiten in Olympia. Schatzhaus der Sikyonier. AA 1980, 352 ff.

7 Helfen könnte hier eine Zeichnung, die dem Besucher das Bauwerk und die ursprüngliche Lage der einzelnen Bauteile erläutert.

8 K. Herrmann, Die Giebelrekonstruktion des Schatzhauses von Megara. AM 89 (1974) 75–83, Taf. 36–39

9 E.-L. Schwandner, Ein archaischer Tempel auf Thyssen-Stahl. Der Teil-Wiederaufbau des Älteren Tempels der Aphaia von Aegina. Unveröffentlichtes Manuskript. Berlin 1981

10 AA 1966, 446 f.; 1970, 176 f.; W. Radt, Pergamon, 265, Abb. 128. Die Ergänzungen sind in Beton und von schlechter handwerklicher Qualität.

11 ADelt 24 (1969) 482 f., Taf. 480

12 Die Säule gehörte zu einem klassischen Tempel aus Thorikos, der im 1. Jh. n. Chr. auf die Athener Agora versetzt wurde. American School of Classical Studies at Athens (Hrsg.), The Athenian Agora. 1976, 140, Abb. 71

13 Vergleichbar wäre die Vernichtung dieses Ensembles mit der in den 20er Jahren stattgefundenen Zerstörung der Gipsabgußsammlungen antiker Bildwerke und Bauplastik, die heute mühselig wieder aufgebaut werden.

Rekonstruktionen

1 E. Gropengießer, Kunstruinen und Gartenromantik der Parkanlagen von Schwetzingen und Eulbach. Führer zu vor- und frühgeschichtlichen Denkmälern 3 (1965) 48–62; D. Baatz, F.-R. Herrmann, Die Römer in Hessen. Stuttgart 1982, 265, 432–435, 498–500

2 D. Baatz, Die Saalburg – ein Limeskastell 80 Jahre nach der Rekonstruktion. In: G. Ulbert, G. Weber, Konservierte Geschichte? Antike Bauten und ihre Erhaltung. Stuttgart 1985, 117–128; Baatz (1982) a. a. O., 469–474; D. Baatz, Die Saalburg. Ein Führer durch das römische Kastell und seine Geschichte. Bad Homburg 1979 (6. Aufl.)

3 Baatz (1985) a. a. O., 124

4 Die Methode, Holzbauten aus den Bodenverfärbungen zu rekonstruieren, war zu dieser Zeit noch nicht bekannt.

5 Baatz (1985) a. a. O., 119

6 Um 1885 hatte L. Jacobi nach dem Vorbild des Prätorianerlagers in Rom die Südwestecke mit großen Zinnenabständen erbaut, mußte sie aber auf Einspruch Wilhelms II. auf mittelalterliche

Abstände reduzieren. Baatz (1985) a.a.O., 126, Abb. 87

7 Ph. Filtzinger, D. Planck, B. Cämmerer, Die Römer in Baden-Württemberg. Stuttgart 1976, 333–338, Abb. 150

8 Saalburg-Jahrbuch 1910, 11

9 A. v. Oechelhäuser (Hrsg.), Denkmalpflege. Auszug aus den stenographischen Berichten des Tages für Denkmalpflege. Leipzig 1913, 297

10 Oechelhäuser, a.a.O., 302

11 J. Travlos, Bildlexikon zur Topographie des antiken Athen. Tübingen 1971, 498, Abb. 628

12 Travlos, a.a.O., 505–519; American School of Classical Studies at Athens, The Stoa of Attalos II in Athens (= Excavations of the Athenian Agora. Picture Book Nr. 2). Princeton 1959

13 H. A. Thompson, Hesperia 18 (1949) 226–229, Taf.47

14 Das Programm hieß »Economic Cooperation and Administration for the Rehabilitation of Museums and Archaeological Sites in Greece«. Die Kosten für den Wiederaufbau betrugen ca. 1 Mill. Dollar und wurden hauptsächlich durch Spenden von John D. Rockefeller, Arthur V. Davis und Ward M. Canaday aufgebracht. Thompson, Hesperia 23, 1954, 55–57

15 Thompson, Hesperia 20 (1951) 49–53, Taf. 24. Eine Beurteilung des Wiederaufbaus durch A. Orlandos bei J. Dimacopoulos, Anastylosis and Anasteloseis. ICOMOS-Information 1/1985, 20

16 Thompson, Hesperia 18 (1949) 315–326, Taf. 98, 99

17 Thompson, Hesperia 24 (1955) 59–61, Taf. 26–28

18 Thompson, Hesperia 25 (1956) 66–68, Taf. 25–27

19 Thompson, Hesperia 26 (1957) 103–107, Taf. 30–33

20 Thompson, Hesperia 26 (1957) 106f., Übersetzung aus dem Englischen.

21 Thompson, Hesperia 23 (1954) 66f., Taf. 17

22 Thompson, Hesperia 24 (1955) 55f., Taf. 25; 25 (1956) 65f., Taf. 24; 26 (1957) 101f., Taf. 29

23 Der in Augst wohnende Dr. René Clavel bot Laur-Belart 1951 die beträchtliche Summe von 100 000 SFr an, um eine »Römerhaus« zu bauen.

24 R. Laur-Belart, Domus Romana Augustae Rauricae constructa. Das Römerhaus in Augst. Kleiner Führer, 195. Zit. nach: M. Martin, Römermuseum und Römerhaus. Augster Museumshefte 4 (1981) 14

25 H. v. Steuben, Antike in Kalifornien. Frankfurter Allg. Zeitung vom 1. März 1980

26 J.M. Fitch, Historic Preservation. Curatorial Management of the Built World. Charlottesville/London 1990, 236ff.

27 C. Ahrens, Wiederaufgebaute Vorzeit. Archäologische Freilichtmuseen in Europa. Neumünster 1990, 29f.

28 Jorvik Viking Centre. Guide Book. York 1990

29 W. Pehnt, Urhütte und Wolkenkratzer. Frankfurter Allg. Zeitung vom 17. Januar 1992, 28

30 G. Precht, der Archäologische Park Xanten – Konzeption und Realisation. In: G. Ulbert, G. Weber, Konservierte Geschichte? Antike Bauten und ihre Erhaltung. Stuttgart 1985, 82–98.; U. Heimberg, A. Rieche, Colonia Ulpia Traiana. Die römische Stadt. Planung, Architektur, Ausgrabung. Köln 1986, 41 ff. Große Teile der Westhälfte der Römerstadt sind bereits in den 50er und 60er Jahren überbaut worden. Zu dem Aufbau der Archäologischen Parks vgl. Colonia Ulpia Traiana, 1.–5. Arbeitsbericht zu den Grabungen und Rekonstruktionen. Hrsg. Rheinisches Landesmuseum Bonn, 1978–81

31 Dehnungsfugen mit dauerplastischem Kitt, Aluminium-Lüftungsblechen unter den ›römischen‹ Dachziegeln, Feuchtigkeitsisolierungen, Verglasung der Halle.

32 G. Weber, Archäologischer Park Cambodunum, 1. Abschnitt. Der Galloromische Tempelbezirk. Begleitheft. Kempten 1990 (2. Auflage), 28

33 Ahrens, a.a.O., 178

34 W. Jobst, Archäologischer Park Carnuntum. Carnuntum 1989; ders., Archäologischer Park Carnuntum, Die Ausgrabungen, Band 1, Das antike Stadtviertel bei Schloß Petronell. Carnuntum 1989; Carnuntum Jahrbuch 1989, 1990

35 A. Miron, Denkmalpflege und Tourismus am Beispiel des Römermuseums Schwarzenacker und des Europäischen Kulturparks Bliesbruck Rein heim. In: Denkmalpflege und Tourismus II. Vorträge und Diskussionsergebnisse des 2. Internationalen Symposiums vom 9.–12.11.1988 in Trier. Trier 1989, 42–55

36 Ahrens, a.a.O., 15

37 H. Reinerth, Pfahlbauten am Bodensee. Überlingen 1980 (12. Auflage); E. Stocker, Die große Zeit der Buchauer Ausgrabungen. Das Federseemoor im Brennpunkt prähistorischer Forschung 1920–1937. Bad Buchau 1976

38 Miron, a.a.O., 46

39 G. Weber, Cambodunum. Der galloromische Tempelbezirk von Cambodunum-Kempten. Götter, Tempel und Kapellen. In Ebbes, Mitteilungsblatt des Fremdenverkehrsverbandes Allgäu/

Bayer. Schwaben 9 (1987) H. 5, 2 ff.; G. Weber, (1990) a. a. O.

40 H.-M. Müllenmeister, Sehenswürdigkeiten oder die Reise in die Vergangenheit. Bildungstourismus zwischen gestern und morgen. In: Denkmalpflege und Tourismus II., a. a. O., Trier 1989, 100–127, hier 116. Hierzu auch W. Eder, Unsichtbares sichtbar machen – Überlegungen zum Nutzen und Schaden des Wiederaufbaus antiker Denkmäler. In: Denkmalpflege und Tourismus I. Vorträge und Diskussionsergebnisse des 1. Internationalen Symposiums vom 26.–29.11.1986 in Trier. Trier 1987, 38–58

41 Müllenmeister, a. a. O., 117

42 J. Coles, Experimental Archaeology. London/ New York 1979; Experimentelle Archäologie in Deutschland (Archäolog. Mitteilungen aus Nordwestdeutschland. Beiheft 4) Oldenburg 1990

43 P. Nørlund, Trelleborg. Kopenhagen 1968. Erbaut 1942 durch G. G. Schultz

44 Ahrens, a. a. O., 147–154, Abb. 148–151; O. Olson, Fyrkat. Ein Wikingerlager in Jütland. Kopenhagen 1979

45 R. Birley, Vindolanda (1977) 158 ff. Die Aufschrift lautet: »These replicas of stone and turf, sections of Hadrian's wall were built in 1972/73 as a research project, and their rate of decay is being monitored«.

46 Ch. Rickard, Archéodrome. Wanderung durch die Geschichte. Rennes 1981. Die Gesamtgröße beträgt 2,5 ha. Entwurf und Ausführung durch die Société Conception-Réalisation Château, Architekt Jacques Valentin, nach einer Idee und unter Aufsicht der Direction des Antiquités historiques et préhistoriques de Bourgogne. Eröffnung 1978.

47 Lascaux, Höhle der Eiszeit. Ausstellungskatalog. Mainz 1992

48 Sennefer. Die Grabkammer des Bürgermeisters von Theben. Ausstellungskatalog Roemer- und Paelizeus-Museum Hildesheim 1988. Mainz 1988

49 A. Muñoz, Il tempio di Venere e Roma. Capitolinum 2 (1935) 231 f. 1992 war die Anlage beseitigt.

50 L. Curtius, Das antike Rom. Wien 1944, Abb. 37

51 Die gleiche Konzeption findet sich noch einmal in der Villa Hadriana in **Tivoli** bei den Säulengängen der *Stoa Poikile*. Auch in **Xanten** wurden Büsche gepflanzt, um den ursprünglichen Verlauf der Stadtmauer sichtbar zu machen (Abb. 298).

52 D. Paunier, Le musée romain de Nyon. Archéologia 135 (1979) 72 f.; ders.: Nyon retrouve sa basilique. Connaissance des Arts 342 (1980) H. 2, 34–37

RESTAURATORISCHE MASSNAHMEN
Ergänzungen

1 E. Stikas, Ὁ ἀναστηλωτης Ὀρλάνδος (Der Denkmalpfleger Orlandos). In: Ἀναστάσιος Ὀρλάνδος. Ὁ ἄνθρωπος καὶ τὸ ἔργον του (Anastasios Orlandos. Der Mensch und sein Werk). Athen 1978, 423, Abb. 31. Die Trommeln sind aus Marmor.

2 T. Hess, Die Wiederaufrichtung der antiken Baureste auf der Akropolis. Die Denkmalpflege 23 (1931) 206, Abb. 262–265

3 K. Herrmann, Teilrekonstruktionen und Ergänzungen. DiskAB 2 (1975) 41–43

4 Patina besteht neben der auf der Oberfläche aufliegenden und leicht zu entfernenden Schmutzschicht aus einer durch chemische Reaktion verursachten, nicht wieder rückgängig zu machenden Umwandlung der Oberfläche. Vgl. Th. Brachert, Patina. Vom Nutzen und Nachteil der Restaurierung. München 1985

5 K. Nohlen, Kunst-Stein – Stein-Kunst. In: Sonderforschungsbereich 315, Erhalten historisch bedeutsamer Bauwerke, Sonderband 1990, Berlin 1993, 99 ff. Diese Entscheidung wurde von der Baukommission 1976 gefällt, um auch später noch Original und Ergänzung deutlich unterscheiden zu können.

6 K. Nohlen, Die Wiederaufrichtung des Traian-Heiligtums in Pergamon. Mannheimer Forum 82/ 83 (1982/83) 163–230

7 Dünnflüssiger Epoxidharz-Kleber der Fa. Ciba-Geigy AG, Basel

8 F. Hueber, Die Celsus-Bibliothek in Ephesos. Sondernummer 2/1978 der Firmenzeitschrift »aspekte«, Ciba-Geigy AG, Basel

9 Hueber (1978) a. a. O., 10

10 D. Mertens, A. De Siena, Metaponto – Il Teatro-Ekklesiasterion, Rapporto preliminare. BdA 16 (1982) 49 ff.; U. Bellwald, Restauro, integrazione e consolidamento dei blocchi antichi. ebenda, 58–60

11 G. Torraca, Porous Building Materials. ICCROM 1982, 79 ff.

12 Eine große Anzahl Blöcke wurden von Balanos nicht an ihrem originalen Ort verlegt. Die Fehler wurden beim jetzigen Wiederaufbau korrigiert.

13 Z. Wysocki, The State of Preservation of the Object prior Starting the Works and the Intended

Course of Conservation. In: The Temple of Queen Hatshepsut. Results of the Investigation and Conservation Works of the Polish-Egyptian Archaeological Mission 1968–1972. Warschau 1979, 28

14 P. Philippot, P. und L. Mora, Die Behandlung von Fehlstellen in der Malerei. In: Beiträge zur Kunstgeschichte und Denkmalpflege. Festschrift Walter Frodl. Wien 1975

15 A. Avena, L'Arco dei Gavi ricostruito dal Commune di Verona. Verona 1932; A. Barbacci, Il restauro dei monumenti in Italia. Rom 1956, 41, 114, Fig. 39

Kopien und Abgüsse

1 Wie problematisch die museale Aufstellung der vom Bauwerk entfernten Bauplastik ist, zeigen z. B. die vom Straßburger Münster abgenommenen Skulpturen im gegenüberliegenden Frauenhaus-Museum.

2 K. v. Woyski, Abgüsse von Marmorstelen im Kerameikos. AA (1975) 468–471; U. Knigge, Ersatz von Originalen am Beispiel der Abgüsse im Kerameikos. DiskAB 2 (1976) 126–129

3 N. Himmelmann, Utopische Vergangenheit. Archäologie und moderne Kunst. Berlin 1976, 138 ff. Gründung des »Museums für Gipsabgüsse« im Römisch-Germanischen Zentralmuseum in Mainz 1852.

4 Ph. Filtzinger, Limesmuseum Aalen. Stuttgart 1987, 142 ff.

5 Zur Bundesgartenschau 1979 angelegt. W. Hilgers, Römische Straße. Rheinauenpark Bonn. Bonn 1979

6 Kopien der in **Mainz** gefundenen Jupitergigantensäule, deren Original im Römisch-Germanischen Zentralmuseum Mainz aufbewahrt wird, befinden sich außer in Mainz selbst noch auf der **Saalburg**, im Gallo-Römischen Museum in **St. Germain-en-Laye** und als Gipsabguß im Museo della Civiltà Romana in **Rom.**

7 Künstlerleben in Rom. Bertel Thorvaldsen (1770–1844). Der dänische Bildhauer und seine Freunde. Ausstellungskatalog Germanisches Nationalmuseum Nürnberg 1991, 585

8 R. Wihr, Restaurierung von Steindenkmälern. München 1980, 188

9 H. Schroeteler, Abformung der Polyphemgruppe von Sperlonga in glasfaserverstärktem Kunst-

stoff nach einem neuen Verfahren. Arbeitsblätter f. Restauratoren, Gr. 18 (1971) 33–39. Auf dem Materialsektor wie auch im Bereich des handwerklichen Verfahrens werden laufend Verbesserungen vorgestellt.

10 Wihr, a. a. O., 191

11 R. Kastner, Herstellung von Formen aus RTV-2–Siliconkautschuken. Restauratorenblätter 3, Steinkonservierung und Steinrestaurierung. Wien 1979, 270–277

12 Wihr, a. a. O., 194

13 G. Schelling, Hinweise für das Auswechseln gefährdeter Steinplastiken oder Bauteile aus Naturstein (Abguß oder Kopie?). Maltechnik-Restauro 1975, H. 1, 46–49

Kennzeichnungen

1 Zusätzlich ist jeder ergänzte Quader noch mit einer Jahreszahl im Bereich der Lagerfuge gekennzeichnet (Abb. 219).

2 Hinweis von M. Korres, Athen

3 Zur Kennzeichnung wiederhergestellter Teile an alten Baudenkmälern: A. v. Oechelhäuser (Hrsg.), Denkmalpflege. Auszug aus den stenographischen Berichten des Tages für Denkmalpflege. Leipzig 1913, 156–198

4 B. Ebhardt, Über Verfall, Erhaltung und Wiederherstellung von Baudenkmalen. Berlin 1905, 36

5 Oechelhäuser, a. a. O., 199

6 Am Portico degli Dei Consenti auf dem Forum Romanum, der 1943 durch A. Muñoz verlängert wurde, lesen wir auf der Rückseite des Architravs: »SPQR REST. A D MCMXLIII XXI«.

7 Hinweis von M. Korres, Athen

8 P. Coupel, Travaux de Restauration à Baalbek en 1933 et 1934. Syria XVII (1936) 321–334

9 Hinweis D. Mertens, Rom

10 »Pius VII P(ontifex) M(aximus). Im Jahre 7 (seines Pontifikats [1806])«

11 »Pius VII. Pontifex Maximus / Im 23. Jahre Seines Heiligen Prinzipates [1822].«

12 »Das hervorragende Denkmal der Religion und Kunst / vom Alter hinfällig / hat Pius VII. Pontifex Maximus / mit neuen, das alte Vorbild nachahmenden Bauteilen / aufzurichten und zu erhalten befohlen / im 24. Jahre Seines Heiligen Prinzipates [1823].« Vgl. M. Pfanner, Der Titusbogen. Mainz 1983, 10, Taf. 6 Abb. 6, 7, Taf. 14.

13 Der Bereich um das Lysikrates-Monument ist ausgegraben, das Gitter wurde auseinandergenommen. Der ehemals urbane Platzraum ist weitgehend zerstört, da die Grabung nicht wieder zugeschüttet wurde.

14 J. Travlos, Bildlexikon zur Topographie des antiken Athen. Tübingen 1971, 348–351; H. Bauer, Lysikratesdenkmal. Baubestand und Rekonstruktion. AM 1977, 197–227

15 Ph. Filtzinger, D. Planck, B. Cämmerer, Die Römer in Baden-Württemberg. Stuttgart 1976, 307: »Das Bauwerk der Römer, das du hier siehst, hat Karl Egon, Fürst zu Fürstenberg, erforscht und für die Nachwelt gerettet«

16 Auch in den Internationalen Empfehlungen finden sich keine Hinweise.

Bautechnik

1 Zu den konstruktiven Fragen des Wiederaufbaus vgl. U. Starosta, Reparatur und Wiederaufbau antiker Bauwerke. Techniken zum Wiederzusammenfügen von Säulen und Gebälken. Diss. Universität Karlsruhe 1990; P. Mutsch, Ingenieurarbeiten bei der Wiederaufrichtung des Traian-Heiligtums in Pergamon. In: Festschrift Karl Krauß, Tübingen 1987, 21 ff.; F. Wenzel, F. Berger, P. Mutsch, Statisch-konstruktive Maßnahmen beim Wiederaufbau der Südwestecke des Apollontempels in Kourion. In: Institut für Tragkonstruktionen,Universität Karlsruhe. Aus Forschung und Lehre 21, Zypern 1986. Eine Exkursion. Karlsruhe 1987, 87 ff.

2 G. Kawerau, Bericht über den Wiederaufbau zweier Säulen des Heraions in Olympia. AM 30 (1905) 168, Abb. 6

3 vgl. Anm. S. 93 f.

4 Kawerau, a. a. O., 168

5 W. Müller-Wiener, Griechisches Bauwesen in der Antike. München 1988, 82

6 JdI 17 (1902) 95 f., Taf. 8; Th. Wiegand (Hrsg.), Baalbek. Ergebnisse der Ausgrabungen und Untersuchungen in den Jahren 1898 bis 1905. Bd. 2, bearbeitet von D. Krencker, T. v. Lüpke, H. Winnefeld. Berlin/Leipzig 1923, 23, Abb. 39 a-c; ders., Die Denkmäler. Ihr Untergang, Wiedererstehen und ihre Erhaltung. Handbuch der Archäologie I (1939) 107, Taf. 6

7 N. Balanos, Les Monuments de L'Acropole. Relèvement et Conservation. Paris 1938, Abb. 100

8 G. Caputo, Il teatro Augusteo di Leptis Magna. Scavo e Restauro (1937–51). Monografie di Archeologia Libica III. Rom 1987, Tafel 78, 96, 97; ders., Il teatro di Sabratha e l'architettura teatrale Africana. Monografie di Archeologia Libica VI. Rom 1959 Abb. 35

9 M. C. Bolgil, The Reconstruction of the Marble Court and Adjacent Areas. In: F. K. Yegül, The Bath-Gymnasium Complex at Sardis (= Archaeological Exploration of Sardis 3) Cambridge/London 1986, 158, Abb. 403

10 Bolgil, a. a. O., 158, 162, Abb. 398, 400, 401

11 G.-W. Miske, Statische Probleme. DiskAB 2 (1975) 103–111

12 Hinweis D. Mertens, Rom

13 C. Ceschi, Teoria e Storia del Restauro. Rom 1970, 131, Abb. 191, 192

14 Über die technische Durchführung der Arbeiten in Abu Simbel: K.-H. Martini, Natürliche und künstliche Methoden bei der Erhaltung von historischen Bauwerken. Diss. Freiburg/Schweiz 1982

15 Ceschi, a. a. O., 130, Abb. 187–190

16 L. Crema, Monumenti e Restauro. Milano 1959, Taf. 43

17 V. Tusa, Segesta. Lavori di consolidamento del tempio. BdA 51 (1966) 1–2, 109

ZUSAMMENFASSUNG

1 A. Riegl, Der moderne Denkmalskultus. Sein Wesen und seine Entstehung (1903). In: A. Riegl, Gesammelte Aufsätze. Hrsg. von K. M. Swoboda. Augsburg/Wien 1929, 177

2 Die Unterscheidung zwischen »toten« und »lebenden« Denkmälern stammt aus der italienischen Denkmalpflegetheorie der 20er Jahre und wird auch in der Arbeit von H. Hörmann, Methodik der Denkmalpflege. Wege und Ziele der Instandsetzung bei Bauwerken der Antike und des Mittelalters. München 1938, zur Differenzierung der einzusetzenden Methoden benutzt.

3 In der englischen Denkmalpflege gibt es bemerkenswerterweise noch heute die Unterscheidung zwischen »ancient monuments«, den besonders geschützten Denkmalobjekten (unserem Begriff »Altertümer« vergleichbar), und der großen Zahl von »historic buildings«, den ›normalen‹ Denkmälern, die weitaus einfacher verändert oder auch einmal geopfert werden können.

Literatur

Ahrens, Claus, Wiederaufgebaute Vorzeit. Archäologische Freilichtmuseen in Europa. Neumünster 1990

American School of Classical Studies at Athens, The Stoa of Attalos II in Athens (= Excavations of the Athenian Agora. Picture Book Nr. 2). Princeton 1959

Angelidis, S., Replacement of Steel Connectors with Titanium Alloy. In: Proceedings of the 2nd International Symposium on the Deterioration of Building Stones. Athen 1976

Angelidis, S., Structural Analysis of Monuments. In: Proceedings of the 2nd International Symposium on the Deterioration of Building Stones. Athen 1976

Arab Republic of Egypt, The Salvage of the Abu Simbel Temples. Stockholm 1971

Arnold, Dieter, Die Tempel von Kalabsha. Hrsg. vom DAI Abt. Kairo, Berlin 1975

Audiat, Jean, Le Trésor des Athéniens. Fouilles de Delphes Bd. II, 2. Paris 1933

Baatz, Dietwulf, Die Saalburg – ein Limeskastell 80 Jahre nach der Rekonstruktion. In: G. Ulbert, G. Weber, Konservierte Geschichte? Antike Bauten und ihre Erhaltung. Stuttgart 1985, 117–129

Baatz, Dietwulf, Die Saalburg. Ein Führer durch das römische Kastell und seine Geschichte. Bad Homburg 1979 (6. Aufl.)

Baatz, Dietwulf, Fritz-Rudolf Herrmann, Die Römer in Hessen. Stuttgart 1982

Balanos, Nicolaos, Ἡ νέα ἀναστήλωσις τοῦ ναοῦ τῆς Ἀθηνᾶς Νίκης (1935–1939) (Die neue Anastylosis des Tempels der Athena Nike 1935–1939), AEph 1937, III, 776 ff.

Balanos, Nicolas, Les Monuments de L'Acropole. Relèvement et Conservation. Paris 1938

Balerio, C., Brescia – Scavi e restauri nella zona romana. Palladio 2 (1938)

Bammer, Anton, Architektur und Klassizismus. Hephaistos 3, 1981, 95–106

Bammer, Anton, Das Monument des C. Memmius. Forschungen in Ephesos VII. Wien 1972

Bammer, Anton, Ephesos. Land an Fluß und Meer. Graz 1988. Darin: Restaurierung als Restauration? Postmoderne und Populismus in Ephesos, 166–190

Bammer, Anton, Restaurierungen von Bauwerken. ÖJh 50 (1972–75) Beiblatt, 394–406

Barbacci, Alfredo, Il restauro dei monumenti in Italia. Rom 1956

Bartoli, Adolfo, Curia Senatus. Lo scavo e il restauro. Rom 1963

Bellwald, Ueli, Restauro, integrazione e consolidamento dei blocchi antichi. BdA 16 (1982) 58–60

Boetticher, Adolf, Die Akropolis von Athen. 1888

Boito, Camillo, I restauratori. Florenz 1884

Boito, Camillo, I nostri vecchi monumenti. Conservare o restaurare? La Nuova Antologia 87 (1886) 480–506

Bolgil, Mehmet C., The Reconstruction of the Marble Court and Adjacent Areas, in: F. K. Yegül, The Bath-Gymnasium Complex at Sardis (= Archaeological Exploration of Sardis, Report 3) Cambridge/London 1986, 152–168

Borbein, Adolf H., Archäologie und historisches Bewußtsein. In: B. Andreae (Hrsg.), Archäologie und Gesellschaft. Forschung und öffentliches Interesse. Stuttgart/Frankfurt 1981

Bouras, Charalambos, Ἡ Ἀναστήλωσις τῆς στοᾶς τῆς Βραυρῶνος. Τὰ Ἀρχιτεκτωνικά της προβλήματα (Die Anastylosis der Stoa von Brauron. Fragen ihrer Architektur). Athen 1967

Bouras, Charalambos, Wie die Akropolis gerettet werden kann. In: UNESCO-Kurier 18 (1977) H. 10, 4–11

Brachert, Thomas, Die Reise nach Arkadien. Eine Kritik archäologischer Wiedererrichtungen. Zs f. Kunsttechnologie und Konservierung 2 (1988) 315–328

Brachert, Thomas, Patina. Vom Nutzen und Nachteil der Restaurierung. München 1985

Bracken, Catherina Philippa, Antikenjagd in Griechenland 1800–1830. München 1977

Brandi, Cesare, Teoria del Restauro. Rom 1963

Brües, Eva, Raffaele Stern. Ein Beitrag zur Architekturgeschichte in Rom zwischen 1790 und 1830. Diss. Bonn 1958

Burda, Hubert, Die Ruine in den Bildern Hubert Roberts. München 1967

Caputo, Giacoma, Il teatro di Sabratha e l'architettura teatrale Africana. Monografie di Archeologia Libica VI. Rom 1959

Caputo, Giacomo, Il teatro Augusteo di Leptis Magna. Scavo e Restauro (1937–51). Monografie di Archeologia Libica III. Rom 1987

Carbonara, Giovanni (Hrsg.), Restauro e cemento in architettura. Bd. 1, Rom 1981, Bd. 2, Rom 1984

Cederna, Antonio, Mussolini urbanista. Lo sventramento di Roma negli anni del consenso. Rom 1979

Ceschi, Carlo, Teoria e storia del restauro. Rom 1970

Clemen, Paul, Die Deutsche Kunst und die Denkmalpflege. Berlin 1933

Coles, John, Experimental Archaeology. London/ New York 1979

Conti, Alessandro, Storia del restauro e della conservazione delle opere d'arte. Mailand 1988

Courba, M.F., La Terrasse du Temple. Fouilles de Delphes Bd. II,1. Paris 1927

Crema, Luigi, Monumenti e Restauro. Milano 1959

Cüppers, Heinz, Die Kaiserthermen in Trier. Zerstörung, Konservierung und Restaurierung. trier texte 5. Trier 1985

Cüppers, Heinz (Hrsg.), Die Römer in Rheinland-Pfalz. Stuttgart 1990

Curtius, Ernst; Friedrich Adler (Hrsg.), Olympia, die Ergebnisse der vom Deutschen Reich veranstalteten Ausgrabungen, Berlin 1890–97. Band 2, Die Baudenkmäler von Olympia, Berlin 1892

Dehio, Georg, Kunsthistorische Aufsätze. München/ Berlin 1914. Darin: Was wird aus dem Heidelberger Schloß werden? (1901) 247–259; Denkmalschutz und Denkmalpflege im neunzehnten Jahrhundert. Festrede zum Geburtstag Kaiser Wilhelms II., 27. 1. 1905 in der Universität Straßburg, 263–282

Dehio, Georg; Alois Riegl. Konservieren, nicht restaurieren. Streitschriften zur Denkmalpflege um 1900. Mit einem Kommentar von M. Wohlleben und einem Nachwort von G. Mörsch. Braunschweig 1988 (Bauwelt Fundamente 80)

Demangel, R., H. Ducoux, L'Anastylose de la Tholos de Marmaria. BCH 62 (1938) 370–85, Taf. 40–41

Desroches-Noblecourt, Christiane und Georg Gerster, Die Welt rettet Abu Simbel. Berlin 1968

Dimacopoulos, Jordan, Anastylosis and Anasteloseis. In: ICOMOS-Information 1/1985, 16–25

Dodwell, Edward, Klassische Stätten und Landschaften in Griechenland. Impressionen von einer Reise um 1800. Erläutert und mit einem Nachwort versehen von Ulrich Sinn. Dortmund 1982

Döhl, Hartmut, Schinkel und Klenze zur Akropolisgestaltung. In: E. Berger (Hrsg.), Parthenon-Kongreß Basel 1982. Referate und Berichte. Mainz 1984, Bd. I, 329–333

Dontas, G., Probleme der Erhaltung und Restaurierung der Akropolis. DiskAB 2 (1975) 111–118

Ducoux, H., Restauration de la façade du temple d'Apollon. BCH 64/65 (1940–41) 266 ff.

Durm, Josef, Der Parthenon und seine Beschädigungen durch das Erdbeben 1894. AA 1895, 100–102

Durm, Josef, Der Zustand der antiken Athenischen Bauwerke auf der Burg und in der Stadt. Befundbericht und Vorschläge zum Schutz vor weiterem Verfall. CdB 15 (1895) 201–204, 210–211, 221–226, 253–255. Auch als Separatdruck erschienen

Dursy, H. V., Restaurierung von Gartenskulpturen und Fertigung von Kopien mit Hilfe moderner Techniken. In: Bericht der Tagung der Deutschen Gesellschaft für Gartenkunst und Landschaftspflege. Schloß Ludwigsburg 1978, 124–131

Dvořák, Max, Katechismus der Denkmalpflege. Wien 1918 (2. Auflage)

Dyggve, Ejnar, Lindos. Fouilles de l'Acropole 1902–14 et 1952. III,1. Le sanctuaire d'Athena Lindia et l'architecture Lindienne I. Berlin/Kopenhagen 1960

Ebhardt, Bodo, Über Verfall, Erhaltung und Wiederherstellung von Baudenkmalen mit Regeln für praktische Ausführungen. Berlin 1905

Eder, Walter, Unsichtbares sichtbar machen – Überlegungen zum Nutzen und Schaden des Wiederaufbaus antiker Denkmäler. Denkmalpflege und Tourismus I. (= Vorträge und Diskussionsergebnisse des 1. Internationalen Symposiums vom 26.–29. 11. 1986 in Trier). Trier 1987, 38–58

Evans, Arthur J., The Palace of Minos at Knossos. Bd. 1–4, London 1921–1935

Evans, Arthur J., Work of Reconstruction in the Palace of Knossos. Journal of the Society of Antiquaries 7.3, 1927

Fehr, Burkhard, Archäologen, Techniker, Industrielle – Betrachtungen zur Wiederaufstellung der Bibliothek des Celsus in Ephesos. Hephaistos 3 (1981) 107–125

Feilden, Bernhard M., Conservation of Historic Buildings. London 1982

Fitch, James M., Historic Preservation. Curatorial Management of the Built World. Charlottesville/ London 1990

Frodl, Walter, Denkmalbegriffe und Denkmalwerte.

In: Kunst des Mittelalters in Sachsen. Festschrift für Wolf Schubert. Weimar 1967, 5 ff.

Germann, Georg, Einführung in die Geschichte der Architekturtheorie. Darmstadt 1980

Giovannoni, Gustavo, Il restauro dei monumenti. Roma 1945

Goette, Hans Rupprecht, Restaurierungen und Forschungen auf der Akropolis von Athen. Ein Forschungsbericht. Antike Welt 22 (1991) H. 3, 165–176

Gollmann, Karl Friedrich, Architektur und Archäologie. Schutz von antiken Ausgrabungen. Habilschrift TU Graz 1987

Gölter, Georg, Bauliche Sicherung und Teilrekonstruktion der Ostkonche [der Trierer Kaiserthermen]. In: Denkmalpflege in Rheinland-Pfalz 39 (1984) 284–290

Gregorovius, Ferdinand, Wanderjahre in Italien. Beck'sche Sonderausgabe München 1978 (3. Aufl.)

Gropengießer, E., Kunstruinen und Gartenromantik der Parkanlagen von Schwetzingen und Eulbach. Führer zu vor- und frühgeschichtlichen Denkmälern. Bd. 3, 1965, 48–62

Grossmann, Peter, Sichtbarmachen von Bauphasen. DiskAB 2, 1975, 32 ff.

Guidi, Giacomo, Criteri e metodi seguiti per il restauro del teatro romano di Sabratha. Africa Italiana 6 (1935) 30–53

Günther, Hubertus, Das Studium der antiken Architektur in den Zeichnungen der Hochrenaissance (= Veröffentlichungen der Bibliotheca Hertziana in Rom 24). Tübingen 1988

Haas, Walter, Wandlungen in der Denkmalpflege. Die Alte Stadt 15 (1988) H. 1, 41–52

Hackl, E. und M. Arwanitakis, Der Akropolishügel von Athen. Eine felsmechanische Beurteilung seines derzeitigen Zustandes und generelle Sanierungsmöglichkeiten. Rock Mechanics 1979, Suppl. 8, 317–332

Hamdorf, Friedrich Wilhelm, Klenzes archäologische Studien und Reisen, seine Mission in Griechenland. In: Ein griechischer Traum. Leo von Klenze der Archäologe. Ausstellungskatalog Glyptothek München 1986, 183–195

Hartmann, Günter, Die Ruine im Landschaftsgarten. Ihre Bedeutung für den frühen Historismus und die Landschaftsmalerei der Romantik. Worms 1981

Herrmann, Joachim (Hrsg.), Archäologische Denkmale und Umweltgestaltung (= Veröffentlichungen des Zentralinstituts für Alte Geschichte und Archäologie der Akademie der Wissenschaften der DDR, Band 9) Berlin (Ost) 1978

Herrmann, Klaus, Bericht über die Restaurierungsarbeiten in Olympia. Schatzhaus der Sikyonier. AA 1980, 351–360

Herrmann, Klaus, Die Giebelrekonstruktion des Schatzhauses von Megara. AM 89 (1974) 75–83

Herrmann, Klaus, Teilrekonstruktionen und Ergänzungen. DiskAB 2 (1975) 41–43

Hess, Toni, Die Wiederaufrichtung der antiken Baureste auf der Akropolis. Die Denkmalpflege 23 (1931) 201–211

Himmelmann, Nikolaus, Utopische Vergangenheit. Archäologie und moderne Kunst. Berlin 1976

Hoffmann, Adolf, Wiederaufbau ganzer Gebäude. DiskAB 2 (1975) 49 ff.

Hörmann, Hans, Methodik der Denkmalpflege. Wege und Ziele der Instandsetzung bei Bauwerken der Antike und des Mittelalters (= Studien zur Bauforschung. Hrsg. von der Koldewey-Gesellschaft) München 1938

Horn, Rudolf, Herculaneum 1738–1938. Die Antike 14 (1938) 355 ff.

Hueber, Friedmund, Bauforschung und Restaurierung am unteren Embolos in Ephesos. ÖZKD 43 (1989) H. 3/4, 120–143

Hueber, Friedmund, Denkmalpflege in einem antiken Stadtraum (Ephesos – Die Fassade der Celsusbibliothek). architektur aktuell 13 (1979) H. 70, 34–39

Hueber, Friedmund und Volker Michael Strocka, Die Bibliothek des Celsus. Eine Prachtfassade in Ephesos und das Problem ihrer Wiederaufrichtung. Antike Welt 6 (1975) H. 4, 3–14

Hueber, Friedmund, Anastylosis und Ergänzung von Bauteilen. DiskAB 2 (1975) 44 ff.

Hueber, Friedmund, Antike Baudenkmäler als Aufgabengebiet des Architekten. In: Lebendige Altertumswissenschaft. Festschrift H. Vetters. Wien 1985, 391–398

Hueber, Friedmund, Die Anastylose – Forschungsaufgabe, Restaurierungs- und Baumaßnahme. ÖZKD 43 (1989) H. 3/4, 111–119

Hueber, Friedmund, Die Celsus-Bibliothek in Ephesos. Sondernummer 2/1978 der Firmenzeitschrift »aspekte«, Ciba-Geigy AG, Basel

Hueber, Friedmund, Theorie und Praxis der Anastylose und ihre Bedeutung für die Bauforschung (dargestellt am Beispiel Celsusbibliothek Ephesos). Diss. TU Wien 1978

Hueber, Zur Anastylose des Süd-Tores der Agora in

Ephesos. In: Koldewey-Gesellschaft. Bericht über die 32. Tagung für Ausgrabungswissenschaft und Bauforschung 1982, 36–39

Huse, Norbert (Hrsg.), Denkmalpflege. Deutsche Texte aus drei Jahrhunderten. München 1984

Insolera, Italo und Francesco Perego, Archeologia e città. Storia moderna dei Fori di Roma. Rom 1983

Iversen, E., Obelisks in Exile. Bd. I: The Obelisks of Rome, Kopenhagen 1968; Bd. II: The Obelisks of Istanbul and England. Kopenhagen 1972

Jacobs, Dörthe, Die Carta del restauro 1987. Zs. f. Kunsttechnologie und Konservierung 4 (1990) H. 1, 1–28

Jobst, Werner, Archäologischer Park Carnuntum. Die Ausgrabungen, Band 1, Das antike Stadtviertel bei Schloß Petronell. Mit Beiträgen von R. Göbl, K.F. Gollmann, F. Humer, W. Jobst, A. Rauchenwald. Hrsg. von der Kulturabteilung des Landes Niederösterreich und der Gesellschaft der Freunde Carnuntums. Carnuntum 1989

Jobst, Werner, Archäologischer Park Carnuntum. Mit Zeichnungen und Rekonstruktionen von Karl F. Gollmann. Carnuntum 1989

Jonsson, Marita, Monumentvårdens Begynnelse. Restaurering och friläggning av antika monument i Rom 1800–1830 (Der Beginn der Denkmalpflege. Restaurierung und Freilegung antiker Monumente in Rom 1800–1830). Uppsala 1976

Karo, Georg, Denkmalpflege auf der Akropolis in Athen. Die Antike 4 (1928) 80

Karo, Georg, Tagung für Denkmalpflege Athen (21. bis 30. Oktober 1931). Die Denkmalpflege 34 (1932) 37–40

Kastner, Richard, Herstellung von Formen aus RTV-2–Siliconkautschuken. Restauratorenblätter 3, Steinkonservierung und Steinrestaurierung. Wien 1979, 270–277

Kawerau, Georg, Bericht über den Wiederaufbau zweier Säulen des Heraions in Olympia. AM 30 (1905) 158–172

Kienast, Hermann J., Der Wiederaufbau des Erechtheions. architectura 13 (1983) 89–104

Kiesow, Gottfried, Einführung in die Denkmalpflege. Darmstadt 1982

Knigge, Ursula, Ersatz von Originalen am Beispiel der Abgüsse im Kerameikos. DiskAB 2 (1975) 126–129

Korres, Manolis, Die Akropolis: Restaurierung und die Besucher. In: Conservation and Tourism. Second International Congress on Architectural Conservation and Town Planning. Basel 1985, 122–130

Krause, Karl-Jürgen, Denkmalschutz im Altertum. Die Alte Stadt 13 (1986) H. 4, 267–285

Kühn, Margarete, Als die Akropolis aufhörte Festung zu sein. Stimmen der Zeit zur Frage der Errichtung neuer Bauten auf der Akropolis und zur Erhaltung ihrer nachantiken Monumente. In: Schlösser, Gärten, Berlin. Festschrift für Martin Sperlich. Berlin 1979, 83–106

Lang, Gerhard J., Ein Zwischenbericht zur Anastylose des Südtores der Agora in Ephesos. Antike Welt 15 (1984) H. 4, 23–30

Larsson, Lars Olof, Thorvaldsens Restaurierung der Aegina-Skulpturen im Lichte zeitgenössischer Kunstkritik und Antikenauffassung. Konsthistorik Tidskrift 38 (1969) H. 1/2, 23 ff.

Lauer, Jean-Philippe, Restauration et »anastylose« dans les monuments du roi Zoser à Saqqarah (1927–1947). ASAE 48 (1948) 351–366

Lauer, Jean-Philippe, Saqqara. Die Königsgräber von Memphis. Bergisch-Gladbach 1977

Laur-Belart, Rudolf, Domus Romana Augustae Rauricae constructa. Das Römerhaus in Augst. Kleiner Führer. August 1966 (4. Aufl.)

Laurenzi, L., I restauri sull' Acropoli di Lindo I. Il restauro del tempio di Atena Lindia e del portico maggiore. Memorie pubbl. a cura dell'Instituto storico-archeologico F. E. R. T. (Rodi) 2 (1938) 9 ff., Abb. I-XV; ders., I restauri del Santuario di Atena Lindia. op. cit. 3 (1939) 27 ff., Abb. XXVI

Mallwitz, Alfred, Ein Jahrhundert deutsche Ausgrabungen in Olympia. AM 92 (1977) 1–31

Marconi, Jole Bovio, Problemi di Restauro e Difficoltà dell'Anastylosis del »Tempio E« di Selinunte. Palladio 17 (1967) 85–96

Martin, Max, Römermuseum und Römerhaus. Augster Museumshefte 4. August 1981, 7–17

Martini, Karl-Heinz, Natürliche und künstliche Methoden bei der Erhaltung von historischen Bauwerken. Diss. Freiburg/Schweiz 1982

Martini, W., Moderne Nutzung antiker Bauten. DiskAB 2 (1975) 62 ff.

Marzolff, Peter, Ersatz von Originalen. DiskAB 2 (1975) 129 ff.

Mayer, W., Wiedererrichtung eines Satettempels. Archäologie in Deutschland 1991, H. 1, 12–17

Meckseper, Cord, Architekturrekonstruktionen in der Geschichte. DKD 42 (1984) 17–24

Mertens, Dieter; De Siena, A., Metaponto – Il Teatro-Ekklesiasterion, rapporto preliminare. BdA 16 (1982) 1–57

Mertens, Dieter, Planning and executing anastylosis of stone buildings. In: Conservation on archaeological excavations. Hrsg. von N. P. Stanley Price, ICCROM, Rom 1984, 121–144

Miller, Norbert, Archäologie des Traums. Versuch über Giovanni Battista Piranesi. München/Wien 1978

Miron, Andrei, Denkmalpflege und Tourismus am Beispiel des Römermuseums Schwarzenacker und des Europäischen Kulturparks Bliesbruck-Reinheim. Denkmalpflege und Tourismus II. (= Vorträge und Diskussionsergebnisse des 2. Internationalen Symposiums vom 9.–12.11.1988 in Trier). Trier 1989, 42–55

Mörsch, Georg, Grundsätzliche Leitvorstellungen, Methoden und Begriffe der Denkmalpflege. In: A. Gebeßler und W. Eberl (Hrsg.), Schutz und Pflege von Baudenkmälern in der Bundesrepublik Deutschland. Ein Handbuch. Köln 1980

Müllenmeister, Horst-Martin, Sehenswürdigkeiten oder die Reise in die Vergangenheit. Bildungstourismus zwischen gestern und morgen. In: Denkmalpflege und Tourismus II. (= Vorträge und Diskussionsergebnisse des 2. Internationalen Symposiums vom 9.–12.11.1988 in Trier). Trier 1989, 100–127

Müller-Wiener, Wolfgang, Archäologie, Bauforschung und Denkmalpflege. Die Verantwortung gegenüber den Objekten am Fundort. Forschung und Information 21 (= Schriftenreihe der Rias-Funkuniversität). Berlin 1977, 152–161

Muñoz, Antonio, Il restauro del tempio della »Fortuna Virile«. Rom 1925

Muñoz, Antonio, L'isolamento del Colle Capitolino. In: S.P.Q.R. 1943

Muss, Ulrike und Charlotte Schubert, Die Akropolis von Athen. Graz 1988

Mutsch, Peter, Ingenieurarbeiten bei der Wiederaufrichtung des Traian-Heiligtums in Pergamon. In: Festschrift Karl Krauß. Tübingen 1987, 21–34

Nohlen, Klaus, Die Wiederaufrichtung des Traian-Heiligtums in Pergamon. Mannheimer Forum 19, 1982/83. Hrsg. von Boehringer Mannheim GmbH, 163–230

Nohlen, Klaus, Kunst-Stein – Stein-Kunst. Sonderforschungsbereich 315, Erhalten historisch bedeutsamer Bauerwerke, Sonderband 1990. Berlin 1993, 99ff.

Nohlen, Klaus, Restaurierungen am Traianeum in Pergamon. Ein Arbeitsbericht. architectura 15 (1985) 140–168

Nohlen, Klaus, Traianeum. Dokumentation und bauliche Untersuchung; Sicherungs- und Baumaßnahmen, in: Radt, W., Pergamon, AA 1983, 463ff.; 1984, 442ff.; 1985, 490ff.; 1986, 438ff.; 1987, 532ff.; 1988, 482ff.

Oechelhäuser, Adolf von (Hrsg.), Denkmalpflege. Auszug aus den stenographischen Berichten des Tages für Denkmalpflege (2 Bde.) Leipzig 1910, 1913

Orlandos, Anastasios C., Nouvelles observations sur la construction du temple d'Athéna-Nikes. BCH 71/72 (1947/48) 1–38

Papanicolaou-Christensen, Aristea, Athens 1818–1853. Views of Athens by Danish Artists. Athen 1985

Perego, Francesco (Hrsg.), Anastilosi. L'antico, il restauro, la città. Rom/Bari 1987

Petzet, Michael, Grundsätze der archäologischen Denkmalpflege. Denkmalpflege Informationen Ausgabe A Nr. 70, 1989

Petzet, Michael, Grundsätze der Denkmalpflege. Denkmalpflege Informationen Ausgabe A Nr. 62, 1987

Petzet, Michael, Kopie, Rekonstruktion und Wiederaufbau. Denkmalpflege Informationen Ausgabe A Nr. 64, 1988

Pfanner, Michael, Der Titusbogen (= Beiträge zur Erschließung hellenistischer und kaiserzeitlicher Skulptur und Architektur, Bd. 2) Mainz 1983

Philippot, Paul und Paolo und Laura Mora, Die Behandlung von Fehlstellen in der Malerei. In: Beiträge zur Kunstgeschichte und Denkmalpflege. Festschrift Walter Frodl. Wien 1975, 204–218

Picard, Ch., L'anastylose du temple de la Victoire Aptère. RA 15 (1940) 256–258

Planck, Dieter, Archäologische Denkmäler – Erhaltung und museale Präsentation. In: G. Mörsch, R. Strobel, Die Denkmalpflege als Plage und Frage. Festschrift August Gebeßler. München 1989, 143–162

Planck, Dieter, Der römische Limes als Aufgabe der Bodendenkmalpflege. Denkmalpflege in Baden Württemberg 10 (1981) H. 1, 1–8

Precht, Gundolf, Archäologie im Experiment. Die Herbergsthermen der Colonia Ulpia Traiana im Archäologischen Park Xanten. Archäologie in Deutschland 1990, H. 4, 18–27

Precht, Gundolf, Der Archäologische Park Xanten – eine bodendenkmalpflegerische Maßnahmen zur Rettung der Colonia Ulpia Traiana. Koldewey-Gesellschaft, Bericht über die 30. Tagung für Ausgrabungswissenschaft und Bauforschung 1978, 111–114

Precht, Gundolf, Der Archäologische Park Xanten – Konzeption und Realisation. In: G. Ulbert, G. Weber (Hrsg.), Konservierte Geschichte? Antike Bauten und ihre Erhaltung. Stuttgart 1985, 82–98

Precht, Gundolf, Sichtbarmachen von Bauphasen am Beispiel des Archäologischen Parks bei Xanten. DiskAB 2 (1975) 37 ff.

Prskawetz, A. K., Baugeschichtsforschung nicht nur im Interesse des Historikers. Antike Welt 7 (1976) H. 3, 16–18

Radt, Wolfgang, Pergamon. Geschichte und Bauten, Funde und Erforschung einer antiken Metropole. Köln 1988. Darin: Zerstörung und Erhaltung. Denkmalpflegerische Aspekte einer Ausgrabung, 324–332

Real, Willi; Volker Rödel; Mathias Ueblacker, Die Grabungen auf der Heiligen Straße und die Anastylose der Ionischen Halle in Milet. IstMitt 23/24 (1973/74) 122–130

Reinerth, Hans, Pfahlbauten am Bodensee. Überlingen 1980 (12. Aufl.)

Rickard, Charles, Archéodrome. Wanderung durch die Geschichte. Rennes 1981

Riegl, Alois, Der moderne Denkmalskultus. Sein Wesen und seine Entstehung (1903) In: A. Riegl, Gesammelte Aufsätze. Hrsg. von K. M. Swoboda, Augsburg/Wien 1929, 144–191. Als Einleitung zum österreichischen Denkmalschutzgesetz konzipiert.

Rombock, Ulrich, Trajaneum. AA 1976, 322–328; ders., Pergamon, Trajaneum. Vorl. Bericht über die Arbeiten von 1965 bis 1974. AA 1976, 328–340

Rombock, Ulrich, Wiederaufbau am Beispiel des Trajaneum in Pergamon. DiskAB 2 (1975) 52 ff.

Ross, Ludwig, Eduard Schaubert und Christian Hansen, Die Akropolis von Athen nach den neuesten Ausgrabungen. I. Der Tempel der Nike Apteros. Berlin 1839

Russack, Hans Herrmann, Deutsche bauen in Athen. Berlin 1942

Saint-Non, R. de, Voyage pittoresque ou déscription des Royaumes de Naples et de Sicile, 1781–1786

Schelling, Günter, Hinweise für das Auswechseln gefährdeter Steinplastiken oder Bauteile aus Na-turstein (Abguß oder Kopie?). Maltechnik-Restauro 1975, H. 1, 46–49

Schmidt, Hartwig, Antike Bau- und Bodendenkmale – vom Sinn und den Möglichkeiten ihrer Erhaltung und Gestaltung. In: G. Ulbert, G. Weber (Hrsg.), Konservierte Geschichte? Antike Bauten und ihre Erhaltung. Stuttgart 1985, 17–45

Schmidt, Hartwig, Theorie und Praxis in der archäologischen Denkmalpflege. In: Koldewey-Gesellschaft. Bericht über die 31. Tagung für Ausgrabungswissenschaft und Bauforschung. 1980, 91–96

Schmidt, Hartwig, Die ruinierte Ruine. Probleme der archäologischen Denkmalpflege. In: Koldewey-Gesellschaft. Bericht über die 32. Tagung für Ausgrabungswissenschaft u. Bauforschung. 1982, 40–44

Schmidt, Hartwig, Ruinenstätten – Lehrpfade in die Vergangenheit? In: Museum und Denkmal. Internationales Symposium 1991. Hrsg. von H. Auer, Deutsches Nationalkomitee ICOM. München 1992, 242–247

Schmidt, Hartwig, Zur Entwicklung denkmalpflegerischer Richtlinien seit dem 19. Jahrhundert. Die »Charta von Athen«. In: Sonderforschungsbereich 315, Erhalten historisch bedeutsamer Bauwerke, Jahrbuch 1989, 1–28. Berlin 1990

Schmidt, Hartwig, »Der moderne Denkmalskultus«. Zur Aktualität der Denkmaltheorie der Jahrhundertwende. In: Sonderforschungsbereich 315, Erhalten historisch bedeutsamer Bauwerke, Jahrbuch 1990, 1–24. Berlin 1991

Schroeteler, H., Abformung der Polyphemgruppe von Sperlonga in glasfaserverstärktem Kunststoff nach einem neuen Verfahren. Arbeitsblätter f. Restauratoren, Gr. 18, 1971, 33–39

Schuchardt, Carl und Theodor Wiegand, Carl Humann. Der Entdecker von Pergamon. Ein Lebensbild. Berlin 1930

Schwandner, Ernst-Ludwig, Ein archaischer Tempel auf Thyssen-Stahl. Der Teil-Wiederaufbau des Älteren Tempels der Aphaia von Aegina. Unveröffentlichtes Manuskript. Berlin 1981

Sckell, F. L. von, Beiträge zur bildenden Gartenkunst für angehende Gartenkünstler und Gartenliebhaber. München 1819. Reprint Worms 1982, 36 ff.

Siegler, Karl Georg, Kalabsha. Architektur und Baugeschichte des Tempels (= Archäologische Veröffentlichungen 1, DAI Kairo). Berlin 1970

Sinos, Stephan, The Temple of Apollon Hylates at Kourion and the Restoration of its South-West Corner. Athen 1990

Skoulidikis, Th., La détérioration des monuments et des statues anciens par les polluants atmosphériques et leur protection: pollution atmosphérique. La détérioration des monuments de l'Acropole et leur protection, in: Thesaurus Acroasium, Bd. XI, Thessaloniki 1982, S. 349–400

Starosta, Ute, Reparatur und Wiederaufbau antiker Bauwerke. Techniken zum Wiederzusammenfügen von Säulen und Gebälken. Diss. Universität Karlsruhe 1990

State Enterprise for the Conservation of Cultural Property (P.K.Z.) (Hrsg.), The Temple of Queen Hatshepsut. Results of the investigations and conservation works of the Polish-Egyptian Archaeological and Preservation Mission Deir el-Bahari. Bd. 1–4, Warschau 1979, 1980,1985, 1991

Stikas, Efstathios, Ὁ ἀναστηλώτης Ὀρλάνδος (Der Denkmalpfleger Orlandos). In: Ἀναστάσιος Ὀρλάνδος. Ὁ ἄνθρωπος καὶ τὸ ἔργον του (Anastasios Orlandos. Der Mensch und sein Werk). Athen 1978, 393–578

Stikas, Eustathe, La restauration de l'autel d'Apollon à Delphes. BCH 53 (1979) 479–500

Strocka, Volker Michael, Das Markttor von Milet. 128. Winckelmannsprogramm der Archäologischen Gesellschaft zu Berlin. Berlin 1981

Tadema, Auke A. und Bob T. Sporry, Unternehmen Pharao. Die Rettung der ägyptischen Tempel. Bergisch-Gladbach 1978

Tanoulas, Tasos, The Propylaea of the Acropolis at Athens since the seventeenth Century. JdI 102 (1987) 413–483

Thompson, Homer A., Zum Wiederaufbau der Attalos-Stoa: Hesperia 18 (1949) 226–229; 19 (1950) 316–326; 20 (1951) 49–53; 21 (1952) 85–86; 23 (1954) 55–57; 24 (1955) 59–61; 25 (1956) 66–68; 26 (1957) 103–107 und Archaeology 2 (1949) 124–130

Thompson, M. W., Ruins. Their Preservation and Display. London 1981

Tornow, Paul, Grundregeln und Grundsätze beim Wiederherstellen von Baudenkmälern. Die Denkmalpflege 2 (1900) 113–115

Torraca, Giorgio, Porous Building Materials. Materials Science for Architectural Conservation. Hrsg. ICCROM 1981

Touloupa, Evi, Die Arbeiten zur Erhaltung der Akropolis 1834–1984. Hellenika 1984, 112–119

Travlos, John, Restauration de la Stoa (Portique) d'Attale. Bulletin de l'Union des Diplomées des Universités et des Écoles de Hautes Études de Belgique 7, 1955, 1–16

Tschudi-Madsen, Stephan, Restoration and Anti-Restoration. A study in English restoration philosophy. Oslo 1976

Tsigakou, Fani-Maria, Das wiedererstandene Griechenland in Reiseberichten und Gemälden der Romantik. Bergisch Gladbach 1982

Tusa, Vincenzo, Anastylosis ad Agrigento (Tempio di Eracle) e Selinunte (Tempio C). Sicilia archeologica 8 (1975) H. 27, 63–69

Watzinger, Carl, Theodor Wiegand. Ein deutscher Archäologe 1864–1936. München 1944

Weber, Gerhard, Archäologischer Park Cambodunum, 1. Abschnitt. Der Gallorömische Tempelbezirk. Begleitheft. Kempten 1990 (2. Aufl.)

Weber, Gerhard, Cambodunum–Kempten. Neue archäologische Forschungen und der geplante Archäologische Park, In: G. Ulbert und G. Weber (Hrsg.), Konservierte Geschichte? Antike Bauten und ihre Erhaltung. Stuttgart 1985, 51–74

Wenzel, Fritz, Frithjof Berger und Peter Mutsch, Statisch-konstruktive Maßnahmen beim Wiederaufbau der Südwestecke des Apollontempels in Kourion. In: Institut für Tragkonstruktionen, Aus Forschung und Lehre, Heft 21, Zypern 1986. Eine Exkursion. Karlsruhe 1987, 87 ff.

Wiegand, Theodor, Die Denkmäler. Ihr Untergang, Wiedererstehen und ihre Erhaltung. In: Handbuch der Archäologie Bd. I. München 1939, 71–134

Wihr, Rolf, Restaurierung von Steindenkmälern. München 1980

Wilton-Ely, John, Giovanni Battista Piranesi. Vision und Werk. München 1978

Winter, Erich, Das Kalabsha-Tor in Berlin. In: Jahrbuch der Stiftung Preußischer Kulturbesitz 14 (1979) 59–71

Winter, Erich, Die Tempel von Philae und das Problem ihrer Rettung. Antike Welt 7 (1976) H. 3, 3–15

Wohlleben, Marion, Konservieren oder restaurieren? Zur Diskussion über Aufgaben, Ziele und Probleme der Denkmalpflege um die Jahrhundertwende. Zürich 1989

Wolff, Arnold, Der Kölner Dom. In: E. Trier, W. Weyres (Hrsg.), Kunst des 19. Jahrhunderts im Rheinland. Düsseldorf 1980, Band I, 55–73

Woyski, Klaus von, Abformungen mit Revultex und Polyurethanschaum. Arbeitsblätter für Restauratoren. Gr. 18 (1976) 73–75

Woyski, Klaus von, Abgüsse von Marmorstelen im Kerameikos. AA 1975, 468–471

Wright, G. R. H., Kalabsha III. The Ptolemaic Sactuary of Kalabsha. Its Reconstruction on Elephantine Island (= Archäologische Veröffentlichungen 3,1, DAI Kairo). Mainz 1987

Wright, G. R. H., Kalabsha. The Preservation of the Temple (= Archäologische Veröffentlichungen 2, DAI Kairo). Berlin 1972

Wysocki, Zygmund, Deir el-Bahari, EtTrav VII (1973) 253–262; VIII (1974) 341–348; X (1978) 387–395; XI (1979) 221–228; XII (1983) 277–284; XIV (1990) 331–347

Yegül, Fikret K., The Marble Court of Sardis and Historical Reconstruction. JFieldA 3 (1976) 169–193

Zambas, Costas, Ἀναδιάταξη τῶν λιθῶν στὸ νότιο τοῖχο τοῦ Ἐρεχθείου (Untersuchung der Steine der Erechtheion-Südmauer), ADelt 33 (1978) A (Athen 1984) 168–190 u. Taf. 45–58

Zambas, Costas, M. Ioannidou und A. Papanikolaou, The Use of Titanium Reinforcement for the Restoration of Marble Architectural Members of the Acropolis Monuments. In: ICC Congress Bologna 1986, 138–141;

Zambas, Costas, Principles for the structural restoration of the Acropolis monuments. In: Engineering Geology of Ancient Works, Monuments and Historical Sites. Rotterdam 1988, 1813–1818

Zambas, Costas, The problem of the Parthenon's earthquake resistance. In: 2nd International Meeting for the Restoration of the Acropolis Monuments. Athen 1983, 127–183

Zimmermann, Reinhard, Künstliche Ruinen. Studien zu ihrer Bedeutung und Form. Wiesbaden 1989

Kongreßberichte, Ausstellungskataloge

2nd International Symposium on the Deterioration of Building Stones. Proceedings. Athen 1976

2nd International Meeting for the Restoration of the Acropolis Monuments. Parthenon. Athens 12–14 September 1983. Proceedings. Athen 1985

3rd International Meeting for the Restoration of the Acropolis Monuments. 31 March – 2 April 1989. Proceedings. Athen 1990

Antike Bauten in Modell und Zeichnung um 1800. Vollständiger Katalog der Korkmodelle und der Sonderausstellung 1986, bearbeitet von P. Gercke. Ausstellungskatalog Staatl. Kunstsammlung Kassel 1986

Archäologie und Denkmalpflege. Kolloquiumsbericht des vom Architektur-Referat des DAI in Berlin vom 6.–8. 11. 1976 veranstalteten Kolloquiums. DiskAB 2, Berlin 1976

Archäologischer Park Carnuntum. Antike Ruinen nördlich der Alpen und die Möglichkeit ihrer Präsentation. Symposium 14.–17. Juli 1988 in Bad Deutsch-Altenburg. Carnuntum Jahrbuch 1988

Archéologie et Projet Urbain. Ausstellungskatalog Rom 1985

Committee for the Preservation of the Acropolis Monuments (Hrsg.), Μελέτη Ἀποκαταστάσεως τοῦ Παρθενῶνος (Study for the Restoration of the Parthenon). Band 1. Bearbeitet von M. Korres und Ch. Bouras. Athen 1983

Committee for the Preservation of the Acropolis Monuments (Hrsg.), Μελέτη Ἀποκαταστάσεως τοῦ Παρθενῶνος (Study for the Restoration of the Parthenon). Band 2a. Bearbeitet von M. Korres, N. Toganides, K. Zambas u. a. Athen 1989

Committee for the Preservation of the Acropolis Monuments (Hrsg.) Μελέτη Ἀποκαταστάσεως τοῦ Παρθενῶνος (Study for the Restoration of the

Parthenon) Band 2b. Bearbeitet von M. Korres. Athen 1989

Committee for the Preservation of the Acropolis Monuments (Hrsg.), Μελέτη Ἀποκαταστάσεως τοῦ Παρθενῶνος (Study for the Restoration of the Parthenon). Summary. Athen 1983

Conservation and Tourism. Second International Congress on Architectural Conservation and Town Planning. Basel 1.–4. April 1985. Hrsg. Heritage Trust, London 1986

Conservation on Archaeological Excavations. Internationale Tagung 10.–12. Mai 1983, ICCROM, Hrsg. von Stanley Price. Rom 1984

Denkmalpflege und Tourismus. Mißtrauische Distanz oder fruchtbare Partnerschaft. Bd. 1–3. Internationale Symposien Trier 1986, 1988, 1990

Denkmalschutz mit Beton. Eine Dokumentation. Europäische Fachleute berichten über ihre Erfahrungen. Hrsg. vom CEMBUREAU, Düsseldorf 1976

Der Kölner Dom im Jahrhundert seiner Vollendung. Ausstellungskatalog der Historischen Museen in der Josef-Haubrich-Kunsthalle Köln (2 Bde.) Köln 1980

Die Akropolis von Athen. Verwandlungen eines klassischen Monuments. Ausstellungskatalog Regionalmuseum Xanten. Xanten 1985

Die Explosion des Parthenon. Ausstellungskatalog Antikenmuseum Berlin SMPK 1990

Domus Tiberiana. Nuove Ricerche – Studi di restauro. Veröffentlichungen des Instituts für Denkmalpflege an der ETH Zürich 5. Zürich 1985

Ein griechischer Traum. Leo von Klenze als Archäologe. Ausstellungskatalog Glyptothek München 1986

Experimentelle Archäologie in Deutschland (= Archäologische Mitteilungen aus Nordwestdeutschland. Beiheft 4) Ausstellungskatalog Staatl. Museum für Naturkunde und Vorgeschichte, Oldenburg 1990

Faut-il restaurer les ruines? Actes des Colloques de la Direction du Patrimoine. Paris 1991

Fotografi a Pompei nell'800. Hrsg. Soprintendenza Archeologica di Pompei. Ausstellungskatalog, Florenz 1990

Haller von Hallerstein in Griechenland 1810–1817. Ausstellungskatalog Palais Praising, München. Im Auftrag der Carl Haller von Hallerstein Gesellschaft hrsg. von Hansgeorg Bankel. Berlin 1986

I siti archeologici. Un problema di musealizzazione all'aperto. Primo seminario di studi. Hrsg. von B. Amendolea u. a., Rom 1988

In situ archaeological conservation. Kongreßbericht Mexico 1986. Hrsg. Instituto Nacional de Antropología e Historia, Mexico und das Getty Conservation Institute, Malibu 1987

Konservierte Geschichte? Antike Bauten und ihre Erhaltung. Hrsg. von Günter Ulbert, Gerhard Weber. Stuttgart 1985

Museum und Denkmalpflege. Bericht über ein internationales Symposium vom 30. Mai bis 1. Juni 1991 am Bodensee, veranstaltet von den ICOM- und ICOMOS-Nationalkomitees der Bundesrepublik Deutschland, Österreichs und der Schweiz. Hrsg. von H. Auer. München; London; New York; Paris 1992

Preventive measures during excavation and site protection. Internationale Konferenz Gent 6.–8. November 1985. ICCROM, Rom 1986

Römische Skizzen. Zwischen Phantasie und Wirklichkeit. Römische Ruinen in Zeichnungen des 16. bis 19. Jahrhunderts aus Beständen der Stiftung Preußischer Kulturbesitz (SMPK). Mainz 1988

Ruinenromantik und Antikensehnsucht. Zeichnungen und Radierungen des Frühklassizismus aus der Kunstbibliothek Berlin. Ausstellungskatalog Berlin 1986

Sennefer. Die Grabkammer des Bürgermeisters von Theben. Ausstellungskatalog Römer- und Pelizaeus-Museum Hildesheim 1988

Sinn und Unsinn archäologischer Restaurierungen und Rekonstruktionen. Kolloquium im Rahmen der Jahrestagung des Verbandes der Landesarchäologen in der BRD, Traunstein 17.–20. 9. 1990. Stuttgart 1991

The Acropolis at Athens. Conservation, Restoration and Research 1975–1983. Ausstellungskatalog Nationalgalerie Athen, Museum Alexandros Sontzos. Athen 1983

The Temple of Zeus at Nemea. Perspectives and Prospects. Ausstellungskatalog Benaki Museum Athens 1983

Viollet-le-Duc. Ausstellungskatalog Galéries nationales du Grand Palais, Paris 1980

Working Group for the Preservation of the Acropolis Monuments (Hrsg.), International Meeting on the Restoration of the Acropolis. Reports, Proposals, Conclusions. Athens 8–10/12/1977

Working Group for the Preservation of the Acropolis Monuments (Hrsg.), Μελέτη Ἀποκαταστάσεως τοῦ Ἐρεχθείου (Study for the Restoration of the Erechtheion) Athens 1977. Eine Zusammenfassung in französischer Sprache: La restauration de l'Erechthéion.

Bildnachweis

1 Greek Landscapes after the War of Independence. Aquarelle und Zeichnungen von C. Rottmann und L. Lange. Athen 1978, Abb. 19

3, 60, 63–65, 68, 69, 199, 352–354 N. Balanos, Les Monuments de L'Acropole. Relèvement et Conservation. Paris 1938

9 A. Zeller, Das Heidelberger Schloß. Karlsruhe 1905, Abb. 58

10, 11 H. Haug, Die Hohkönigsburg. Paris 1979, 26, 27

13 R. Keaveney, Views of Rome from the Thomas Ashby Collection in the Vatican Library. London 1988, 119

15 Karlsruhe um 1910. Photos von W. Kratt. Karlsruhe 1979, 119

16, 181–183, 368 F. Hueber, Wien

18, 31, 62, 75, 76, 79–81, 99, 109–111, 127 DAI Berlin

19, 20 Rheinisches Landesmuseum Trier

30, 347 Faut-il restaurer les ruines? Actes des Colloques de la Direction du Patrimoine. Paris 1991, 167, 183

31, 59, 72, 73, 232 DAI Athen

33 Otto Magnus von Stackelberg, La Gréce, vues pittoresques et topographiques. Paris 1834, Bd. I, Bl. 31

41, 47, 51, 100, 118 Institut für Baugeschichte, Universität Karlsruhe

42 Römische Skizzen. Zwischen Phantasie und Wirklichkeit. Römische Ruinen in Zeichnungen des 16. bis 19. Jahrhunderts aus Beständen der Stiftung Preußischer Kulturbesitz (SMPK). Mainz 1988, 43

45, 46 Jonsson, Marita, Monumentvårdens Begynnelse. Restaurering och friläggning av antika monument i Rom 1800–1830. Uppsala 1976, 113, 134

50 R. de Saint-Non, Voyage pittoresque ou Déscription des royaumes de Naples et de Sicile, 1781–1786

52 K. F. Schinkel, Lebenswerk. Ausland, Bauten und Entwürfe, München/Berlin 1989, 10

53 E. Dodwell, Klassische Stätten und Landschaften in Griechenland. Impressionen von einer Reise um 1800. Die bibliophilen Taschenbücher 325, Dortmund 1982, 25

54 A. Papanicolaou-Christensen, Athens 1818–1853. Views of Athens by Danish Artists. Athen 1985, 166. Ölgemälde von M. Rørbye 1835. Staatl. Kunstmuseum Kopenhagen

55 H. H. Russack, Deutsche bauen in Athen. Berlin 1942, 95

57 A. Papanicolaou-Christensen, Athens 1818–1853. Views of Athens by Danisch Artists. Athen 1985, 43. Aquarell von C. Hansen 1836, Kunstakademie Kopenhagen

58 A. Papanicolaou-Christensen, Athens 1818–1853. Views of Athens by Danish Artists. Athen 1985, 173. Kolorierte Bleistiftzeichnung von M. Rørbye 1835. Nationalmuseum Kopenhagen

61 Das Land der Griechen mit der Seele suchen. Photographien des 19. und 20. Jahrhunderts. Ausstellungskatalog Römisch-Germanisches Museum Köln 1990, Taf. 48

66, 71 Akropolis. Aufgenommen von W. Hege, beschrieben von G. Rodenwaldt. Berlin 1937, Taf. 58, 13

75 Staatliche Museen zu Berlin – Preußischer Kulturbesitz, Antikensammlung

78 F. Adler, Olympia. Die Funde von Olympia. Berlin 1882, Taf. IV–V. »Im Frühjahr 1878 aufgenommene Ansicht des Heraions«.

91 B. M. Fagan, Archäologie. Abenteuer und Forschung. Gütersloh 1988, 179

93 J. Durm, Die Baukunst der Griechen (Handbuch der Architektur II.1) Leipzig 1910, Taf. III

101, 102, 108 Archeologia IV, 1441, 1442, 1427

112 G. Precht, Köln

113 K. Gallas, Rhodos. Köln 1984, Farbtafel 1

122 Comitee for the Preservation of the Epidauros Monuments

140 Chr. Desroches-Noblecourt, G. Gerster, Die Welt rettet Abu Simbel. Wien/Berlin 1968, Taf. 91

141–143, 147, 156 DAI Kairo

153, 154 W. Mayer, Stuttgart

159 A. Bammer, Restaurierungen von Bauwerken. ÖJh 50 (1972–75) Beiblatt, 395–398

166–168 F. K. Yegül, The Bath-Gymnasium Complex at Sardis (=Archaeological Exploration of Sardis, Report 3) Cambridge/ London 1986, Abb. 12, 409, 440

173 Österreichisches archäologisches Institut, Wien

175, 176 F. Hueber, Bauforschung und Restaurierung am unteren Embolos in Ephesos. ÖZKD 43 (1989) H. 3/4, 136

179 Forschungen in Ephesos V 1 (1944), Die Bibliothek, Taf. 1

184, 189–191, 234, 310, 358, 360 E. Steiner, Fotoarchiv Pergamon im DAI Istanbul

186, 188, 228 F. Wenzel, Karlsruhe

187 Altertümer von Pergamon V 2, H. Stiller, Das Trajaneum. 1895

207, 212, 213 Committee for the Preservation of the Acropolis Monuments (Hrsg.) Study for the Restoration of the Parthenon 1. Bearbeitet von M. Korres und Ch. Bouras. Athen 1983, 517, 439, 453

209, 210 Committee for the Preservation of the Acropolis Monuments (Hrsg.) Study for the Restoration of the Parthenon 2b. Bearbeitet von M. Korres. Athen 1989, Taf. 3, 11

215, 217 Committee for the Preservation of the Acropolis Monuments

221 R. Meyer, A. Meydenbauer. Baukunst in historischen Fotografien. Leipzig 1985, 189

229, 230, 251 D. Mertens, Rom

233 E.-L. Schwandner, Berlin

240, 241 W. Hoepfner, Berlin

257 E. Zahn, Joh. Anton Ramboux in Trier. Ausstellungskatalog Städtische Museum Simeonsstift Trier 1980, Taf. 27

285 W. Jobst, Archäologischer Park Carnuntum

259–263 The American School of Classical Studies at Athens, The Stoa of Attalos II in Athens. Princeton 1959, Abb. 2, 3, 7, 24, 25

270–272 Plimoth Plantation. Museumsführer. Plymouth 1989, 10, 12, 21

273–276 York, Jorvik Viking Centre. Museumsführer. York 1990

291, 292 H.-O. Hansen, Lejre Research Center. Museumsführer 1982, Titelbild, 7

307 P. Grunwald, Berlin

336 Künstlerleben in Rom. Berthel Thorwaldsen (1770–1844). Ausstellungskatalog Germanisches Nationalmuseum Nürnberg 1992, 586. Kupferstich aus F. Carradori, Instruzione elementare per gli studiosi della scultura. Florenz 1802, Taf. VIII

345 M. Pfanner, Der Titusbogen (=Beiträge zur Erschließung hellenistischer und kaiserzeitlicher Skulptur und Architektur, Bd. 2) Mainz 1983, Taf. 14

349, 350 Pioniere der Kamera. Das Erste Jahrhundert der Photographie. Bremen 1990, 210, 211

351 JDI 17 (1902) Taf. 8

355–357, 366, 368 K. Nohlen, Wiesbaden

366 C. Strich (Hrsg.) Cartoon Classics. Diogenes Taschenbuch 1982, 72–73

367 Die Zeit vom 29. Juli 1983

Postkarten: 5, 7, 8, 14, 24, 56, 88, 90, 92, 123, 157, 258, 266, 267, 288, 289, 296, 299

Alle weiteren Fotos vom Autor, Archiv Architekturreferat DAI Berlin

Register

Personen

Orte und Sachen

MATERIALIEN

Internationale Konventionen

Charta von Athen 1931
Verabschiedet von den Mitgliedern der am 21.–30. Oktober 1931 in Athen stattfindenden »Tagung für Denkmalpflege« des Internationalen Museumsamtes beim Völkerbund. Italienische Fassung in: C. Ceschi, Teoria e Storia del Restauro. Rom 1970, 211–213

Charta del restauro italiana 1931
»Norme per il restauro dei monumenti«, hrsg. vom Consiglio superiore per le antichità e belle arti, Roma. Italienische Fassung in: C. Ceschi, Teoria e Storia del Restauro. Rom 1970, 209–211

Delhi-Deklaration 1956
Empfehlungen für die Festlegung internationaler Prinzipien bei archäologischen Ausgrabungen. »Recommendation on International Principles applicable to Archaeological Excavations«, angenommen von der Generalkonferenz der UNESCO auf ihrer 9. Tagung in Neu-Delhi, 5. Dezember 1956. Deutsche Fassung in: Archäologische Denkmalpflege und Umweltgestaltung, hrsg. von J. Herrmann, Berlin (Ost) 1978, 257 ff.

Charta von Venedig 1964
»Internationale Charta über die Konservierung und Restaurierung von Denkmälern und Ensembles (Denkmalbereiche)«, Venedig 1964. Deutsche Fassung in: ÖZKD 22 (1968) 100 ff. Eine neuere deutsche Übersetzung wurde 1989 von den Präsidenten der deutschsprachigen

ICOMOS-Nationalkomittees auf der Grundlage des französischen und englischen Originaltextes erstellt. Flugblatt der Vereinigung der Landesdenkmalpfleger in der Bundesrepublik Deutschland

Carta del restauro 1987
»Carta 1987 della Conservazione e del Restauro«, hrsg. vom Instituto Centrale del Restauro, Rom. Veröffentlicht im Giornale dell'Arte 57 (1988). Deutsche Übersetzung bei D. Jacobs, Die Carta del restauro 1987. In: Zs. f. Kunsttechnologie und Konservierung 4 (1990) H. 1, 1–29

Charta für den Schutz und die Pflege des archäologischen Erbes 1990
»Charta for the Protection and Management of the Archaeological Heritage«, vom International Committee for the Management of Archaeological Heritage (ICAHM) erarbeitet und 1990 von der IX. ICOMOS-Generalversammlung in Lausanne beschlossen. Deutsche Textfassung in: ICOMOS, Informationen des Deutschen Nationalkomitees 8 (1991)

Richtlinien für den Umgang mit dem Welt-Kulturerbe 1990
»Guidelines for the Management of World Cultural Heritage Sites«, hrsg. aufgrund einer gemeinsamen Konferenz von ICCROM und ICOMOS unter der Schirmherrschaft der Cultural Heritage Division der UNESCO in Rom, April 1983

Internationale Charta über die Konservierung und Restaurierung von Denkmälern und Ensembles (Denkmalbereiche)

CHARTA VON VENEDIG

Als lebendige Zeugnisse jahrhundertealter Traditionen der Völker vermitteln die Denkmäler in der Gegenwart eine geistige Botschaft der Vergangenheit. Die Menschheit, die sich der universellen Geltung menschlicher Werte mehr und mehr bewußt wird, sieht in den Denkmälern ein gemeinsames Erbe und fühlt sich kommenden Generationen gegenüber für ihre Bewahrung gemeinsam verantwortlich. Sie hat die Verpflichtung, ihnen die Denkmäler im ganzen Reichtum ihrer Authentizität weiterzugeben.

Es ist daher wesentlich, daß die Grundsätze, die für die Konservierung und Restaurierung der Denkmäler maßgebend sein sollen, gemeinsam erarbeitet und auf internationaler Ebene formuliert werden, wobei jedes Land für die Anwendung im Rahmen seiner Kultur und seiner Tradition verantwortlich ist.

Indem sie diesen Grundprinzipien eine erste Form gab, hat die Charta von Athen von 1931 zur Entwicklung einer breiten internationalen Bewegung beigetragen, die insbesondere in nationalen Dokumenten, in den Aktivitäten von ICOM und UNESCO und in der Gründung des »Internationalen Studienzentrums für die Erhaltung und Restaurierung der Kultur-

güter« Gestalt angenommen hat. Wachsendes Bewußtsein und kritische Haltung haben sich immer komplexeren und differenzierteren Problemen zugewandt; so scheint es an der Zeit, die Prinzipien jener Charta zu überprüfen, um sie zu vertiefen und in einem neuen Dokument auf eine breitere Basis zu stellen.

Daher hat der vom 25.–31. Mai 1964 in Venedig versammelte II. Internationale Kongreß der Architekten und Techniker der Denkmalpflege den folgenden Text gebilligt:

Definitionen

Artikel 1
Der Denkmalbegriff umfaßt sowohl das einzelne Denkmal als auch das städtische oder ländliche Ensemble (Denkmalbereich), das von einer ihm eigentümlichen Kultur, einer bezeichnenden Entwicklung oder einem historischen Ereignis Zeugnis ablegt. Er bezieht sich nicht nur auf große künstlerische Schöpfungen, sondern auch auf bescheidene Werke, die im Lauf der Zeit eine kulturelle Bedeutung bekommen haben.

Artikel 2
Konservierung und Restaurierung der Denkmäler bilden eine Disziplin, welche sich aller Wissenschaften und Techniken bedient, die zur Erforschung und Erhaltung des kulturellen Erbes beitragen können.

Zielsetzung

Artikel 3
Ziel der Konservierung und Restaurierung von Denkmälern ist ebenso die Erhaltung des Kunstwerks wie die Bewahrung des geschichtlichen Zeugnisses.

Erhaltung

Artikel 4
Die Erhaltung der Denkmäler erfordert zunächst ihre dauernde Pflege.

Artikel 5
Die Erhaltung der Denkmäler wird immer begünstigt durch eine der Gesellschaft nützliche Funktion. Ein solcher Gebrauch ist daher wünschenswert, darf aber Struktur und Gestalt der Denkmäler nicht verändern. Nur innerhalb dieser Grenzen können durch die Entwicklung gesellschaftlicher Ansprüche und durch Nutzungsänderungen bedingte Eingriffe geplant und bewilligt werden.

Artikel 6
Zur Erhaltung eines Denkmals gehört die Bewahrung eines seinem Maßstab entsprechenden Rahmens. Wenn die überlieferte Umgebung noch vorhanden ist, muß sie erhalten werden und es verbietet sich jede neue Baumaßnahme, jede Zerstörung, jede Umgestaltung, die das Zusammenwirken von Bauvolumen und Farbigkeit verändern könnte.

Artikel 7
Das Denkmal ist untrennbar mit der Geschichte verbunden, von der es Zeugnis ablegt, sowie mit der Umgebung, zu der es gehört. Demzufolge kann eine Translozierung des ganzen Denkmals oder eines Teiles nur dann geduldet werden, wenn dies zu seinem Schutz unbedingt erforderlich ist oder bedeutende nationale oder internationale Interessen dies rechtfertigen.

Artikel 8
Werke der Bildhauerei, der Malerei oder der dekorativen Ausstattung, die integraler Bestandteil eines Denkmals sind, dürfen von ihm nicht getrennt werden; es sei denn, diese Maßnahme ist die einzige Möglichkeit, deren Erhaltung zu sichern.

Restaurierung

Artikel 9
Die Restaurierung ist eine Maßnahme, die Ausnahmecharakter behalten sollte. Ihr Ziel ist es, die ästhetischen und historischen Werte des Denkmals zu bewahren und zu erschließen. Sie gründet sich auf die Respektierung des überlieferten Bestandes und auf authentische Dokumente. Sie findet dort ihre Grenze, wo die Hypothese beginnt. Wenn es aus ästhetischen oder technischen Gründen notwendig ist, etwas wiederherzustellen, von dem man nicht weiß, wie es ausgesehen hat, wird sich das ergänzende Werk von der beste-

henden Komposition abheben und den Stempel unserer Zeit tragen. Zu einer Restaurierung gehören vorbereitende und begleitende archäologische, kunst- und geschichtswissenschaftliche Untersuchungen.

Artikel 10
Wenn sich die traditionellen Techniken als unzureichend erweisen, können zur Sicherung eines Denkmals alle modernen Konservierungs- und Konstruktionstechniken herangezogen werden, deren Wirksamkeit wissenschaftlich nachgewiesen und durch praktische Erfahrung erprobt ist.

Artikel 11
Die Beiträge aller Epochen zu einem Denkmal müssen respektiert werden: Stileinheit ist kein Restaurierungsziel. Wenn ein Werk verschiedene sich überlagernde Zustände aufweist, ist eine Aufdeckung verdeckter Zustände nur dann gerechtfertigt, wenn das zu Entfernende von geringer Bedeutung ist, wenn der aufzudeckende Bestand von hervorragendem historischen, wissenschaftlichen oder ästhetischen Wert ist und wenn sein Erhaltungszustand die Maßnahme rechtfertigt. Das Urteil über den Wert der zur Diskussion stehenden Zustände und die Entscheidung darüber, was beseitigt werden darf, dürfen nicht allein von dem für das Projekt Verantwortlichen abhängen.

Artikel 12
Die Elemente, welche fehlende Teile ersetzen sollen, müssen sich dem Ganzen harmonisch einfügen und vom Originalbestand unterscheidbar sein, damit die Restaurierung den Wert des Denkmals als Kunst- und Geschichtsdokument nicht verfälscht.

Artikel 13
Hinzufügungen können nur geduldet werden, soweit sie alle interessanten Teile des Denkmals, seinen überlieferten Rahmen, die Ausgewogenheit seiner Komposition und sein Verhältnis zur Umgebung respektieren.

Denkmalbereiche

Artikel 14
Denkmalbereiche müssen Gegenstand besonderer Sorge sein, um ihre Integrität zu bewahren und zu sichern, daß sie saniert und in angemessener Weise präsentiert werden. Die Erhaltungs- und Restaurierungsarbeiten sind so durchzuführen, daß sie eine sinngemäße Anwendung der Grundsätze der vorstehenden Artikel darstellen.

Ausgrabungen

Artikel 15
Ausgrabungen müssen dem wissenschaftlichen Standard entsprechen und gemäß der UNESCO-Empfehlung von 1956 durchgeführt werden, welche internationale Grundsätze für archäologische Ausgrabungen formuliert.

Erhaltung und Erschließung der Ausgrabungsstätten sowie die notwendigen Maßnahmen zum dauernden Schutz der Architekturelemente und Fundstücke sind zu gewährleisten. Außerdem muß alles getan werden, um das Verständnis für das ausgegrabene Denkmal zu erleichtern, ohne dessen Aussagewert zu verfälschen.

Jede Rekonstruktionsarbeit soll von

vornherein ausgeschlossen sein; nur die Anastylose kann in Betracht gezogen werden, das heißt, das Wiederzusammensetzen vorhandener, jedoch aus dem Zusammenhang gelöster Bestandteile. Neue Integrationselemente müssen immer erkennbar sein und sollen sich auf das Minimum beschränken, das zur Erhaltung des Bestandes und zur Wiederherstellung des Formzusammenhanges notwendig ist.

Dokumentation und Publikation

Artikel 16
Alle Arbeiten der Konservierung, Restaurierung und archäologischen Ausgrabungen müssen immer von der Erstellung einer genauen Dokumentation in Form analytischer und kritischer Berichte, Zeichnungen und Photographien begleitet sein. Alle Arbeitsphasen sind hier zu verzeichnen: Freilegung, Bestandssicherung, Wiederherstellung und Integration sowie alle im Zuge der Arbeiten festgestellten technischen und formalen Elemente. Diese Dokumentation ist im Archiv einer öffentlichen Institution zu hinterlegen und der Wissenschaft zugänglich zu machen. Eine Veröffentlichung wird empfohlen.

Mitglieder der Redaktionskommission für die Internationale Charta über die Konservierung und Restaurierung von Denkmälern waren:

Piero Gazzola (Italien), Präsident; Raymond Lemaire (Belgien), Berichterstatter; J. Bassegoda Nonell (Spanien); Luis Benavente (Portugal); Djurdje Bošcović (Jugoslawien); Hirsoshi Daifuku (UNESCO); P. L. de Vrieze (Niederlande); Harald Langberg (Dänemark); Mario Matteucci (Italien); Jean Merlet (Frankreich); Carlos Flores Marini (Mexico); Robert Pane (Italien); S. C. J. Pavel (Tschechoslowakei); Paul Philippot (ICCROM); Victor Pimentel (Peru); Harold Plenderleith (ICCROM); Deoclecio Redig de Campos (Vatikan); Jean Sonnier (Frankreich); François Sorlin (Frankreich); Gertrud Tripp (Österreich); Jan Zachwatovicz (Polen); Mustafa S. Zbiss (Tunesien).

Deutsche Übersetzung auf der Grundlage des französischen und englischen Originaltextes und vorhandener deutscher Fassungen durch: Ernst Bacher (Präsident des ICOMOS Nationalkomitees Österreich), Ludwig Deiters (Präsident des ICOMOS Nationalkomitees Deutsche Demokratische Republik), Michael Petzet (Präsident des ICOMOS Nationalkomitees Bundesrepublik Deutschland) und Alfred Wyss (Vizepräsident des ICOMOS Nationalkomitees Schweiz).
Chorin, 14. April 1989

Charta für den Schutz und die Pflege des archäologischen Erbes

Die »Charter for the protection and management of the archaeological heritage« wurde vom International Committee for the Management of Archaeological Heritage (ICAHM) erarbeitet und 1990 von der IX. ICOMOS-Generalversammlung in Lausanne beschlossen. Die vorliegende deutsche Übersetzung auf der Grundlage des englischen Originaltextes besorgten Christa Farka, Erwin Keller, Michael Petzet und Alfred Wyss für das Deutsche, das Österreichische und das Schweizerische Nationalkomitee von ICOMOS.
München, 3. Dezember 1991

Präambel

Das Wissen um Ursprung und Entwicklung der menschlichen Gesellschaften ist nach allgemeiner Auffassung von wesentlicher Bedeutung für die Menschheit auf der Suche nach ihren kulturellen und gesellschaftlichen Wurzeln.

Das archäologische Erbe stellt das grundlegende Zeugnis menschlicher Tätigkeiten in der Vergangenheit dar. Sein Schutz und seine sachgemäße Pflege ist daher notwendig, um Archäologen und andere Wissenschaftler in die Lage zu versetzen, es zum Nutzen gegenwärtiger und künftiger Generationen zu erforschen und zu interpretieren.

Zum Schutz dieses Erbes sind nicht allein archäologische Techniken gefordert sondern auch eine breitere Basis an fachlichen und wissenschaftlichen Kenntnissen und Fertigkeiten. Es gibt Elemente des archäologischen Erbes, die Bestandteile von Architektur sind. Für deren Schutz gelten die Kriterien, wie sie 1964 in der Charta von Venedig über die Konservierung und Restaurierung von Denkmälern und Ensembles festgelegt wurden. Andere Elemente des archäologischen Erbes sind Teil der lebendigen Traditionen auto-

chthoner Völker. Für Schutz und Erhaltung solcher historischer Stätten und Denkmäler ist die Teilnahme lokaler Volksgruppen von Bedeutung.

Aus diesen und anderen Gründen muß der Schutz des archäologischen Erbes auf der engen Zusammenarbeit von Fachleuten aus einer Reihe unterschiedlicher Disziplinen beruhen. Erforderlich ist auch die Mitarbeit von staatlichen Stellen, Wissenschaftlern, privaten oder öffentlichen Unternehmen sowie der allgemeinen Öffentlichkeit.

In der vorliegenden Charta sind daher Grundsätze zu den verschiedenen Aspekten des Umgangs mit dem archäologischen Erbe festgehalten. Dazu gehört die Verantwortung von Behörden und Gesetzgebern, Grundsätze für die fachgerechte Durchführung von Inventarisation, Prospektion, Ausgrabung, Dokumentation, Forschung, Erhaltung, Instandhaltung, Konservierung, Rekonstruktion, Information und Präsentation, für die öffentliche Zugänglichkeit und Nutzung des archäologischen Erbes sowie für die erforderliche Qualifikation der mit dem Schutz dieses Erbes befaßten Fachleute.

Die Charta wurde angeregt durch den Erfolg der in der Charta von Venedig verkörperten Ideen bei Verwaltung und Politik, Wissenschaft und Praxis.

Die Charta soll grundlegende Prinzipien und Richtlinien von weltweiter Geltung enthalten. Sie kann daher die speziellen Probleme und Möglichkeiten einzelner Regionen oder Länder nicht berücksichtigen. Deshalb soll sie auf regionaler und nationaler Ebene durch weitere Grundsätze und Richtlinien ergänzt werden.

Artikel 1

Begriffsbestimmung

Das archäologische Erbe ist jener Teil des materiellen Erbes, über den archäologische Methoden grundlegende Erkenntnisse liefern. Es umfaßt alle Spuren menschlicher Existenz und besteht aus Stätten, an denen sich menschliche Tätigkeiten manifestieren, verlassenen Baustrukturen, Befunden und Überresten aller Art über und unter der Erde sowie unter Wasser und den damit verbundenen beweglichen kulturellen Hinterlassenschaften.

Artikel 2

Integrierter Schutz

Das archäologische Erbe ist ein empfindliches und nicht erneuerbares Kulturgut. Die Nutzung des Bodens muß daher einer Kontrolle unterliegen und so gesteuert werden, daß möglichst keine Zerstörung des archäologischen Erbes eintritt.

Maßnahmen zum Schutz des archäologischen Erbes sollen integrierter Bestandteil aller Planungen zur Erschließung und Nutzung des Bodens sowie der Kultur-, Umwelt- und Bildungspolitik sein. Die Politik zum Schutz des archäologischen Erbes soll ständig überprüft werden, damit sie auf dem neuesten Stand bleibt. Die Schaffung archäologischer Schutzzonen (Reservate) soll Teil dieser Politik sein.

Der Schutz des archäologischen Erbes soll auf internationaler, nationaler, regionaler und lokaler Ebene in die Planungspolitik integriert werden.

Die aktive Teilnahme der breiten Öffentlichkeit muß Teil der Politik zum Schutz des archäologischen Erbes sein. Dies ist wichtig, wenn es um das Erbe der autochthonen Völker geht. Eine Mitwirkung ist ohne Zugang zu dem für Entscheidungen förderlichen Wissen nicht möglich. Öffentlichkeitsinformation ist daher wesentliches Element eines integrierten archäologischen Denkmalschutzes.

Artikel 3

Gesetzgebung

Der Schutz des archäologischen Erbes ist als moralische Verpflichtung aller Menschen und als ein gemeinsamer öffentlicher Auftrag zu betrachten. Diese Verpflichtung muß erfüllt werden durch eine entsprechende Gesetzgebung, sowie durch die Bereitstellung ausreichender finanzieller Mittel für eine effektive archäologische Denkmalpflege.

Das archäologische Erbe gehört der ganzen Menschheit. Es ist daher die Pflicht eines jeden Landes, die Bereitstellung der erforderlichen finanziellen Mittel zum Schutz dieses Erbes zu gewährleisten.

Die Gesetzgebung soll dem archäologischen Erbe einen Schutz bieten, der die Gegebenheiten, die Geschichte und die Traditionen eines jeden Landes und jeder Region berücksichtigt, die Erhaltung in situ sicherstellt sowie den Bedürfnissen der Forschung entgegenkommt.

Die Gesetzgebung soll vom Konzept des archäologischen Erbes als Erbe der ganzen Menschheit und Erbe von Bevölkerungsgruppen ausgehen und darf nicht auf Einzelpersonen oder Nationen zugeschnitten sein.

Die Gesetzgebung soll Zerstörung, Beeinträchtigung oder Veränderung durch Eingriffe in archäologische Stätten und Denkmäler oder deren Umgebung verbieten, wenn sie ohne Zustimmung der zuständigen archäologischen Behörden erfolgen.

Die Gesetzgebung soll in all jenen Fällen, in denen die Zerstörung eines Denkmals genehmigt wird, eine vollständige archäologische Untersuchung und Dokumentation verlangen.

Die Gesetzgebung soll eine angemessene Instandhaltung, Pflege und Erhaltung des archäologischen Erbes vorsehen und fordern.

Für Verstöße gegen die Gesetze zum Schutz des archäologischen Erbes müssen entsprechende gesetzliche Sanktionen vorgesehen sein.

Schützt die Gesetzgebung nur jene Elemente des archäologischen Erbes, die als Auswahl in ein Verzeichnis oder ein amtliches Inventar aufgenommen worden sind, muß Vorsorge für einen vorläufigen Schutz von ungeschützten oder neu entdeckten Stätten und Denkmälern getroffen werden, bis eine archäologische Begutachtung erstellt ist.

Erschließungs- und Bauvorhaben sind eine der größten Bedrohungen für das archäologische Erbe. Die entsprechenden Gesetze sollen daher die Maßnahmenträger verpflichten, schon im Planungsstadium Verträglichkeitsstudien hinsichtlich des archäologischen Erbes zu erstellen, mit der Bedingung, daß die Kosten dieser Studien Bestandteil der Projektkosten sind. Es soll auch der Grundsatz gesetzlich verankert werden, Bauvorhaben so zu planen, daß Auswirkungen auf das archäologische Erbe möglichst vermieden werden.

Artikel 4

Bestandsaufnahme

Der archäologische Denkmalschutz muß auf möglichst vollständigen Kenntnissen über Umfang und Beschaffenheit des archäologischen Erbes beruhen. Eine umfassende Bestandsaufnahme der archäologischen Quellen ist daher ein wesentliches Arbeitsinstrument bei der Entwicklung von Strategien zum Schutz des archäologischen Erbes. Aus diesem Grund ist die Aufnahme des archäologischen Bestands im Rahmen von Denkmalschutz und Denkmalpflege eine grundlegende Verpflichtung.

Gleichzeitig sind Inventare die wichtigsten Unterlagen für wissenschaftliche Studien und Forschung. Die Erstellung von Inventaren ist daher als andauernder dynamischer Prozeß zu betrachten. Daraus folgt, daß Inventare Informationen von unterschiedlicher Wichtigkeit und Verläßlichkeit enthalten können; auch lückenhaftes Wissen kann als Ausgangspunkt für Schutzmaßnahmen dienen.

Artikel 5

Archäologische Untersuchungen

Archäologisches Wissen basiert vor allem auf der wissenschaftlichen Untersuchung des archäologischen Erbes. Solche Untersuchungen umfassen alle anwendbaren Methoden, von zerstörungsfreien Techniken über Sondierungen bis zur vollständigen Ausgrabung.

Als Grundprinzip muß gelten, daß bei der Sammlung von Informationen über das archäologische Erbe nicht mehr archäologische Zeugnisse zerstört werden dürfen, als dies für die Erreichung der angestrebten konservatorischen oder wissenschaftlichen Zielsetzung der Untersuchung erforderlich ist. Zerstörungsfreie Techniken wie Prospektion aus der Luft oder im Gelände und Sondierungen sollten in allen Fällen ermutigt werden und sind der vollständigen Ausgrabung vorzuziehen.

Ausgrabungen sind immer mit der Notwendigkeit verbunden, unter den zu dokumentierenden und zu bewahrenden Zeugnissen eine Auswahl zu treffen, und zwar unter Inkaufnahme des Verlusts weiterer Informationen, womöglich sogar der totalen Zerstörung des Denkmals oder der archäologischen Stätte. Die Entscheidung, eine Ausgrabung zu unternehmen, darf daher nur nach gründlicher Überlegung getroffen werden.

Ausgrabungen müssen an archäologischen Stätten und Denkmälern, die von Erschließungs- und Bauvorhaben, Nutzungsänderung, Plünderung oder natürlichem Verfall bedroht sind.

In Ausnahmefällen können an nicht bedrohten archäologischen Stätten Ausgrabungen durchgeführt werden, um wissen-

schaftliche Fragen zu klären oder eine verbesserte Präsentation für die Öffentlichkeit zu erzielen. In diesen Fällen muß der Ausgrabung eine gründliche wissenschaftliche Bewertung der archäologischen Stätte vorausgehen. Die Ausgrabung soll nur einen Teil der Stätte betreffen und einen anderen Teil für zukünftige Untersuchungen unberührt lassen.

Der Wissenschaft soll ein dem Stand der Forschung angemessener Bericht zur Verfügung stehen und innerhalb einer angemessenen Frist nach Abschluß der Grabungsarbeiten in Verbindung mit dem entsprechenden Inventar veröffentlicht werden.

Ausgrabungen sollen in Übereinstimmung mit den Grundsätzen der UNESCO-Empfehlungen von 1956 (Empfehlungen zur Festlegung internationaler Prinzipien bei archäologischen Ausgrabungen) und gemäß den anerkannten internationalen und nationalen fachlichen Maßstäben durchgeführt werden.

Artikel 6

Erhaltung und Konservierung

Die grundlegende Zielsetzung bei der Pflege des archäologischen Erbes muß die Erhaltung von Denkmälern und archäologischen Stätten in situ (an Ort und Stelle) sein, und zwar einschließlich ihrer langfristig gesicherten Konservierung und der Sorge für alle dazugehörenden Aufzeichnungen, Sammlungen etc. Jede Übertragung von Elementen des archäologischen Erbes an einen anderen Ort verletzt den Grundsatz, nach dem das Erbe in seinem ursprünglichen Kontext zu erhalten ist. Dieser Grundsatz unterstreicht die Notwendigkeit von Erhaltung, Sicherung und Konservierung in angemessener Form. Daraus folgt auch das Prinzip, daß das archäologische Erbe weder freigelegt noch nach Abschluß der Grabung im freigelegten Zustand belassen werden soll, wenn seine angemessene Erhaltung und Pflege nicht gewährleistet ist.

Engagement und Teilnahme der örtlichen Bevölkerung müssen ermutigt werden, weil auf diese Weise die Erhaltung des archäologischen Erbes gefördert werden kann. Dieser Grundatz ist vor allem dann wichtig, wenn es sich um das archäologische Erbe einer autochthonen Bevölkerung oder lokaler Bevölkerungsgruppen handelt. In manchen Fällen kann es ratsam sein, diesen die Verantwortung für Schutz und Pflege von archäologischen Stätten und Denkmälern zu übertragen.

Angesichts der unvermeidlichen Begrenztheit der verfügbaren Mittel werden sich Aktivitäten der archäologischen Denkmalpflege auf eine Auswahl beschränken. Diese Auswahl sollte aufgrund einer wissenschaftlichen Einschätzung der Bedeutung und des repräsentativen Charakters typische Beispiele aus der Vielfalt der archäologischen Stätten und Denkmäler betreffen, nicht nur bemerkenswertere und spektakuläre Denkmäler.

Die entsprechenden Grundsätze der UNESCO-Empfehlungen von 1956 sollen bei Erhaltung und Koservierung des archäologischen Erbes angewandt werden.

Artikel 7

Präsentation, Information, Rekonstruktion

Die Präsentation des archäologischen Erbes für die allgemeine Öffentlichkeit ist ein wesentliches Mittel zur Förderung des Verständnisses für Ursprung und Entwicklung der modernen Gesellschaften. Zugleich ist sie das wichtigste Mittel, um begreiflich zu machen, daß das archäologische Erbe geschützt werden muß.

Präsentation und Information sollen als eine allgemein verständliche Darstellung auf dem jeweiligen Wissensstand aufgefaßt werden und bedürfen daher ständiger Aktualisierung. Sie sollen die vielfältigen Möglichkeiten nützen, um Geschichtsverständnis zu wecken.

Rekonstruktionen können zwei wichtige Funktionen erfüllen: experimentelle Forschung und Interpretation. Sie sollten jedoch mit großer Vorsicht ausgeführt werden, um jede Störung vorhandener archäologischer Befunde zu vermeiden. Um größtmögliche Authentizität zu erreichen, sind Zeugnisse und Quellen aller Art heranzuziehen. Wo es möglich und angemessen ist, sollen Rekonstruktionen nicht unmittelbar auf den archäologischen Überresten errichtet werden, und sie müssen als Rekonstruktionen erkennbar sein.

Artikel 8

Fachliche Qualifikation

Für die Pflege des archäologischen Erbes ist ein hohes wissenschaftliches Niveau in den verschiedenen Disziplinen unumgänglich. Die Ausbildung einer entsprechenden Zahl qualifizierter Fachleute in den betreffenden Fachgebieten ist daher ein wichtiges Ziel der Bildungspolitik jedes Landes. Das notwendige Fachwissen in gewissen hochspezialisierten Bereichen verlangt internationale Zusammenarbeit. Standards für Berufsausbildung und Be-

rufsethik müssen festgelegt und aufrecht-
erhalten werden.

Die Ausbildung zum Archäologen auf
Universitätsebene soll dem inzwischen
eingetretenen Wandel in der Politik der
archäologischen Denkmalpflege Rechnung tragen, wonach die Erhaltung in situ
der Ausgrabung vorzuziehen ist. Sie sollte
auch berücksichtigen, daß das Studium
der Geschichte der einheimischen Völker
für Schutz und Verständnis des archäologischen Erbes ebenso wichtig ist wie das
Studium herausragender Denkmäler und
archäologischer Stätten.

Der Schutz des archäologischen Erbes
ist ein andauernder dynamischer Prozeß.
Deshalb soll den in diesem Bereich tätigen
Fachleuten Gelegenheit gegeben werden,
ihr Wissen auf den neuesten Stand zu bringen. Im Rahmen der Postgraduierten-
Ausbildung sollte ein Schwerpunkt auf
Schutz und Pflege des archäologischen Erbes gelegt werden.

regionalen Zentren für Postgraduierten-
Studien. Der Internationale Rat für Denkmalpflege (ICOMOS) sollte in seinen zuständigen Arbeitsgruppen diesem Aspekt
in seiner mittel- und langfristigen Planung
Rechnung tragen.

Der internationale Austausch von Fachleuten soll zur Hebung der Maßstäbe im
Umgang mit dem archäologischen Erbe
gefördert werden.

Technische Hilfsprogramme im Bereich
der archäologischen Denkmalpflege sollten unter der Schirmherrschaft von ICO-
MOS abgewickelt werden.

Artikel 9

Internationale Zusammenarbeit

Das archäologische Erbe ist gemeinsames
Erbe der ganzen Menschheit. Bei der Ent-
wicklung und Aufrechterhaltung von
Standards für den Umgang mit diesem
Erbe kommt es daher wesentlich auf inter-
nationale Zusammenarbeit an.

Es ist dringlich, Möglichkeiten für den
Austausch von Informationen und Erfahrungen unter den Fachleuten auf dem Gebiet der archäologischen Denkmalpflege
zu schaffen. Dies erfordert die Organisation von Konferenzen, Seminaren, Arbeitsgruppen etc. auf weltweiter und regionaler Ebene sowie die Einrichtung von

Archäologie bei Theiss

Schutzbauten
Von Hartwig Schmidt. 158 Seiten mit 208 Abbildungen. Der Band 1 aus der Reihe „Denkmalpflege an archäologischen Stätten" widmet sich den verschiedenen Möglichkeiten der Erhaltung von archäologischen Ruinen, die von der unauffälligen Konservierung des vorhandenen Zustands über die Restaurierung bis hin zur Rekonstruktion reichen können. Zu den wichtigsten Maßnahmen der Erhaltung einer Ruine gehört das schützende Dach oder die Umschließung mit einer festen Hülle, einem Schutzhaus. Bei den ausgewählten Beispielen handelt es sich hauptsächlich um Ruinen aus der griechischen oder römischen Antike von Grabungsplätzen im Mittelmeerraum, aber auch um freigelegte römische Bauwerke nördlich der Alpen.

Konservierte Geschichte?
Antike Bauten und ihre Erhaltung. Herausgegeben von Günter Ulbert und Gerhard Weber. 335 Seiten mit 231 Abbildungen, davon 19 in Farbe, Zeichnungen und Plänen.
Wie soll − oft aus dem Boden verborgenen archäologischen Resten − ein antikes Baudenkmal erhalten oder restauriert werden? Reicht eine Grundrißmarkierung, oder soll der römische Gutshof vollständig rekonstruiert werden?
Auf der einen Seite steht das legitime Interesse des Laien an einer optimalen, verständlichen Präsentation, auf der anderen die Forderung des Wissenschaftlers, die originale Bausubstanz als Geschichtsdokument unangetastet zu erhalten.
In diesem Buch werden nicht nur dieses Problem und praktische Möglichkeiten der Erhaltung von 20 internationalen Fachleuten zur Debatte gestellt. Vor allem werden zahlreiche international bekannte antike Baudenkmäler und Freilichtmuseen in Text und Bild vorgestellt.

Die großen Sachbücher über die Geschichte der Römer und ihre archäologischen Zeugnisse, in klar abgegrenzten geographischen Regionen. Alle Bände wurden von Fachleuten leicht verständlich geschrieben und mit zahlreichen Abbildungen, Kartenskizzen und Rekonstruktionszeichnungen ausgestattet. Ein ausführlicher topographischer Katalog, alphabetisch nach Fundorten und Museen geordnet, bietet eine umfassende Übersicht über alle wichtigen Funde und sichtbaren Bodendenkmäler des jeweiligen Gebiets.

Die Römer in Baden-Württemberg
Herausgegeben von Philipp Filtzinger, Dieter Planck und Bernhard Cämmerer. 732 Seiten mit 606 teils farbigen Abbildungen.

Die Römer in Hessen
Herausgegeben von Dietwulf Baatz und Fritz-Rudolf Herrmann. 532 Seiten mit 486 teils farbigen Abbildungen.

Die Römer in Nordrhein-Westfalen
Herausgegeben von Heinz Günter Horn. 720 Seiten mit 559 teils farbigen Abbildungen.

Die Römer in Rheinland-Pfalz
Herausgegeben von Heinz Cüppers. 712 Seiten mit 650 Abbildungen und 24 Farbtafeln.

Die Römer in der Schweiz
Von Walter Drack und Rudolf Fellmann. 646 Seiten mit 536 teils farbigen Abbildungen.

Archäologie in Deutschland

Die Zeitschrift für den archäologisch und historisch interessierten Leser

● Archäologie in Deutschland
bringt aktuelle Berichte über neue archäologische Entdeckungen und Funde in unserem Land, über die Arbeit der Archäologen vor Ort und über die Probleme und Leistungen der archäologischen Denkmalpflege.

● Archäologie in Deutschland
widmet sich in jeder Ausgabe einem Schwerpunktthema der Archäologie und Geschichte, stellt Museen vor, in denen die Zeugnisse der Vergangenheit der Öffentlichkeit zugänglich gemacht werden, und enthält Tips für archäologische Wanderungen sowie Hinweise auf neue Bücher zur Archäologie und Geschichte.

● Archäologie in Deutschland
ist von Fachleuten leicht verständlich geschrieben, informiert über die neuesten Forschungsergebnisse, berichtet in spannenden Beiträgen über die Kulturgeschichte der Menschheit und wird bereichert durch farbige Reportagen über „Deutsche Archäologie im Ausland".
Ein wissenschaftlicher Beirat ist an der Konzeption und Planung der Zeitschrift maßgeblich beteiligt.

● Ein Ausstellungskalender gibt einen Überblick über laufende Veranstaltungen im Bundesgebiet bzw. im deutschsprachigen Raum.

● Ein ausführliches Autoren-, Orts- und Sachregister zu jedem Jahrgang ermöglicht ein rasches Wiederauffinden aller gesuchten Beiträge.

● Jährlich erscheint ein Sonderheft zu einem speziellen archäologisch interessanten Thema.

● Archäologie in Deutschland
erscheint vierteljährlich, Format 21 x 28 cm. 64 Seiten mit zahlreichen, größtenteils farbigen Abbildungen. Sonderheft ca. 100 Seiten.

Herausgeber
Verband der Landesarchäologen in der Bundesrepublik Deutschland
(Prof. Dr. Dieter Planck, Dr. Bendix Trier, Prof. Dr. Joachim Reichstein, Dr. Harald Koschik, Dr. Friedrich Lüth)
Konrad Theiss Verlag (Hans Schleuning, Konrad A. Theiss).